总主编　常　彦
总主审　刘　焱

学前教育专业系列教材

学前儿童发展与学习

主　编　牟生调　韩爱晶
副主编　张　乐　蒋彦妮

吉林大学出版社

图书在版编目(CIP)数据

学前儿童发展与学习 / 牟生调,韩爱晶主编.—长
春:吉林大学出版社,2013.10
ISBN 978-7-5677-0776-4

Ⅰ.①学… Ⅱ.①牟…②韩… Ⅲ.①学前教育一幼
儿师范学校一教材 Ⅳ.①G61

中国版本图书馆 CIP 数据核字(2013)第 253058 号

书　名:学前儿童发展与学习

作　者:牟生调　韩爱晶　主编

责任编辑:徐佳　责任校对:王继祥　　　　　　　　　　封面设计:水木时代

吉林大学出版社出版、发行　　　　　　　　　　　　蚌埠市广达印务有限公司　印刷

开本:787×1092 毫米　1/16　　　　　　　　　　　2013 年 11 月　第 1 版

印张:22　字数:549 千字　　　　　　　　　　　　　2021 年 8 月　第 2 次印刷

ISBN 978-7-5677-0776-4　　　　　　　　　　　　　　　　　　定价:68.00 元

社址:长春市人民大街 4059 号　邮编:130021

发行部电话:0431-89580026/28/29

网址:http://www.jlup.com.cn

E-mail:jlup@mail.jlu.edu.cn

学前教育专业系列教材
编委会

总　　序

　　近年来,学前教育发展得到党和国家的高度重视,大力发展学前教育,已成为教育领域又一项重点工作。

　　学前教育是终身学习的开端,是素质教育的基础。一个人整体素质的高低,特别是智力水平的高低,主要取决于学前阶段。因此,要提高整体国民素质,必须从学前阶段抓起,必须高度重视学前教育。而学前教育高水平发展的基础是高素质师资,没有合格的、高水平的学前教育师资队伍,很难达到学前阶段的教育目的。从这个角度说,学前教育师资培养机构是学前教育发展的关键因素。因此,大力发展学前教育,首先就要大力发展学前教育师资培养机构,主要是幼儿师范院校。

　　长期以来,我国学前教育师资培养机构主要有两类,一类是注重技能的幼儿师范学校,另一类是注重幼儿教育理论的本科师范院校。实践证明,不论是幼儿师范学校还是本科师范院校,培养的幼儿师资都偏向一端,要么理论基础不够扎实,要么教育技能,特别是弹、唱、画、跳等艺术教育技能缺乏,一定程度上说是不合格师资。幼儿教师是全能型教师,必须既懂理论又具备教育技能,要有使幼儿在健康、语言、社会、科学、艺术五个领域学习与发展的基本理论知识和技能技巧。因此,在现阶段制订一个符合学前教育师资素质需要的人才培养方案,就显得尤为重要。在此人才培养方案中,基于全能型幼儿师资培养的课程设置是首先要解决的一个核心问题。

　　根据教育部《教师教育课程标准》学前教育专业课程目标与课程设置、《幼儿园教师专业标准(试行)》以及《3～6岁儿童学习与发展指南》等文件精神,结合我们长期学前教育实践经验,我们按照"整合理论课程,细化技能课程;强化理论体系,充实实践环节"的思路,在反复实践论证的基础上,规划了一个符合现代学前教育发展需要的课程体系,组织编写了这套旨在培养全能型合格学前教育师资的规划教材。该规划教材的出版,期望能为我国学前教育的发展做出一份贡献。

　　本套规划教材由常彦教授担任总主编,北京师范大学刘焱教授担任总主审。

学前教育专业系列教材编审指导委员会

编审说明

学前儿童发展与学习是研究学前儿童心理(包括学习心理)的发生和发展规律的科学。近几十年来,世界各国对学前儿童心理发展的关注正日益增强。对学前儿童的发展心理进行全面的理论阐述和运用有效的研究方法进行系统研究,将有助于改变以往不符合科学规律的传统习惯和看法;在对婴幼儿进行保育和教育时,能根据科学规律更好地促进其心理发展。

在教材编写中,我们努力尝试将普通心理学、儿童发展心理学、教育心理学、学前特殊儿童教育的理论与幼儿园实际、幼儿身心发展实际、学前教育专业学生的实际相结合,并尽可能多地反映出当前幼儿心理学研究的最新动态。

全书共十三章,第一章至第九章在探讨学前儿童心理发展影响因素的基础上,依次对学前儿童的感知觉、注意、记忆、想象、思维、言语、情绪情感、社会性、个性、道德等心理现象进行详细的介绍和分析;第十章则从智能、人格、认知方式、性别四个方面阐释了学前儿童心理发展的差异性,并提出了相应的教育建议;第十一和十二章围绕学习展开,系统介绍了有代表性的学习理论,论述了学前儿童学习的特点和规律;鉴于学前特殊儿童的客观存在,第十三章补充说明了学前特殊儿童发展与教育的一些训练方法。

各章开始均列出"本章主要内容""学习目标""关键词",以便学生明确本章学习重点及学习要求;在各章节适当部位增加了"拓展知识"或"知识链接",以拓展学生知识;各章最后的"小结"回顾了整章重点内容,"思考与复习"有助于学生进一步巩固本章学习内容。

本书编写分工如下:张乐(第一、二、三、四章),蒋彦妮(第五、六章),牟生调(第七、八、十二、十三章),韩爱晶(第九、十、十一章)。

本书在编写过程中,得到常彦教授的悉心指导,同时作者所在院系各位老师也提供了很多帮助和建议,谨此致谢!此外,本书还参考、引用、借鉴了许多国内外同行的研究成果和有关书籍资料,在此一并表示衷心的感谢!

由于编者水平有限,书中不妥及谬误之处在所难免,恳请同行及广大读者不吝批评指正。

学前教育专业系列教材编审指导委员会

目　　录

第一章　学前儿童发展的基础

 本章主要内容

　　早期儿童生理的发展是快速而多变的。本章主要介绍了学前儿童神经系统和脑的发育状况以及学前儿童生长发育的基本规律,探讨了生物学因素对个体发展的影响、遗传因素在发展中起的作用,以及介绍了精子和卵子结合成一个受精卵及受精卵历经胚种期、胚胎期和胎儿期,最后发育成熟并脱离母体来到这个世界的过程;进一步了解到哪些因素会影响未出生胎儿的发育,出生过程是否会导致某些先天发育不良,并将学习新生儿的特征和能力倾向。

学习目标

1.识记神经系统的基本结构。
2.初步了解遗传因素在学前儿童发展中的作用。
3.理解大脑对心理发展的重要性。
4.了解胎内环境的重要性。
5.了解学习新生儿的特征和能力倾向。

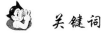 **关键词**

　　学前儿童　脑　神经系统　生理发展　遗传　环境　胎儿　新生儿

第一节　学前儿童生理发展

一、脑和神经系统的发育

(一)什么是神经系统

　　神经系统是生命活动的重要调节机构,人体在神经系统的统一调节下,各器官和系统进行着不同的生理活动,在与内、外环境斗争的过程中成为对立统一的整体。神经系统在各系统中起着支配、主导作用。

(二)神经系统的组成

　　神经由中枢神经和周围神经两部分组成,具体如图 1-1 所示。

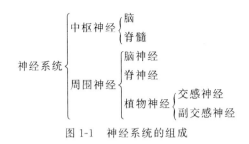

图 1-1　神经系统的组成

1.中枢神经

中枢神经包括脑和脊髓。脑位于颅腔内,脊髓位于脊柱的椎管内。

脑由大脑、小脑、延髓等部分组成。大脑有左、右两个半球,是中枢神经最高级的部分,是人体的"司令部",脊髓起着上通下达的桥梁作用,把接收来的刺激传送到脑,再把脑发出的命令下达各个器官。

(1)脊髓。脊髓呈圆柱状,上端与延髓相连,下端所处位置因年龄而异,成人平齐第一腰椎;胎儿时期占据椎管全长;新生儿下端平齐第三腰椎;4岁平齐第一或第二腰椎。

脊髓分为灰质和白质。灰质位于中央部分,呈蝶状,是神经元细胞体集中处;白质位于脊髓的外周,是神经纤维集中的部分。在白质中,含有大量上、下走行的神经纤维束,其中上行的神经纤维束,负责将躯干、四肢和内脏等处传来的神经冲动传入脑的相关部分;下行的神经纤维束,负责把脑的各部分发出的神经冲动传到脊髓。

脊髓的功能:脊髓是中枢神经系统的低级部位,主要功能是反射和传导。

反射功能:脊髓灰质里有许多低级神经中枢,可以完成许多基本的反射活动,如膝跳反射、握持反射和排便反射。

传导功能:构成脊髓白质的上、下行传导束,是脑与躯体、内脏之间联系的通道。来自人体大部分器官的神经兴奋,进入脊髓,然后沿上行传导束传达到脑;脑所要传出的大部分神经冲动沿下行传导束传达到脊髓,然后再由脊髓传达到人体大部分器官,完成各种运动。当脊髓因损伤而横断时,上、下行兴奋的传导就会中断,使身体在损伤面以下的感觉和运动发生障碍,成为截瘫。

(2)脑。脑是中枢神经系统的高级部位。它由大脑、小脑、间脑和脑干组成。

大脑:大脑由左、右两半球构成,借神经纤维构成的胼胝体相连。大脑表面覆盖着由灰质构成的大脑皮质,平均厚度2~3毫米。皮质表面凹凸不平,凹陷的称沟(深的称裂),隆起来的称回。这种构造大大增加了大脑皮质的总面积。据统计,它的总面积约为2200平方厘米。皮层厚薄不一,中央前回最厚,约4.5毫米;大脑后端的距状裂最薄,约为1.5毫米。大脑表面有3条大的沟裂:大脑外侧裂、中央沟和顶枕裂。这些沟裂将大脑表面分为额叶、顶叶、颞叶和枕叶等区域。

皮质功能:大脑皮质是中枢神经系统的最高级部位,是人体的"司令部"。根据大脑皮质各部位在主要生理功能上的差异,可将其分为许多功能区,叫做大脑皮质功能定位,或称中枢。某个功能区叫做某种反射的中枢。比较重要的中枢有以下几个:

躯体运动中枢:在额叶中央沟前回,是支配对侧肢体运动的高级中枢。

躯体感觉中枢:在顶叶中央沟后回,是管理对侧皮肤、肌肉感觉的高级中枢。

听觉中枢：在颞叶的颞横回，是听觉的高级中枢。

视觉中枢：在枕叶内侧面，是视觉的高级中枢。

语言中枢：语言是人体特有的功能活动，语言中枢可以分为运动性、听觉性、视觉性和书写性几种。运动性语言中枢在额叶中央沟前回下端的前方，与说话功能有关，又称说话中枢；该区受损伤就丧失说话能力。听觉性语言中枢位于颞叶的颞上回的后方，能调整自己的语言和理解别人的语言；此区受伤后，病人虽能说话，但语言混乱而割裂，虽能听到别人的话，但不能理解话的意思。视觉性语言中枢，又称阅读中枢，在顶叶靠近视觉中枢；这一区域若受损伤，病人就不能理解文字，在阅读上会发生困难。书写中枢在额叶，与中央沟前回管理上肢运动的区域靠近；此区受损伤后，病人写字、绘画将发生障碍。

善于用右手的人，其语言中枢往往在左半球。人的大脑右半球"掌管"直观思维，这种思维不需要语言参加。左半球"掌管"抽象概括思维，这种思维必须借助于语言或其他符号系统。但是，大脑皮质功能定位不是绝对的，每一功能都与整个大脑皮质有关，因此，当大脑皮质的某功能区受损伤时，也往往影响该功能区以外的其他功能。大脑皮质以内是白质，由神经纤维组成。有些纤维把左、右大脑半球联系起来，有些把大脑皮质与小脑、脑干、脊髓联系起来，这样，大脑皮质便可以通过这些纤维来调节全身器官的活动。当某些神经纤维受损伤就出现相应的功能障碍。

小脑：小脑位于脑干的背侧，大脑的后下方。小脑表面有许多凹下去的沟和隆起的回，表层是灰质，叫小脑皮质，内部为白质。小脑通过一些神经纤维与脑干、脊髓相联系，其主要功能是维持身体平衡，协调肌肉运动。因此，小脑有病时，闭目直立就站不稳，走路时歪斜易倒，身体不能维持平衡，动作不准确，运动不协调，更不能完成精确的动作。

间脑：间脑位于中脑上方，大部分被大脑覆盖。主要包括丘脑和下丘脑。丘脑能对传入的冲动进行较粗糙的分析、选择，是皮质下较高级的感觉中枢。来自全身的传入神经纤维，在到达丘脑以前已交叉到对侧，所以一侧丘脑损伤时，对侧肢体将发生感觉障碍。

下丘脑（丘脑下部）位于丘脑的前下方，是大脑皮质以下调节自主神经的较高级的中枢，调节内脏的活动，也是人体对环境刺激发生情绪性反应的高级调节部位，并对体温、物质代谢起调节作用。此外，下丘脑还控制脑垂体的内分泌活动，并通过脑垂体影响其他内分泌腺的分泌活动。

脑干：脑干位于大脑之下，包括中脑、脑桥和延髓。脑干上连间脑，下接脊髓，背部跟小脑相连。延髓的灰质中有调节生命活动的重要中枢，如呼吸、心跳、血管运动中枢等，延髓受损会立即引起心跳、呼吸、血压的严重障碍而危及生命，因而延髓有"生命中枢"之称。延髓和脑桥的灰质中还有吞咽、呕吐等中枢。中脑与维持觉醒或睡眠、保持肌肉的紧张度以及维持身体的平衡和姿势有关。

脑干的白质里有重要的上、下行神经传导的径路，它是大脑、小脑与脊髓相互联系的重要通路。这些传导径路受到损伤就会出现头颈、躯干、四肢的感觉和运动障碍。

2.周围神经

周围神经由脑神经、脊神经和植物神经组成，它们把中枢神经与全身各器官联系起来。

（1）脑神经：支配头部各器官的运动，并接受外界的信息，产生视、听、嗅、味觉等。人能够"眼观六路，耳听八方"，以及做出喜、怒、哀、乐等表情，这都是脑神经的作用。

（2）脊神经：主要支配躯干和四肢的运动和感受刺激。

（3）植物神经：分为交感神经和副交感神经。它分布于内脏。每个脏器都受这两种神经的双重支配，它们的作用是相反的。比如，交感神经兴奋，可使消化管的运动减弱，消化腺的分泌减少；副交感神经兴奋，可使消化管的运动加强，消化腺的分泌增加。人在情绪紧张，发怒时，交感神经兴奋，所以就有了"气饱了"一说。

（三）神经系统的基本活动方式

神经系统的基本活动方式是反射。反射是指在中枢神经参与下，机体对刺激做出的反应。反射分为非条件反射和条件反射两种。

（1）非条件反射。它是指生来就具备的本能，是较低级的神经活动。比如食物进入口腔就会反射性地引起唾液分泌，这是一种非条件反射。

（2）条件反射。它是后天获得的，它建立在非条件反射的基础上，是一种高级神经活动。条件反射的建立提高了人适应环境的能力。比如，"望梅止渴"，看见梅林就流唾液，就是一种条件反射。

（四）大脑皮质活动的某些特性/规律

大脑的最外一层称为大脑皮质。大脑皮质有许多沟（向下凹陷）和回（向上突起），这就大大增加了皮质的表面积。成人大脑皮质的表面积约 1/4 平方米，神经细胞数约为 100 亿。每一个神经细胞又与数以千计的神经细胞发生联系，形成极为复杂的网络，成为各种心理活动的生理基础。

睡眠是大脑皮质的抑制过程。有规律的、充足的睡眠是生理上的需要。睡眠可使人的精神和体力得到恢复。在一夜之中，有两种睡眠状态交替出现，即快速动眼睡眠与非动眼睡眠相互转换。

在快速动眼睡眠状态，眼球呈快速转动，肌肉可以有小抽动，人多处在梦境中；在非动眼睡眠状态，眼球不出现转动，也不做梦。

人醒后，认为自己是不是做了梦，要看是处在哪种睡眠状态醒来的。处在动眼睡眠状态醒来后，就会说："我做了个梦，梦见……"；而处在非动眼睡眠状态醒来，就会说："一宿儿没做梦，睡得真香。"

（五）学前儿童神经系统的特点

1.神经系统发育迅速

（1）脑细胞数目的增长。妊娠 3 个月时，胎儿的神经系统已基本成型。出生前半年至出生后一年是脑细胞数目增长的重要阶段。1 岁以后虽然脑细胞的数目不再增加了，但是细胞的突起却由短变长，由少到多。神经元的数量和神经纤维的长度均在不断增加，向皮层各层深入。神经细胞就像棵小树苗，逐渐长成一棵枝繁叶茂的大树。细胞的突起就好像自树干长出的树杈，一棵树的枝杈与其他的树相互搭着，建立起复杂的联系，这就为幼儿智力的发展提供了生理基础。

脑的迅速生长可由脑重量的变化上得到反映。新生儿脑重约 350 克，1 岁脑重约 950 克，6 岁时脑重已达 1200 克，成人脑重约 1500 克。由此可见，出生时脑的重量相对较大，且早期发育甚快，但皮质细胞的分化需到 3 岁时大致完成。

（2）神经髓鞘化。髓鞘是指包裹在神经突起的外面，好像电线的绝缘外皮。没有这层绝缘外皮，就会"跑电""串电"。

刚出生时,许多神经突起的外面还没有一层绝缘的"外皮",所以新生儿的动作很不精确,碰碰他的手,会引起他全身哆嗦。

在婴幼儿时期,神经纤维外层髓鞘的发育很不完善,刺激经神经传到大脑时,因髓鞘隔离不善,可泛传于邻近的神经纤维,不能在大脑皮质内形成一个明确的兴奋灶。此外,髓鞘不完善的神经,传导速度慢。因此,婴幼儿对外界的刺激反应慢,易泛化。表现为易激动、易疲倦、不集中、不稳定。

神经纤维外层髓鞘的形成,对神经系统的活动有很大的意义。中枢神经系统各部位髓鞘化的时间不同,最先是感觉神经,然后是运动神经,其他部分晚些。幼儿出生时,由于神经纤维的髓鞘化不全,因此,对外界刺激反应较慢且易于泛化。到6岁左右,幼儿大脑皮层的一切神经传导通路几乎都髓鞘化了,所以反应日益精确,这一阶段是幼儿智力发展的迅速时期,幼儿园应采取各种积极的手段来促进其发展。

新生儿的骨髓和延脑已比较成熟,这就保证了呼吸、消化、循环、排泄等系统的正常活动,也保证了新陈代谢的调节。

新生儿小脑发育较差,脑沟不深,半球小,这是幼儿早期肌肉活动不协调的重要原因。小脑在1岁时成长很快,3岁时已基本与成人接近,身体的平衡能力和准确性也明显地提高。

2.容易兴奋,容易疲劳

幼儿高级神经活动的特点是抑制过程不够完善,兴奋过程强于抑制过程,幼儿大脑皮质易兴奋,不易抑制,表现为容易激动,控制自己的能力较差。让他干什么,他乐于接受,让他别干什么,就难了。因为"别干"什么是一种抑制过程。

虽然说幼儿容易兴奋,但注意力很难持久,兴奋容易扩散。在教孩子干什么事,或学习什么的时候,要想方设法引起他的兴趣(利用"优势原则"),幼儿干一件事坚持不了多久,就要经常变换活动内容、方式(利用"镶嵌式活动原则"),使幼儿不觉得疲劳。还要养成好的生活习惯,吃、喝、拉、撒、睡、玩,要妥善安排,建立起生活的节奏(利用"动力定型"),习惯成自然。该吃饭了,正饿,有食欲;该上床了,正困,能很快入睡;醒来精神足,玩得高兴。

3.需要较长的睡眠时间

幼儿神经系统的发育尚未成熟,需要较长的睡眠时间进行休整。刚出世的新生儿,除了吃奶,几乎全处于睡眠之中。

1～6个月	16～18小时/天	7～12个月	14～15小时/天
1～2岁	13～14小时/天	2～3岁	12小时/天
5～7岁	11小时/天		

婴儿过了百天,白天可安排3觉;9个月以后白天睡两觉;2岁以后中午安排一次午睡即可。白天每次睡眠约2小时。

除了要保证足够的睡眠时间,还要注意睡眠的质量,让孩子睡得踏实、睡得香。在家里也要按时睡眠,不能由着孩子的性子。小孩贪玩,常是强打着精神。实在太乏了,情绪一落千丈,就会困闹。这是因为兴奋过度,抑制过程遭到破坏,困大发了反而难以入睡。节假日别让孩子跟着大人熬夜。

安顿孩子单独睡在小床上。不要养成非得大人陪着睡或哄着才能睡的毛病。

不要蒙头睡,头蒙在被窝里,呼吸不到新鲜空气,醒了也不解乏。

晚饭别吃得太饱、太油腻,"少吃一口,舒坦一宿"。

4.脑的耗氧量大

学前儿童脑对氧的需要量较大,在基础代谢状态下,儿童脑的耗氧量为全身耗氧量的50%左右,而成人则为20%,因此,儿童脑的血流量占心输出量的比例较成人大。儿童脑组织对缺氧十分敏感,对缺氧的耐受力也较差。所以,保持幼儿生活环境空气的清新对于其神经系统的正常发育和良好机能状态的维持都很重要。

5.脑细胞能利用的能量来源单一

中枢神经系统主要依靠葡萄糖氧化获得能量,对血液中葡萄糖(血糖)含量的变化非常敏感。儿童体内肝糖元储备量少,在饥饿时可使血糖过低,从而造成脑的功能活动紊乱。直接影响脑的正常功能,因此应按时给学前儿童膳食,以保证其体内的血糖保持在一定的水平上。

 拓展知识

神经系统的发育

3岁的孩子,由于大脑神经系统发育迅速,头部看上去显得特别大,此时脑的重量约为1000克;4~7岁约为1310克,脑的大小和重量已与成人脑十分接近。学龄前期结束时,几乎所有皮质传导纤维都已髓鞘化。在小儿大脑发育最快的时期,环境的刺激可以极大地影响大脑神经通路的结构与功能,其可塑性、代偿功能也很强,是记忆力特别强的时期。此期脑的功能不断趋向成熟,但神经系统的兴奋与抑制往往不平衡,单纯或过多、过久的活动容易引起疲劳。由于他们的兴奋过程强于抑制过程,所以,表现出易激动、好活动、自控能力较差,有时玩起来达到入迷的程度,吃饭、睡觉都不顾了。所以,家长要注意防止孩子过度兴奋和疲劳,不能任其自然。

二、学前儿童生长发育基本规律

(一)生长和发育的概念

虽然生长和发育是两个不同的概念,但由于它们有着极为密切的联系,故常连在一起使用。

(1)生长。生长是指细胞的繁殖、增大及细胞间质的增加,表现为全身各系统、各组织、各器官的大小、长短及重量的增加,是一种量变。这是机体的量变过程,可以用度量衡测量出来的变化。发育则比较复杂。

(2)发育。发育是指身体各系统、各器官、各组织在结构和功能方面的改变,包括形态的改变及细胞与组织的分化过程。这是机体质量方面的变化。

(3)成熟。生长发育到了比较完备的阶段,即个体在形态、生理、心理方面都已达到成人的水平,称为成熟。

学前儿童正处于迅速生长发育的重要时期,他们虽然已经具有人体的基本结构,但是各组织、各器官及各系统尚未发育完全,与成人之间差异较大。认识和掌握学前儿童身体生长发育的特点和规律,有利于开展并做好保健工作。

（二）生长发育年龄阶段的划分

为了便于研究幼儿各年龄阶段的特点,我们将6岁以前这段时期划分为以下五个时期。

1.胎儿期

从受孕到分娩约40周,共280天,这一时期称为胎儿期。这一时期的特点是胎儿依赖于母体而生存,母亲的健康、营养及卫生状况均能对胎儿产生影响。胎儿期是人的一生中生长发育最迅速的时期,出生时的身长比受精胚胎增长2500倍。近年来,医学界已越来越重视围产期的保健工作[围产期是指从怀孕28周(相当于6个半月)至出生后1周(7天)]。在胎儿期,母亲的身体状况、情绪、营养及某些疾病,都可影响到胎儿的生长发育。因此,卫生保健工作应从此期开始。孕妇要避免接触有害物质,预防病毒感染,谨慎用药。同时还可以利用胎教来促进胎儿的生长发育。

2.新生儿期

从出生到生后28天为新生儿期。这一时期的小儿由胎内依赖母体生活转到胎外独立生活,不断接触外界新环境。由于新生儿各系统发育不够健全,各种功能不够完善,抵抗力很差,生命特别脆弱,所以易受外界不良因素的刺激而发生各种疾病,因而必须科学护理和喂养,保护新生儿免遭外界不良因素的影响,帮助小儿尽快适应环境的变化。

3.乳儿期

从出生28天到1周岁为乳儿期。这一时期小儿的生长发育特别迅速,一年内的体重是出生时的2倍,身长是出生时的3倍。在这一年中,作为人类特点的直立行走、双手动作、语言交际的能力也初步掌握了,大脑也迅速地发育,条件反射不断形成,这为乳儿与外界环境发生复杂的暂时联系提供了物质基础。但大脑皮质功能尚未成熟,不能耐受一些不良的刺激。因此,婴儿时期易发生高烧、惊厥等症状。同时这个时期的小儿由于来自母体的免疫抗体被逐渐消耗完,自身的免疫功能尚在形成中,所以对各种疾病的抵抗能力较弱,容易得病。另外,由于小儿从吃流质过渡到吃固体食物,其消化功能又未臻完善,故幼儿易患消化不良、营养不良、佝偻病、贫血等疾病。鉴于上述特点,这一阶段应特别注意合理喂养,按时添加辅助食品,重视预防接种,加强护理和训练,培养幼儿良好的卫生习惯,同时提供各种良好的刺激,促进其动作、语言的发展。

4.婴儿期

婴儿期是指1~3周岁这段时间。1~3岁为先学前期,又称为托儿期。(注:个别参考书目将满月到周岁称为婴儿期)这个时期的幼儿生长速度减慢,而脑的结构和功能都在逐渐改善,第二信号系统迅速建立,此时小儿已有较为复杂的情感体验,这也是个性品质形成的阶段。因此,及时地进行早期教育有着重要的意义。这个时期的幼儿活动范围扩大了,与人交往多,接触面广,但免疫力仍低,传染病发病率较高,仍要加强预防接种。幼儿好奇好动,对生活缺乏经验,易发生意外。另外,断奶后营养供应不足,会造成营养不良,因此,为幼儿调配合理的膳食,加强安全保护及注意预防疾病是这个时期保健工作的重点。

5.幼儿期

幼儿期是指3周岁至六七周岁这一阶段,又称学龄前期。这个时期的特点是身高体重的生长缓慢下来,但对热量及各种营养素的需求量仍然较高。因此,要注意搞好幼儿园、家庭的膳食,满足他们生长所需热量及各种营养素的供给。同时这一时期,幼儿语言和动作迅速发展,大脑皮层的功能更加完善,智力活动非常活跃,是智力开发的有利时机(这个时期可称为造型期)。这一时期对幼儿性格的形成、智力的发展、行为习惯的养成有很大影响。因此,要培养幼儿良好的生活卫生习惯和独立活动的能力,发展语言和思维,培养爱学习的良好习惯,特别要重视早期教育和智力开发,但在早期教育中要避免幼儿负担过重。另外,要培养幼儿对游戏及各种体育活动的兴趣,发展基本动作,培养想象力和创造力,提高机体的功能,增强体力,积极促进幼儿的生长发育。幼儿对疾病的抵抗力虽已增强,但由于生活范围广,其活动范围已超出了家庭和幼儿园,与外界环境的接触日益增多,得病和受伤的机会增多,所以应积极预防各种传染病及意外事故的发生。总之,这个时期的重点是应注意加强体格锻炼,增强幼儿体质,预防伤害事故的发生。同时,还要做好幼儿的心理卫生保健工作。

这一时期,幼儿园和家庭的教育起着重要的作用。幼儿教师应该与家长密切联系,共同配合,努力做好幼儿的教育和卫生保健工作。

(三)影响幼儿生长发育的因素

幼儿的生长发育是先天因素和后天因素相互作用的结果,也是机体在外界环境中,遗传性和适应性矛盾统一的过程。遗传决定机体发育的可能范围,而环境、教育则影响遗传潜力的发挥,以至于决定发育的速度及达到的程度。学前卫生学就是要通过研究影响幼儿生长发育的各种因素,充分发挥有利于幼儿健康成长的因素,尽可能地消除和克服不利因素,使幼儿健康地成长。

1.先天因素

(1)遗传因素

遗传在幼儿生长发育中的作用,应当予以肯定。什么是遗传呢？遗传是指子代和亲代之间在形态结构和生理功能上的相似。幼儿生长发育的特征、潜力、趋向、限度等都受父母双方遗传因素的影响。早在胚胎期,受精卵中来自父母双方各种基因的不同组合,决定了个体生后的各种遗传性状。通过各种方式的基因传递,子代可以显现亲代的各种形态、功能、性状和心理素质等方面的特征,这就是个体的生长潜力。但是,这种潜力能否充分发挥,却受到环境因素的制约。

遗传学的观点认为,一切人体的外在表现都是遗传因素和环境因素相互作用的结果。人类只有少数性状一经形成就不再受环境的影响,但多数性状在不同程度上均受环境的影响而发生变异。有的性状以遗传为主,有的以环境因素为主,有的两者作用几乎相等。为了估计遗传和环境对某一性状表现所起作用的相对比重,就要计算这种性状的遗传度。

下面我们就以身高为例,说明一下遗传对生长发育的影响。根据对单卵双胎的研究,单卵双胎间身高的差别很小,头围测量值也很接近,说明骨骼系统发育受遗传因素的影响较大。相反,体重却易受环境因素的影响。

在良好的生活环境影响下的儿童,其成年身高在很大程度上取决于遗传。一般父母高的子女也高;父母矮的子女也矮。这就为身高预测创造了条件。子女达到成人时的身高可用下式来计算:

$$儿子成人时的身高(厘米)＝(父身高＋母身高)/2×1.08$$
$$女儿成人时的身高(厘米)＝(父身高×0.923＋母身高)/2$$

（2）非遗传因素

比如先天环境：孕妇营养不良可造成胎儿先天性脑细胞减少；孕妇注射链霉素、卡那霉素等，有可能引起胎儿先天性耳聋；孕妇服用四环素能使孩子乳牙变黄、牙齿变脆，骨髓发育受到影响；孕妇若大量饮酒，可使胎儿患"酒精中毒综合征"，表现为身材矮小、面貌丑陋、智力低下。

2.后天因素

（1）营养的影响

幼儿期同化过程占优势，所以对各种营养的需要量很大。研究表明，如果幼儿期营养不良，对幼儿的生长、智力及行为都有不良的影响。儿童必须不断由外界摄取各种营养素，尤其是足够的热量。优质的蛋白质、各种维生素和矿物质等作为生长发育的物质基础，经常保证同化过程超过异化过程，才能促进幼儿的生长发育。

幼儿营养调查资料证实，营养丰富且平衡的膳食能促进生长发育；反之，营养缺乏的膳食不仅会影响发育，而且会导致疾病。长期营养不良，则会影响骨骼的增长，致使身体矮小。

在集体儿童机构，能否根据儿童的营养需要、收费标准、市场供应等情况进行计划膳食，将直接影响儿童的体格发育。

（2）体育锻炼和劳动的影响

锻炼和劳动作为一种辅助手段，幼儿经常参加体育锻炼和适当的劳动，可以加快机体的新陈代谢，使人的全身各个器官和系统充分发挥其作用和互相更好地协调，提高呼吸系统、运动系统、循环系统、免疫系统及消化系统的功能。尤其对骨骼和肌肉的影响比较显著。锻炼和劳动能促进骨骼钙化，增强骨骼硬度，使肌肉生长得粗壮。还可以调节精神的压力，增强幼儿的体质，促进生长发育，提高健康水平。因此，从小经常参加体育锻炼不仅是促进生长发育的需要，也是人生健康的需要。

（3）生活制度的影响

合理安排有规律有节奏的生活制度，可以保证儿童有足够的户外活动、适当的学习时间，定时进餐及充分的睡眠。在合理的生活制度下，幼儿的生活有规律、有节奏，有利于形成良好的动力定型，养成良好的生活习惯；儿童身体各部分包括大脑皮质在内，活动与休息都能得到适宜的交替，营养消耗也能得到及时的补充，这将有利于促进儿童的生长发育。若儿童能从小养成良好的饮食、起居习惯，必将受益终身。沈阳南昌小学办保健班的经验证明，将虚弱儿童的生活制度另行妥善安排，并加强了营养后，儿童在1年之内身体强壮了，身高体重有了明显的增加，这说明合理的生活制度起着重要的作用。

（4）疾病的影响

幼儿生长发育可受各种疾病的直接影响，影响程度决定于病变涉及的部位、病程的长短和疾病的严重程度。疾病可以干扰正常的能量代谢，尤其体温过高时，可使酶系统正常功能受到影响，代谢率升高，增加各种营养物质的消耗。有些疾病还能严重影响器官和系统的正常功能，如急性胃肠道疾病对消化吸收能力有明显的干扰。营养不良不仅使体重减轻，而且可推迟语言和动作的发展。有些传染病，如流行性脑脊髓膜炎、流行性乙型脑炎、脊髓灰质炎等，不仅威胁幼儿的生命，还可以造成严重的后遗症。

严重的慢性疾病对儿童生长发育也有明显的影响，如钩虫病、结核病等。还有一些慢性病，如慢性扁桃体炎、慢性气管炎等，则会影响儿童的活动能力，进而使其生长发育受到影响。比如患佝偻病的幼儿，抵抗力低，易患季节性疾病；又如夏天消化不良，冬季患感冒，这样反复发作,势必会影响生长发育。

因此,积极防治儿童常见病,对保证儿童正常发育是十分重要的。

(5)环境的影响

①生活环境的影响。生活环境直接影响着儿童的生长发育。在旧中国,贫穷落后,营养缺乏,居住拥挤,缺乏必要的卫生保健设施,疾病流行,严重影响了儿童的身心健康。解放后,儿童保健工作迅速发展,国家免费为儿童定期进行预防接种,有力地控制了麻疹、脊髓灰质炎、白喉等传染病的流行。据1975年中国医学科学院儿科研究所组织的全国九省市儿童体格发育测量资料表明,我国城乡儿童生长发育状况明显高于解放前或解放初期儿童生长发育的水平。

国内外一些调查表明,在同样的经济条件下,家庭人口的多少,尤其是子女的多少,对儿童生长发育有一定的影响。在多子女的家庭中,儿童的体格发育相对较差。因此,加强计划生育,提高人口素质将有利于儿童健康成长。

②地理环境等其他环境因素的影响。地理环境、气候也影响幼儿的发育,形成了北方和南方的差异。比如体重方面,除城市男女孩初生儿,城市与农村男孩1个月者外,均表现为北方儿童重于南方儿童;身高方面,城市农村男女孩各年龄组均为北方儿童高于南方儿童;胸围方面,城市6个月以后,所有年龄组北方儿童均大于南方儿童,所有这些,都与气候、地理环境有一定关系的。

季节对生长发育也有一定的影响,一般来说,春季身高增长较快,秋季体重增长较快,这些都是多种因素综合影响的结果。

上面我们讲述了影响幼儿生长发育的几种因素,当然,幼儿的生长发育是各种因素综合作用的结果,因此,在对幼儿进行教育时,要综合考虑各种因素,这样才能更好地促进幼儿的发展。

(四)幼儿生长发育的基本规律

人体的生长发育同其他事物一样,有着自身的客观规律。这个规律是正常人体在一定的生活条件下必然的趋势和内在的本质联系。认识和掌握幼儿生长发育的规律,就可以积极创造各种有利的条件,以促进幼儿身心健康成长。

1.生长发育是由量变到质变的过程

儿童的生长发育是由不显露的细小量变发展到质变的复杂动态过程。不仅是身高的增长,体重的增加,而且是每个器官在结构上逐渐分化,在机能方面逐渐成熟。量变和质变经常是同时进行的,但各有一定的缓急阶段。比如消化系统的发育,从婴儿到成人有着复杂的变化过程。在新生儿期只能接受少量流质食物,随着年龄的增加,消化机能的成熟才能逐渐完善地消化多种固体食物。又如随着大脑重量的增加,脑细胞之间的联系加强,人的记忆、思维、分析能力也在不断地发展,使幼儿的智力、活动能力逐步发展。

2.生长发育有连续性又有阶段性

一个人从出生到成人,生长发育过程是有一定程序的,既有连续性又有阶段性。每一个阶段都具有一定的特点,且前后阶段彼此相交替、衔接,前一阶段的发展状况将对下一阶段产生直接的影响。若某一阶段的发育发生障碍,将会影响后一阶段的发育。例如幼儿学走路以前,一定要先学会站,学站以前一定要学会坐,学坐以前要先会抬头。动作的发展遵循着"头尾发展规律",即先是头部运动——抬头、转头,然后是上肢活动——取物,再是躯干活动——翻转、直坐,最后是下肢活动——两腿站立、行走。动作的发展就是按照这样的程序连续地发展的,同时,从一个动作到另外一个新的动作的飞跃,存在一定的分阶段性,如7个月会坐,8个月会爬,11～12个月会站,1岁左右会走。

为此,教育者必须按照儿童各阶段发育的顺序和生理特点,为各阶段发育需要创设必要的环境条件,给予适当的条件刺激和锻炼,引导他们有规律地从一个阶段向更高阶段发育。

3.生长发育的速度是波浪式的(不平衡性)

幼儿的生长发育不是直线上升的,而是时快时慢,呈波浪式状态。以身高和体重为例,胎儿期是身高、体重增长的第一个高峰期,出生后头两年的身长增长速度比后几年快,第一年增长20～25厘米,增长值为出生时身长(50厘米)的50%;体重增加6～7千克,为出生时体重(3千克)的2倍。无论身长、体重在第一年都是出生后增长最快的一年。第二年内,身长增加10厘米,体重增加2.5～3.5千克,速度也是较快的。2岁以后,增长速度急剧下降,身长每年平均增加4～5厘米;体重每年增加1.5～2千克,保持相对平稳、较慢的速度,直到青春发育期再出现第二次突增。

4.生长发育的程序性

人体的生长发育是普遍遵循头尾律和向心律的程序发展的。

(1)头尾律。胎儿时期的生长发育遵循此规律。即胎儿的发育是由头至下肢。根据1975年我国9个城市的调查材料,城市初生儿的头围平均为34.3厘米,为17～18岁时头围的62.1%;初生儿的胸围平均为32.8厘米,为17～18岁时的40.6%;初生儿的身高为50.6厘米,为17～18岁时的30.2%;初生儿的坐高为33.7厘米,为17～18岁时的37.3%;下肢长(身高－坐高)为16.9厘米,仅为17～18岁的21.8%。以上情况说明,胎儿的发育是由头至下肢。

(2)向心律。幼儿自出生以后,其生长发育便遵循着向心规律发展。人体各部分发育的程序是:足、小腿、下肢、手、上肢,即自下而上,由四肢的远端向躯干,所以称为生长发育程序的"向心律"。向心律正好适应了人体功能的需要,而各部分的发育也不是直线式的。在第一次突增时,胎儿从一个特大的头颅,较长的身躯及短小的两腿发育到儿童期的各部匀称的比例。相反地,在第二次突增的,不是头,而是下肢迅速发育,再向上到躯干,最后达到成人时变为较小的头颅,较短的躯干及长腿的形态。从出生到成人,头部增加1倍,躯干增加2倍,上肢增加3倍,下肢增加4倍。

5.身体各系统的发育是不均衡的,但又是统一协调的

身体各系统的发育是不均衡的,但又是统一协调的。人的整体发育包括身体外形以及内脏各系统(如呼吸系统、消化系统、泌尿系统、肌肉等)的发育,它与身高、体重的发育趋势一致,故可以用身高、体重的发展趋势作代表,这一趋势呈波浪形,出现两个突增阶段。

在某一年龄阶段,各系统的发育也是不均衡的。神经系统,尤其是大脑,在胎儿期和出生后发育一直是领先的。出生时脑重约350克,相当于成人脑重的25%;6岁时,脑重已相当于成人脑重的90%。儿童在这五六年中,由于大脑发育迅速,各种生理机能、语言发展和动作发展也是比较快的。

淋巴系统的发育在出生后特别迅速,这是因为儿童时期机体对疾病的抵抗力弱,需要淋巴系统来进行保护。10岁以后,随着其他各系统的逐渐成熟和对疾病抵抗力的增强,淋巴系统逐渐退缩。

生殖系统在童年时期,几乎没有什么发展。

身体各系统的发育时间和速度虽然各有不同,但机体是统一的整体,各系统的发育是相互联系、相互影响、相互制约的。例如,体育锻炼不仅能促进肌肉、骨骼的发育,又可以更好地协调运动系统。

6.生理和心理的发展是密切联系的

生理和心理的发育在儿童身上是统一的,生理的发展是心理发展的基础,而心理的发展也同样直接影响生理机能,两者相辅相成。比如幼儿不吃早餐到幼儿园,由于饥饿,精神不能集中,容易发脾气,这就是生理的不适对心理的影响。还有生理上有缺陷的儿童,如患斜视、耳聋疾病,或长得矮小体弱等的儿童,容易产生自卑感以及不爱参加集体活动等不正常的心理状态。相反,心理发展不正常的幼儿同样也影响生理的发育。如父母离异家庭的孩子,由于缺乏父母的爱,往往出现孤僻、自卑的心理,这类幼儿有的体弱多病,有的消化系统、呼吸系统等方面出现障碍,这类被称为身心疾患的病,多为不良的心理而引起的。可见身心相印,体魄相连。幼儿教育工作者要十分重视幼儿生理与心理协调发展。

7.每个儿童的生长发育有其自己的特点

由于先天遗传以及先天、后天环境条件的差异,个体发育不可能一致,必然呈现高矮、胖瘦、强弱及智力的不同。先天决定一个孩子发育的可能性,后天决定发育的现实性。因此,在研究评价一个孩子的发育时,不能机械地以其身高或体重同标准均值作比较而立即做出片面的评定,而应将其以往情况与现在的发育情况进行比较,观察其发育动态,这样才更有实际意义。

每个幼儿有自己发育的速度和特点,这不仅在发育各阶段表现出来,就是达到成熟期也各具特征。但是,总的情况是呈现生物学上的常态分布。因此,不可能强求儿童发育都是一个样子的。教育者的任务是要尽可能充分发挥他们遗传的潜力,使儿童青少年在受教育的过程中得到全面的发展。

第二节　学前儿童心理发展的生物学基础

一、遗传对学前儿童心理发展的影响

遗传因素是心理发展的基础。在个体身上体现为遗传因素,主要包括机体的构造、形态、感官和神经系统的特征等通过基因传递的生物特性,而其中最重要的是大脑和神经系统的解剖特点。遗传素质在精子和卵子结合的一刹那就已经决定了,它是心理发展的生物前提和自然条件。人类的许多行为是由遗传构造、生理成熟和神经功能所支配的。

(一)研究遗传影响力的方法

选择性育种(selective breeding)和家谱研究(family study)是用来评价遗传对行为影响的两种主要策略。

1.选择性育种的研究

许多研究者通过选择性培育有特殊特质的动物,来回答遗传在多大程度上影响了这种特质的个体差异。一个有名的选择性育种实验是屈莱恩(Tryon，1940)所进行的，他试图证明老鼠走迷宫的能力是一种由遗传决定的特质。屈莱恩根据走迷宫的能力，将老鼠分为"聪明组"和"愚笨组"。选择让最聪明的公鼠和最聪明的母鼠配对、繁殖，最愚笨的公鼠和最聪明的母鼠配对、繁殖。再对子代走迷宫的能力进行考察。这样重复到第7代，"聪明组"与"愚笨组"的表现性差异极为明显："聪明组"老鼠走迷宫的能力大大高于"愚笨组"。第18代时，"聪明组"中表现最差的老鼠都比"愚笨组"中表现最好的老鼠要好。因此，屈莱恩认为，老鼠走迷宫的能力具有明显的遗传效应。另外，有些学者也用相同的方法来说明遗传对老鼠、鸡的活动水平、情绪、攻击性及性驱力等特质有非常大的影响。

2.家谱研究

对人类心理和行为的研究，行为遗传学者通常使用家谱研究的方法，在典型的家谱研究中，将同一家庭中的每个人加以比较，分析他们在一个或多个行为特质上的相似程度。如果某一特征是由遗传决定的，则血缘关系(kinship)的近疏会决定家庭成员在这一特征上的相似性。借助这种说法，英国遗传学家高尔顿(Galton)从英国的政治家、法官、军官、文学家、科学家和艺术家等名人中选出977人，调查他们的亲属中有多少名人，结果发现，名人的亲属有332人也同样出名。而对照组，即所谓一般的平常人，人数也为977人，他们的亲属中只有一个名人。高尔顿由此认为，两组群体出名人的比率是如此的悬殊，证明能力是由遗传决定的。家谱研究一般采取以下两种方法。

(1)双胞胎研究(twin study)。如果一起长大的同卵双胞胎在某一特征上的相似性高于一起长人的异卵双胞胎或兄弟姐妹(血缘关系＝0.50)，而异卵双胞胎又高于同父异母或同母异父的手足(血缘关系＝0.25)或同住一起但毫无血缘关系的儿童(血缘关系＝0.00)，那么，这种特质更多地受遗传因素影响。

(2)收养研究(adoption study)。被收养者与收养家庭的成员在遗传上毫无相关，如果被收养的儿童在某一特质，如性格上，与有共同基因的亲生父母(血缘关系＝0.50)更相似，而非与其有共同生活环境的养父母更相似，则说明基因在决定这些特质中具有较大的影响力。

(二)遗传对气质、人格的影响

1.气质遗传的可能性研究

气质(temperament)是指在情绪反应、活动水平、注意和情绪控制等方面所表现出来的稳定的个体差异。对许多人而言，"气质"这个词隐含着行为的个别差异的生物基础——这个基础是会遗传且稳定的。以各种动物为对象的选择性育种研究指出，活动量、恐惧及社交能力等气质特质，确实含有很强的遗传影响力。人类也是如此吗？

研究者(Braungart et al.，1992)研究了同卵双胞胎与异卵双胞胎间气质的相似性，得到了相当一致的发现：从幼儿初期开始，活动量、注意的需求、易怒及社交能力等气质，同卵双胞胎的相似性都高于异卵双胞胎的相似性。因此，我们可以说，至少有一些气质成分是受到遗传基因的影响。

另外，不同背景的婴儿从生命的最初几天开始，就已显露出不同的气质特征。福利德门(Freedman，1979)研究高加索和华裔美国人新生儿的气质时发现明显的民族差异，而高加索和华裔美国人的母亲所接受的产前照顾是一样的。因此，婴儿间的气质差异可能是由遗传决定的。

总之,我们所表现出来的、会影响我们的社会行为及情绪适应的气质特质,很明显受到遗传基因的影响。不过,早期的气质类型是可以改变的,而且其改变说明受遗传影响较大的气质特征对环境变量是很敏感的。

2.人格遗传的可能性研究

一般认为,构成人格的一些稳定的特质和习惯更多地受环境因素的影响。我们的感觉、态度、价值和行为特征等,更多地受到生活环境中的文化以及我们所结交的朋友的影响。但是,行为遗传学的研究却让我们看到遗传对某些人格特征的影响力。

内向性/外向性(introversion/extraversion)就是一个受遗传影响很大的特质。内向者在人群中常保持安静、焦虑及有不舒坦感;外向者则很爱交际,很喜欢和他人聚在一起。同卵双胞胎在这项特质上有中等程度的相似性,其相似性比异卵双胞胎、一般的手足,或在相同家庭环境下成长但无血缘关系的儿童高。因此,人格内向/外向性特质的遗传特性是较为显著的。

另外一个受影响的有趣特质则为同理心(empathic concern)。一个人很有同理心,是指其能了解他人的感情、需要,因而若看见其他婴儿哭,则也可能会哭。这似乎说明同理心是天生的。马特福斯等人(Matthews et al.,1981)测量了 114 对同卵双胞胎及 116 对异卵双胞胎的同理心,这些双胞胎的年龄在 42～57 岁之间,都为男性。结果发现,即使大部分的双胞胎已有很长一段时间不住在一起,但同卵双胞胎在同理心上的相似程度(r＝0.41)仍比异卵双胞胎的相似程度要高(r＝0.05)。所以,马福特斯认为,同理心是一个会遗传的特质。

不过,有人研究了不同血缘关系的家庭成员之间多项人格特质的平均相关(见表 1-1)。结果表明,许多人格特质都有中等程度的遗传可能性,但这一中等强度的遗传系数也正反映了人格在很大程度上受环境因素的影响。

表 1-1　三种不同血缘关系的家庭成员人格特质的相似性

关系类型	同卵双胞胎	异卵双胞胎	非双胞胎手足	收养儿童
血缘关系	1.00	0.5	0.5	0.00
人格特质相关	0.50	0.30	0.20	0.07

从表中可以看出,尽管在同一家庭中长大,同卵双胞胎在多重人格测量中的相似性也只有 0.50。这是因为,即使生活在同一家庭中,每个家庭成员各自遭遇到的生活事件、情境及经验都不同,即家庭中非共享的环境是不同的。例如,父母对儿子和女儿、老大和老幺的反应可能就不同。从遗传的观点来看,同卵双胞胎完全一样,因此他们之间的不同应该归因于他们之间非共享的环境所造成的。根据这个思路,Rowe 等人(Rowe & Plomin,1981)提出了估计非共享环境效应的公式:

$$非共享环境的效应＝1-r(同卵双胞胎的相关)$$

根据这个公式,表中所列的同卵双胞胎在各项人格特质上的平均相关为 0.50,那么,非共享环境的影响量则为 1-0.50＝0.50。这就是说,环境对人格发展的影响力是非常大的。

(三)遗传对心理健康的影响

遗传与心理健康、行为问题有关吗？是的,任何一种基因缺陷对神经、精神、病理性行为障碍等的发生都可能是危险因子。

关于遗传对变态行为影响的证据,主要来自家谱研究,研究者计算各种疾病的"一致率"

(concordance rate)的资料。例如在双胞胎的研究中,一种疾病一致率的测量,是指双胞胎中的另一方也有此种疾病的几率。如果同卵双胞胎的一致率高于异卵双胞胎,就可以假设这种疾病有遗传的倾向。

比如,精神分裂症是一种颇为严重的心理疾病。患有精神分裂症的人在思维、情绪表达及日常行为上都有严重的问题;他们也没有能力形成简单的概念,并将日常生活中的事件做逻辑的联结。他们常分不清幻想与事实的区别,结果常觉得困惑,或有明显的幻觉,这是造成其行为不合理、不合宜的原因。针对一些患有精神分裂症的双胞胎所进行的研究发现,同卵双胞胎的平均一致率为 0.46,异卵双胞胎的平均一致率为 0.14,这表明精神分裂症是一种会遗传的疾病。对在收养家庭长大的成人所做的研究也显示,这些被收养者的精神分裂症的发生几率,与其有血缘关系的亲戚的精神分裂症发生率的相关,高于收养家庭成员发生率的相关。

近期对神经系统的微观研究也证明了遗传因素与某些心理和行为异常的关系。比如,五羟色胺是一种重要的神经递质,与许多精神障碍有关(如焦虑症、情绪障碍、强迫症等)。对五羟色胺的研究发现,五羟色胺的水平受遗传因素影响,而低水平五羟色胺与精神障碍临床表现的严重程度相关,焦虑和情绪障碍的易感性、暴力行为等都受其影响(孙建英,2005)。

不过,近年来,许多证据显示一些变态行为,如酗酒、犯罪行为、沮丧、过动、躁郁症或精神分裂症,都有一定的遗传倾向,但一致率并不高。环境因素对一个人的变态行为或心理疾病是一个更重要的因素。也就是说,遗传可能是个体获得了某些心理和行为特征的遗传潜质或易感性,但只有在极大压力的生活事件(如有拒绝型的父母、遭受退学、破碎的婚姻)下才可能真正地引发问题。

(四)遗传与环境互动的特征

从以上的分析,我们可以看出,遗传在很大程度上决定了心理和行为的发展潜质,但发展的结果却是遗传与环境互动的结果。斯卡尔等人(Scarr & McCartney,1983)提出了一种解释遗传与环境相互作用关系的理论。他们认为,遗传与环境的相互作用至少有三种方式:被动的互动、唤起性互动、主动的互动。被动的互动,是指儿童的父母为他们提供的成长环境。唤起性的互动,是指由于个体的特征遗传给孩子,并为孩子提供崇尚运动的环境。主动的互动,是指由于个体的遗传特征而影响了作用于其他的环境因素。具有不同遗传结构的个体,可能会唤起不同的环境。比如爱笑、好动的婴儿所接受到的注意及社会刺激,要比闷闷不乐、消极被动的婴儿多;老师可能较喜欢漂亮的婴儿,而较不喜欢不太漂亮的婴儿。他人对儿童的反应,是一种环境,对儿童的发展具有重要的影响。所以,遗传影响了儿童发展的社会环境特征。主动性的互动,是指主体在其遗传特征的影响下,对环境因素进行有目的的选择、改变与创造。主体总是倾向于选择那些自己感到比较能适应的环境经验,因而个体在发展的方向与程度上都会表现出差异。也就是说,儿童所喜爱并追求的环境,是与儿童的遗传潜质相适应的。例如,具有社会倾向的儿童,喜欢邀请朋友到家里来或到朋友家去,热衷于参加各种活动。相反的,回避型的幼儿会主动避免大型的社交活动,而选择自己单独进行的活动(如搭积木,看书)。所以,不同的遗传型的个体都会主动地为自己选择不同的环境状态,而这种环境状态对其未来的社会行为、情绪及智力的发展都有重要的影响作用。

斯卡尔认为,在发展过程中,这三种遗传型与环境的互动模式是不断变化的。在出生后的最初两年,婴儿及幼儿是无法随意到邻居家去走动、选择朋友和环境状态的,他们大部分时间在家里,接受父母为他们所建构的环境。因此,该阶段遗传与环境的互动以第一种互动模式为主。进入幼儿园后,孩子们获得了选择自己的兴趣、活动、朋友和住处的自由,唤起式的互动和主动性的互动随着儿童的逐渐成熟而日趋重要。

总之,个体的生物因素决定了发展的潜在可能性,而个体的环境条件(无论是使儿童被动接受的环境,还是由他们唤起的,或者是主动选择的环境)确定了儿童发展的现实水平。一般情况下,儿童的发展潜质是相当广阔的。从这个意义上来说,环境条件对个体发展的现实水平起到了更为重要的作用。

二、胎儿的发育

一个个体从受精卵开始究竟是如何发展的? 在这一节中,我们将主要描述胎儿发展的历程。

(一)胎儿的身体生长发育

当女性卵巢排出卵子在通过输卵管到子宫的过程中遇到男性的精子而受精的那一刻起,新的个体就出现了。女性受孕最初的变化是保护性的,当精子穿透卵子的细胞膜后,卵子会释放出一种化学物质排斥其他精子。几个小时内,这个精子开始分裂,释放出遗传密码,卵子也开始释放遗传密码,一个新的细胞核形成了,这就是受精卵。它只有大头针尖的1/20大。

从受精卵形成到出生,要经历280天左右。其间,受精卵经过不断的自我复制,经历了以下三个阶段的发展变化过程:胚种期、胚胎期、胎儿期。

1.胚种期

胚种期也称为细胞或组织分化期,大约持续两周。受精后,受精卵开始复制;到第四天,就形成一个由60～70个细胞组成的球状中空的充满液体的球,即胚泡。胚泡形成后,逐渐由输卵管移入子宫并植入子宫壁上,即"着床"。胚泡内层结构上附着的细胞叫做胎盘,胎盘将发展成新的器官。胚泡的外层结构为提供保护性的外膜,叫做滋养层。这种结构既有保护作用,又能提供营养。

2.胚胎期

胚胎期也叫细胞和组织分化期,是从怀孕后的第3周开始,一直到怀孕后的第8周结束。这6周是胎儿发育最快的时期。身体的各个器官、系统都正在形成,成长中的胚胎特别容易受不健康因素的干扰。但是,由于胚胎期非常短,这就减少了胚胎受严重伤害的机会。

3.胎儿期

胎儿期也叫做器官和功能分化期,从怀孕第3个月到出生为止。这个阶段早期,胎儿发育迅速,特别是在第9～12周之间,以后发育开始减缓。各种器官在这个时期逐步精细化。

拓展知识

胎儿期发育的3个分期

胎儿发育过程通常每3个月被划分为一个时期,因而胎儿期被划分为三个阶段。

第一分阶段:妊娠第3个月

在第3个月中,各种器官、肌肉以及神经系统开始有组织的协调起来。当脑部开始发出信号时,胎儿会踢腿、握拳、张嘴等,但这些动作很轻,母亲还感觉不到。胎儿的肺开始收张,预演呼吸运动。到第3个月末,外生殖器官已经形成,胎儿的性别可以通过超声波检测出来。

在怀孕12周后,胎儿的身长约7.8厘米,体重约28克,此时胎儿所有的细微发展都已出现。

第二分阶段:第二个三分期

在第二个分期,即怀孕后的第4、5、6个月,胎儿继续以较快的速度生长。到第4个月末,胎儿长约20~25厘米,重约170克。

第17~20周,胎儿已经长得很大,母亲已经可以感觉到他的移动了。此时胎脂覆盖了胎儿的皮肤(胎脂是一种油脂状物质),它使胎儿在以后几个月的羊水浸泡中,皮肤不会皲裂。白色柔软的胎毛也出现了,胎毛可以帮助胎脂粘在皮肤上。

在第二个三分期快结束的时候,许多器官已经发育得非常好:大多数脑神经细胞都已定位,在这之后只会产生少量的脑细胞。支持并供给脑神经细胞养料的神经胶质细胞会继续迅速增长,直到出生后。

到这个时期结束时,胎儿对声和光开始有反应,说明胎儿的听觉和视觉开始起作用,但此时出生的胎儿仍然不能活着生下来,因为此时他们的肺还没有成熟,而且大脑还不能控制呼吸和调节体温。怀孕6个月,胎儿长约35~38厘米,体重约900克。

第三分阶段:第三个分期

妊娠末期的3个月,是胎儿发育的最后阶段。在这个阶段,所有器官迅速发育成熟,为胎儿出生做好准备。在怀孕第22周到26周出生的早产儿已经有了生存下来的机会。如果婴儿在怀孕第7、8个月就出生了,他们常常需要氧气瓶帮助呼吸。这时尽管脑的呼吸中轴已经成熟,但肺中的小气囊还不能发挥功能。

到第7个月末,胎儿身体长约40~43厘米,体重约1800克。到第8个月末,胎儿已经长到46厘米,体重达到约2250~2700克。这是因为在第8个月,胎儿形成了一层脂肪层以协助出生后控制温度。到第9个月中时,胎儿变得很大,填满了子宫,胎儿活动变慢、睡眠增多。由于母亲子宫形状的限制,此时的胎儿头朝下,四肢蜷曲,呈胎儿姿势。

这时的胎儿还能从母亲的血液中获得抗体以抵抗疾病,这种抗体的作用可以一直持续到出生几个月后,直到婴儿自己的免疫系统可以正常工作。

总之,在怀孕的最后1个月,胎儿为出生做好了准备。

(二)胎儿正常发育的条件

尽管胎儿生长的环境相对稳定,但有很多因素会影响到胎儿的发育。

1.致畸因子

致畸因子是指所有能对胎儿造成损坏的因子。致畸因子造成的伤害有时是直接的,有时是间接的。它可能取决于:

(1)致畸因子的剂量:长时间大剂量地服用会导致更多的负面影响。

(2)遗传特征:个体对某些药物的敏感性可能不同。

(3)暴露于致畸因子的时间:受孕后在不同时期,致畸因子的影响可能也不同;在某一个关键期(在一个很短的时间内身体的一部分或者一种行为正在迅速发展的时期)内,胚胎对环境特别敏感。如果环境不利,就会造成伤害,而且这种伤害很难恢复,或者完全不可能恢复。

身体各部分生长的关键期不尽相同：脑和眼睛的关键期很长，会贯穿整个胎儿发育的过程；其他的关键期，比如手、脚和颚的关键期就短一些。胚胎期是最容易导致严重缺陷的时期，因为这时身体的各个部分正在发育中。在胎儿期，畸胎剂的影响通常会很小，但脑、眼睛和生殖器等一些器官仍然会受到很大影响。

致畸因子的影响并不限于即刻的身体伤害，有可能导致的一些伤害是微妙的、延迟了的，会改变儿童对其他事物的反应，影响儿童适应环境的能力，如影响认识、情感及社会性发展。

一般来说，致畸剂，如药物，可能通过两种作用方式对胎儿造成影响：药物改变母体的生理环境，进而影响胎儿的生长；药物透过胎盘直接进入胎儿体内（见表1-2）。

药物对胎儿可能造成严重的影响。因为成人的少量药剂对胎儿而言，却成了大量的药剂；对分解药物有效的肝脏等器官要等出生后才能发挥作用，因此药物便存留于儿童体内。

在怀孕时避免发生问题的最安全措施，是定期接受医疗检查。一旦得知怀孕，妇女要避免药物、辐射及其他可能对胎儿有害的物质。定期检查确保孕妇了解如何饮食及摄取充分维生素。定期量血压、体重、尿液，可确保一旦发现任何有毒物质或其他病变发生，就迅速地采取最妥善的处理与分娩方式。

表1-2　孕期致畸因子可能对发育中的胎儿造成的影响

致畸因子	可能产生的危害	备　注
药物 镇静剂	破坏神经系统；低智商； 手臂和腿的畸形； 耳朵、心脏、肾脏和生殖器官出现发育问题	怀孕4～6周为关键期
乙烯雌酚 （一种保胎药）	子宫畸形及生育问题； 男孩更容易患生殖器畸形	胚胎发育早期
四环素	牙齿和骨骼问题； 不同程度的听觉障碍	胚胎发育早期
阿司匹林	婴儿早熟，产前死亡，发育迟缓； 儿童早期的智商较低	胚胎发育早期
过量的咖啡因饮料（如咖啡、茶、可乐等），可卡因、海洛因等麻醉品	婴儿的早熟、早产； 新生儿易怒、紧张、神经质； 认知、动作发展的落后； "可卡因婴儿"：早产、身体缺陷、呼吸困难及产前死亡； 婴儿"瘾君子"：造成胎儿脑缺血，导致知觉、动作、注意、记忆等问题； 情绪问题：如易怒、难以入睡； 身体缺陷：多器官、系统损伤、严重的发育迟缓	整个孕期
烟	抽烟后高血压升高、脉搏加快、血液中含氧量降低，母亲血液中肾上腺素及浓度升高，使胎盘处血管变窄，给胎儿的供氧量下降；出生体重不足、智能不足与行为失调	整个孕期
酒精	高剂量导致心智迟缓与畸形； 中等剂量导致认知发展延续	整个孕期

续 表

致畸因子	可能产生的危害	备 注
辐射 （X光、核泄漏等）	高剂量造成卵原细胞、精原细胞的变化； 妨碍脑发育，智力迟缓，语言和情感的混乱； 诱发恶性肿瘤或血癌及生长迟缓等	3个月内
化学危险 （粉尘、颜料、杀虫剂 及汞、铅等）	汞： 身体畸形，咀嚼和吞咽困难，以及行动不协调； 大面积的脑损伤：大脑迟钝，语言能力不正常； 铅： 流产，婴儿出生体重较轻； 脑损伤：智力和行动发展较差； 身体缺陷	整个孕期

2.母亲的其他因素

（1）母亲的疾病

母亲怀孕前后的健康状况对胎儿影响极大，疾病会改变母亲的生理状况，恶化胎儿生长的生理环境，而某些疾病的病毒还会透过胎盘直接进入胎儿体内——虽然胎盘的半透膜具有良好的屏蔽作用，但它仍然不能阻挡一些疾病的入侵。这些因素对缺乏免疫力的胎儿来说，都是导致流产和出现缺陷的主要原因，其作用途径和对胎儿造成的危害见表1-3。

表 1-3 母亲患病对胎儿的影响

母亲的疾病	影响途径	危 害	备 注
糖尿病	高血糖恶化了母亲的生理环境； 母亲为治疗而注射的胰岛素会透过胎盘直接进入胎儿体内	出生时体重过重，增加流产或死产的可能性； 身体发展落后； 神经系统的问题，如注意力障碍，智力落后	整个孕期都会受到影响
传染性疾病（如肺结核、肝炎等）	出生后，通过乳汁将病毒传给婴儿	影响胎儿正常生长发育造成畸形、死胎	整个孕期都会受到影响
风 疹	病毒透过胎盘直接进入胎儿体内	造成盲、聋、瞎或心脏异常及智力落后	怀孕期的前3个月为敏感期
流 感	病毒透过胎盘直接进入胎儿体内	唇裂	怀孕期的前3个月为敏感期
弓形体病	病毒透过胎盘直接进入胎儿体内	3个月内：眼睛和大脑的缺陷； 怀孕后期：视力和认知的损伤，可能导致流产	与宠物接触容易患此病；整个孕期都会受到影响
性传播疾病（如艾滋病）	怀孕时：通过胎盘； 生产时：母婴分离时可能发生的血液交换； 出生后：通过乳汁将病毒传给婴儿	摧毁婴儿的免疫系统，导致孩子可能在3～6岁时死亡	整个孕期都会受到影响

生育年龄妇女应于怀孕前接种相应的疫苗,避免接触猫的粪便、未经烹熟的肉类和蛋,养成良好的卫生习惯,减少患传染性疾病的机会。

(2)母亲的营养

胎儿时期是一生中发展最快的时期。在这段时间里,胎儿完全靠母体提供的营养来支撑发育。研究表明,营养良好的母亲在整个怀孕期内,健康状况比营养不良的母亲要好。她们得贫血、流产、早产等的机会更小,胎儿发育更好,因而生育出的孩子也更健康。因此,母亲营养的充足与否,将影响到胎儿的健康发育。

首先,胎儿期母亲的营养不良会导致胎儿中枢神经系统的损伤。母亲的营养越差,胎儿的脑重就越轻。特别是在最后一个时期内,胎儿的大脑迅速增长,母亲的饮食中必须有充足的营养。其次,孕期营养不充分的饮食会导致其他组织结构的扭曲,包括肝脏和肾脏,以及胰腺,由此而增加成年期患心脏病、突发性心脏病、糖尿病的危险性。再次,胎儿期的营养不良会阻碍免疫系统的发展,新生儿出生后易得呼吸系统的疾病。

由于母亲营养不良而导致的胎儿发育障碍是有时间性的,如果在怀孕的前 3 个月发生,将使胎儿脊髓的发育中断,导致流产。如果在怀孕 6 个月以前发生,孩子出生后智力落后的可能性比较大。而如果在怀孕的最后 3 个月发生,很可能生出小头的低体重婴儿,这种婴儿可能在 1 岁左右就会夭折。

正常情况下,孕期正常的饮食能为孕妇和胎儿提供足够的营养,但由于人的吸收机能的个别差异,有时她们还不能吸收足够的维生素和矿物质(如叶酸)使营养达到均衡。这时,可以摄入小剂量的维生素和矿物质来达到营养的均衡。

(3)母亲的情绪压力

尽管母亲和胎儿之间的神经系统没有直接的联系,但母亲的情绪状态还是会影响到胎儿的发育。这是因为,激烈的情绪状态会引起母体内某些化学物质的变化。一个处于愤怒、恐惧或焦虑中的母亲,会使内分泌腺释放某些化学物质,使细胞代谢发生变化,从而使血液的成分发生变化。新的化学物质被送到胎盘,使胎盘的循环系统也发生变化,于是胎儿的发育也发生了变化。另外,激烈的情绪也会导致母体内的血管收缩,对胎儿的供血量也相应地减少,长此以往,必定影响胎儿的正常发育。

实际上,短暂的情绪压力对胎儿的发育几乎没有什么危害性影响,但严重的、长期的情绪压力可能阻碍胎儿的正常发育,导致早产、体重过低和其他并发症。另有研究发现,处于高压力下的母亲所生出的孩子过于活泼、易怒、偏执,饮食、睡眠、大小便无规律。长期处于情绪压力下的母亲自身免疫系统也会变弱,易感染传染病,病毒就会透过胎盘屏障对胎儿产生影响。

因此,母亲保持良好的情绪状态,可以为胎儿的生长发育提供一个有利的环境。母亲对胎儿的接受、心情的宁静和舒畅、充足的营养、家庭成员和朋友的支持,都是构建胎儿有利生长环境的因素。如果一个正常的母亲拥有这样的因素,那么她的孩子就将是一个发育正常、健康的孩子。为避免母体的一些危害因素危害胎儿的正常发育,应采取适当的方法,具体见表1-4。

表 1-4 孕期母体的一些危险因素

不良状况	危害	建议对策
叶酸不足	神经管缺陷	从怀孕开始持续 3 个月,每天补充 400 毫克
营养不良	脑较小、认知能力不足	增加怀孕期理想体重的 20%,每天补充 10～12 克蛋白质
温度增高	神经管缺陷	使用退烧药须遵医嘱; 避免桑拿浴和热盆浴; 避免运动时体温过高,尤其是在怀孕 3 个月前

拓展知识

胎儿期的发育与日后健康的关系

越来越多的迹象表明,胎儿期的发育与出生后个体的健康之间有着密切的联系。

体重过轻与心脏病、中风及糖尿病——严格控制下的动物实验表明,一个营养不良、体重不足的胎儿会改变身体结构和机能,导致成年后患心血管疾病。为了研究在人类中的情况,研究者收集 15000 名英国男人和女人出生时的体重以及他们中年后的健康状况。那些出生时不足 2.27 千克的人,在诸如 SES 等其他危害健康的因素得到控制的情况下,因心脏病和中风死亡的比率竟高达 50%。那些出生时体重和身长比例很低的人,可能是他们在胎儿期的发育受到了阻碍。在另一个大型的研究中发现,出生时体重过轻与心脏病、中风以及中年时患糖尿病有联系。

有一些推测认为,一个营养不良的胎儿会使大量的血液流向大脑,导致诸如肝脏、肾脏等许多器官发育不成熟,结果导致以后出现心脏病和中风危险性增多。至于糖尿病,是由于胎儿长期的营养不良而损坏了胰的功能,导致葡萄糖随个人年龄的增长而无抑制地增多。然而,另一项在经过对动物和人的研究都得到证实的假说是:一些孕妇由于胎盘的故障而使大量的荷尔蒙涌入胎儿的体内,这些荷尔蒙降低了胎儿的生长速度,使胎儿血压升高,引发高血糖症,使正在发育的胎儿以后易得传染病。

体重过重与乳腺癌——胎儿期发育的另一个极端——体重过重,与成年女性中常见的疾病——乳腺癌有联系。在一项研究中,要求患乳腺癌的护士的妈妈们和没有患乳腺癌的护士的妈妈们(1569 名)提供他们女儿出生时的体重、孕期状况及家族病史。这些护士提供了她们成人后的健康状况信息。在一些危险因素得到控制后发现,出生时体重过重——特别是超过 3.95 千克,将来患乳腺癌的可能性很大。研究者认为,这种病的罪魁祸首可能是孕期母亲的雌性激素过多,促使胎儿形体增大,改变乳腺组织的结构,从而导致疾病。

预防——研究结果中胎儿的发育与日后疾病的联系并不意味着这些疾病是不可避免的。相反,孕期的环境状况影响成人的健康,而我们所采取的一些保护我们身体健康的措施可以降低这些孕期的危险。研究者建议对出生时的超轻婴儿进行定期的健康检查,要注意控制饮食、体重、健康和压力等会引起心脏病和糖尿病的因素。对出生时超重的女性,应该注意自我检查和做乳房 X 光照片,这可使乳腺癌在早期就被检查出来,并得到治愈。

三、新生儿的发展

在临分娩前,胎儿的大脑活动发生了一些变化,肾上腺活动增加。这种活动会越来越多,导致母亲大脑下垂体后叶激素产生,以及母亲与胎儿身体上其他化学物质发生变化,从而引起分娩的开始。这里主要探讨与新生儿分娩有关的一些问题、新生儿的能力以及婴儿出生后家庭中发生的一些变化。

(一)分娩过程及可能的并发症

分娩是指胎儿、胎盘与其他器官从妇女身上分离排出的过程,可以说,这是女性有生以来最为艰苦的一项体力劳动。它通常要经过三个明显的阶段(见表1-5)。

表1-5　分娩过程

阶　　段	所需时间	事　　件
第一阶段:宫颈扩张与收缩	第一胎约12～14个小时,以后4～6小时	宫缩逐渐频繁而有力;宫颈和子宫张开;形成了产道;胎儿的头到达宫颈口处
第二阶段:胎儿娩出	第一胎约50分钟,以后约20分钟	通过宫缩将胎儿推入产道,胎儿会首先将头呈现出来,通常不需要医生的干涉
第三阶段:胎盘娩出	5～15分钟	子宫进行最后几次收缩;将胎盘从母体中排出

分娩过程并不都是很顺利的,有些婴儿很容易发生分娩并发症,特别是那些母亲孕期健康状况很差、没有好的医疗护理或有孕期病史的婴儿。通常有三种常见的并发症对婴儿产生不利影响,即缺氧、早产和低重儿。

1.缺氧

如果婴儿在脱离母亲的氧气来源后不能立即开始呼吸,则出现了缺氧现象。在分娩过程中,只有少量的婴儿会表现出缺氧的现象。通常,缺氧可能是由于在出生过程中,脐带缠结在一起或受到挤压而造成的。虽然新生儿在缺氧条件下的存活时间可能超过大孩子和成人,然而呼吸一旦延迟三四分钟以上,将可能造成永久性的大脑损伤。臀位分娩也特别容易缺氧,这种情况可借助剖腹产的方式来避免缺氧。另外,胎盘前置或胎盘提前与胎儿分离也会造成缺氧。

Rh溶血因子(Rh factor)现象也是导致缺氧的一个原因。如果母亲是Rh阴性,父亲是Rh阳性,第一胎婴儿是Rh阳性血型,那么在生产过程中,当胎盘受损时,婴儿的Rh阳性血液可能进入母体血液中,从而使母体内产生抗Rh阳性因子;在第二个孩子出生时,如果这些抗体进入胎儿的血管中,就会破坏胎儿的血红细胞,减少氧气的供应。通常情况下,为了预防这种情况所产生的不良作用,可在第一胎生产后注射Rh免疫球蛋白。

新生儿缺氧可能会造成脑干细胞的损伤,从而导致动作缺陷,表现出腿或臂麻痹,脸或手颤抖,或者发音困难。分娩过程中,缺氧的婴儿在出生后的第一周似乎比正常婴儿激动。中度缺氧的婴儿在第一年中动作发展和注意的测验分数较低,容易分心。有研究表明,缺氧越严重,在儿童早期和中期其认知和语言能力越差。但是,到了一定的年龄,他们与正常儿童之间的差别几乎就不存在了。

2.早产

通常把妊娠少于38周、出生时体重少于2500克的婴儿,称为早产儿。引起早产的原因有很多,如母亲吸烟、饮酒及服用毒品等。此外,双生子、三生子等也容易早产。早产儿虽然身体很小,但他们的体重与他们在子宫中停留的时间的长短是成比例的。因此,他们一般是健康的,但还不够成熟,而且,对疾病也比较敏感,体重增加较慢。

近来有研究显示,与足月婴儿相比,早产儿在社会互动方面比较迟钝,对父母的逗弄往往置之不理、厌烦和拒绝。因此,他们更有可能与照料者形成不安全的情感纽带。而且,这些早产儿通常比足月的孩子更容易成为其他儿童欺负的对象。我国有研究者对暨南大学第一附属医院1985年1月至2004年5月的636例早产儿病历进行了统计,结果显示,相关疾病发病率分别为:呼吸窘迫综合征7.38%,缺血缺氧性脑病36.1%,高胆红素血症31.1%,硬肿症6.77%,电解质紊乱25.9%,畸形胎儿4.9%,其中67名死亡。

早产儿生长发育的好坏在很大程度上取决于父母与婴儿之间的关系。母亲和婴儿之间建立良好的关系,可以防止早产的不良影响。很多医疗机构对早产儿实施细致的、高度专门的照顾,多数对早产儿的治疗计划都包含一个特点,即为婴儿提供感觉刺激,并鼓励父母在儿童出生后的住院期间参与对婴儿的照顾。例如,在细心的看护中,把婴儿放在保育箱中或让婴儿躺在诸如水床之类的看护用品上摇摆,同时让他们听一些心跳的声音。许多研究表明,摇摆和温和的触觉刺激对早产儿有益。他们可以使婴儿的体重增加得更快,使婴儿的睡眠更加有规律,对提高刚出生不久的婴儿的警觉心也有好处。此外,抚触也是一个十分有效的方法。有研究显示,抚触可促进新生儿生长发育加快,促进他们神经系统发展,有助于亲子关系的建立。

如果这些有效刺激促进了婴儿的生长发育,父母们就会为他们的健康成长感到高兴,而且能更有效地与婴儿进行交互影响。父母定期看望他们的婴儿,尽可能和婴儿接触,可增进亲子间的依恋关系。父母的干预不仅有利于早产儿的认知发展,也有利于降低他们出现各种行为障碍的可能性。

3.低重儿

我们在这里所提到的低重儿不包括早产儿,仅仅指足月出生、体重在2500克以下的婴儿。妊高症及胎盘功能异常,是足月低重儿的主要原因。高龄妊娠、母亲身体矮小、曾分娩过小样儿的孕妇、孕期营养不良、贫血及羊水过少等,均与足月低重儿的发病有关。足月低重儿往往比早产儿的问题更严重。在出生后的第一年中,他们易死亡、患传染病或脑损坏。到儿童中期,他们的智力测验分数较低,注意力不集中。在学校里,他们更有可能出现学习困难和问题行为。

与早产儿一样,足月低重儿日后发展的情况也在很大程度上取决于他们的养育环境。如果母亲知道如何促进婴儿健康发展,如特别关心孩子,为其创造一个刺激丰富的家庭环境来促进孩子认知和情感发展,则孩子就可能发展得很好。但是,那些来自不稳定或经济困难家庭的低重儿,在形体上可能一直比正常孩子瘦小,并可能有更多的情绪问题,在智力和学业成就上表现出一些长期的缺陷。

(二)新生儿的能力及状态

新生儿已经为生活做了很好的准备,他们的视觉和听觉足以观察到周围发生的事情,并且对这些感觉做出了适应性的反应。出生不久的婴儿已经能够学习,甚至记住一些经历,特别是一些生动的经历,这会给他们的父母带来一些惊讶。此外,新生儿天生的反射技能和一些可预期的行为模式或日常生活模式,也能帮助他们很好地适应生活。

1.新生儿的反射

反射是天生的对特定刺激做出的自动的反应,是新生儿最明显的有组织的行为方式。表1-6 描述了健康新生儿具有的先天反射。

表 1-6　足月产新生儿所表现出来的主要反射

名　称		反　应	发展和出现的时间	作　用
生存反射	呼吸反射	反复的吸气呼气	终生	供应氧气,排出二氧化碳
	眨眼反射	闭眼或眨眼	终生	保护眼睛免受强光和外界刺激的伤害
	瞳孔反射	遇强光瞳孔收缩	终生	保护眼睛免受强光刺激,适应低亮度的环境
	觅食反射	把头转向刺激的方向	几个星期以后被自主性的头部转动所取代	帮助婴儿寻找乳房或奶瓶
	吮吸反射	吮吸放入口中的物品	终生	使婴儿摄取营养物质
	吞咽反射	吞咽	终生	使婴儿摄取营养物质
原始反射	巴宾斯基反射	当足底被抚摸时,会张开并弯曲脚趾	一般在 8 个月到 1 年时消失	它们在出生时存在,后来消失,是神经系统正常发展的指标
	手掌抓握反射	弯曲手指去抓握物体	在 3、4 个月之内消失,后被自主性的抓握所取代	
	摩罗反射	巨大声响或头部位置的突然变化导致婴儿向外甩胳膊,背呈弓形,两只胳膊并拢,好像去抓什么东西	胳膊动作和背部弓形变化在前 4～6 个月消失,以后被惊吓反射取代	
	游泳反射	浸入水中的婴儿四肢会主动划动,下意识地屏住呼吸	在 4～6 个月时消失	
	行走反射	婴儿身体直立,脚触到平面,像走路一样向前移动	在出生后 8 周消失	

就像呼吸和吞咽一样,新生儿的一些反射作用对生存极具价值。生存反射具有适应价值,如眨眼反射能在强光下保护婴儿的眼睛;吸吮反射可以使婴儿摄取营养物质等。表 1-6 中的原始反射看似不具有适应价值,因为许多原始反射是在进化过程中遗留下来的。在人类进化过程中可能曾经有适应外界环境的作用,但在现在人类生活中已失去意义,所以很快消失。尽管这些反射很早就消失了,但是运动功能似乎会在后来的发育中得到更新。在最近的一项研究中,给一些头几个月的婴儿施加日常的踏步刺激,而另一些则提供坐着练习或不提供任何运动练习。结果,踏步组的婴儿比那些不练习踏步的婴儿表现出更多的自发踏步运动。

许多反射对婴儿好像没有什么用处,但是对发展学家而言,他们是最重要的诊断指标。如果婴儿在出生时就缺少这些反射,或者这些反射持续的时间过长,可能意味着婴儿的神经系统出现了某些病变。当然,反射活动存在着个体差异,对新生儿反射的评价应该和其他对婴儿的一些观察指标结合起来,以便于对其发展进行诊断。

 拓展知识

新生儿学游泳

给出生几个小时至几个月的新生儿、婴儿套上特制的游泳圈,让其摆动小脚在水中畅游,这种做法在欧美一些国家早就盛行。

婴儿游泳实际上是胎儿在母体内环境的一个延续。水的静水压、浮力、水底冲击和水温可以引起新生儿全身包括神经、内分泌系统等一系列的良性反应,从而促进婴儿的身心健康发展。这不仅有利于正常婴儿的智力发育和潜能开发,而且对脑损伤婴儿有良好的疗效。游泳还可以锻炼孩子的心肌,增强肺活量,增强新生儿的运动协调能力,促进生长发育。

但需要注意的是,新生儿游泳不是简单的体育活动,必须经过正确的操作。参加游泳的新生儿必须是正常足月的孩子,出生后健康综合评分不得低于 8 分,否则不宜游泳;出生后至少 6 个小时,最好是一天后,开始游泳。水温控制在 38 ℃～40 ℃,房间温度则保持在 28 ℃左右。水内应该加入专业配制的溶质,使其性状接近于母体内的羊水,减少对孩子皮肤的刺激,并让孩子找到熟悉的感觉,消除恐惧。游泳前必须检查游泳圈的密封性,诊听孩子心脏的跳动状况,进水前,孩子的脐带上要贴上专门的防水护脐以防感染。游泳时间控制在 10～20 分钟内。

2.新生儿的状态

新生儿表现出一些可预知的、有规律的、组织化的日常行为模式,这些模式有利于他们的健康发展。从早到晚,新生儿要经历 6 种不同的觉醒状态(见表 1-7)。一般来说,新生儿每天的睡眠时间要在 16～18 小时,只有 2～3 个小时处于禁绝、安静状态,这时他们最有可能对外界刺激做出反应。但是,有关研究也表明,新生儿的状态有明显的个体差异。例如,研究(Brown,1964)中一个新生儿每天的觉醒时间平均只有 15 分钟,而另一个新生儿每天的觉醒时间超过 8 小时。

表 1-7　新生儿的觉醒状态

状　态	描　述	每天持续时间（小时）
有规律的睡眠	婴儿是安静的,合眼一动不动,呼吸慢而均匀	8～9
不规律的睡眠	快速眼动睡眠(REM sleep),婴儿对外界的刺激会惊厥或做痛苦状,呼吸可能不均匀	8～9
睡眠	婴儿时睡时醒,眼睛时睁时闭	0.5～3
警觉性安静	婴儿的眼睛睁得很大,很机灵,主动搜索周围环境,呼吸平稳,身体相对不活跃	2～3
警觉性活跃	婴儿的眼睛睁开着,呼吸不均匀,可能变得烦躁,表现出爆发性活动和弥散活动	1～3
啼哭	哭得很急,可能很难制止,伴随着高水平的动作活动	1～3

婴儿的睡眠和啼哭模式呈现出有规律的变化,这些变化提供了关于婴儿发展的重要信息。

(1)睡眠。睡眠至少有两种状态:快速眼动睡眠(REM sleep)和非快速眼动睡眠(NREM sleep)。在快速眼动睡眠中,大脑和身体各部位都处于高度的兴奋状态。通过脑电图(EEG)测出的脑电活动与觉醒状态很相似,眼睛在眼睑下快速转动,心率、血压和呼吸并不平稳,并且有轻微的身体运动。相比之下,在非快速眼动睡眠时,身体状态很平静,并且心率、呼吸和脑电活动缓慢而且有规律。

婴儿出生后第 2 周到第 1 个月或第 2 个月,婴儿的睡眠时间至少有一半是处于快速眼动睡眠中。但是,快速眼动睡眠的时间在出生后稳步减少,对一个 6 个月大的婴儿来说,它只占整个睡眠时间的 25%～30%。

为什么婴儿耗费大量的时间在快速眼动睡眠上呢?睡眠研究人员认为,快速眼动睡眠对于中枢神经系统的发展至关重要,快速眼动睡眠可以向胎儿和刚出生不久的婴儿提供足够的内部刺激来发展和完善神经系统。幼小的婴儿对于这种刺激有特殊的需要,因为他们觉醒的时间很少。有研究发现,如果婴儿在觉醒状态时接受了较多的视觉刺激,那么,他的快速眼动睡眠时间就少于那些没有那么多视觉刺激的婴儿。

由此可见,新生儿的正常睡眠行为是有组织的并且是模式化的。所以,对睡眠状态进行观察,有助于辨别中枢神经系统疾病。

(2)啼哭。啼哭是婴儿沟通的第一种方式,可以让父母知道他们需要食物、安慰和刺激。在出生后不久,所有的婴儿似乎都感到不快乐。婴儿的啼哭是一种复杂的刺激,这种刺激在强度上是多变的,可以是啜泣,也可以是号啕大哭。

世界上所有的婴儿,在出生后的前 3 个月内哭得频繁。在出生后的前几周,哭泣显著增加,在大约 6 个月时达到顶峰,然后下降。婴儿早期啼哭和快速眼动睡眠时间的下降与婴儿的大脑和中枢神经系统的成熟紧密联系。安斯沃斯(Mary Ainsworth)发现,那些对婴儿的哭声反应迅速的母亲所照看的孩子,后来哭得非常少。

虽然婴儿在清醒和注意力集中时可能是一个令人愉快的玩伴,但是当他们烦躁不安、啼哭和难以抚慰时,会令大多数人失去耐心。父母开始可能无法有效地应对婴儿的啼哭,但经验会很快增加他们反应的准确度。不久,当喂养和换尿布不能有效安慰正在哭泣的孩子时,父母就会用很多方式来抚慰正在啼哭的婴儿;父母们首先试用的方法可能是将婴儿放到他们的肩膀上并且摇动或慢走,这种技巧非常有效;另一种安慰方法是用舒适的襁褓包裹婴儿。

婴儿的可抚慰性是有个人差异的。在出生后的最初几天,一些婴儿很容易烦躁不安、难以抚慰,而另外一些则很少发脾气,即使接受了过多的刺激,也很容易平静下来。与中国婴儿、美国印第安婴儿和日本婴儿相比,白人婴儿更容易发脾气,更难以抚慰。不容易抚慰的婴儿,与父母之间常常不能建立起一种良好的亲子关系。作为父母,应该学习如何根据自己孩子的特点调整教养方式。

3.新生儿行为评估

美国医生阿普加(Apgar)设计了一种快速测定新生儿机体是否正常的量表(见表 1-8)。该量表由不同等级组成,测量的内容包括心率、呼吸、肌肉弹性、肤色和应激反射共 5 项,每项得分为 0～2 分,满分为 10 分。如果新生儿出生后几分钟内就进行测验,大多数新生儿能得 9 分或 10 分。如果新生儿的得分在 7 分以下,就需要采取特别护理。

表 1-8　阿普加量评分表

分　数	0	1	2
心　率	无	少于 100 次/分钟	多于 100 次/分钟
呼　吸	无	慢、不均匀	好,正在哭
肌肉弹性	无力软弱	软弱、无活力	强、积极活动
肤　色	身体苍白或蓝	身体粉红末端发蓝	全身粉红
应激反射	无反射	抽搐、表示痛苦	大哭、咳嗽和喷嚏

另一个广泛适用的评估新生儿的工具是贝瑞·布拉赞滕(T.Berry Brazelton)的新生儿行为评价量表(NBAS)测试者可以通过此量表评价婴儿的反射作用、状态变化、对生理和社会刺激的反应及其他方面的反应。

第一两周内 NBAS 分数的改变,能更好地评估婴儿恢复出生压力的能力。NBAS 的恢复曲线可以对学前儿童的智力状况做出较为准确的预测。NBAS 也可以帮助父母了解他们的孩子。在国外的一些医院中,健康专业人员通过 NBAS 讨论或证明新生儿的能力,这可以帮助父母更好地了解自己的新生儿,他们与婴儿的互动也会更加有效。当然,仅仅依靠 NBAS 所测得的分数并不能对婴儿以后的生长和发展做出很好的预测,因为新生儿的行为和抚养方式会对发育状况产生影响。

NBAS 已在世界范围内被广泛运用。研究人员通过运用该工具,已经了解新生儿的个体差异和文化差异以及如何通过教养方法来保持或改变婴儿的一些反应。例如,与高加索的婴儿相比,对亚洲和美洲本土婴儿的 NBAS 的分数解释如下:这些文化中的母亲,往往通过摇摆身体、接触以及积极敏感的照顾等方法来安慰婴儿。相比之下,用阿普加评分量表对出生在赞比亚等非洲国家营养不良的婴儿所测得的分值,会因父母看护方式的不同而有很大的变化。由于赞比亚的母亲将他们的孩子整天背在肩上,给婴儿提供了大量的刺激,所以大部分孩子的得分都很高。

运用这些工具对新生儿进行评价是很有用的。一旦将新生儿进行评价所得的分数和身体检验的情况结合起来考虑,就可以使严重的中枢神经系统问题在新生儿出生后不久的几周中就得到处理,降低遗漏率。NBAS 和其他类似的工具为调研者们在描述孕育分娩并发症对婴儿行为所产生的影响方面,提供了较大的帮助。

(三)新生儿对家庭的改变

婴儿进入家庭后,对家庭发生了意义深远的改变。对于母亲来说,需要进行产后恢复和调节身体中大量荷尔蒙的转移。如果母亲对婴儿进行母乳喂养,那么母亲的能量基本消耗在哺乳阶段。在母亲恢复期内,父亲所要做的事就是支持母亲。此时的新生儿有很多的需求,这时期他更多地受到母亲的关注,在这种情况下,父亲似乎成了被忽视的人,这让他感到很不适应。

婴儿在任何时候都会毫不犹豫地表达自己的需求,渴了、饿了、身体不舒服了等都会及时告诉父母。而且婴儿的作息时间表并不像成人那样规律,这就使整个家庭的作息时间表变得不确定。

1.家庭体系的改变

家庭中这个小生命的出现,使家里多了额外的经济负担,父母要对其进行持续的照顾,使夫妻间的性生活也变得更保守了。

如果父亲和母亲在照顾婴儿的分工上有显著的不公,分娩之后婚姻满意度就会极度下降,这对亲子关系具有极大的影响。相反,如果父母能承担起照顾婴儿的责任,他们的婚姻就会变得更加的牢固。

20世纪80年代的学者们大多把注意力集中在孩子诞生对母亲的影响上,很少有学者研究孩子诞生对父亲的影响。事实上,当男性成为父亲后,就意味着对其内心世界和外在行动进行重新构造,在这一过程中很容易出现失衡现象。研究发现,由于孩子的出生,丈夫对婚姻的满意度呈现下降的趋势,分析其原因,研究者认为主要有:由于对新生儿的养育护理而造成身体的紧张,丈夫经济责任增大,成为父亲后的各种限制,丈夫角色作用的重新定位等。

怎样才能缓解或消除孩子对父亲的消极影响?研究现实,如果推迟做父母的年龄,等到将近30或30岁以上时再要孩子,可以使这种亲子关系的过渡变得容易些。在这之前夫妻可以追求他们的职业目标,获得一定的生活经验,并在心理上准备要为人父母。如果能做到这些,男性对做父亲就会有更大的热情,并且愿意与妻子一起照顾孩子,这会给孩子及母亲带来安全感。

在贯彻了20几年的独生子女政策后,我国的生育政策有所改变。今后,双子女家庭可能越来越多,在第二个孩子出生后,则要求父亲在养育方面起更加积极的作用。当母亲刚刚分娩第二个孩子,处于恢复期时,父亲既要照顾第一个孩子,又要承担照顾新生儿的责任。这时,夫妻之间的分工就再不如从前了。对生育两个孩子的家庭进行研究表明,在对孩子抚养很好的家庭中,父亲起着与日俱增的作用。就像一个父亲所说的:"拥有一个孩子使我的妻子变为母亲,拥有两个孩子使我变为父亲。"

对于母亲来说,由于有了经验,照顾第二个孩子比照顾第一个孩子容易得多。这样,她有更多的时间和精力协调丈夫和孩子之间的关系。正是由于她的调节,使父亲更为重视为人父的角色。而且家庭、朋友、配偶的支持与鼓励,对于减少父亲的压力也是至关重要的。夫妻双方除了要进行自我调整外,还要帮助他们的第一个孩子进行调整适应,因为在学前时期第一个孩子可能会感到被取代,并且表现出嫉妒与生气。

 拓展知识

产后忧郁症及亲子关系

研究显示,50%~75%的女性都将随着孩子的出生有一段消沉的经历。对多数女性而言,这种征兆不明显或转瞬即逝。在这段时间内,她们会表现出情绪不稳定,比如莫名地哭泣或情绪欠佳。这与母亲在分娩后荷尔蒙的变化有关。经过一段时间的调整,她们会获得养育婴儿的自信心,并且会得到丈夫、家庭其他成员和朋友的安慰。然而,大约有10%的妇女不能轻松地恢复。10%~15%的新妈妈在这种情况下,反应会很强烈,她们的情绪会变得十分狂躁,无法控制日常的生活和行为。医学界把这种情况定义为产后抑郁症。下面几种危险因素容易引发产后抑郁症:婚姻问题;怀孕期间的抑郁、焦虑;缺乏福利保障;怀孕期间的生活压力或负面事件的发生,如家属死亡、亲戚远离、搬到新地方、曾经产后抑郁症或心绪混乱;分娩时的创伤经历;出院较早;有产前综合征的病史。

患有产后抑郁症的母亲对婴儿有很大的消极影响,在分娩之后的几个星期,这些母亲的睡眠很差,注意力不集中,对周围环境反应较差,并且荷尔蒙水平也会升高。母亲的症状表现得越严重,亲子关系遭遇的问题也就越多。

如果母亲持续情绪沮丧,亲子关系就会更差。因为沮丧的双亲对待孩子的方式非常消极。经历这些不适合的教养方式的孩子,常常具有很严重的整合问题;为了避免他们的双亲感到烦恼,孩子有时会将自己退缩进自己的沮丧情绪之中;或者他们可能模仿他们的父母生气,并且会变得很冲动和反社会。

此外,随着时间的流逝,沮丧的父母的教养行为会导致孩子发展出一种消极的世界观——他们缺乏自信,并将父母和他人视为是一种对自己的威胁。持续处在威胁中的婴儿在压力的环境中可能变得过度警觉,面对认知和社会挑战易失去控制。

母亲产后抑郁症的早期治疗,对于避免这种紊乱的状况以及对孩子的伤害是非常重要的。以下方法有助于改善、治疗母亲的产后抑郁症:

(1)接受别人的帮助,或主动寻求他人帮助。

(2)在婴儿睡觉的时候,母亲尽量休息或小睡一会。

(3)时而同家人和朋友休闲娱乐,尽量使自己心情放松。

(4)不要给自己提过高的要求,降低对自己的期望值。

(5)把自己的感觉或感受向丈夫、家人及朋友倾诉。

(6)与其他新妈妈聊天,谈各自感受。

(7)锻炼身体(如果医生允许的话)。

(8)坚持健康的、有规律的饮食。

有些症状严重的产妇是不能自行恢复的,需要专家的帮助。一些产妇甚至会很快发展到产后精神病。所以,如果发现某个产妇有严重的产后抑郁症,一定要建议她去找心理专家进行咨询和治疗。

2.应对改变的措施

表1-9中列举了一些可以帮助促进亲子关系的策略。除了这些策略外,还有一些特殊的干预对于帮助父母调整也非常有效。在一项干预计划中,第一次生育的父母们进行每周一次且为期6个月的聚会,以讨论他们的家庭愿景及婴儿降生后给他们的关系带来的变化。在该计划结束18个月后,参与该计划的父亲觉得他们比没参与的父亲更能潜心于对孩子的抚养中。可能由于父亲的协助,参与该计划的母亲能够保持她们生产前的舒适感和工作角色。产后3年,所有参与者的婚姻依然完整无缺并且如同他们做父母以前一样快乐。相反,未受干预的夫妇中,15%已经离婚。

对于因为贫穷或残疾孩子出生而起冲突的高危夫妇,这种干预工作更为重要。在另一项计划中,由于一个受过培训的干预者去拜访一个家庭,着重强化家庭的社会支持和亲子关系,结果在干预计划实施五年之后,这一个家庭的亲子交流增多了,对于儿童的认知和社会性发展意义深远。

如果夫妻能够互相体谅并支持对方的需求,那么由婴儿出生导致的压力是可以控制的。若孩子一直很依赖于他们的父母,这些父母的大部分精力和时间可能会投入对孩子的照顾中。但是,父母们不应该因此放弃享受生活的其他方面,仍可以像以前一样生活。

表 1-9　亲子关系的过渡与父母角色的调节

策　略	描　述
做出一个分担家庭任务的计划	尽可能讨论家庭责任的分工。分配某人做某家务时,看其是否具备做这种家务所需要的时间和技巧,而不是按性别分配
在孩子刚刚降生之后便开始共同照看孩子	父亲在婴儿早期要花费同样的时间照顾孩子,母亲不要用自己的标准影响父亲。取而代之,父母要通过讨论抚养的观念和关注点来共同发挥"儿童养育专家"的作用
讨论双方在做出某些决定和责任中的矛盾之处	要在交流中正视矛盾。弄清你的需要和感觉,并向你的另一半表达这些感受,倾听并努力去理解另一半的观点,愿意去磋商及妥协
建立工作与养育之间的平衡	生第一胎婴儿的父母们要有所取舍地衡量自己用于工作的时间,如果用于工作的时间太长了,就要试着减少一些
迫切要求工作单位和公共政策帮助父母们育儿	生第一胎婴儿的父母们所面对的困难可能多半来自缺乏工作单位和社会的支持。工作单位要通过一些对员工有益的措施鼓励他们进行合作工作并建立家庭角色。例如:有偿假期;弹性工作时间;高质量的工作环境,有照管儿童的地方。与立法者和其他公民交流如何为孩子和家庭而改善政策,包括用以支持亲子关系过渡的有偿、有工作保障的假期

小　结

1.人脑是世界上最复杂的一种物质,是自然界长期进化过程的产物。脑的出现在神经系统的进化史上有特别重要的意义。脑的进化是遵循以下方向不断完善的:脑的相对大小的变化、皮层相对大小的变化和皮层内部结构的变化等。

2.人脑包括延脑、小脑、中脑和大脑等几个部分。延脑负责呼吸和姿势反射;小脑与运动协调有关;丘脑是感觉信息的中继站;下丘脑在情绪和体内平衡中起重要作用。

3.神经系统分成中枢神经系统和周围神经系统。中枢神经系统包括脑神经和脊髓神经;周围神经系统包括从脑和脊髓分布到身体其他部分的神经。周围神经系统再分为躯体神经系统和自主神经系统。

4.学前儿童神经系统的特点:神经系统发育迅速;神经髓鞘化;容易兴奋,容易疲劳;需要较长的睡眠时间;脑细胞能利用的能量来源单一。

5.学前儿童生长发育的规律有:连续性和阶段性、不平衡性、程序性、个别差异性等。

6.从怀孕到出生,整个孕期发展可以划分为三个阶段:胚种期、胚胎期和胎儿期。从怀孕的第 9 周到胎儿出生,很多环境因素会影响孕期发展。一些致畸因子在整个孕期都很危险,尤其在怀孕的前 8 周,因为这是胎儿主要器官和身体部位雏形形成的时期。母亲的一些特征也会影响胎儿的发展,如营养不良、孕期的情绪压力等因素都会对胎儿的发展产生不良影响。

7.新生儿具有许多与生俱来的能力,这使他们为今后的生活做好准备。新生儿的反射有两种,一种是生存反射,另一种是原始反射,生存反射具有更大的适应价值。

8.婴儿的出生给家庭带来了额外的经济负担。婴儿的到来不仅给母亲的生活带来了影响，也使父亲的生活发生了改变。父母双方要互相体谅，合理分工，以使家庭一如既往地温馨、和睦。

思考与复习

1.幼儿神经系统有哪些特点？

2.幼儿生长发育的基本规律有哪些？

3.你如何看待遗传与环境的相互作用？

4.了解新生儿的能力有何重要性？

第二章　学前儿童感知觉的发展

 本章主要内容

本章主要阐述学前儿童的感觉和知觉,围绕感知觉的概念、分类和特点展开,并介绍了一些培养儿童观察力的方法。

学习目标

1.了解感觉、知觉的定义、种类。
2.掌握学前儿童感知觉发展的特点。
3.掌握幼儿观察力的培养方法。
4.能运用感知觉的规律设计简单的教育活动。

 关键词

学前儿童　感觉　知觉　感受性　选择性　整体性　理解性　恒常性　观察力

第一节　感觉和知觉概述

一、什么是感觉和知觉

感觉是人脑对直接作用于感觉器官的客观事物的个别属性的反映。每个人都生活在一个丰富多彩的世界里,当我们认识某种事物时,先将事物的颜色、声音、硬度、湿度、气味、味道等个别属性通过感觉器官反映到人脑中,使大脑获得了各种外部信息,从而产生了相应的感觉。例如,我们面前放一个苹果,我们是怎样认识它的?我们用眼睛看,知道它有红红的颜色、圆圆的形状;用嘴去咬,知道它是甜的;拿在手上掂一掂,知道它有一定的重量。我们的头脑接受加工了这些属性,这就是感觉。

任何客观事物,其个别属性都不是孤立存在的,而是由多种属性有机结合起来构成一个整体。例如,我们面前有一枝花,我们并非孤立地反映它的红色、多味、多刺的枝干……而是通过脑的分析与综合活动,从整体上同时反映出它是一朵玫瑰花,这就是知觉。

知觉是人脑对直接作用于感觉器官的客观事物的整体的反映,其实质是说明作用于感官的事物"是什么"这个问题的。

感觉和知觉是紧密联系而又有区别的心理过程。

感觉和知觉都是人脑对当前直接作用于感觉器官的客观事物的反映,离开了客观事物对人的作用,就不会产生相应的感觉与知觉。事物的整体是事物个别属性的有机结合,对事物的知觉也是反映事物个别属性的感觉在头脑中的有机结合。由此看来,感觉是知觉的基础。没有感觉也就没有知觉。感觉越精细、越丰富,知觉就越正确、越完整。同时,事物的个别属性总是离不开事物的整体而存在,所以实际上,我们绝不会脱离花儿孤立地看花的颜色,任何颜色必然是某种物体的颜色。当我们感受到某种物体的颜色或其他属性时,实际上已经知觉到该物的整体。离开知觉的纯感觉是不存在的。反过来,要知觉整个物体,就必须首先感觉到它的色、形、味等各种属性以及物体的各个部分。人总是以知觉的形式直接反映事物,感觉只是作为知觉的组成部分存在于知觉之中,很少有孤立的感觉。因此,我们通常把感觉和知觉统称为感知觉。在心理学中,为了科学分析的方便,才把感觉、知觉划分出来进行研究。

另外,知觉还包含其他一些心理成分,如过去的经验以及人的倾向性常常参与在知觉过程中,因而当我们知觉一个对象时,可以做出不同的反映。例如,一座山,画家知觉它为写生的对象,着重反映它的造型;地质学家知觉它为矿产资源的特征,兴趣在于如何去挖掘、开发;旅游学家知觉它为美丽的风景区,兴趣在于如何去开发这片丰富的旅游资源。

二、感觉和知觉的功用

(一)感知觉是认识的开端,是获得知识的源泉

人对客观世界的认识从感知觉开始。人类的知识无论是来自自身经历的直接经验,或是通过阅读书本得到的间接经验,都是先通过感知获得的。人类的知识无论多么复杂,也都是建立在通过感知而获得的感性知识的基础上。

(二)感知觉是一切心理现象的基础,也是个体与环境保持平衡的保障

感知觉是比较简单的心理过程,但它却给高级的复杂的心理过程提供了必要基础,没有感知觉,外部刺激就不可能进入人脑中。因此,人就无法产生记忆、想象、思维等高级的心理过程。感知觉不仅为记忆、思维、想象等提供了材料,也是动机、情绪、个性特征等一切心理活动的基础。没有感知觉,也就没有人的心理。当人的感觉被剥夺或感觉知觉缺损不能正常感知时,人的心理就会出现异常,人们就会出现严重的心理障碍,甚至难以生存。"感觉剥夺"试验就是最好的证明。在感觉剥夺的实验中,人在感觉完全隔绝的情况下,记忆、思维、言语能力等出现了不同程度的障碍,甚至还产生了幻觉与强迫症状,使正常的心理活动受到破坏。由此可见,感知觉对于维护人的正常心理,保证人与环境的平衡,起着极为重要的作用。

三、感觉和知觉的种类

(一)感觉的种类

感觉的种类是根据分析器的特点以及它所反映的最适宜刺激物的不同而划分的,可以把感觉分为两大类:外部感觉和内部感觉。外部感觉的感受器位于人体的表面或接近表面的地方,主要接受来自体外的适宜刺激,反映体外事物的个别属性,主要有视觉、听觉、嗅觉、味觉、肤觉等。内部感觉的感受器位于机体的内部,主要接受机体内部的适宜刺激,反映自身的位

置、运动和内脏器官的不同状态,包括运动觉、平衡觉和机体觉。见表 2-1。

表 2-1　感觉的种类

类　别	感觉种类	适宜刺激	感受器	反映属性
外部感觉	视觉	可见光波	视锥细胞和视杆细胞	黑、白、彩色、明暗
	听觉	可听声音	耳蜗管内的毛细胞	声音
	味觉	溶解于水、唾液中的化学物质	舌与咽部的味蕾	酸、甜、苦、咸味道
	嗅觉	有气味的气体	鼻腔和黏膜上的嗅细胞	气味
	肤觉	机械性、温度性刺激物	皮肤的和黏膜上的冷点、温点、痛点、触点	冷、温、痛、压、触
内部感觉	运动觉	骨骼肌运动、身体四肢位置状态	肌肉、肌腱、韧带、关节中的神经末梢	身体运动状态位置变化
	平衡觉	人体位置变化(直线变速或旋转运动)	内耳、前庭和半规管的毛细胞	身体位置变化
	机体觉	内脏器官活动变化时的物理化学刺激	内脏器官壁上的神经末梢	身体疲劳、饥渴和内脏器官活动不正常

(二)知觉的种类

根据不同标准,可以把知觉进行不同的分类。

(1)根据知觉过程中起主导作用的分析器,可以把知觉分为视知觉、听知觉、嗅知觉和味知觉、肤知觉等。

(2)根据知觉对象不同,可以把知觉分为物体知觉和社会知觉。物体知觉主要是对物体的知觉,主要有空间知觉、时间知觉和运动知觉。社会知觉是对人的知觉,主要包括他人的知觉、自我知觉和人际关系的知觉。

四、感觉和知觉的特性

(一)感受性及其变化规律

1.定义

感受性即感觉的能力。不同的人对同等强度刺激物的感觉能力不是一样的。感受性高的人能感觉到的刺激,不一定被感受性低的人感觉到。例如,有经验的染色工人能辨别几十种不同的黑色,而一般人则很难辨别。一个人的感受性低不是一成不变的;同一个人在不同的条件下,对同一刺激物的感受是有高低的。

2.感受性变化的规律

(1)感觉的相互作用。各种感觉不是孤立存在的,而是相互联系、相互制约的。不同感觉的相互作用,可以使感受性发生变化。在生活中,人们经常会发现,牙疼可以因强烈的声音刺激而加剧,也可以因压迫皮肤而减轻;食物的颜色、温度会影响对食物的味觉,摇动的视觉形象会引起平衡觉的破坏,产生呕吐现象。实验表明,微弱的声音能提高视觉的感受性,强烈的噪音能降低色觉的差别感受性。

(2)感觉的适应。适应是在刺激物持续作用下引起感受性的变化。这种变化可使感受性提高,也可以使感受性降低;有时也可以使感觉消失。古语说:"入芝兰之室,久而不闻其香;入鲍鱼之肆,久而不闻其臭。"这就是嗅觉的适应。我们经常看到,有些老年人把眼镜移到自己的额头上,到处找眼镜,这是触压觉的适应。在热水中洗澡的时候,我们开始觉得水很热,但一会儿就不感觉热了,这是肤觉的适应。

视觉的适应,可分为明适应和暗适应。例如,从亮处进到暗室,开始什么也看不清楚,过了一会儿,对昏暗的感受性逐渐提高,就能分辨出物体的轮廓了,这一过程就是暗适应。从暗室走到阳光下时,最初一瞬间感到耀眼发炫,什么都看不清楚,只要过几秒钟,由于对强光的感受性较快的降低,视觉随即恢复正常,就能看清楚周围的事物了,这种现象就是明适应。

(3)感觉的对比。感觉的对比是同一感受器接受不同的刺激而使感受性发生变化。感觉对比有同时对比和相继对比。例如,月明星稀,天空中的星星在明月下看起来比较少,而在黑夜里,看起来就明显的增多;灰色的长方形放在黑色的背景上看起来要比放在白色的背景上更亮一些。吃了糖之后,接着吃苹果,觉得苹果很酸,而吃了苦药之后,接着喝白开水,觉得有甜味,这是相对比较。

(4)感受性与训练。人的感受性是可以通过实践活动的训练得到提高的。在人们的生活实践中,因为实践活动的需要,对某种感觉做长期的、精细的训练,能使感受性大大地超过其他人,如熟练的钢铁工人,能够根据钢水的火花判断出炉内温度的高低;喜好品茶的人,呷一口茶,就知道茶的产地、等级;熟练的汽车司机,侧耳一听,就能听出常人听不出的机器运转的异常声音,等等。此外,由于某种原因造成丧失一种感觉能力的人,其他感觉能力由于代偿而得到特殊的发展。例如,聋哑人的视觉特别敏锐,盲人的听觉和触觉十分发达。以上这些人的感觉能力,有如此惊人的发展,并不是他们先天具有特殊的分析器,而主要是在后天生活和劳动实践的过程中锻炼发展起来的。

(二)知觉的特征

1.知觉的选择性

人所处的周围环境复杂多样,某一瞬间,人不可能对众多事物进行感知,而总是有选择地把某一事物作为知觉对象,与此同时,把其他对象作为知觉对象的背景,这种现象叫知觉的选择性。

影响知觉选择性的因素有主观和客观两个因素。从客观而言,主要有:(1)对象与背景的差别。对象与背景差别越大,越容易从背景中选择出来。例如,黑板上的白字,很容易成为知觉的对象,而白墙上写白字,不容易被知觉;批改作业,用红笔最醒目。(2)对象的活动性。在相对的禁止的背景上,活动刺激物容易被知觉。例如,夜晚的天空,一颗流星很容易被人感知;闪烁的霓虹灯广告;电影幻灯等活动的教具,很容易被人知觉。(3)对象的特征。特征明显的刺激物,容易被知觉。例如,一个踩高跷的人,走在大街上,就容易成为知觉的对象。从主观因素来看,像知觉有无目的和任务,已有的知识经验的丰富程度,个人的兴趣、爱好与情感状态等,都影响对知觉对象的选择。

2.知觉的整体性

知觉的对象具有不同的属性,由不同部分组成,但是人并不把知觉的对象感知为个别的孤立的部分,还是把它知觉为一个统一的整体,这种特性称为知觉的整体性。

在看图 2-1 时,我们一开始就把它知觉为一个三角形和正方形,而不是知觉为三条线段和四条线段。在整体性视觉中,刺激物之间的关系起着重要作用。有时,刺激物的个别部分改变了,但各部分的关系不变,仍保持整体知觉。如一首乐曲,有不同演唱方式,如不同乐器演奏,都被知觉为同一首乐曲。部分之间的关系改变,知觉的整体形象就会变化。如四条相等的直线,组成垂直的封闭图形,则是正方形,同样四条直线,组成不垂直的封闭图形,就变成了菱形。可见,物体各部分的关系以及对关系的反映,是知觉整体性的基础。

另外,有知识经验的补充和部分属性作用时,人才能形成对事物的整体性知觉。

图 2-1

3.知觉的理解性

在知觉过程中,人总是用已具有的知识经验,对感知的事物进行理解,并用词把它标志出来,知觉的这种特性就是知觉的理解性。

知觉的理解性是以知识经验为基础的。知识经验越丰富,对于知觉对象理解得越深刻,越全面。例如,一个有经验的医生在 X 光片上,能够看到不为一般人所察觉到的病变;操作工人在机器运转的过程中,能辨别出是否有故障,而一个门外汉,则除了响声什么也听不出来。

此外,个人的动机、期望、情绪与兴趣以及定势等,对人的知觉理解性都有重要的影响。

4.知觉的恒常性

当知觉的条件在一定范围内改变了的时候,被知觉的对象仍然保持相对不变的特性,这种特性称为知觉的恒常性。例如,强光照射煤块的亮度,远远大于黄昏时粉笔的亮度,但我们仍然把强光下的煤块知觉为黑色,把黄昏时的粉笔知觉为白色。恒常性在视觉中最为明显,表现在大小、形状、亮度、颜色等。

知觉的恒常性主要是由于经验作用的结果。人总是在自己的知识经验的基础上知觉对象的,对知觉对象的知识经验越丰富,越有助于产生知觉的恒常性。

知觉的恒常性在我们的生活、工作和学习中有重要的意义。它有利于人们正确地认识和适应环境。恒常性消失,人对事物的认识就会失真,工作与学习会遭遇严重的困难。

第二节　学前儿童的感知觉

一、学前儿童感觉的发展

(一)视觉

1.视觉敏锐度

视觉敏锐度,是指幼儿分辨细小物体或远距离物体细微部分的能力,也是人们通常所说的视力。在整个幼儿期,儿童的视觉敏锐度在不断提高。研究者让幼儿在一定距离看白色背景上画有缺口的圆圈,测量幼儿刚能看出缺口的距离,结果是:4~5 岁幼儿平均距离为207.5厘米,5~6 岁幼儿平均距离为 270 厘米,6~7 岁幼儿的平均距离为 303 厘米。如果以 6~7 岁幼儿视觉灵敏度的发展程度为 100%的话,那么 4~5 岁幼儿为 70%,5~6 岁幼儿为 90%。可见,5 岁是视觉敏锐度发展的转折期。

因此,我们要注意幼儿期儿童视觉敏锐度的发展,在制作教具、图片时,对于年龄小的,文字图画要大些,桌椅要考虑孩子的身高,教室的采光要充足,要充分利用幼儿视觉敏锐度的发展。

2.颜色视觉

幼儿初期初步能辨认红、橙、黄、绿、蓝等基本色,但在辨认红褐色和近似色时,往往较困难,也难以说出颜色的正确名称。幼儿中期,大多数能认基本色、近似色,并且说出基本色的名称。幼儿晚期,不仅能认识颜色,而且在画画时,能运用各种颜色调出需要的颜色,并能正确地说出混合色近似的名称。

丁祖萌、哈永梅于 1983 年对幼儿辨色能力的研究,曾得到以下结果:

(1)幼儿正确辨认颜色的百分率和正确辨认颜色数,均随年龄提高而增长。

(2)幼儿正确辨认颜色的百分率,因年龄不同、颜色不同、辨认方式不同而有差异。

(3)幼儿辨认颜色主要在于能否掌握颜色名称,如混合色有明确的名称,如淡棕、橘黄,幼儿同样可以掌握。

(4)幼儿辨认颜色之所以发生错误,可能由于辨认颜色能力没有得到很好发展,也可能由于注意力不集中,不认真仔细区分辨别等原因。

(5)幼儿对某些颜色,如天蓝、古铜等,不能辨认或不善于辨认,并非完全由于缺乏辨色能力,主要是由于在生活中接触机会少,成人也没有做有意识的指导。

研究者根据实验结果,建议在教育中要注意指导幼儿掌握明确的颜色名称,通过近似色的对比指导幼儿辨色;使幼儿多接触各种颜色,并经常教育幼儿做精确的辨认。

(二)听觉

幼儿通过听觉辨别周围事物,欣赏音乐,学唱歌。特别是通过听觉学说话、学知识。听觉对幼儿来说意义重大。

1.听觉感受性

听觉感受性包括听觉的绝对感受性和差别感受性。绝对感受性是指幼儿分辨最小声音的能力。差别感受性是指幼儿分辨不同声音的最小差别能力。幼儿的听觉感受性有巨大的个别差异。有的幼儿感受性高些，有的则低些，但总地来说，听觉感受性随着年龄的增长而不断完善。

2.语言听觉

幼儿辨别语音是在言语交际过程中发展和完善起来的。幼儿中期，儿童可以辨别语言的细小差别，到幼儿晚期，儿童基本上能辨别民族语言所包含的各种语言。教师在幼儿语言教育中，应特别注意幼儿是否听得清楚，要及时发现幼儿在听觉方面的缺陷和重要现象。所谓重听，是指幼儿对别人的话语听不清楚、不完全，但他们常常能根据说话者的面目表情、嘴唇动作以及当时说话的情景猜出说话的内容。这种现象往往不易被人们察觉出来，但它却对幼儿言语听觉、言语及智力发展具有一定的影响，因此，应当引起人们的重视。

(三)触觉

触觉是肤觉和运动觉的联合，也是幼儿认识世界的主要手段。幼儿触觉的绝对感受性在儿童很小的时候就发展起来了，如对软硬、轻重、粗细等的辨别。触觉的差别感受性是在幼儿期才开始发展起来的。例如在实验室中，要求幼儿不用眼睛看，而是用手去掂量物体的重量，其中4岁幼儿对物体重量的估计错误率大于70%，而7岁幼儿对物体重量的估计错误率只有37%，说明幼儿的触觉得到迅速发展。但不同年龄阶段儿童运用掂量的方法不同，4岁儿童运用同时比较的掂量法，而7岁儿童则采用相继比较的掂量法。

二、学前儿童知觉的发展

(一)空间知觉

空间知觉是一种比较复杂的知觉，是由视觉、听觉、运动觉等多种分析联合活动的结果。幼儿空间知觉的发展不仅有赖于是否有丰富的表象，还有赖于是否掌握了表示与空间关系的词。

1.方位知觉

方位知觉是指对物体所处的空间位置的知觉，如对上下、左右、前后、东西、南北、中的知觉。幼儿的方位知觉发展的顺序是上下、前后、左右。3岁能辨上下，4岁能辨前后，5岁能以自身为中心辨别左右，6岁幼儿虽然能辨别上下前后4个方位，但是左右方位的相对性的辨别仍很困难。

由于幼儿辨别空间方位是从以自身为中心辨别过渡到以其他客体为中心辨别，因此，教师在舞蹈、体育等活动中要做镜面示范。

2.形状知觉

形状知觉是对物体几何形体的知觉。它依靠运动觉和视觉的协同活动。实验表明，3岁儿童基本能根据范样找出基本的几何图形，5~7岁儿童的正确率比3~4岁儿童高，对幼儿来说，对不同几何图形的辨别能力有所不同，由易到难的顺序是：圆形、正方形、半圆形、长方形、梯形、菱形。幼儿初期能正确掌握圆形、正方形、三角形、长方形。幼儿中期能正确掌握圆形、正方形、三角形、菱形、长方形、半圆形和梯形。幼儿晚期能正确掌握圆形、正方形、长方形、半圆形、梯形。在教师指导下，幼儿能适当辨认菱形、平行四边形和椭圆形。

为了更好地促进幼儿形状知觉发展,教师在教学中,一方面要使幼儿掌握关于几何图形的词语,另一方面要让幼儿在看与摸的结合中学习几何形体。

3.距离知觉

距离知觉是辨别物体远近的知觉,幼儿能分清所熟悉的物体或场所的远近。对于比较广阔的空间距离,还不能正确认识。幼儿常常不懂得透视原理,不懂得近物大远物小、近物清晰远物模糊的原理,所以他们在绘画作品中,经常不能把实物的距离、位置、大小等空间特性表现,不能判断作品中任务的远近距离。例如,把图画中远处的树称为大树,把近处的树称为小树。

（二）时间知觉

时间知觉是对客观想象的延续性、顺序性和速度的反映。由于时间比空间更为抽象,为了正确地感知,它必须借助于中介物,如天体的运行、人体的节律或专门记载时间的工具。

幼儿前期,主要以人体内部的身体状态来反映时间,如生物钟及生物节律周期来反映时间,到点就感觉到饿,想要吃。幼儿期逐渐地能够以外界事物作为标准。

幼儿初期,已经有一些初步的时间观念,但往往与他们的生活活动相联系,比如早餐就是起床的时间,上幼儿园的时候,下午就是妈妈接幼儿回家的时候,晚上就是睡觉的时候。有时也会用一些相对性的时间观念,如昨天、明天,但经常会用错。例如,"妈妈已经明天领我去奶奶家"。一般来说,他们只懂得现在,不理解过去和将来。

幼儿中期,可以正确地理解昨天、今天、明天,也会运用早上、晚上等词,但对于较远的时间,例如,前天、后天便不很理解。例如,一个四岁半的幼儿问妈妈:"我什么时候过生日?"妈妈说:"后天。"孩子问:"后天是什么时候?"妈妈说:"再睡两次觉。"孩子再闭了两次眼睛后问妈妈:"到我生日了吧。"

幼儿晚期,可以辨别昨天、今天、明天的一些时间观念,也开始能辨别大昨天、前天、后天、大后天,也能分清上午和下午,知道星期几,知道四季,但是对于更短的或更远的时间观念,就很难分清,如从前、马上等。

幼儿的时间知觉在教育过程中得到发展。有规律的幼儿园生活能帮助幼儿建立时间观念、音乐和体育活动,使幼儿掌握有节奏和有节律的动作,观察有时间联系的图片,如蝌蚪变青蛙等有助于幼儿时间观念的形成,通过讲故事,可以使幼儿掌握从前、古时候、后来、很久很久等有关时间的词汇。

三、学前儿童观察力的发展和培养

观察是有目的、有计划、比较持久的知觉过程。观察是知觉的高级形式,是从现实中获得感性认识的主动积极的活动形式。观察是人们学习知识、认识世界的重要途径,观察的全过程和注意、思维等心理活动密切联系。观察在人的学习、工作时间中具有重要的作用和意义,观察是获得知识的门户,一切科学实验,一切科学的新发现、新规律,都是建立在周密的、精确的、系统的观察之上。巴普洛夫一直把观察、观察、再观察作为自己的座右铭,并告诫学生不会观察,就永远当不了科学家。达尔文在总结自己的成就时总是说:"我既没有突出的理解力,又没有过人的机智,只是在观察那些稍纵即逝的事物,并对其进行精确的观察的能力之上,我可能在众人之上。"

观察力就是分辨事物细节的能力,是智力结构的组成部分,它是经过系统的训练,逐渐培养起来的。3 岁前的儿童缺乏观察力。他们的知觉主要是被动的,是由外界刺激物的特点引起的。而且,他们对物体的知觉往往是和摆弄物体的动作结合在一起的。

(一)学前儿童观察力的发展

幼儿期是观察力初步形成时期,幼儿观察的目的性、持续性、细致性和概括性都在不断地完善。

1.观察的目的性

幼儿初期,不善于自觉的、有目的地进行观察,不能接受观察任务,往往东张西望,或只看一处,或任意乱指,他们在没有其他刺激干扰的情况下,还能够根据成人的要求进行观察,但在其他因素干扰的情况下,容易离开既定的目标。幼儿中期、晚期观察的目的性逐渐增强,能根据任务有目的的观察,能够排除一切干扰,根据活动或成人的要求来进行观察。

2.观察的持续性

幼儿观察持续性的发展和观察目的性的提高密切联系。幼儿初期观察持续时间很短。在阿格诺索瓦得实验中,三四岁幼儿持续观察某一事物的时间平均为 6 分 8 秒。5 岁幼儿有所提高,平均为 7 分 6 秒。从 6 岁开始观察持续时间显著增加,平均时间为 12 分 3 秒。幼儿观察的持续时间是随着年龄的增长而延长。

3.观察的细致性

幼儿初期,观察的细致性较差,只能观察到事物的粗略的轮廓,只能看到面积大的和突出的特征。而中期观察逐渐细致,能从事物的一些属性来观察,如大小、形状、颜色、数量和空间关系等方面来观察,不再遗漏主要部分。

4.观察的概括性

在幼儿初期,在观察中得到的是零散的、孤立的现象,这些不系统的信息使幼儿无法知觉到事物的本质特征。中晚期幼儿能够有顺序地进行观察,从而获得对事物各个部分之间关系的比较完整的系统的影响,因此能较顺利地概括出本质特征。

(二)学前儿童观察力的培养

1.明确观察的目的和任务

观察的效果如何取决于目的任务是否明确,观察的目的任务越明确,观察时的积极性就越高,对某一事物的感知就完整、清晰;相反,目的任务不明确,幼儿就会东瞧瞧西望望,抓不住要观察的对象,得不到收获。幼儿观察具有目的性不强的特点,他们观察的目的和任务往往需要成人帮助提出。

2.激发观察的兴趣

兴趣是入门的向导。教师为幼儿提出观察的目的和任务时,要以生动的语言和饱满的情绪来感染幼儿,激发他们观察的兴趣、愿望;在观察过程中,教师也要有良好的情绪状态和精神状态影响幼儿。同时,教师也要引导幼儿注意观察周围的事物,使幼儿对自然界、对社会生活产生浓厚的兴趣。

3.教给幼儿观察的方法

由于幼儿的经验和认识能力的性质,他们在观察客观事物时,往往抓不住要点。因此,要教会幼儿观察的方法,即应该教会幼儿先看什么,后看什么,怎样去看,引导幼儿由近及远,由表及里、由局部到整体或由整体到局部,由明显特征到隐蔽特征,有组织有顺序地进行观察。

4.运用多种感官观察

在观察过程中,启发幼儿运用多种感觉器官参与观察活动,这样有利于幼儿形成立体知觉形象,同时也有利于提高大脑皮层的分析综合活动的状态和活力。

小　　结

1.感觉是人脑对事物的个别属性的认识。感觉提供了内外环境的信息,保证了机体与环境的信息平衡,是一切较高级、较复杂的心理现象的基础。

2.感觉的种类是根据分析器的特点以及它所反映的最适宜刺激物的不同而划分的,可以把感觉分为两大类:外部感觉和内部感觉。外部感觉主要有视觉、听觉、嗅觉、味觉、肤觉等。内部感觉主要包括运动觉、平衡觉和机体觉。

3.人们通过感官得到了外部世界的信息。这些信息经过头脑的加工(综合与解释),产生了对事物整体的认识,就是知觉。知觉以感觉作基础,但它不是个别感觉信息的简单总和。知觉是按一定方式来整合个别的感觉信息,形成一定的结构,并根据个体的经验来解释由感觉提供的信息。它比个别感觉的简单相加要复杂得多。

4.根据不同标准,可以把知觉进行不同的分类。根据知觉过程中起主导作用的分析器,可以把知觉分为视知觉、听知觉、嗅知觉和味知觉、肤知觉等。根据知觉对象不同,可以把知觉分为物体知觉和社会知觉。物体知觉主要有空间知觉、时间知觉和运动知觉。社会知觉是主要包括他人的知觉、自我知觉和人际关系的知觉。

5.知觉的主要特性有选择性、整体性、理解性和恒常性。

6.学前儿童观察力的培养方式主要有明确观察的目的和任务、激发观察的兴趣、教给幼儿观察的方法、运用多种感官观察等。

思考与复习

1.简述感觉、知觉的分类。

2.学前儿童感知觉发展的特点是什么?

3.简述幼儿观察力的培养方法。

4.结合实际谈谈如何保护和发展幼儿的视觉和听觉。

5.试运用感知觉的规律设计简单的教育活动。

第三章　学前儿童注意的发展

 本章主要内容

本章主要介绍了注意的概念及其分类以及学前儿童注意的特点；讨论了注意规律在幼儿园活动中的应用，以便教师根据注意的特点及其规律更好地组织幼儿的活动。

学习目标

1.了解注意的含义、种类。
2.掌握幼儿注意发生发展的年龄特点和规律，结合实践分析如何组织、培养幼儿的注意力。

 关键词

学前儿童　注意　有意注意　无意注意　注意品质　注意分散

第一节　注意概述

一、注意及其外部表现

(一)注意的概念

人生活在客观环境中，每一瞬间都有无数的刺激作用在人的身上。但人在某一特定时刻，不可能对所有刺激都做出同样清晰的反应，而只是把心理活动指向并集中于某些对象。心理活动对一定对象的指向和集中叫做注意。注意是一种心理状态。指向性和集中性是注意的两个特点。

注意的指向性是指人在某一时刻心理活动选择了某些事物而同时离开其他的事物。人对自己心理活动所指向的对象反映得最完整、最清晰，而对其余的事物则往往印象模糊，甚至完全没有反映。例如，幼儿集中玩游戏时对爸爸妈妈说的话往往听不见。学生上课认真倾听和思考老师所讲的问题，那么，老师所讲的内容就会被学生清晰地感知，而其他则成为背景，变得模糊不清。同时由于心理活动的指向性不同，人从外界获取的信息也就不同。

注意的集中性，不仅指在同一时间内各种有关心理活动聚集在其所选择的对象上，而且也指这些心理活动"深入于"该对象的程度。我们平时说的"注视""倾听""凝神"就是指人的视觉、听觉和思维活动深入地集中于某一对象。例如,雕刻艺术家在进行精细而复杂的象牙雕刻时,他的注意高度集中在雕刻的关键部位和自己手的雕刻动作上,与雕刻无关的人和物,都落在了他的意识中心之外。注意高度集中常使人消耗大量的体力和精力。人在高度集中自己的注意时,注意指向的范围就缩小,这时他对自己周围的一切往往"视而不见,听而不闻"。从这个意义上可以说,注意的指向性和集中性是密不可分的。如果说,注意的指向性是指心理活动朝向那个对象,那么,注意的集中性就是指心理活动在一定方向上活动的强度或紧张度。心理活动的强度大,紧张度越高,注意也就越集中。

(二)注意时的外部表现

人在集中注意于某个对象时,常常伴随有特定的生理变化和外部表现。注意最显著的外部表现有下列几种:

(1)适应性运动。人在注意听一个声音时,把耳朵转向声音的方向,即所谓"侧耳倾听"。人在注意看一个物体时,把视线集中在该物体上,即所谓"目不转睛"。当人沉浸于思考或想象时,眼睛朝着某一方向"呆视"着,周围的一切变得模糊起来,而不致分散注意。

(2)无关运动的停止。当注意力集中时,一个人会自动停止与注意无关的动作。例如,小朋友在注意听故事时,他们会停止做小动作或交头接耳,表现得异常安静。

(3)呼吸运动的变化。人在注意时,呼吸变得轻微而缓慢,而且呼吸时间也改变。一般来说,呼吸变得更短促,呼的更长。在注意紧张时,还会出现心跳加速、牙关紧闭、握紧拳头等,甚至出现呼吸暂停现象,这就是所谓"屏息"。

教师可以通过观察幼儿的外部表现来了解孩子们是否集中注意,但要真正了解幼儿的注意情况,还需要全面了解幼儿的一贯表现。

二、注意与心理过程

我们常说"注意听""注意看""注意记"……但注意本身是什么呢?我们不能直接给它一个描述。因为相对心理过程来说,注意只是一种心理现象,它本身不是一种独立的心理过程,它是各种心理过程所共有的特征,是心理过程的开端,并且总是伴随着各种心理过程展开。注意与心理过程,犹如空气和我们的生活一样,注意就是空气,生活就是心理过程,每时每刻我们都能感受到空气的存在,但我们很难直接看出或说出它是什么东西。事实上并不存在离开心理过程的单纯的注意。所以,注意总是在我们的各种认识、情感、意志等心理活动过程中的表现。

当然,如俄国教育家申斯基所说的,注意是一扇门,一切来自外部世界的刚刚进入人的心灵的东西都要从那里通过。因此,注意是一切认识过程的开端,也是我们任何心理活动过程中的"空气"。离开了注意,我们有意识地听、说、哭、笑等心理活动也就无法清晰、有效地展开了。注意是我们心理旅程中的领航和护航员,没有注意,我们有意识的心理活动就要偏离航线,甚至停止。

总之,注意不是独立的心理过程,但任何一种心理过程自始至终都离不开注意。

三、注意的种类

注意有多种类型,划分的标准不同,注意的种类也不同。

（一）无意注意和有意注意

根据注意有没有自觉目的性和意志努力，注意可分为无意注意和有意注意两类。

1.无意注意

无意注意也称不随意注意，就是我们常说的"不经意"，既没有自觉的目的，也不需要做意志的努力。例如，上课时，一个同学迟到，当他走入教室，大家就会不由自主地去注意他。这种注意就是被动的、不自觉的，是对环境变化的应答性反应。引起无意注意的原因有两类。

（1）刺激本身的特点，即客观原因。这主要指周围事物中一些强烈的、新奇的、鲜艳的、活动的、反复出现的事物容易引起无意注意。

①刺激物间的对比关系。刺激物之间的任何显著的差异，都能容易引起人们的注意。例如，"万绿丛中一点红"和"鹤立鸡群"中的红色和鹤最容易引人注意。

②刺激物的运动变化。变化活动的刺激物比不变化活动的刺激物更容易引起我们的注意。例如，考试中晃动身体想作弊的同学，夜晚中闪烁的霓虹灯等都会引起人们的注意。

③刺激物的新异性。例如，大街上打扮较为新潮的人，动画片中造型奇特的人物，容易引起人们的注意。

当然，强烈、新奇等特点只是相对而言的，因此，上课时铅笔落地的声响就不足以引起注意。

（2）人自身的状态，即主观条件。上述刺激物本身的特点，易于引起人们的无意注意，但它支配不了人们的无意注意。同样的事物引起这个人的注意，却不一定引起另一个人的注意。引起无意注意还与人的主观状态有关。

①人对事物的需要、兴趣。凡是能满足人的物质需要或精神需要，或引起人的兴趣的事物，必然会成为注意的对象。

②人的情绪和精神状态。一个人的情绪和精神状态会直接影响他对事物的注意。一个闷闷不乐的人，任何事物都难引起他的注意。当人疲劳、瞌睡时，注意的水平就明显下降。

③人的知识经验。新异刺激易引起人们的注意，但若新异刺激不为人们所理解，它仍然引不起人们的注意。例如，墙上张贴的大红喜报，能引起识字的过路人的注意，却引不起不识字的人的注意。

当主客观条件同时具备时，无意注意最容易发生。无意注意既可以帮助人们对新异事物进行定向，使他们获得对事物的清晰认识，也能使人们从当前进行的活动中被动地离开，干扰他们正在进行的活动，因而具有积极和消极两方面的作用。对教师来说，掌握无意注意的规律对于提高教学质量有一定的意义。

2.有意注意

有意注意也称随意注意，就是我们常说的"刻意"。它具有自觉的目的，并和意志努力相联系。例如，幼儿要用积木搭一个动物园，他就要集中注意，不受其他活动干扰，并坚持努力，才能把它完成，这样的注意就是有意注意。这是一种人所特有的注意形式，和无意注意有着质的不同。

引起和保持有意注意有下列四个主要条件：

（1）明确活动的任务和目的。因为有意注意是有预定目的的注意，所以明确活动的目的和任务对有意注意有重大意义。对目的和任务理解地越清楚、越深刻、完成任务的愿望越强烈，那些和达到目的与完成任务有关的事物就越能引起强烈的注意。

（2）间接兴趣的培养。在无意注意中起作用的兴趣是直接兴趣。这种兴趣是由活动过程本身直接引起的。在有意注意中，起作用的是间接兴趣。这种兴趣是对活动目的和结果感兴趣。有时活动过程本身并不引人注意，甚至是非常枯燥乏味的，但活动的结果很吸引人，引起强烈兴趣，这种兴趣便是间接兴趣。形成稳定的间接兴趣，对引起和保持有意注意有很大的作用。

（3）用坚强的意志和干扰作斗争。这种干扰可能是外界刺激，也可能是机体的某些状态，如疾病、疲劳等，还有可能是一些无关的思想和情绪等。除了采取一定措施排除一些干扰外，还要用坚强的意志和一切干扰作斗争。锻炼坚强意志对培养有意注意起积极作用。

（4）合理地组织活动。例如，提出明确的要求，使人理解所要解决的问题，把智力活动和实际操作结合起来，这些都有助于引起和保持有意注意。尤其把智力活动和实际操作结合起来，例如计算时点数桌上的小木棒，观察时翻看面前的实物，对幼儿有意注意的维持特别起作用。

但是，必须明确，任何活动都不可能单纯地依赖哪一种注意形式。一方面要利用新颖、多变、刺激性强烈等特点，引起幼儿的无意注意；另一方面还要激起幼儿的有意注意。因为单靠有意注意，时间一长便会产生精神上的紧张和疲劳，幼儿尤其如此，如果给他们的任务单调枯燥，更难保持长时间的注意。所以在活动中，应是两种注意交替运用，相互转换，使幼儿既能有兴趣地、主动积极地进行活动，又不致引起精神紧张和疲劳。

教师要根据幼儿的年龄特点安排活动和教学工作。在教学活动中，教师要正确地运用语调的抑扬顿挫、语气的停顿、姿态表情的变化，适宜地运用直观教具、演示、表演活动，掌握好时间长度，以引起和保持幼儿的无意注意，也要用明白易懂的语言，使幼儿明确活动的任务目标，了解活动可以得到的结果，并且随时激励幼儿专心工作、坚持活动，以引起保持幼儿的有意注意，从而提高活动的效果。

（二）外部注意和内部注意

根据注意的对象存在于外部世界或个体内部，可以把注意分为外部注意和内部注意两类。

1.外部注意

外部注意的对象存在于外部世界。外部注意是心理活动指向、集中于外部刺激的注意。幼儿的注意常常是外部注意占优势。

2.内部注意

内部注意的对象是存在个体内部的感受、思想和体验等。内部注意是指向自己的心理活动和内心世界的注意。内部注意对幼儿自我意识的发展有重要意义。良好的内部注意使人能清楚地评价自己，实事求是地对待自己，对于人的道德、智慧和审美能力的发展也有重要作用。

第二节　学前儿童的注意

新生儿刚开始接触外部环境就出现无条件定向反射,这是无意注意发生的标志。婴儿期的注意主要是无意注意,但注意的对象逐渐增加,在第一年的下半年,他们不仅注意具体事物,对周围的言语刺激也引起注意。幼儿前期儿童随着言语的发展,逐渐学会调节自己的心理活动,主动地集中指向于应该注意的事物,开始出现了有意注意的萌芽。幼儿前期儿童的有意注意主要是由成人提出的要求所引起的。两三岁的儿童逐渐依照言语组织自己的注意,其表现如下。

一、学前儿童无意注意的发展

幼儿的无意注意已高度发展,而且相当稳定。凡是鲜明、直观、生动具体的形象,突然地变化的刺激物都能引起幼儿的无意注意,但各年龄幼儿由于所受教育以及心理发展等方面的差异,他们的注意表现了不同特点。

小班幼儿的无意注意占明显优势,新异、强烈以及活动着的刺激物很容易引起他们的注意。他们入园后经过一段时间的适应,对于喜爱的游戏或感兴趣的学习活动,也可以聚精会神地进行。但是,他们的注意很容易被其他新异刺激所吸引,也容易转移到新的活动中去。例如,在"抱娃娃"游戏中,开始,参加者会把自己当成娃娃的妈妈,耐心地喂饭,但当他转身去拿"饭"时,发现其他小朋友正在沙坑里搭起一座"小花园",他的注意便一下子转到"小花园",而走到沙坑去玩了。

小班幼儿的注意很不稳定,因此,当一个幼儿因为得不到一个玩具而哭闹时,教师可以让他和别的儿童玩别的游戏,以此转移他的注意。这时,他的脸上虽然还挂着泪珠,但是很快就高兴地玩起来了。

中班儿童经过幼儿园一年的教育,无意注意已经进一步发展,且比较稳定。他们对于有兴趣的活动,能够长时间地保持注意。例如,玩"小猫钓鱼"游戏,幼儿一看到花猫的头饰和漂亮的钓鱼竿,便兴致很高。在游戏中,幼儿能够较长时间地保持注意,玩个不停。在学习活动中,中班幼儿对感兴趣的,也可以长时间地埋头做。他们的注意不但能持久稳定,而且集中的程度也较高。

大班幼儿的无意注意进一步发展和稳定。他们对有兴趣的活动,能比中班幼儿更长时间地保持注意。直观、生动的教具可以引起他们长时间地探究。中途突然终止他们的活动,往往会引起他们的反感。同样,大班幼儿可以较长时间地听教师讲述有趣的故事,不受外界干扰,对于影响讲述的因素,会明显地表现出不满,而且设法加以排除。大班儿童的无意注意已高度发展,相当稳定。

二、学前儿童有意注意的发展

幼儿前期已出现有意注意的萌芽。进入幼儿期后,有意注意逐渐形成和发展。有意注意是由脑的高级部位,特别是额前控制的,额前的发展比脑其他部位迟缓,幼儿期额前的发展为有意注意的发展准备了条件,有了这个条件,幼儿的有意注意在成人的要求和教育下,就开始逐渐地发展。

小班幼儿的注意,是无意注意占优势,有意注意只是初步形成,他们逐渐能够依照要求,主动地调节自己的心理活动,指向并集中于应该注意的事物。但有意注意的稳定性很低,心理活动不能有意地持久集中于一个对象上。在良好的教育条件下,一般也只能集中注意3~5分钟。此外,小班幼儿注意对象比较少。譬如上课时,教师引导幼儿观察图片,他们往往只注意到图片中心十分鲜明或十分感兴趣的部分,对于边缘部分或背景部分不注意。所以为小班儿童制作图片,内容应尽量地简单、明了,突出中心;呈现教具时也不能一次呈现过多。此外,教师还要具体指示儿童应该注意的对象,使幼儿明确任务,以延长幼儿的注意时间,并注意到更多对象。

中班幼儿,随着年龄的增长,在正确的教育影响下,有意注意得到发展,在适宜的条件下,注意集中的时间可达10分钟左右。在短时间内,他们还可以自觉地把注意集中于一种并非十分吸引他们的活动上。例如,上图画课时,为了画好图,他们可以注意地看范图,耐心地听老师讲解,然后自己作画。又如,为了正确回答教师提出的计算问题,他们能够集中注意,默数贴在绒布上的图形数目或者点数自己的手指或实物。

小班儿童还不能同时注意几种对象,注意的分配能力很低。在游戏中,小班儿童往往顾不上别的儿童,当注意到别人游戏时,自己便无法正常进行活动。而中班幼儿和小朋友在一起玩时,不仅能自己玩好,同时还能照顾其他小朋友。这表明中班幼儿活动时,已经能够同时注意几种对象,注意的分配能力有所提高。

大班幼儿在正确的教育下,有意注意迅速发展。在适宜的条件下,注意集中的时间可延长到10~15分钟。这样,他们能够按照教师的要求去组织自己的注意。在观察图片时,幼儿不仅可以了解主要内容,也可以在教师的提示下注意图片中的细节和衬托部分。就外部注意和内部注意来说,大班幼儿不仅能注意外部的对象,对自己的情感、思想和内部状态也能予以注意。在听故事时,他们可以根据自己的体验来推测故事中人物的心理活动和内心想法。在下课后,还会找老师讲述课堂上的问题以及自己的想象和推测等。这说明大班幼儿的有意注意已相当发展。

三、学前儿童注意品质的发展

注意具有广度、稳定性、转移和分配四种品质。在幼儿期,儿童注意的品质在良好的教育下不断发展。

(一)注意的广度

注意的广度也叫注意的范围,是指在同一瞬间所把握的对象的数量。成人在1/10秒的时间内,一般能够注意到4~6个相互间无联系的对象。而幼儿至多只能把握2~3个对象。所以,幼儿的注意广度比较狭窄。不过,随着年龄和知识经验的增长以及生活实践的锻炼,注意的广度会逐渐扩大。

(二)注意的稳定性

注意的稳定性是指把握对象的时间的长短。幼儿对于有趣生动的对象可以较长时间地注意,对乏味枯燥的对象则难以维持注意。总地来说,幼儿注意的稳定性还比较差,更难以持久地、稳定地进行有意注意。但在良好的教育影响下,幼儿注意的稳定性不断发展着。如前所述,小班幼儿一般只能稳定地集中注意3～5分钟,中班幼儿可达10分钟,大班幼儿可延长到10～15分钟。

(三)注意的转移

注意稳定性是指有意识地调动注意,从一个对象转移到另一个对象上。这反映了注意的灵活性。幼儿还不善于调动注意,小班幼儿更不善于灵活地转移自己的注意,以至该注意另一对象时,却难以从原来对象移开,大班幼儿则能够随要求比较灵活地转移自己的注意。

(四)注意的分配

注意的分配是指在同一时间内把注意集中到两种或几种不同的对象上。幼儿还不善于同时注意几种对象,往往顾此失彼。但幼儿中期,注意分配能力逐渐提高。例如,大班儿童做体操时,既能注意自己做好动作,又能注意到体操队形的整齐。

四、注意规律在幼儿园活动中的应用

注意对于动物来说具有极重要的生存意义;对人类来说,由于人的心理活动中有了语言的参与,注意更具有了特殊意义。概括来说,注意有下列三种功能:

其一,选择功能。注意使心理活动能够选择合乎需要的、与当前活动相一致的、有一定意义的信息,同时排除其他与当前活动矛盾的或对其有干扰作用的各种影响,使认识对象更加明确。如果没有注意,心理活动便很难正常进行。学习时,注意使儿童专心听教师讲课,不受其他刺激干扰。

其二,保持功能。注意反映的对象一直维持在意识之中,直到目的达到为止。例如,幼儿画图,如果他把注意力集中在画画上,就能使他一直专心工作,直到画完为止。

其三,调节和监督功能。当外界情境、本身状态或反映对象发生变化时,注意这种心理现象促使各方面进行调整,使心理活动处于一种积极状态之中,从而能始终有效地进行。例如,幼儿用积木搭一座大桥时,如果别的儿童在旁边玩其他游戏,使他分心,或者遇到困难,发生动摇,这时,注意使他调节心理状态从而集中心思,克服困难,监督他继续把大桥搭成。有些幼儿的心理活动之所以不能继续坚持达到预定目的,往往是由于他们注意的调节监督技能没有发展完善,不能很好地发挥作用。

由以上可知,注意对于人的生活有着极其重要的意义。它使人能随时觉察外界的变化,集中自己的心理活动,正确反映客观事物,更好地适应和改造客观世界。对于学前期的儿童来说,注意在儿童心理的发展中更有着特殊的意义和价值。注意能使幼儿从周围的环境中获得更清晰、丰富的信息。注意是幼儿活动成功的必要条件。

在整个学前期,尽管儿童的注意能力逐渐在提高,但由于幼儿的生理发展的限制以及知识经验的不足,他们的注意力发展水平总体上还很差,特别容易出现注意分散现象。幼儿还不能长时间把注意集中在应该集中的对象上,有的甚至表现出多动症的行为。所以,客观分析学前儿童注意分散和多动的原因,根据儿童注意发展的年龄特征,正确应用注意的规律对儿童进行注意分散的预防,是幼儿教师和家长必须注意的首要问题。

(一)幼儿注意分散的原因

引起幼儿注意分散的原因很多,主要有以下几种:

1.无关刺激过多,幼儿的注意是无意注意占优势

他们很容易被新异的、多变的或强烈的刺激物所吸引,加之注意的稳定性较低,容易受无关刺激的影响。例如,活动室的布置过于繁杂,环境过于喧闹,甚至教师的服饰过于奇异,都可能影响幼儿的注意,使他们不能把注意集中于应该注意的对象上。实验表明,让幼儿自己选择游戏时,一般提供四五种不同的游戏为宜,提出太多的游戏,幼儿极难选择,也难集中注意玩好。

2.疲劳

幼儿神经系统的机能还未充分地发展,长时间处于紧张状态或从事单调活动,便会发生疲劳,出现"保护性抑制",起初表现为没精打采,随之注意力开始涣散。所以幼儿的教学活动要注意动静搭配,时间不能过长,内容与方法要力求生动多变,能引起儿童兴趣,从而防止疲劳和注意涣散。造成疲劳的另一个重要原因是缺乏科学的生活规律。有的家长不重视幼儿的作息制度,晚上让幼儿花费很长时间看电视,或让孩子和成人一样晚睡,于是幼儿睡眠不足。许多幼儿双休日回家后父母为她安排过多的活动,如上公园、逛商店、访亲友等,破坏了原来的生活规律,幼儿得不到充分休息,而且过分兴奋。正像一些调查所表明的那样,幼儿在星期一情绪最难稳定,注意常常涣散,这时对学习和活动极为不利。

3.目的要求不明确

有时教师对幼儿提出的要求不具体,或者活动的目的不能为幼儿理解,也是引起幼儿涣散的原因。幼儿在活动中常常因为不明确应该干什么,左顾右盼,注意力转移,影响其积极从事相应活动。

4.注意不善于转移

幼儿注意的转移品质还没有充分发展,因而不善于依照要求主动调动自己的注意。例如,幼儿听完一个有趣的故事,可能长久地受到某些生动的内容情节的影响,注意难以迅速地转移到新的活动上去,因而从事新的活动时往往还"惦记"着前一活动而出现注意分散现象。

5.无意注意和有意注意没有并用

教师只组织幼儿一种注意形式,也能引起注意分散。例如,只用新异刺激来引起幼儿的无意注意,当新异刺激失去新异性时,幼儿便不再注意。如果只调动有意注意,让儿童长时间地主动集中注意,也容易引起疲劳,结果注意更易分散。

(二)幼儿注意分散的防止

针对幼儿注意分散的原因,教师应采用适当措施防止注意分散。

1.防止无关刺激的干扰

游戏时不要一次呈现过多的刺激物,上课前应先把玩具、图画书等收起放好,上课时运用的挂图等教具不要过早呈现,用过应立即收起。对年幼的儿童更不要出示过多的教具。教师本身的装束要整洁大方,不要有过多的装饰,以免分散儿童的注意。

2.制订合理的作息制度

应制订合理的生活起居制度,使幼儿有充分的睡眠和休息。晚间不要让幼儿多看电视,或看得太晚;周末不要让幼儿外出玩得太久。要使幼儿的生活有规律,保证他们有充沛的精力从

事学习等活动,防止注意分散。

3.培养良好的注意习惯

成人应培养幼儿集中注意学习、集中注意工作的良好习惯,使他们在学习或参加其他活动时不要随便行动或漫不经心,成人这时也不要随便干扰他们,使幼儿在实践活动中养成集中注意的习惯。

4.适当控制儿童的玩具和图书的数量

这里不是指购买的数量,而是阶段时间内提供给幼儿的数量。玩具过多,孩子一会儿玩玩这个,一会儿玩玩那个,很容易什么活动也开展不起来,什么也玩不长。留下适当数量的活动材料,其余的收起来,不急于常玩常新,也有利于儿童注意力的培养。儿童玩具应该少而精。

5.不要反复向幼儿提要求

教师和家长向儿童提要求或嘱咐时,唯恐他们没听见或没记住,常爱反复说上许多遍,这种做法十分不利于培养儿童注意听的习惯。

6.灵活地交互运用无意注意和有意注意

教师可以运用新颖、多变、强烈的刺激,激发幼儿的无意注意。但无意注意不能持久,而且学习等活动也不是专靠无意注意所能完成的,因而还要培养和激发幼儿的有意注意。教师可向幼儿讲明学习本领和做其他活动的意义和重要性,说明必须集中注意的道理,使幼儿逐渐能主动地集中注意。即使对不感兴趣的事物也能努力注意,自觉地防止分心,教师应灵活运用两种注意形式,交替运用,使幼儿能持久地集中注意。

7.提高教学质量

教师要积极地提高教学质量,这是防止幼儿注意分散的重要保证。教师要多方面地保证改善教学内容,改进教学方法,所用的教具要色彩鲜明,能吸引幼儿的注意力。此外,教师要积极地引起幼儿的兴趣,激发他们旺盛的求知欲和好奇心以及良好的情感态度,以促进幼儿持久集中注意力,防止注意力受到干扰而涣散。

(三)审慎处理幼儿的多动现象

在学前期,我们经常感到有些幼儿特别爱动,注意力容易分散,结果不仅影响自己的学习,甚至破坏班级的气氛,这些多动的儿童,常常因为周围细小的动静而注意力不能集中。他们玩积木、画图、听故事时,即使感到有兴趣时,也只能在短时间内集中注意力。他们参加规则游戏时,往往不注意听教师讲解游戏规则,所以游戏开始,并不知道怎样玩,有时甚至妨碍游戏的进行。而在言语课、计算机课学习活动中,注意分散现象更加明显,他们往往不能按照要求专心参加各种活动,专心听讲的时间很短暂,难以维持自己的注意。他们有时两眼盯着教师,貌似注意,实际上在开小差,根本没听讲,当大家回答问题时,他们也会举起手来,但让他们回答时,便茫然不知所答。这种儿童只有当教师严格要求和不断督促的,才能使集中注意的时间长久一些。

研究表明,这些幼儿智力水平往往并不低下,只是由于注意分散,集中困难,严重影响了学习成绩和以后发展。父母和教师对于这种多动的儿童十分担心,甚至轻易地断定是多动症患者,这是非常不恰当的。多动症也称做轻微脑功能失调,这是一种行为障碍,主要特征是活动过多、注意力不集中,容易激动,行为冲动,情绪不稳定。一个儿童是否患有多动症,仅凭经验是难以断定的,对于一个多动的幼儿,必须根据生活史、临床观察、神经系统检查、心理测验等进行综合分析,才能确定。因此,我们不能轻易地把学前儿童的好动当多动来对待。

作为一个教师,首先要从自己的教育和教学工作检查,来确定儿童注意力分散的原因,切不可把注意力容易分散的儿童轻率地视作多动症患者,而加以指斥和推卸责任。这样不仅不能使幼儿改正其行为缺点,而且使儿童从小贴上多动症的标签,从而影响他们以后心理的健康发展。教师要审慎处理多动的幼儿,更要重视幼儿注意分散现象,分析和确定其原因,积极改善自己的教育和教学工作;同时要积极培养幼儿良好的注意习惯,促进幼儿注意的发展。

小　　结

1.注意是心理活动或意识对一定对象的指向与集中。一方面,注意不等同于意识,注意是一种心理活动或"心理动作",而意识是一种心理内容或体验;另一方面,注意和意识密不可分,当人们处于注意状态时,意识内容比较清晰。

2.注意的基本功能是对信息进行选择,另外,注意也是完成信息处理过程的重要心理条件,保证了对事物更清晰的认识、更准确的反映和更可控有序的行为。

3.不随意注意是指事先没有目的,也不需要意志努力的注意。引起不随意注意的原因有刺激物自身的特点和人本身的状态。

4.随意注意是指有预定目的、需要一定意志努力的注意。随意注意的产生与注意目的及当前人物个体的兴趣、活动方式、过去经验,个体的人格与意志品质等都有关系。

5.学前儿童无意注意发展的特点:小班幼儿的无意注意占明显优势;中班儿童无意注意进一步发展,且比较稳定;大班幼儿的无意注意进一步发展和稳定。

6.学前儿童有意注意发展的特点:小班幼儿的有意注意逐步形成。中班幼儿有意注意得到了发展;大班幼儿有意注意迅速发展。

7.幼儿注意分散的主要原因有无关刺激过多、疲劳、目的要求不明确、注意不善于转移、无意注意和有意注意没有并用。

思考与复习

1.简述注意的含义与分类。
2.简述学前儿童注意品质的发展特点。
3.简述幼儿注意分散的原因。
4.结合幼儿注意的特点谈谈如何组织幼儿的活动。

第四章　学前儿童记忆的发展

 本章主要内容

　　本章主要介绍了记忆的概念和记忆的分类方式,对记忆过程识记、保持、回忆三个环节进行了分析,并介绍了艾宾浩斯的遗忘曲线及其研究过程。

　　学习目标

1.了解学前儿童记忆的特点及发展趋势。
2.掌握幼儿记忆发展的年龄特点。
3.掌握学前儿童记忆培养措施。

 关键词

　　学前儿童　记忆　表象　识记　保持　回忆　遗忘　记忆品质

　　一张纸被折过后,会留下一道印痕;一个铁钉被磁铁吸过后,会带有微弱的磁性;一潭静水掉进一个石子,会泛起阵阵涟漪,所有自然界中的物体在受到外界的作用时,似乎都会留下痕迹。记忆就是过去经历过的事物在大脑这块特殊物质上留下的痕迹。只不过它在形式和内容上要复杂得多。俄国生理学派和心理学中的自然科学流派的奠基人谢切诺夫曾说:"如果没有记忆,个体将永远处于新生儿状态。"记忆使人的各种经验得以积累,使人的心理活动的成果得以保存,实现从低级阶段向高级阶段的发展。学前儿童记忆的发生和初步的发展主要是 3 岁前,主要表现在幼儿期。在此阶段,记忆起着重要的作用。学前儿童的记忆与知觉、想象、思维、语言及其情感、意志等的发展密切相连。

第一节　记忆概述

一、什么是记忆

　　记忆就是个体对其经验的识记、保持和再现。从信息加工的观点来看,记忆就是对输入信息的编码、贮存和提取的过程。记忆与感知不同。感知是人脑对当前直接作用的事物的反映,而记忆是人脑对过去经验的反映。所谓过去经验,是指过去对事物的感知,对问题的思考,对某个时间引起的情绪体验,以及进行过的动作的操作等。这些经验都可以以映像的形式存储在人脑中,在一定条件下,可以从人脑中提取出来,这个过程就是记忆。

记忆是一个复杂的心理过程,从"记"到"忆"包括识记、保持、再现三个基本环节。识记是识别和记住事物,从而积累知识经验的过程。整个记忆过程从识记开始,识记是记忆过程的第一步,是保持的必要前提。保持是巩固已获得的知识经验的过程,它不仅是巩固识记所必需,而且也是实现再现的重要保证。再现就是在不同的情况下恢复过去经验的过程,包括再认和回忆。再认是指经历过的事物再次出现时,能够重新识别和确认。回忆是指经历过的事物不在面前时,在头脑中重新浮现出来。再认和回忆是过去经验的恢复,即提取信息的两种形式。再认相当于决策过程,而回忆包括搜寻过程和决策过程。再认和回忆不能截然分开。能回忆的,一般都能再认;能再认的,不一定能回忆。记忆过程中的三个环节是相互联系和相互制约的。没有识记就谈不上对经验的保持;没有识记和保持,就不可能有对经验过的事物的再现。

二、记忆的种类

记忆有很多种。根据不同的划分标准,可以分成不同的种类。

(一)根据记忆的内容不同分类

1.形象记忆

形象记忆是以感知过的事物形象为内容的记忆。通常以表象形式存在,所以又称"表象记忆"。它是直接对客观事物的形状、大小、体积、颜色、声音、气味、滋味、软硬、温冷等具体形象和外貌的记忆,直观形象性是其显著的特点。形象记忆按照主导分析器的不同,可分为视觉的、听觉的、触觉的、味觉的和嗅觉的等。人的形象记忆发展的水平受社会实践活动制约,如音乐家擅长听觉形象记忆,画家擅长视觉形象记忆。大多数人的形象记忆均属混合型。

2.情景记忆

情景记忆是对个人亲身经历的、发生在一定时间和地点的事件(情景)的记忆。情景记忆是 E·托尔文于 1972 年提出的。情景记忆涉及个人生活中的特定事件,它所接收和保持的信息总是与某个特定的时间和地点有关,并以个人的经历为参照。例如,人们对自己参加某次聚会的记忆,对游览某个景点的记忆。此外,情景记忆易受到干扰,而且抽取信息也较缓慢,往往需要努力进行搜索。

3.语词逻辑记忆

语词逻辑记忆,又称意义记忆、逻辑记忆或词的抽象记忆等。以语词所概括的逻辑思维结果为内容的记忆,亦即以概念、判断和推理为内容的记忆。人们对客观事物和现象进行间接概括地反映后,获得对事物的意义、本质和规律性的认识,这些认识不是以具体形象的形式,而是以词语逻辑的形式储存在人的记忆中,当需要时就可把有关的内容以语词逻辑形式再现出来。人们对各门学科的概念、定理、公式、思想体系和规律的识记、保持和回忆,都属于语词逻辑的记忆。它具有高度的概括性、理解性和逻辑性,是记忆发展的高级形式,但它又是在其他记忆形式的基础上产生的,为人类所特有。

4.情绪记忆

情绪记忆又叫情感记忆,以体验过的情绪、情感为内容的记忆。当某种情境或事件引起个人强烈或深刻的情绪、情感体验时,对情境、事件的感知,同由此而引发的情绪、情感结合在一起,都可保持在人的头脑中。在回忆过程中,只要有关的表象浮现,相应的情绪、情感就会出现。情绪记忆具有鲜明、生动、深刻、情境性等特点。情绪记忆往往较其他记忆更为牢固。有时经历的事实已有所遗忘,但激动或沮丧的情绪依然留在记忆中。情绪记忆在文艺创作和表演艺术中起着重要作用。

5.运动记忆

运动记忆是以身体的运动状态或动作形象为内容的记忆。它是形象记忆的一种形式,只是记忆的对象不是静态的人物、物体或自然景物的直观形象,而是各种运动的动作形象。由过去的运动或操作动作所形成的动作表象是运动记忆的前提。如果没有运动表象,就没有运动记忆。动作表象来源于人对自己的运动动作的知觉以及对别人的动作和图画中的动作姿势的知觉,也可以通过对已有的动作表象的加工改造而创造出新的动作形象。动作形象可以长期保持并在劳动和生活中起重要的作用。人们在劳动实践中学会各种劳动技能,在体育运动中掌握各种运动技能以及其他领域的各种技巧动作,都必须依靠运动记忆。

(二)根据信息保持时间的长短分类

根据信息的编码、存储和提取的方式及信息存储的时间长短的不同,可以将记忆分为感觉记忆、短时记忆和长时记忆。

1.感觉记忆

感觉记忆又叫瞬时记忆或感觉登记,是指外界刺激以极短的时间一次呈现后,信息在感觉通道内迅速被登记并保留一瞬间的记忆。它是记忆系统的开始阶段。感觉记忆的储存时间大约为 0.25～2 秒。

各种感官通道都存在对相应刺激的感觉登记,人们研究较多的是图像记忆和声像记忆。一般把视觉的感觉记忆称为图像记忆;把听觉的感觉记忆称为声像记忆。不同内容的感觉记忆,其容量有一定的差异,例如,视觉信息的记忆容量大于听觉信息的记忆容量。一般认为感觉记忆的容量比短时记忆大。感觉记忆中保存的信息如果没有受到注意,就会很快地消失;如果受到注意,它就进入了短时记忆系统并被保存。例如,当人们在观看电影的时候,虽然呈现在屏幕上的是一幅幅静止的图像,但是我们却可以将这些图像看成是在运动的,这就是由于感觉记忆存在的结果。

2.短时记忆

短时记忆又叫操作记忆或工作记忆,是指外界刺激以极短的时间一次呈现后,保持时间在1分钟以内的记忆。例如,当我们从电话本上查到一个电话号码,立刻就能根据记忆去拨号码,但事过之后,再问这个号码是什么,就记不得了;学生上课时边听边记笔记,也是依靠短时记忆。短时记忆所加工的信息有两个来源,一是感觉记忆中的信息因受到注意而进入短时记忆的信息;二是为了解决当前的问题而从长时记忆中提取出来,暂时存放在短时记忆中的信息。短时记忆中信息的编码方式以言语的听觉形式为主,也存在视觉编码和语义编码。

短时记忆的容量为 7±2,是以单元来计算的。一个单元可以是一个数字、字母、音节,也可以是一个单词、短语或句子。单元的大小随个人的经验组织而有所不同。在编码过程中,将几种水平的代码归并成一个高水平的、单一代码的编码过程叫组块(chunking)。以这种方式形成的信息单位叫做块(chunk)。因此,可以利用已有的知识经验,通过扩大每个组块的信息容量来达到增加短时记忆容量的目的。例如,数字1,9,1,9,5,4,凡熟悉中国现代史的人都能够形成一个块——191954,知道这是爆发"五四运动"的年代,不熟悉中国历史的人则不能够形成单一的信息块,而将其编码成一串无意义的数字。短时记忆中的信息如果得不到复述就会随时间而自动消退;如果得到复述,不管是机械复述,还是运用记忆方法所做的精细复述,都可以进入长时记忆系统。

3.长时记忆

长时记忆是指从1分钟以上直到许多年甚至保持终身的记忆。与短时记忆相比,长时记忆的容量是非常大的,从信息的来源来说,它是对短时记忆加工重复的结果,但也有些长时记忆是由于印象深刻一次形成的。比如,童年时的某次郊游,你可能至今仍记忆犹新,也许10年前听过的一首歌,至今仍不时回荡在脑海中。

感觉记忆、短时记忆和长时记忆的区分只是相对的。它们之间是相互联系、相互影响的。任何信息都必须经过感觉记忆和短时记忆才可能转入长时记忆,没有感觉记忆的登记和短时记忆的加工,信息就不可能长时间储存在头脑中。

(三)根据记忆的意识参与程度分类

根据记忆的意识参与程度不同,可以分为内隐记忆和外显记忆两种。

1.内隐记忆

内隐记忆,即过去经验对个体当前活动的一种无意识的影响。由于这种记忆对行为的影响是自动发生的,个体无法意识到,因而又可称为自动的、无意识的记忆。内隐记忆是近二十几年来形成的一个较新的记忆研究领域。20世纪70年代,有人(Warrington&Weiskrantz,1974)在对遗忘症病人的研究中发现,这些病人虽然不能回忆刚学过的词,但利用一些特殊的测验任务却发现,这些词仍对病人的测验成绩有影响。例如,让患者学习一些常用的词,然后进行回忆或再认的测验,他们的作业成绩很差。但如果给出那些单词(已学过的)的头几个字母,要求患者把这些字母补全成一个词,结果发现,患者倾向于把这些字母填写成刚学过的词,而不是其他的词。这表明,被试者存在着一种自动的、不需要意识参与的记忆。其特点是,人们没有意识到自己有这种记忆,也没有有意识地去提取它,但它却在特定的作业中表现了出来。

2.外显记忆

外显记忆则是指过去经验对个体当前活动的一种有意识的影响。个体有意识地收集有关经验,用以完成当前的任务,这时的记忆就是外显记忆。

三、表象

(一)什么是表象

表象是指人们在头脑中出现的关于事物的形象。从信息加工的角度来讲,表象是物体或事件的一种知识表征,这种表征具有鲜明的形象性。人的思维不仅要借助概念来进行,也要借助表象来进行。从表象产生的主要感觉通道来划分,可分为视觉表象(如想起母亲的笑脸)、听觉表象(如想起吉他的声音)、运动表象(如想起舞蹈的动作)等。根据表象创造程度的不同,可分为知觉表象、记忆表象和想象表象。

知觉表象是指感知事物时在头脑中留下的形象;记忆表象是指在记忆中保持的客观事物的形象,如想起朋友的音容笑貌;想象表象是指在头脑中对记忆形象进行加工改组后形成的新形象,这些形象可能从未经历过,或者世界上还不存在,因而具有新颖性。

(二)表象的特征

1.直观性

表象是以生动具体的形象在头脑中出现的。人脑中产生某种事物的表象,就好像直接看到或者听到这种事物的某些特征一样。例如,有的研究发现,在儿童中可能发生一种"遗觉象"。给儿童呈现一张内容复杂的图片,30秒后把图片移开,让其看灰色的屏幕,这时他会"看见"同样一张清晰的图片。儿童还能根据当时产生的表象准确地描述图片中的细节,就好像图片仍在眼前一样。

表象是在知觉的基础上产生的,因而表象和知觉中的形象具有相似性,但是表象和知觉的形象又有所不同。知觉的形象鲜明生动,表象的形象却比较暗淡模糊;知觉的形象持久稳定,表象的形象不稳定、易变动;知觉的形象完整,表象的形象不完整,时而出现这一部分,时而出现另一部分,甚至有些部分脱落。例如,一棵树的表征不如树的知觉形象鲜明,它的形状、颜色和大小都不很清楚,而且表象的复现常常不很完整,一会儿想到树干、一会儿想到树枝等。

2.概括性

表象可能是人们多次知觉的结果,它不表征事物的个别特征,而是表征事物的大体轮廓和主要特征,因而表象具有抽象性。例如,"大象"的表象,可能只是长鼻子、大耳朵、深灰色的毛皮、庞大的身体等主要的外部特征。这些特征代表了"大象"的一般的、概括的形象,而不包含大象的某些个别特征。可见,表象是关于某个事物或某类事物的概括形象。

3.可操作性

由于表象是知觉的类似物,因此人们可以在头脑中对表象进行操作,这种操作就像人们通过外部动作控制和操作客观事物一样。

四、记忆过程的分析

(一)识记

1.什么是识记

识记是获得知识和经验的过程。例如认识某个同学,就应该看他的形象,和他交流等,这个过程就是加深印象进行识记。

2.识记的种类

第一,根据识记时有无明确的识记意图和目的,是否出现意志努力,可将识记分为无意识记和有意识记。

无意识记是指事前没有确定识记的目的,也不借助识记方法的识记。无意识记与人的职业、兴趣、动机和需要有密切的关系。凡是对人有重大意义的、使人感兴趣的、能激发人的情感的事件,常常会无意中被记住。在日常生活中,人们通过无意识记潜移默化地接受了许多知识,积累起许多经验。但无意识记带有很大的偶然性和选择性,所识记的内容带有随机性。

有意识记是有明确识记目的的,并运用一定方法的识记。有意识记目的明确、任务具体、方法灵活,并伴随积极的思维活动和意志努力,因此是一种主动而又自觉进行的一种识记活动。人们掌握系统的科学知识和技能,主要靠有意识记。在学习和工作中,有意识记占主导地位。在其他条件相同的情况下,有意识记的效果比无意识记的效果要好得多。

第二,根据所要识记的材料本身有无意义,或学习者是否了解其意义,可将识记分为机械识记和意义识记。

机械识记主要依靠机械重复而进行的识记。例如记人名、地名、电话号码、商品型号、历史年代等其本身没有什么内在联系,只能按照外在的时空顺序努力强记。机械识记的优点是保证识记材料的准确性;缺点是花费时间多,消耗的数量大,并且由于对材料很少进行智力加工,因而效果不如意义识记。

意义识记主要通过对材料的理解而进行的识记。意义识记的先决条件是理解,只有领会材料本身的意义,并把它与已有的知识经验联系起来,纳入已有的知识系统,才能保留在记忆中。这种识记的优点是容易记住,保持时间长久,易于提取;缺点是记得不一定十分准确。

意义识记与机械识记的性质有所不同,但两者不是对立和排斥的,而是相互依存、相互补充的。意义识记要靠机械识记的补充,对材料识记达到精确和熟记的程度;机械识记也需要意义识记的帮助和指导。为了更有效地识记那些缺乏内在联系的材料,可以人为地赋予这类材料一定的联系,使之意义化,以便增强识记效果。

(二)保持

1.什么是保持

保持不仅是巩固识记所必需,而且也是实现再认或回忆的重要保证。记忆的保持随着时间的推移在保持的量和质上都可能发生变化。记忆保持的量可能减少,也可能增加;而记忆保持的质变则体现在记忆内容的变化上。

2.识记过的事物在头脑中的变化

识记过的事物在头脑中储存虽然是有秩序、分层次的,但不能理解为像文件存放在保险柜里那样一成不变,随着时间的推移以及后来经验的影响,在质和量上均会发生变化。量的变化主要指的是内容的减少。量的减少是一种普遍现象,因为人们经历的事情总要忘掉一些。

质的变化主要指内容的加工改造,显示出以下特点:

第一,记忆的内容比原来识记的内容更简略、更概括,一些不太重要的细节趋于消失。而主要内容及显著特征被保持。

第二,保持的内容比原来识记的内容更加详细、具体、完整、合理。

第三,使原来的识记内容中的某些特点更加突出、夸张或歪曲,变得更加生动、离奇,或者更有特色。

3.遗忘及其规律

(1)什么是遗忘。遗忘就是识记过的事物不能再认或者回忆。记忆保持的最大变化是遗忘。遗忘和保持是矛盾的两个方面。记忆的内容不能保持或者提取时有困难就是遗忘,如识记过的事物,在一定条件下不能再认和回忆,或者再认和回忆时发生错误。

遗忘有各种情况:能再认不能回忆叫不完全遗忘;不能再认也不能回忆叫完全遗忘;一时不能再认或重现叫临时性遗忘;永久不能再认或回忆叫永久性遗忘。

(2)遗忘的进程。德国心理学家艾宾浩斯最早研究了遗忘的发展进程,他受费希纳的《心理物理学纲要》的启发,采用自然科学的方法对记忆进行了实验研究。如图 4-1 所示,遗忘的规律是不均衡的,先快后慢,就是在识记后短时间内遗忘的速度最快,遗忘的量也最多,随着时间的推移,记忆保持的数量虽然也有所减少,但几乎不再遗忘了。随着时间间隔的延长,遗忘的越多,保持的越少。

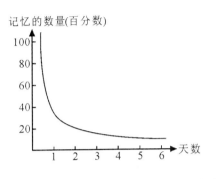

图 4-1 艾宾浩斯记忆的遗忘曲线

(3)遗忘的种类。遗忘有暂时性遗忘和永久性遗忘。暂时性遗忘就是已经转入长时间记忆中的内容一时不能提取,不能再认或者回忆,但在适宜的条件下,记忆还能恢复。永久性遗忘是指识记过的材料,不经重新学习,记忆不能再恢复。

遗忘受很多因素的影响。其中,识记材料的性质对识记有重要影响,那些不重要的、没趣味的不符合人需要的材料,首先被遗忘;过长和过难的材料容易被遗忘;排列在中间位置的材料也容易被遗忘。

(三)回忆

回忆是指人们过去经历过的事物的形象或概念在人们的头脑中重新出现的过程。例如考试时,人们根据考题回忆起学习过的知识;节日的情景,使人们想起远方的亲人。

在回忆过程中,人们所采取的策略,将直接影响回忆的进程和效果。联想是回忆的基础。客观世界的各种事物不是孤立的,而是相互联系和相互制约的。人脑对客观事物的反映,在头脑中所保存的知识经验也不是孤立的和零散的,而是彼此有一定的联系的,这样人们在回忆某一事物时,也会连带地回忆起其他有关的事。例如,想到阴天就会想到下雨等。这种由一个事物想到另一个事物的心理活动称之为联想。联想具有以下几个规律:

(1)接近律:时间、空间相近的事物容易形成联想。例如,人们看到颐和园就会想到昆明湖、万寿山、十七孔桥;背诵外文单词时由形会联想到它的音和义;由元旦就会想到春节等。

(2)相似律:形式相似和性质相似的事物容易形成联想。例如,人们提起春天,就会想到生机与繁荣;从苍松翠柏就会想到意志坚强;等等。

(3)对比律:事物间相反的特征也容易形成联想。例如,人们可能由白想到黑;由高想到矮;等等。

第二节　学前儿童记忆的发展

一、学前儿童记忆发展的特点

(一)学前儿童记忆研究的方法

记忆是学前儿童心理学研究所关注的焦点之一。在判别记忆是否发生的研究过程中,心理学家采用了很多研究方法。

1.习惯化—去习惯化

随着刺激物出现频率的增加而对它的注意时间逐渐减少甚至消失的现象,被称为"习惯化"。新生儿对刺激物的习惯化,常被作为他对事物是否能够再认的指标。当新异刺激出现后,对新异刺激表现为更加注意或注视时间加长,被称为"去习惯化"。习惯化、去习惯化可以作为一种方法和指标来看新生儿能否发现刺激物的差别,即了解他的感知能力;也可以用来测查新生儿能否辨别刺激物的熟悉程度,即其记忆能力是否出现。记忆是习惯化—去习惯化程序的内在成分之一。一个婴儿只有能够存储关于某一刺激的信息,并在再次遇到时再认出它是熟悉的,他才可能对该刺激产生习惯化。如果没有关于过去事件的记忆,就不可能有习惯化。类似的,只有婴儿记住了原来的刺激,并认识到新刺激有点不同时,他才可能表现出对某一新刺激的去习惯化。

2.条件反射

经典条件反射的建立,新生儿对条件刺激物做出条件反应,可以作为记忆发生的指标。一般认为,出生后 10 天左右的新生儿对喂奶姿势的再认是第一个自然条件反射出现的标志。在实验中,将脚踝与风铃连在一起的带子使婴儿具备某种潜在的能力:如果婴儿踢脚,则风铃将转动。年仅 2 个月的婴儿就能够学会这种关系,一种操作条件反射一旦建立了这种反应,则可以以各种不同方式改变这一情境,以探测婴儿的记忆。可以经一段延迟之后再引入风铃,并看看这种踢脚反应是否仍会发生,以此检查记忆的持续时间。也可以通过呈现各种与训练风铃的相似程度不同的新风铃,考察记忆的特异性。

3.再学法

当婴儿学习一种知识或技能后,经过一段时间后遗忘,重新学习这种知识和技能所需的时间或次数比第一次要少些。

4.延迟模仿法

延迟模仿是在延时一定时间后对先前观察学习的经验的模仿。皮亚杰是第一个研究这种模仿的人:他发现这些能力大约出现于 18～24 个月,这一发现与他的信念相一致,即认为延迟模仿需要某种要到婴儿期末可能出现的表征和回忆能力。以后的研究接受了这一理论观点,但对他的发展时间表有不同看法。梅尔佐夫表明,9 个月的婴儿能够模仿他们 24 小时之前看到的一个新异动作(如按压一个按钮以产生某种声音)。到 14 个月时,这种延时跨度则扩展到整整一周。

（二）学前儿童记忆发展的特点

1.3 岁前学前儿童记忆发展的特点

记忆的三个环节分别为识记、保持和再现。识记和保持是再现的前提，再现是识记和保持的结果。一般根据识记和保持的情况来判断学前儿童的记忆是否发生。有研究发现，如果把录下来的母亲心跳的声音放给儿童听，儿童会停止哭泣。这是因为儿童感到他们又回到了熟悉的有安全感的胎内环境。由此认为，胎儿已经具有听觉记忆。其他的有关七八个月大的胎儿的音乐听觉的研究也得出类似结论。可见，胎儿末期，听觉记忆确已出现。

一般认为新生儿出生不久就具有记忆能力。研究人员通过使用各种各样的方法，发现新生儿具有记忆的能力。例如，在出生后的几天中，新生儿能够辨别出母亲的声音与气味，这是比较清晰的关于记忆的证据，尽管它可能是胎儿时期学习的记忆，而不是"崭新"的学习被保存下来的证据，已经在出生后最初 24 小时内的新生儿中被发现。在一项研究中，斯维尼、泽拉佐与克里弗顿让一天大的新生儿倾听一个单词，然后在他们把头转向声音的时候控制他们。在很短的时间内，这些新生儿适应了这个单词，并且停止转向。一天之后，这些新生儿中的一半再次倾听这个相同的单词；另一半倾听一个不同的单词。所有的新生儿再次朝向这个单词，把头转向它。但是，两天都接触相同单词的那些新生儿，比倾听一个新鲜单词的新生儿更加迅速地适应这种状态。这清楚地表明他们记住了关于这个单词的一些东西。这证明新生儿已经产生了记忆。

3 岁前儿童的记忆富有情绪色彩，特别容易记住那些引起他们情绪反应的事物或情景。比如第一次高高兴兴去公园的情景，他能记得很久很久。3 岁前儿童的记忆内容在头脑中保持时间相对较短，而且带有很大的随意性，一般没有明确目的和意图，凡是感兴趣的、印象鲜明的事物就容易记住。

在学前儿童记忆研究中，有个有趣的记忆缺失现象，即 3 岁前儿童的记忆一般不能永久保持，这种现象也被称为婴儿期健忘。作为成年人的我们回忆不起来婴儿期的经验，甚至是幼儿园早期的事情。关于这种现象成因的研究至今没有一致性的解释。有的观点认为，与记忆相关的大脑部分没有发育成熟，使得长时记忆很难出现；有的观点认为，婴儿的记忆策略太原始，不能很好地组织记忆材料；有的观点认为，婴儿主要运用内隐记忆，外显记忆较差，婴儿的记忆水平程度是无意识和自发的；还有的观点认为，在婴儿获得与个人事件相关的自我感之前，还不具有有关个人事件的记忆能力。当儿童出现自传体记忆时，才标志着婴儿期记忆缺失的结束。

2.3～6 岁幼儿记忆发展的特点

学前儿童的记忆和其他心理过程一样，是随着年龄的增长而逐渐发展的。幼儿期儿童的记忆能力和水平有了显著提高。其发展的特点主要表现在识记方式、记忆内容和记忆策略等方面。

（1）识记方式。从识记方式来看，幼儿记忆的特点表现在以下两个方面：

①无意识记占优势，有意识记逐渐发展。3 岁以前的儿童基本上只有无意识记；在整个学前期，无意识记都占优势。幼儿经常是自然而然地记住一些简单的生活经验、诗歌、童话故事等，一般还不会向自己提出记住客观事物的任务；被记忆的东西常常是一些直观的、形象鲜明的、能激起兴趣和情感的事物。有意识记的发展，是幼儿记忆发展中质的飞跃。幼儿有意识记

是在成人的教育和引导下逐渐产生的，其积极性和效果依赖于对记忆任务的意识和活动动机。

对于幼儿而言，无意识记的效果优于有意识记。年龄越大，幼儿无意识记的效果越好；而且，幼儿的认知活动越是积极，无意识记效果越好。

②机械识记用得多，但意义识记效果好。幼儿缺乏生活经验，无法像成人那样在理解的基础上强化记忆，只能根据事物的外部特征机械识记。对于幼儿而言，机械识记用得多；但是，意义识记的效果优于机械识记。如果幼儿理解识记内容的话，则识记的效果较好；而且对理解了的内容记忆保持的时间也相对较长。从识记的效果来看，机械识记不如意义识记，以理解为基础的意义识记在全面性、速度、精确性和巩固性等方面，都比机械识记好。但是，机械识记和意义识记都是识记的基本方法，它们在幼儿的记忆和学习中都是必要的。

（2）记忆内容。根据记忆的内容，可把记忆分为形象记忆、情绪记忆、运动记忆和逻辑记忆。形象记忆是以感知过的事物形象为内容的记忆。逻辑记忆是以概念、公式和规律等的逻辑思维过程为内容的记忆。幼儿的思维方式以具体形象思维为主，幼儿晚期才出现逻辑思维的萌芽。幼儿受思维方式的局限，在观察事物时很少深入体会事物的本质，一般只对那些形象鲜明生动的东西感兴趣，记忆较为牢固。所以，对于幼儿的记忆而言，整个幼儿期，形象记忆占主要地位，并且其效果优于逻辑思维；逻辑记忆随着年龄的增长逐渐发展，与形象记忆的效果的差别逐渐减小。

（3）记忆策略。幼儿有意识记、意义识记及逻辑记忆的发展，反映了幼儿记忆的自觉意识逐渐增强和记忆策略的发展。但是在大多数情况下，幼儿对于记忆策略并不是有意使用的，而是基于无意识记。有意地、系统地组织、分类、精细加工要记忆的材料——这三类活动是成人和年长儿童最重要的记忆策略。学前儿童记忆的信息大多是威尔曼（Wellman，1988）称谓的无意识记的内容。"无意识记"不是有意使用的策略，因而并不是真正的记忆策略。无意识记并不是系统的努力加工和重述的结果，在某种程度上，是非自愿的（或偶然的）。由于幼儿的识记多是在偶然、非自愿的情况下进行，还由于很少有证据证明他们使用的是像成人一样的诸如有意复述或组织的策略，研究者假定记忆策略仅在幼儿期晚期得到发展。但威尔曼认为，有证据证明一些记忆策略在学前期就已经开始采用了。例如，威尔曼要求一个3岁儿童在随实验者离开房间时将一玩具埋在一个装有沙子的盒子里。要求一些儿童记住他们埋玩具的地方，其他的儿童被询问在离开房间时他们是否还有事情要做，但并没有要求他们记住埋玩具的位置。令人惊奇的是，有一半要求记住埋玩具位置的儿童在埋东西的地方垒起一小土堆、在沙子上做记号或放在另一个玩具的上面，仅有20％没有给予提示的儿童这样做了。

另外，3～6岁幼儿记忆发展的特点还表现为：幼儿的大脑容易兴奋、仍不稳定，表现为容易识记，也容易遗忘；记忆的精确性和巩固性相对较差；幼儿的自我控制能力差，记忆活动很容易受外界事物和情绪的干扰，缺乏稳定性。

二、学前儿童记忆的发展通道

通过对学前儿童记忆发展特点的分析发现，学前儿童记忆发展的趋势如下。

（一）识记方式的发展

从识记方式来看，学前儿童无意识记的效果随着年龄的增长而不断提高，有意识记逐渐发展；机械识记和意义识记作为识记的基本方法，在整个学前期，其效果都随着年龄的增长而有所提高。

（二）记忆保持的变化

1.记忆保持时间的延长

根据信息加工的观点，按信息的编码、存储和提取的方式不同，以及信息存储时间长短的不同，可以将记忆分作感觉记忆、短时记忆和长时记忆三个系统。

当学前儿童的注意力随着年龄的增长而不断提高时，记忆策略也随之不断发展。记忆策略的使用增加了学前儿童将短时记忆中保存的信息转化成长时记忆的可能性。对于学前儿童而言，短时记忆出现得早，长时记忆出现得晚。

一般而言，学前儿童的识记内容在头脑中保存时间的长短主要受以下几种因素的影响：(1)对识记对象的感知程度。感知得越清楚、越仔细、越完整，在头脑中保持时间就越长。(2)识记对象的特点。引起学前儿童兴趣的、形象生动鲜明的事物在头脑中保存的时间相对会长。(3)情绪状态。积极的情绪状态或能引起学前儿童积极情绪体验的事物识记保持的时间越长。(4)知识经验和对事物的理解程度。知识经验越丰富，越有助于学前儿童对事物的理解，而理解较深的事物记得时间就越长。

2.记忆容量的增加

短时记忆是记忆的一个重要的成分。信息在短时记忆中保存的时间不长，而且短时记忆的容量相当有限，一般约为7 ± 2个组块。即如不做任何复习，人对感知的信息只能记住5～9个之间没有联系的单位。短时记忆的容量实际上取决于组块的大小。组块是短时记忆信息加工的单位，它可以是字母、单词、句子、成语、图示甚至更大的单位。

随着学前儿童信息加工能力的增强和知识经验的积累，每一个信息单位包含的内容越来越多，记忆的容量会逐渐增加。

3.记忆内容的变化

根据记忆的内容，可以把记忆分成形象记忆、情绪记忆、运动记忆和逻辑记忆四种。学前儿童记忆内容随着年龄增长而变化。

从学前儿童这四种记忆发生发展的顺序来看，最早出现的是运动记忆，然后是情绪记忆，再后是形象记忆，最晚出现的是逻辑记忆。在幼儿的记忆中，形象记忆占主要地位。学前儿童这几种记忆的发展，并不是用一种记忆简单代替另一种记忆，而是一个相当复杂的相互作用的过程。例如，1岁前的形象记忆和动作记忆、情绪记忆紧密联系。

儿童最早的记忆是运动记忆，在出生后2周左右出现。学前儿童身体动作的发展和运动记忆密切相关。在出生后6个月左右情绪记忆出现。年幼的儿童很容易记住那些富有情绪色彩（如愉快或不愉快）的事情。大多数成年人能回忆起四五岁的往事，往往是那些带有情绪色彩的事情。儿童听儿歌或童话故事时往往容易记住最有感情的那些句子，而且保持得特别长久。形象记忆出现在6～12个月左右，比如，婴儿能分辨出母亲和其他人，认识熟悉的玩具等，都是形象记忆的表现。最晚的是逻辑记忆，在1岁左右出现。这与学前儿童语言中枢的发展密切相连。

（三）记忆提取方式的发展

胎儿及新生儿的记忆，从其再现形式看都属于"再认"。婴儿期的记忆仍主要是再认形式，明显的再认出现在6个月左右。这时，儿童开始"认生"。只愿意亲近妈妈及经常接触的人，当陌生人走近时反而会感到不安。婴儿末期,回忆的形式开始萌芽,1～2岁时逐渐出现。再认先于回忆发生,是因为二者的活动机制不同。再认依靠的是感知,回忆依靠的是表象。感知是儿童自出生以后就已经具有或开始发展的,感知刺激可以立即引起记忆痕迹的恢复;而表象则在1.5～2岁才开始形成,并且需要儿童在头脑中进行搜索。随着语言能力的发展与表象的形成,1～2岁学前儿童记忆的发展主要表现为回忆的发展,即具备了有意识地回忆以往事件的能力。

第三节　学前儿童记忆的培养

怎样培养学前儿童的记忆,是家长和教师普遍关注的问题。记忆力是智力发展水平的一个重要标准。针对学前儿童的身心发展特点,培养学前儿童记忆时应遵循客观性原则、发展性原则和教育性原则等。人们的记忆存在着极大的个体差异,主要体现在记忆的敏捷性、记忆的持久性、记忆的准确性和记忆的准备性四个方面的品质上。培养学前儿童的记忆,主要在于培养记忆的品质。

一、记忆敏捷性的培养

记忆的敏捷性是指识记速度快慢方面的特征。人在记忆的敏捷性方面存在着明显的差别。记忆的敏捷性与人的暂时神经联系形成的速度有关:暂时联系形成的快,记忆就敏捷;暂时联系形成的慢,记忆就迟钝。每个人都希望自己的记忆具有敏捷性,这样就可以在单位时间里获得相对多的知识。提高记忆的敏捷性要求在平时要加强锻炼,在记忆时要专心致志并且要充分和已有的知识经验相联系。

(一)要有锻炼学前儿童记忆的意识

家长和幼儿园教师在平时要加强学前儿童记忆力的锻炼,通过锻炼才可以使学前儿童的记忆敏捷起来。

(二)要训练学前儿童的注意力

学前儿童的无意注意已经相当发达。凡是鲜明、生动、直观、形象、活动、多变的事物,以及与他们的经验有关、符合他们兴趣的事物,都能引起他们的无意注意。而学前儿童的有意注意受大脑发育水平的局限,尚处于初步形成时期,要到7岁左右才达到成熟水平。

学前儿童记忆力的培养和注意力特别是与有意注意的训练密切相关。在学前儿童的记忆过程中,成人可以利用语言组织学前儿童的有意注意,引导或帮助他们明确记忆的目的和任务,产生有意识记的动机。例如,成人可以通过让学前儿童寻找两种材料(或两种以上材料)之间的不同(或相同)之处,从而达到训练注意力和记忆力的目的。

(三)要引导学前儿童运用已有知识经验

引导学前儿童运用已有知识经验,以此来获得新的知识。即是在已有的条件反射基础上建立新的条件反射,这样记忆就会逐渐敏捷起来。奥苏伯尔的有意义学习理论说明了这一点。学前儿童的意义识记随着年龄的增长逐渐发展而且意义识记的效果也不断提高。引导学前儿童在已有知识经验联系的基础上,通过对材料的理解而进行识记,有利于提高记忆的敏捷性。

二、记忆持久性的培养

记忆的持久性是指识记内容保持时间长短方面的特征。有的人能把识记的内容长久地保持在头脑中,而有的人则会很快地把识记的内容遗忘。有研究认为,记忆的持久性与人的暂时神经联系的牢固性有关:暂时神经联系形成得越牢固,则识记内容保持得越长久;暂时神经联系形成得越不牢固,则识记内容保持得越短暂。记忆的持久性与记忆的敏捷性之间呈正相关。一般而言,记得快的人,保持的时间较长;但也不尽然,有的人记得快,但是保持的时间却短暂。加深对识记内容的理解以及合理地安排复习,同时灵活性地运用知识,才能牢固地掌握所学到的知识,使记忆获得持久性。

学前儿童记忆持久性的培养措施如下。

(一)运用直观教具

针对学前儿童的记忆以形象记忆为主的特点,恰当地运用实物、标本、模型、图画等直观教具进行教学,提供具体形象、生动鲜明的物体,使儿童对要识记内容有更直观的观察和理解,可以提高记忆能力。这是适合学前儿童身心发展特点的、比较有效的培养记忆力的措施。

(二)激发兴趣和积极情绪

学前儿童的记忆以无意识记为主,凡是直观、形象、有趣味、能激发学前儿童兴趣和强烈情绪、情感体验的事物,都容易被学前儿童识记。

(三)明确识记目的

有意识记的发生和发展是儿童记忆发展过程中最重要的质变。根据学前儿童有意识记逐渐发展的特点,在日常生活和各种有组织的活动中,通过布置作业,明确识记任务等引导学前儿童有意识、有目的地去识记。

(四)组织有效的复习

组织有效的复习,使条件反射不断强化而得到巩固,这样就可以使记忆获得持久性。通过合理分配复习的时间、采取多样化的、多种感官参与的复习方法等都可以有效地使记忆的保持相对长久。针对学前儿童的心理特点,多种感官——视觉、听觉、嗅觉、味觉、触觉参与复习活动,强化记忆学过的知识,能获得最好的记忆效果。

三、记忆准确性的培养

记忆的准确性是指对记忆内容的识记、保持和再现的精确程度方面的特征。人们的记忆在准确性方面存在差异。准确性是记忆的重要品质,如果缺乏记忆的准确性,敏捷性、持久性就失去了意义。记忆的准确性与人的暂时神经联系的正确性有关:暂时神经联系越正确,记忆的准确性就越好;暂时神经联系越不正确,记忆准确性就越差。记忆的准确性依赖于对事物是非的辨别能力。学前儿童记忆准确性的培养首先要进行认真正确的识记,保证记忆的准确性。同时,对于正确识记的事物,要通过及时有效的复习强化巩固。如果有模糊的识记内容,要及时纠正,这样才能有效地保证记忆的准确性。可以通过找不同训练法、找相同训练法或者综合分类训练法等,认识事物的相同和不同之处,锻炼辨别能力,提高记忆的准确性。

四、记忆准备性的培养

记忆的准备性是指从记忆中提取所需知识速度快慢方面的特征。它取决于记忆内容的组织性、系统性和熟练化程度等因素。记忆的准备性与大脑皮层神经过程灵活有关：由兴奋转入抑制或由抑制转入兴奋都比较容易、比较灵活，记忆的准备性的水平就高；反之，记忆的准备性的水平就低。记忆如果没有准备性，就失去了存在的价值。所以，记忆的准备性是判断记忆品质的最重要的标准。

记忆的准备性并不是天生就有的，而是后天培养、锻炼的结果。要使学前儿童的记忆具有良好的准备性，重要的在于确保记忆具有持久性、准确性和系统性。记忆的准备性是在识记的过程中形成的，所以，特别要强调的是，从识记一开始就要认真正确，不能马马虎虎。成人要积极引导学前儿童有意识地记那些有意义的事物，最好在识记时就建立起与已有知识经验的联系，使识记内容条理化、系统化。另外，可以通过各种方法锻炼学前儿童信息提取的技巧和能力。可以通过顺序训练法、自由回忆训练法和广度训练法等方法锻炼学前儿童的再认或回忆技巧。例如，让学前儿童按顺序识记一些图片，再遮住图片，然后逐个把图片显露出来，每显露出一个图片，让儿童回忆出下面紧接着的图片是什么，也可以让学前儿童听一些记忆材料，听完后立即让他们复述出来。

需要强调的是，游戏是学前儿童的主要活动，游戏是他们认识世界的主要途径。学前儿童记忆可以在各种各样的游戏中得到锻炼和培养。家长和教师把知识融于游戏之中，可使学前儿童在游戏中学习，在游戏中记忆。

记忆的四种品质是有机联系、缺一不可的。检验学前儿童的记忆力的好坏，不能单看某一方面品质，而必须用四个方面的品质去全面地衡量。记忆的品质天生有很大的差异，但后天都可培养、锻炼，可通过各种方法锻炼记忆的能力与技巧。记忆的各种品质在不同儿童身上有不同的组合。有的人记得快忘得慢，并且记得准确；有的人记得慢忘得也慢；有的人记得快忘得也快；有的人记得慢又忘得快。家长和教师应根据学前儿童的不同情况，采取不同的方法，帮助他们克服自己的缺点，以提高他们的记忆能力。

小　　结

1.记忆是脑对外界输入信息进行编码、存储和提取的过程。记忆联结着人们的心理活动的过去和现在，是人们学习、工作和生活的基本机能。

2.记忆是一个结构性的信息加工系统，由感觉记忆（瞬时记忆）、短时记忆和长时记忆三个子系统构成。这三个子系统处在记忆系统加工过程的不同阶段，相互之间有着十分重要的联系。

3.德国著名的心理学家艾宾浩斯采用无意义音节作为记忆材料来研究记忆，提出著名的遗忘曲线，他认为遗忘的进程是不均衡的，规律是先快后慢的。

4.培养学前儿童记忆时应遵循客观性原则、发展性原则和教育性原则等。

5.人们的记忆存在着极大的个体差异，主要体现在记忆的敏捷性、记忆的持久性、记忆的准确性和记忆的准备性四个方面的品质上。培养学前儿童的记忆，主要在于培养记忆的品质。

思考与复习

1.如何理解记忆在学前儿童心理发展中的意义？

2.如何来解释遗忘？

3.学前儿童记忆发展的趋势是什么？

4.学前儿童记忆的发展有哪些特点？

5.设计一些直观教具，训练学前儿童的记忆力。

6.设计几个增强学前儿童记忆的游戏。

第五章 学前儿童想象、思维的发展

 本章主要内容

本章重点阐述学前儿童想象和思维发展的特点。主要内容包括:学前儿童想象的发生及其在幼儿生活中的重要地位,学前儿童想象发展的特点;学前儿童思维的发生及其在学前儿童心理发展中的意义,学前儿童思维发展的一般趋势;学前儿童掌握概念的特点,判断和推理发展的特点以及理解的发展特点。

学习目标

1.掌握想象和思维的概念及与认识过程的关系;熟悉想象和思维的种类。

2.了解学前儿童想象和思维的发生;掌握其发展特点。

3.初步学会用学前儿童想象和思维发展的知识去分析学前儿童的想象和思维表现,并懂得如何去培养学前儿童的思维能力。

 关键词

学前儿童　想象　无意想象　有意想象　再造想象　创造想象　思维　问题解决　思维品质　思维形式　思维过程

意大利儿童教育家蒙台梭利(Maria Montessori,1870—1952)说:幼儿期是想象非常活跃的时期。儿童的想象丰富、新奇,幼小的儿童有一半时间生活在自己的想象世界中。他们没有定势,不墨守成规,不怕别人议论,他们更热衷探索新奇的事物,他们的整个生活都渗透着想象和创造。

第一节　想象概述

一、什么是想象

想象是对人脑中已有的表象进行加工创造,创造出新形象的心理过程。它是一种特殊的思维形式。想象与思维有着密切的联系,都属于高级的认知过程,它们都产生于问题的情景,由个体的需要所推动,并能预见未来。首先,想象以感知过的事物形象为基础,以储存在头脑中的已有表象为原材料进行加工而形成;其次,人的头脑不仅能产生过去感知过的事物形象,而且能够产生过去从未感知过的事物形象;再次,想象过程所产生的新形象称为想象表象。

二、想象的生理机制

想象是人脑的机能。人在感知客观事物的过程中,大脑皮层上形成了暂时神经联系;留下了痕迹,这些联系是动态地不断分解、补充、改造、结合。当生理上这些分解后的联系重新结合成新的联系,便创造出新的形象,这就是想象过程。从这个意义上说,想象和其他心理过程一样,是大脑皮层的机能。

现代科学表明,下丘脑—边缘系统与大脑皮层共同参与想象的形成。如果人的下丘脑—边缘系统受损伤,可能产生特殊的心理错乱,表现为人的行为缺乏程序性、自觉性,他们不能拟订简单的行动计划,不能编拟未来的行动程序。想象的主要作用正在于形成行动的计划和程序。下丘脑—边缘系统的损伤使想象遭到了破坏。因此,可以说想象的生理机制不仅位于皮层上,还位于脑的深层部位,即下丘脑—边缘系统。想象是大脑皮层和皮下共同活动的机能。

三、想象的种类

(一)无意想象和有意想象

按照想象时有意性、目的性的程度不同,可以把想象分为无意想象和有意想象。

无意想象是没有预定的目的和意图,在一定的刺激影响下,不由自主地创造新形象的过程。例如,看到天上的云朵,自然而然想到这是一只羊,那是一只熊等。又如,教师在课堂上讲某一有趣的故事,或儿童在观看有趣的戏剧时,头脑里不由自主地产生一系列熟悉的形象或创造出新形象。这些都是无意想象。无意想象是最简单和最初级形式的想象。

梦是无意想象的极端形式。人们在睡眠时,大脑皮层产生一种弥漫性抑制,如果抑制发展不平衡,皮层上有些区域的神经细胞仍处在兴奋状态,就会出现梦。梦中的形象往往不是感知到的形象,而是重新组合成的新的形象,它的出现是无意的。梦中所出现的形象或它们之间的联系和关系,有时虽然荒诞无稽,似乎脱离现实很远,但构成梦境的一切素材,都是自己曾经经历过的事物,所以梦也是现实的反映。

有意想象是按照一定的目的,自觉地创造出新形象的过程。凡对实践活动有作用的想象,都属于有意想象,或者也可说有意想象就是以观念为形式的新东西的创造。

(二)再造想象和创造想象

按照想象的创造性、独立性程度不同,即想象内容的新颖性、独立性和创造性不同,可以把想象分为再造想象和创造想象。

再造想象是根据语言的描述或图样、图纸、符号等示意,在脑中再造出相应的新形象的过程。所谓"再造",一方面指这些新形象对自己来讲是没有亲身感知过,仅是根据当前任务和所提供的材料,在词的调节下,运用个人占有的知识经验,在头脑中加工再造出来的;另一方面,这种新形象非自己的独创。例如,建筑师根据建筑图纸可以想象出一座座建筑物的形象;学生读了毛泽东同志的《沁园春·雪》,可以根据诗词中的描绘,在头脑中再造出冬日长城内外的北国风光。这些想象都是再造想象。

再造想象也有一定的创造性。这里的创造性也就是指各个人想象的独特性。各人由于表象的储备、生活经验、情感体验等的不同,对于同样的描述、同样的示意,各人总是以自身独特的方式去进行创造新形象的。不同人读了《沁园春·雪》后,头脑中所出现的北国风光的图景绝不会完全相同。从这个意义上说,想象总带有一定的创造性。

创造想象是根据一定的目的任务,但并不依据别人的描述而独立地创造出新形象的过程。例如,工人、农民、技术人员革新或发明新的生产工具与操作方法;文学家塑造新的人物形象,科学家制订新的研究设计等等,都是创造想象的过程。

创造想象的形象是独创的,它具有首创性、独立性和新颖性等特点。它比再造想象困难、复杂。例如,鲁迅创造出的"阿Q"这一具有独特性的新形象,当然比读者通过阅读《阿Q正传》在头脑中再造出"阿Q"的形象要困难得多。因为前者需要对已有的感性材料进行深入地分析、综合,在头脑中进行创造性地构思。

创造想象和再造想象虽然在创造性、独立性的程度上不相同,但它们之间有着紧密的关系。再造想象有创造性的因素;创造想象必须依靠再造想象的帮助。任何一项创作活动,事先总是参照了前人的经验,有一系列再造想象作基础。

(三)幻想、理想和空想

按想象的现实意义,可以把想象分为幻想、理想和空想。

幻想是一种与个人愿望相联系的,并指向于未来事物的想象。它是创造想象的一种特殊形式。例如,幻想着自己成为宇航员或演员。幻想和创造想象不同,如上所说,幻想总是与个人的期望、志向相联系的,也总包含对未来活动的设想。而创造想象所创造的形象,却并非都是个人所期望的,如作家所创造的反面人物,而创造想象又总是当前直接的创造活动。

理想是以客观现实的发展规律为依据,在现实中可能实现的幻想。理想也称为"积极的幻想"。它今天虽然不一定直接引向行动,但它能把光明的未来展示在人们的面前,鼓舞人顽强地去克服困难,坚定地朝着既定的目标前进,成为激发人们在学习、工作中发挥创造性和积极性的巨大动力。理想又往往是激起创造想象的准备阶段。

空想是一种完全脱离现实的发展规律,在现实中毫无实现可能的幻想。空想是一种有害的"消极的幻想",它不能激励人们前进,相反,只能引导人们脱离现实生活,导致挫折或失望。

四、想象的作用

想象在人们的实践中具有重要意义。在创造性的活动中,如农民的科学种田、工人的技术革新,文学、艺术家的创作,科学家的假设,都需要丰富的想象活动参加。伟大的科学家爱因斯坦认为:"想象力比知识更重要,因为知识是有限的,而想象力概括世界上一切,推动着进步,并且是知识进化的源泉。严格地说,想象力是科学研究中的实在因素。"不仅如此,就是在学生进行科学文化知识的学习活动中,革命理想的培养过程中,甚至儿童的游戏活动中,想象同样是必不可少的心理品质之一。想象的形象是儿童认识和掌握社会经验的手段。人们的实践活动不能没有想象的参与,想象越丰富,活动越富有成效。

不恰当的想象也往往会导致心理活动的某些失常。如由于医生说话不谨慎,使患者想象自己得了某种危险的疾病,结果这种病的症状真的在他身上发展起来,这就是所谓"医疗致因疾病"。同样,教师欠妥的教育举动或不慎的言论,也可能给学生以创伤性的影响,激起离奇的恐惧,结果会产生精神失常,即所谓"教育致因疾病"。教育工作者必须了解自己的教育对象,审慎地从事教育工作。

五、想象在学前儿童的心理发展中具有重要的意义

学前儿童期是想象最为活跃的时期,想象儿乎贯穿于学前儿童的各种活动中,对儿童认知、情绪、游戏、学习活动起着十分重要的作用。

(一)想象与学前儿童的认知活动

1.想象与感知密不可分

儿童的想象并不是凭空产生的,要用头脑中已有的表象作为原材料,才可能进行。而学前儿童头脑中已有的表象又是从哪里来的呢? 它是过去感知过的事物在头脑中留下的具体形象。由此可见想象与感知密不可分。

2.想象与记忆密不可分

一方面,想象依靠记忆。儿童想象时所依靠的原有表象,是过去感知的事物依靠记忆在头脑中保持下来的形象。如果没有记忆,即便学前儿童看见过人骑马,但没有保持住人骑马的具体形象,即表象,学前儿童同样不会产生小孩在天上骑马的想象。这说明想象是离不开感知,离不开记忆的。

另一方面,想象的发展有利于记忆活动的顺利进行。儿童的识记、保持、回忆等记忆活动,都离不开想象。儿童的想象越丰富、水平越高,越有利于儿童对识记材料的理解、加工,也就越有利于儿童对识记材料的保持和回忆。

3.想象与思维关系密切

思维也是在感知和记忆的基础上,对材料进行加工、改造,从而间接地概括地反映事物本质和规律的活动。想象过程的加工、改造,可能符合客观规律,反映事物的本质,也可能是脱离实际的。那些符合客观规律的想象,是思维的一种表现,称为创造性思维。而那些脱离实际的想象,有些是纯粹的空想;有些虽然暂时不能实现,以后却能变为现实。"嫦娥奔月",表达了人类早就有登上月球的幻想,如今已变成现实。许多创造发明,最早多起源于幻想。可见,不论是创造性思维一类的想象,还是幻想形式的想象,都和创造活动有关。由此可见,想象和思维关系是十分密切的。

学前儿童期是想象发展的初级阶段,它已经开始超脱现实,在记忆基础上进行了加工改造,但它还没有能够深入现实,不能真正反映事物的本质。在成人的认识活动中,想象可以作为思维的一部分,而在学前儿童,想象与思维则有认识发展等级的区别。进入学龄期后,想象才逐渐深入现实,其特点就与思维相融合。因此,学前儿童的想象只是思维发展的基础,学前儿童的想象是一端接近于记忆,另一端接近于创造性思维。

(二)想象与学前儿童的情绪活动

一方面,孩子的情绪情感常常是由于想象而引发的,如怕黑,怕"鬼"等;另一方面,情绪影响想象。大量事实说明,学前儿童的想象容易受自己的情绪和兴趣的影响。学前儿童的情绪常常能够引起某种想象过程,或者改变想象的方向。

(三)想象与学前儿童的游戏活动

学前儿童的主导活动是游戏,特别是象征性游戏,即便是学习,也往往通过游戏的方式进

行。想象在学前儿童的游戏活动中起着十分重要的作用,这突出地表现在想象是象征性游戏的首要心理成分。如果没有想象,也就不可能进行任何游戏活动。

(四)想象与学前儿童的学习活动

想象是学前儿童学习活动所必不可少的。没有想象,就没有理解,而没有理解,就无法学习、掌握新知识。例如,学前儿童听故事时,想象随着故事的进程而开展。一幕幕的表象如同电影在头脑中活跃起来。正是想象活动,使学前儿童理解故事内容,沉迷于故事情节。

第二节　学前儿童想象的发展

一、学前儿童想象的发生

(一)想象发生的年龄

想象的发生和儿童大脑皮质的成熟有关,也和儿童表象的发生、表象数量的积累以及儿童言语的发生发展有关。1岁半到2岁儿童出现想象的萌芽,主要是通过动作和语言表现出来的。

(二)想象萌芽的表现与特点

儿童最初的想象,可以说是记忆材料的简单迁移。具体表现如下:

1.记忆表象在新情景下的复活

两岁儿童的想象,几乎完全重复感知过的情景,只不过是在新的情景下的表现。例如,儿童看见大人抱小娃娃,他也抱玩具娃娃。

2.简单的相似联想

最初的想象是依靠事物外表的相似性而把事物的形象联系在一起的。例如,儿童把玩具娃娃称作"小妹妹"。

3.没有情节的组合

最初的想象只是一种简单的代替,以一物代替另一物。例如,从生活中掌握了把小女孩称作"小妹妹"的经验,在想象中就把玩具娃娃代替小妹妹。但是没有更多的想象情节,没有或很少把已有经验的情节成分重新组合。

二、学前儿童想象发展的一般趋势

学前儿童想象发展的一般趋势是从简单的自由联想向创造性想象的发展,一般表现在以下三个方面:

(1)从想象的无意性发展到开始出现有意性。

(2)从想象的单纯再造性发展到出现创造性。

(3)从想象的极大夸张性发展到合乎现实的逻辑性。

三、学前儿童无意想象和有意想象的发展

学前儿童的想象中,无意想象占主要地位,有意想象在教育的影响下逐渐发展。

(一)无意想象的特点

无意想象是最简单的、初级的想象。学前儿童的想象活动主要属于无意想象,它有以下特点:

1.想象无预定目的,由外界刺激直接引起

学前儿童的想象常常没有自己预定的目的,在游戏中想象往往随玩具的出现而产生。例如,看见小碗小勺,就想象喂娃娃吃饭;看见小汽车,就要玩开汽车;看见书包,又想象去当小学生。如果没有玩具,学前儿童可能呆呆地坐着或站着,难以进行想象活动。

2.想象的主题不稳定

学前儿童想象进行的过程往往也受外界事物的直接影响。因此,想象的方向常常随外界刺激的变化而变化,想象的主题容易改变。

3.想象的内容零散、无系统

由于想象的主题没有预定目的,主题不稳定,因此学前儿童想象的内容是零散的,所想象的形象之间不存在有机的联系。学前儿童绘画常常有这种情况,画了"小人",又画"螃蟹";先画了"海军",然后又画了一把"牙刷",显然是一串无系统的自由联想。

4.以想象的过程为满足

学前儿童的想象往往不追求达到一定目的,只满足于想象进行的过程。学前儿童在绘画过程中的想象常常如此,学前儿童常常在一张纸上画了一样又画一样,直到把整张纸画满为止,甚至最后把所画的东西涂满黑色,自己口中念念有词,感到极大的满足。学前儿童在游戏中的想象更是如此,游戏的特点是不要求创造任何成果,只满足于游戏活动的过程,这也是学前儿童想象活动的特点。例如:听故事,大班儿童对听过的故事不感兴趣,而小班则不然,他们对"小兔乖乖""拔萝卜"等故事百听不厌。到了大班,学前儿童不仅仅满足想象的过程,开始追求想象的结果。

5.想象受情绪、兴趣和需要的影响

学前儿童的想象不仅容易受外界刺激所左右,也容易受自己的情绪、兴趣和需要的影响。情绪高涨时,儿童的想象很活跃,不断出现新的想象结果。儿童感兴趣的想象活动能长时间持续下去。

总之,无意想象实际上是一种自由联想,不要求意志努力,意识水平低,是学前儿童想象的典型形式。

(二)有意想象的萌芽、发展

有意想象是在无意想象的基础上发展起来的。它在学前儿童期开始萌芽,学前儿童晚期有了比较明显的表现。这种表现是:在活动中出现了有目的的、有主题的想象;想象的主题逐渐稳定;为了实现主题,能够克服一定的困难。但总的来说,学前儿童有意想象的水平还是很低的。

在不同的条件下,学前儿童有意想象的水平不同。在游戏条件下,学前儿童的有意想象的

水平较高，而在非游戏条件下，如实验条件下，想象的有意性水平就很低。

学前儿童的有意想象是需要培养的。成人可以提出一些简单的任务，让儿童为了完成这一任务而积极想象。例如，老师可以请小朋友看看黑板上画的圆圈，想一想，什么东西是圆的？这个像什么？以圆圈为题，小班儿童也可以想出很多形象，如太阳、皮球、扣子等。对大班儿童则可以提出更高的要求。例如，发给他们一张画着很多圆圈的纸，请他们把这些圆圈改画成各种各样的物体图形。这样做一方面可以培养学前儿童有意想象的能力，另一方面，也有利于发展儿童的创造性想象。

按主题讲故事和编故事结尾，也是发展有意想象和创造性想象的好方法。

四、学前儿童再造想象与创造想象的发展

再造想象在学前期占主要地位。在再造想象发展的基础上，创造想象开始发展起来。

(一)学前儿童再造想象的发展

1.学前儿童再造想象的特点

再造想象和创造想象是根据想象产生过程的独立性和想象内容的新颖性而区分的。儿童最初的想象和记忆的差别很小，谈不上创造性。最初的想象都属于再造想象，学前儿童期仍以再造想象为主。

学前儿童再造想象的主要特点如下：

(1)学前儿童的想象常常依赖于成人的言语描述。学前儿童在听故事时，他的想象随着成人的讲述而展开。如果讲述加上直观的图像，学前儿童的想象会进行得更好。在游戏中，学前儿童的想象往往也是根据成人的言语描述来进行的。这一点在学前儿童初期表现得更突出。如较小的学前儿童抱着一个娃娃，可能完全不会进行想象，只是静静坐着，当老师走过来，说："娃娃要睡觉了，咱们抱娃娃睡觉吧！"这时，学前儿童的想象才活跃起来。稍大的学前儿童，想象的内容虽然比较复杂些，但仍然常常是根据老师言语描述而进行的。

(2)学前儿童的想象常常根据外界情景的变化而变化。这一特点在谈到无意想象时已经涉及。从想象的发生和进行来说是无意的、被动的；从想象内容来说是再造的。成人或年长儿童的无意想象可能有其独立性和创造性，而学前儿童由于头脑中的表象贫乏，水平较低，其无意想象一般都是再造性的。

(3)学前儿童想象中的形象多是记忆表象的极简单加工，缺乏新异性。前面讲过，学前儿童的想象常常是在外界刺激的直接影响下产生的。他们常常无目的地摆弄物体，改变着它的形状，当改变了的形状正巧比较符合儿童头脑中的某种表象时，儿童才能把它想象成某种物体。由于这种想象的形象与头脑中保存的有关事物的"原型"形象相差不多，所以很难具有新异性、独特性。

2.再造想象在学前儿童生活中占主要地位

(1)再造想象与创造想象相比，是较低发展水平的想象。再造想象要求的独立性和创造性比较少。

(2)再造想象是学前儿童生活所大量需要的。学前儿童期是大量吸收知识的时期，学前儿童依靠再造想象来理解间接知识。他们听故事、看图像需要再造想象，理解文艺作品和音乐作品也需要再造想象。

（3）学前儿童再造想象为创造想象的发展奠定基础。学前儿童再造想象和创造想象是密切相关的。再造想象的发展，使学前儿童积累了大量的想象形象，在它的基础上，逐渐出现一些创造想象的因素。随着知识经验的丰富及语言和抽象概括能力的提高，学前儿童在再造想象过程中，逐渐开始独立地而不是根据成人的言语描述去进行想象。想象的内容虽然仍带有浓厚的再造性，但已有独立创造的萌芽。例如，学前儿童在看图讲述中加入一些图画上所没有的情节，在讲故事时加入一些原故事所没有的东西，等等。

（二）学前儿童创造想象的发展

学前儿童期是创造想象开始发生、发展的时期。学前儿童创造想象最初步的表现是在再造想象中逐渐加入了一些创造性的因素。学前儿童的创造性也常常表现在儿童提出一些不平常的问题上。例如，"萤火虫的尾巴上是不是有一个小电灯啊"等。儿童的创造想象存在着明显的个别差异，这固然与其神经类型的灵活性有关，但更重要的是受其教育环境的影响。一般来说，民主、宽松、自主的环境才能使儿童扬起创造想象的风帆。同时，采用一些有效的方法来激发孩子的创造想象。比如，鼓励儿童的自由联想和分散思维。看着天空的白云，和孩子一起想象它们像什么；列举出某种物体（杯子、水等），请儿童尽量多地设想它们的用途等。如果成人坚持鼓励学前儿童从多个角度来探讨问题、鼓励与众不同而又不失合理的想法和答案，儿童的创造想象能力和水平就会不断提高。

五、学前儿童的想象与现实

想象常常脱离现实或者与现实相混淆，这是学前儿童想象的一个突出特点。

（一）想象脱离现实

学前儿童想象脱离现实主要表现为想象具有夸张性。学前儿童非常喜欢听童话故事，就是因为童话中有许多夸张的成分。

儿童自己讲述事情，也喜欢用夸张的说法。"我家来的大哥哥力气可大了，天下第一！"等，至于这些说法是否符合实际，学前儿童是不太关心的。学前儿童的夸张性还表现在绘画活动中。

学前儿童想象的夸张性是其心理发展特点的一种反映。首先，由于认知水平尚处于感性认识占优势的阶段，因而往往抓不住事物的本质。比如，学前儿童的绘画有很大的夸张性，但这种夸张与漫画艺术的夸张有质的不同。漫画的夸张是在抓住事物本质的基础上的夸张，往往具有深刻的意义。学前儿童的夸张往往显得可笑，因为没有抓住事物的本质和主要特征，他们在绘画中表现出来的往往是在感知过程中给他们留下了深刻印象的事物。如人的一双会动的、富有表情的眼睛；每天穿脱衣服都要触及到的扣子等。其次，是情绪对想象过程的影响。学前儿童的一个显著心理特点是情绪性强。他感兴趣的东西、他希望的东西，往往在其意识中占据主要地位。对蝴蝶有兴趣，画面上就会留给它以中心位置；希望自己家的东西比别人强，就拼命地去夸大，甚至自己有时也信以为真。

（二）想象与现实相混淆

学前儿童的想象，一方面常常脱离现实，另一方面又常常与现实相混淆。

学前儿童常常把自己想象的事情当作真实的事情。例如，一个孩子的妈妈生病住了医院，学前儿童很想去看妈妈，但是，大人不允许。过了两天，学前儿童告诉老师："我到医院去看妈妈了。"实际上并没有这么一回事。学前儿童混淆想象与真实的表现,常常被成人误认为他在说谎。

把想象当作现实的情况在小班比较多。为什么会出现想象与现实相混淆的情况? 一方面,这和学前儿童感知分化发展不足有关。学前儿童往往意识不到事物的异同,察觉不到事物的差别。例如,小班学前儿童在看木偶剧时,看到大老虎出场会感到害怕,而中、大班的学前儿童则认识到这与真实的老虎不同,是假的,而不感到害怕。另一方面,儿童想象与现实相混淆是由于学前儿童认识水平不高,有时把想象表象和记忆表象相混淆。有些学前儿童渴望的事情,经反复想象在头脑中留下了深刻的印象,以至于变成似乎是记忆中的事情了。中、大班学前儿童想象与现实混淆的情况已经减少。

知识链接

别剪掉天鹅的翅膀

在美国内华达州,一位母亲认为自己的女儿上幼儿园后认识了字母"O",失去了以前把"O"说成苹果、太阳、足球、鸟蛋之类的圆形东西的想象力,把劳拉三世幼儿园告上了法庭,并且胜诉了。因为,陪审团被这位母亲在辩护时讲的一个故事感动了:

这位母亲曾到某个国家旅行,在一家公园里见到了两只天鹅,一只被剪去了左边的翅膀,一只天鹅的翅膀完好无损。被剪去翅膀的天鹅被放在较大的一片水塘里,翅膀完好的天鹅被放养在较小的水塘里。她非常不解,管理员告诉她,这样能防止它们逃跑。因为,剪去一边翅膀的天鹅无法保持平衡,飞起来后会掉下来,在小池塘的天鹅虽没有被剪去翅膀,但起飞时会因为没有必要的滑翔路程,而老实地待在水里。她听后既震惊又感到悲哀。为天鹅悲哀,她为女儿打官司,就是因为她感到女儿变成了劳拉三世幼儿园里的一只天鹅。他们剪掉了女儿的一只翅膀,一只幻想的翅膀,早早地把她投进了那片小水塘,那片只有ABC的小水塘。

想象与童心相伴,多数人在长大后,想象力也就随风飘逝,而剥夺这份与生俱来的财富的,恰恰是不恰当的教育,是缺乏想象力的教师。在教师善意的管束下,孩子的想象力就像被剪去了翅膀的小鸟,被束缚住了。孩子进入学校,似乎就和大自然和社会生活发生了隔绝,这就使想象力失去了源头活水。如果这一时期对孩子的自由言论给予了过多的限制,对孩子充满诗意的灵感和幼稚天真的话语进行自以为是的封杀,用成人的眼光批评孩子的创造,那就像被掐掉了花蕾的植物一样,别指望在未来还会开出五彩缤纷的花朵来。

狄德罗说:"精神的浩瀚,想象的活跃,心灵的勤奋——就是天才。"赫尔岑说:"想象力比知识重要。"

想象力是一种天赋,想象是属于心灵的,是人的生命中固有的,是一种生命潜能的冲动。可是,我们常常见到这种自然生命冲动的流失,这跟人的童年经历和所受的教育密切相关。一个人在童年时期,如果既没有人给他讲美妙的故事,又没有动听的音乐和各种玩具相伴,也没有参与各种游戏,建造自己的家园,他的原始的言语生命意识——想象力就没有得到养护。

想象力,精神世界的绿卡。想象力是人的超越经验、超越自然、再造自然的能力。想象力是造化给人的特殊的赠礼,是智慧之光、创造之泉,是自由心灵闪耀的火花,想象栖息于天真、敏感的心灵,永葆诗意的情怀。想象力是生命的馈赠,是造物主给每一个人的童年的一份厚礼,只有精心地珍爱,才会使人终身受用无穷。如果失去这份馈赠,也就失去了人的创造才能。

第三节　思维概述

一、什么是思维

思维是人脑对客观事物间接的概括的反映。思维与感知觉的共同之处都是人脑对客观现实的反映,但它们的差异在于,感觉和知觉是当事物的个别属性或具体事物及外部联系直接作用于感觉器官时,人脑所做出的反映过程,是对客观事物的直接的反映,它们属于认识的低级阶段。而思维是人脑对感知觉所提供的材料进行"去粗取精,去伪存真,由此及彼,由表及里"的加工,对事物的本质属性,即内部规律性的反映过程,是人脑对客观事物概括的间接的反映,它属于认识的高级阶段。比如,我们看到过或使用过各种各样的铅笔,对铅笔产生过知觉,有过感性认识。当有人问:"什么是铅笔?"我们就要进行思索,抛开那些非铅笔所必备的属性,如颜色、长短、粗细、形状、表面质地等特点,找出凡是铅笔都有的一般特点,即中间有铅芯的一种书写工具。这样就把铅笔和毛笔、钢笔等其他书写工具以及各种非书写工具区别开来,找到了铅笔的本质。这种进行思索、认识事物本质的过程,就是思维。又譬如,人们注意到每次月亮四周出现光圈(即所谓"月晕"),就会"刮风",柱子的石座(即所谓"础")每次"潮湿"就要"下雨",从而得出"月晕而风""础润而雨"的结论。这种对于月晕和起风、柱子石座潮湿和下雨之间的关系和联系进行思索,认识事物之间必然联系或规律性的过程,也就是思维。

二、思维的基本特征和作用

思维过程的基本特征是反映的间接性和概括性。

(一)思维的间接性

所谓间接性,就是通过其他事物的媒介,间接地反映客观事物。也就是说,通过已知的事物属性或已有的知识经验,去认识那些没有直接感知的,或根本不可能直接感知到的事物属性和规律性联系。例如,早晨起床,推开窗户,看到地面潮湿,便推想到"夜里下过雨了"。这时,人们并没有直接感知到下雨,而是通过地面潮湿这个媒介,间接推断出来的。又如,见到房里砖地潮湿而预见天将下雨,这种预见也是一种间接反映。

(二)思维的概括性

所谓概括性,就是把同一类事物的共同的本质特征,以及事物之间的联系和关系抽取出来,加以概括,得出结论。任何科学的概念、定义、定理、规律、法则都是概括的结果。如水是由氢和氧两种元素组成的,这不仅是从壶里的水或缸里的水分析得来的,也是从江、河、湖、海的水分析得来的,因而水的这种组成就概括为水的本质特征。

思维的间接性和概括性,大大扩充了人们的认识领域,使人能够把握那些没有直接作用于人的或不可能由人直接感知的事物或事物属性。如对于光速每秒 30 万千米的运动,不能由感知表象把握,只有通过思维才能够把握。同时,思维的间接性和概括性使人们能够掌握事物发展变化的规律,从而预见未来,指导实践。又如,多少代人都在为共产主义社会而奋斗,就是因为我们能认识社会发展规律,预见到共产主义必将到来。总之,思维使人们有所发现,有所发明,有所创造,有所前进,使人类社会获得历史发展的规律性知识。

对于儿童来说,尽管他们所学习的是人类已知的东西,可是,这些知识对儿童来说,都是未知的新东西,要为儿童所掌握,也必须要靠儿童自身积极的思维活动。

三、思维的生理机制

思维是人脑的机能。人们在进行积极思维时,神经系统有关的外周部位和中枢部分都有生物电活动的变化。正常人的思维总是和言语相联系的,思维活动时,总伴有言语动觉刺激,可以在舌上记录到电位变化。一个生而聋哑但已学会手势语的人,当思考时,其手指上也显示出电的活动。而一个聋哑人既学会使用手势语又学会了说话之后,在思考时,手上和舌上都显示出电的活动。同时,当人们在思考时,大脑皮层也发生明显的生物电活动的变化。例如,人在演算数学题时,脑电图便显现出脑电波的变化。原在安静状态下出现的频率为每秒 8～13次的 α 波,立即被阻抑,而显示出一种 β 波。β 波是频率为每秒 14～30 次的快波。

近代研究发现大脑两半球的机能并不完全对称。不同的思维活动与不同的大脑半球的皮层结构有关。有的研究者认为,人的大脑右半球"专管"感性直觉思维,这种思维以直观形象解决问题。而左半球"专管"抽象思维,这种思维借助语言,应用抽象概念和理论知识解决问题。

现代临床医学和神经心理学又发现,大脑半球有关区域受了损伤,相应的思维活动就要受到影响。如大脑皮层额叶的前联合区与数字编码以及分析比较各种要素有关。该区损伤,病人便不会分析条件,只会冲动性地解题。额叶的后联合区与复杂的感觉辨别和知觉有关。这一部分受损,病人便不会依照样本上的图形拼搭桌上的积木,即使把样本与积木多次对照也做不成功。

以上研究证明了思维是脑的机能。但思维活动的生理机制十分复杂,还待进一步探索。

四、思维与解决问题

思维总是由于需要解决实践提出的新的问题而产生的。一般来说,解决问题的思维过程可以分为发现问题、提出问题、提出假设和检验假设四个阶段。

(一)发现问题和提出问题

发现问题就是知道某一方面有了矛盾,这是解决问题的起点,为解决问题提出了动力。提出问题是进一步分析问题,确定问题的性质、问题的核心,明确提出需要解决的具体问题。它的重要性正如爱因斯坦所说:"提出一个问题比解决问题更重要,因为后者仅仅是方法和实验的过程,而提出问题则要找到问题的关键、要害。"

发现问题和提出问题依赖于以下两个方面的条件。

1.客观条件

客观上要有一个问题情境。问题情境就是在生活和实践进程中出现了用过去的活动手段和方式不能解决的问题。这种情境给人们提出新的目的、新的问题和新的要求,促使人们为达到目的和满足需要去进行思维活动。反之,能用过去的知识和熟练应付的情境,就不是问题情境,它根本不会引起积极的思维活动。如对中班学前儿童提出"比 1 多 1 个的是几?""比 3 少1 个的是几?"的问题,这就不是为中班学前儿童设立问题情境。因为这些问题太浅了,不需要进行积极的思维活动。要使学前儿童的学习过程成为积极运用思维的过程,客观上必须提供一个问题情境。

2.主观条件

客观世界充满着矛盾,要使客观存在的矛盾成为主体运用思维积极探索的问题,也有赖于主体的各种条件。

(1)主体的活动积极性。一般来说,主体活动积极性越高,活动量越大,接触客观事物的面越广,越能发现问题,提出问题。

(2)主体的求知欲。求知欲是人追求某种知识或弄清某个问题的内部动力。求知欲高的人能在别人不能发现问题的地方、在已有解释的事实中提出新问题,因为他们不满足于对事实的通常解释,并一追到底,非把问题搞个水落石出不可。

(3)主体的知识水平。一个人知识不足,对事物自然感到新奇,促使他提出许多问题,如学前儿童期儿童的好问。知识越丰富,才越能发现问题,越能找出关键,提出的问题才越多,越重要,越深刻。

(二)提出假设和检验假设

提出假设是解决问题的关键。提出假设就是为问题的解决提出有效的方案,设想出解决问题的原则、途径和方法,而能否正确地、及时地提出假设,有赖于:(1)具有丰富的知识经验;(2)对问题的实质、存在的主要矛盾和矛盾的主要方面等有明确的认识,只有这样才能使思维活动具有一定的方向,能找出解决问题的正确方案。

检验假设是解决问题的最后阶段。假设的检验可以通过社会实践或科学实验来进行。在社会实践或科学实验中,依照假设的途径方法使问题得到解决,便证明假设是正确的,便找到解决问题的正确方法。假如问题不能解决,便证明假设并不正确,便要加以分析、修改,或提出解决问题的新的假设。

在解决问题的实际过程中,以上四个阶段往往交错重叠地进行。

一个问题的解决受到各种因素的影响,除了上列各阶段中已经提到的主客观条件,还可注意下列各点。

1.适当的动机水平

动机是促使人去解决问题的动力。动机的产生依赖于个人对解决问题意义的认识以及自己的愿望和兴趣。动机水平的高低直接影响解决问题的积极性和解决问题的速度。动机水平过低,往往不能激起解决问题的劲头;或在解决问题过程中产生畏难和退缩情绪。动机水平过高,也会由于过度紧张而妨碍问题的顺利解决。如果人能正确地认清解决问题的意义,有信心地对困难做出恰当估量,并有充分自信,那么便能建立和保证适当水平的动机,它最有利于开展思维和解决问题。

2.避免定势的消极作用

定势是指由于先前的活动而造成的一种心理准备状态。定势使人以比较固定的方式去解决问题。当客观环境无变化时,定势有助于人迅速地解决问题,这是定势的积极作用。但在环境变化时,定势常常阻碍人们应用新方法去解决新问题,这又是定势的消极作用。陆钦斯(A.S.Luchins)做过以下的实验。他提出了一系列用大小不同的容器取一定量水的问题(见表5-1)。现在,在未读下文之前,您先做做。

表 5-1　陆钦斯定势实验

问题序列	给予的三个容器的容量/毫升			要求取出的水的容量/毫升
	a	b	c	
1	21	127	3	100
2	14	163	25	99
3	18	43	10	5
4	9	42	6	21
5	20	59	4	31
6	23	49	3	20
7	15	39	3	18
8	28	96	3	25

被试分两组。第一组从第一题开始,第二组从第六题开始。第一至五题都可以采用"三容器量法"(b-a-2c)来解决,如第一题,100=127-21-3×2。到了第六六至八题时,他们仍然沿用这个思维模式来解决,而不采用简便的"两容器量法"(a-c 或 a+c)。如第六题,20=23-3;第七题,18=15+3。到第八题时遇到困难,在规定的时间内没有完成。第二组学生从第六题开始做,就不存在这种情况。第一组学生所发生的这种现象,就是思维定势的消极作用。

避免定势消极作用的最根本的办法,是提高人们"慎思审问"的能力以及思维的灵活性。

3.利用原型启发

所谓原型启发,就是从某种事物和现象中受到启发,找到解决问题的办法。当人们在百思不解时,原型往往能帮助打开思路,有助于顺利解决问题。如传说中的鲁班从丝茅草割破手受到启发,发明了锯子;瓦特见壶盖被水蒸气顶起,而悟出蒸汽机的道理。这里的丝茅草割破手、壶盖被水蒸气顶起等现象,就是原型,它隐含着后来的锯子、蒸汽机的功能。除各种现象可作为原型外,日常用品、示意图、文字描述、口头提问等也都可能成为原型。原型之所以具有启发作用,主要是原型与所要解决的问题有某些共同点或相似点,通过联想,可以找到解决问题的新方法。原型的启发作用能否被利用,关键在于解决问题者的思维状态。如果解决问题者的思维活动处于一种积极状态,而又不过于紧张,原型启发作用容易发生。人们往往在紧张思考之后,稍事休息时,易于发现原型,接受原型启发作用就是这个道理。

4.个人心理特征的影响

问题能否发现,发现后能否解决,也与每个人的心理特征有关。在各种心理特征中具有直接影响的,第一是智力水平,第二是性格特征。

智力水平越高,解决问题的能力就越强;智力水平越低,解决问题的能力就越弱。

性格特征也影响问题解决,例如刻苦、勤奋、有进取心和求知欲、有自信心、能克服困难、有坚持到底的意志力等,都是良好的性格特征。具有这些性格特征的人,他们就会始终不懈地进行探求,就会有效地解决问题。反之,不良性格特征,如怠惰、无自信心、甘居中游、害怕困难、做事没有恒心等,就能使人回避问题,畏难退缩,不能潜心着力地解决问题,解决问题的成功率也就很低。

五、思维的过程与形式

思维包括分析、综合、比较、抽象、概括判断和推理等基本过程。分析是将事物的组成部分和个别特征通过神经活动区分开来；而综合则是将事物的各个成分和个别特征联系起来，结合成为一个整体；比较是将几种有关事物加以对照，确定他们之间相同和不同的地方。抽象是抽出同类事物的一部分共同主要特征，摈弃该类事物的其他特征。概括是事物的某类共同特征在脑中的结合。对客观事物的观察，通过分析、综合、比较、抽象和概括，借助于词的作用，就可以形成概念；反映事物关系的、概念之间的联系称为判断。把两个判断联系起来，从而获得一个新判断的过程，称为推理。通过推理，获得事物的现象和本质、原因和结果之间内在联系的过程称为理解。由上述可见，思维是一个复杂的、高级的认识过程，反映了事物的相互联系及其发展变化的规律，并且具有间接认识和概括认识的特性。

六、思维的基本品质

思维的基本品质包括思维的深度、思维的广度、思维的批判性、思维的逻辑性及思维的灵活性。

（一）思维的深度

思维的深度指一个人善于从纷繁复杂的表面现象中发现最本质、最核心的问题，善于钻研问题，并达到对事物的深刻理解。它的反面是思维肤浅，常被一些表面现象所迷惑，看不到问题的本质。

（二）思维的广度

思维的广度指一个人在思维过程中，能够全面地看问题，着眼于事物之间的联系和关系，从多方面去分析研究，找出问题的本质。它的反面是思维的片面性和狭隘性，只根据一点知识或有限的经验去解决复杂的问题，因而它常常失败。

（三）思维的批判性

思维的批判性指一个人善于根据客观标准，检查自己的思维过程及其结果的正确性，能独立地、正确地进行评价。它的反面是自以为是，主观自恃，骄傲自大，或者人云亦云，轻信多疑，随波逐流。

（四）思维的逻辑性

思维的逻辑性是指一个人在思考问题时能遵循逻辑规律，推理符合逻辑，论证有理有据，有说服力。它的反面是以自己的片面看法或主观见解作为判断推理的依据，以致观点模糊，思想混乱，结论往往不合理。

（五）思维的灵活性

思维的灵活性是指一个人的思维活动能根据客观条件的变化而变化，及时地修改自己原订的计划、方案和观点，采用其他更加有效的方法。它的反面是思想僵化，跟不上情况的变化，有时表现为固执己见、因循守旧、钻牛角尖等。

但是，各种思维的品质不是与生俱来的，而是在从事思维活动、解决问题的实践中逐步形成的，优秀的思维品质是可以培养的。

第四节　学前儿童思维的发展

一、学前儿童思维发展的一般趋势

学前儿童思维发展的总趋势,是按直觉行动思维在先,具体形象思维随后,抽象逻辑思维最后的顺序发展起来的。在学前儿童的思维结构中,具有三种思维方式同时并存的现象,其中占优势地位的是具体形象思维。

(一)直觉行动思维

儿童与成人一样,都在积极的活动中反映着现实。婴儿的活动单位是动作。婴儿的动作是构造智力大厦的砖瓦,动作发展与心理发展的关系非常密切。儿童早期动作的发展水平在某种程度上标志着心理发展的水平,同时,动作的发展又促进着心理的发展。

在儿童动作发展的过程中,双手的发展具有特别重大的意义。恩格斯在分析人类的演变过程时强调:"手不仅是劳动的器官,它还是劳动的产物。"他认为人的手是任何动物都不可比拟的,甚至和人最相似的猿类的不发达的手与经过几十万年的劳动而高度完善化的人手之间,有非常巨大的差异。而这种巨大的差别来源于劳动。恩格斯说:"只是由于劳动,由于总是要适应新的动作,由于这样所引起的肌肉、韧带以及经过更长的时间引起的骨骼的特殊发育遗传下来,而且由于这些遗传下来的灵巧性不断以新的方式应用于新的越来越复杂的动作,人的手才达到这样高度的完善,以致像施魔法一样造就了拉斐尔的绘画、托瓦森的雕刻和帕格尼尼的音乐。"儿童双手动作的发展不仅使他们的动作日益准确而复杂,而且使他们的活动日益丰富,为他们自己的心理发展开辟了越来越广阔的天地。

在双手运动中,抓握动作的发展具有更为重要的意义。抓握动作能形成视觉和动作的协调。抓握,是儿童最初的有方向的运动,它是形成以各种各样的方式摆弄物体的复杂动作的出发点。

儿童早期动作的发展具有重要的心理学价值,儿童最初的思维与其动作的发展是分不开的。动作是思维的起点,是解决问题的概括性手段,也就是直觉行动思维的手段。

所谓直觉行动思维,就是儿童在动作中进行思维。这种思维的进行离不开儿童自身对物体的感知,也离不开儿童自身的动作。儿童在进行这种思维时,只能反映自身动作所能触及的具体事物,依靠动作思考,而不能离开动作在动作之外思考。正因为这种思维与感知和动作不可分离,因此直觉行动思维一开始就表现出它的范围的狭隘性和内容的表面性。

直觉行动思维一直可延续到学前儿童期的早期(学前儿童园小班)。因此,这个时期的儿童的思维仍然带有很大的直觉行动性。只要让他们的活动对象和动作一转移,他们的思维也就会随之转移。

直觉行动思维使儿童能对事物做出一定程度的概括,在刺激物的复杂关系和反应动作之间形成联系。这种思维的发展,就主体来讲,使儿童的动作协调起来,为今后思维的发展打下基础。就客体来讲,使客体之间的相互作用逐渐协调起来,便于把客体从时间和空间上组织起来,作为将来揭示事物之间复杂关系(如因果关系等)的起点。但是,由于直觉行动思维缺乏词的中介,因此,它具有狭隘性(思维的范围)、表面性(思维的内容)和情景性(思维持续时间)的特点,还不可能掌握事物的本质和它们之间的复杂关系。但是,这一阶段的思维绝不是没有价值的、可有可无的或是可笑的。事实上,直觉行动思维一方面使儿童的动作得以协调,另一方面把客体从时间和空间上组织起来。皮亚杰说,直觉行动思维直到学龄时期,也仍然是"概念智力"(抽象思维)的一个基础。

(二)具体形象思维

具体形象思维主要表现在学前儿童期。学前儿童(学前期)活动范围的扩大,感性经验的增加,语言的丰富,为思维的发展创造了有利条件。此时,儿童的思维主要依赖于事物的具体形象、表象以及对表象的联想而进行的。因此,这一时期儿童的思维能借助表象认识个别对象。这种具体形象是直觉行动思维的演化结果。个体形象正是儿童的直觉行动在思维中重复、浓缩而成的表象。随着活动的发展,学前儿童的表象也日益发展,表象在思维中所占的成分越来越大,最终成为学前儿童期的主要思维方式。

在整个学前儿童期中,思维的特点又有所变化。如果说它的早期还包含着相当大的直觉行动思维成分的话,那么它的后期(学前儿童园大班)抽象逻辑思维已经有了初步的发展。

具体形象思维有以下两个特点:

(1)具体性和形象性。由于表象功能的发展,儿童的思维逐渐从动作中解脱出来,也可以从直接感知的客体中转移出来,从而较直觉行动有更大的概括性和灵活性。但是,由于学前儿童还不善于运用概念、判断、推理来论证复杂的事物,对于抽象问题往往困惑不解,因此他们往往需要依靠具体事物作为思维的支柱,对于脱离形象的抽象概念较难处理。因而思维仍有很大的局限性,尤其是在处理复杂问题时,具体形象往往会产生干扰作用。

(2)开始认识事物的属性。学前儿童早期往往根据事物的外部特征来认识和区别事物,到了中期(学前儿童园中班),儿童就逐渐能认识事物的属性,开始依据事物的重要特征进行概括。当然,这种水平与对事物本质特征的概括还是有很大距离的。他们掌握的所谓概念,往往只与具体的对象联系在一起,与物体的感知特点和感知的具体情景密切相关,还不能反映该类对象的一般特性。但在他们的经验范围之内,对于熟悉的事物,他们已可以进行逻辑思维。

 拓展知识

学前儿童大脑"两半球功能的发展"

在学前期,儿童的大脑两半球开始显示不同的作用——左半球和右半球开始执行不同的功能。一般说来,左半球处理的信息是关于每一个条目本身的内容;右半球处理的信息是关于各个条目之间的关系或联系,这种功能之间的区别是相当明显的,举例如下:

第一,关于视觉方面。

让儿童观察一张很简单的画。如果你要求他们把画一点一点地描下来(强调条目),则把画放在右侧视觉区做得更快、更正确;但如果你要求他们把此画同另一幅画比较(强调模型),则把两幅画都放在左侧视觉区做得更好。

第二,关于听觉方面。

让儿童把一个听筒放在耳朵上,然后播放不同的声音,如果播放的是一列数字(强调条目），右耳的功能更好些；但如果播放的是一首乐曲（强调模型），则左耳的功能更好些。

第三，关于触觉方面。

给学前儿童一个简单的三面体，如木制积木，放在一个袋子里，不让他们看，而让他们摸。一般说来，儿童感觉出它的完全的形状（强调模型），通过左手更容易些；但如果数这个积木有多少个角（强调条目），通过右手更容易。

以上实验充分说明大脑两半球的分工在学前期儿童已经很明显，而且说明了对侧支配的问题。

（三）抽象逻辑思维

所谓抽象逻辑思维，就是使用概念、判断、推理的思维形式进行的思维。通过抽象逻辑思维可以认识事物的本质特征以及事物内部的必然联系。

抽象逻辑思维是借助人脑的最高产物——概念来完成的。

儿童思维的发展阶段虽然是不可逆的，但各种水平的思维并不是相互排斥、互不相容的。事实上，即使是成人，在思维过程中也不免使用动作，第一次玩魔方的人就表现出这种特点。因此，维果茨基指出，思维和实际动作不是彼此被一条不可逾越的鸿沟隔开来的，在生动的现实中，每一步都可以观察到从思维到行为、从行动到思想的过渡。

二、学前儿童思维形式发展的特点

（一）学前儿童概念的发展

1.概念的形成与掌握

概念是思维的基本形式，是人脑对客观事物的本质属性的反映。概念是用词来标示的，词是概念的物质外衣，也就是概念的名称。

概念是在社会历史发展过程中形成的，是人类劳动实践和社会经验积累概括的结果。人类在认识世界、改造世界的过程中，把认识到的事物的共同特征抽取出来加以概括，并用词标示出来，就成为概念。

概念的掌握是针对个体而言的，它是指儿童掌握社会上业已形成的概念。成人利用语言工具，通过与儿童的言语交际及教学，把社会上业已形成的概念传授给儿童。

儿童对概念的掌握并不是简单的、原封不动地接受，而是要把成人传授的现成概念纳入自己的经验系统中，按照自己的方式加以改造。所以儿童掌握的概念与社会形成的概念之间往往有一定的差距。随着儿童经验的丰富和理解的加深，二者之间的差距逐渐缩小。

2.儿童掌握概念的方式

（1）通过实例获得概念。学前儿童获得的概念几乎都是这种学习方式的结果。儿童在日常生活中经常接触各种事物，其中有些就被成人作为概念的实例（变式）而特别加以介绍，同时用词来称呼它，如带孩子到花园散步，指给他"树""花"等。成人在教给儿童概念时，也同样会通过列举实例进行，如指着画片上的物品告诉他"这是牛，这是马"等。儿童就是这样通过词（概念的名称）和各种实例（概念的外延）的结合，逐渐理解和掌握概念的。

（2）通过语言理解获得概念。在较正规的学习中，成人也常用给概念下定义，即讲解的方式帮助儿童掌握概念。在这种讲解中，把某概念归属到更高一级的类或种属概念中，并突出它的本质特征是十分关键的。儿童只有真正理解了定义（解释）的含义才能掌握概念。以这种方式获得的概念不是日常概念(即前科学概念),而是科学概念。

科学概念的掌握往往需要用语言理解的方式进行。但学前儿童由于抽象逻辑思维刚刚萌芽,很难用这种方式获得概念。

3.学前儿童掌握概念的特点

儿童对概念的掌握受其概括能力发展水平的制约。一般认为儿童概括能力的发展可以分为三种水平:动作水平概括、形象水平概括和本质抽象水平的概括,他们分别与三种思维方式相对应。

学前儿童的概括能力主要属于形象水平,后期开始向本质抽象水平发展,这就决定了他们掌握概念的基本特点:

(1)以掌握具体实物概念为主,向掌握抽象概念发展。学前儿童掌握的各种概念中以实物概念为主,在实物概念中,又以掌握具体实物概念为主,即掌握基本概念为主。

但并不是概念越具体,即概括的水平越低,儿童就越容易掌握。有研究者研究了儿童对不同等级概念的掌握情况。根据抽象水平,将儿童获得的概念分为上级概念、基本概念和下级概念三个层次。研究发现:儿童最先掌握的是基本概念,由此出发,上行或下行到掌握上、下级概念。比如,"树"是基本概念,"植物"是上级概念,"松树""柳树"是下级概念。儿童先掌握的是"树",然后才是更抽象或更具体些的上、下级概念。

以具体形象思维为基本特点的学前儿童较难掌握抽象水平更高些的上级概念,这容易理解。但为什么不先掌握最具体最形象的下级概念,而却从基本概念掌握起?主要原因可能有两个方面:

①幼小儿童掌握概念不是通过讲解其定义的方式进行的,而是通过接触、认识它的各种变式(即不同的实例),同时学习表示它的词来逐渐获得该概念的。接触的变式越多,越容易掌握。儿童能接触到的基本概念的变式远远多于下级概念的变式。

②虽然下级概念所包含的信息很具体、形象,儿童可以通过直接感知获得大量与概念有关的信息,但信息量大却会加重认知的负担,使储存变得困难。对事物的概括作用可以相对减轻认知的负担,但概括程度越高也就越抽象,越可能失落那些可以作为儿童理解概念的支柱的形象性信息。对于儿童掌握概念来说,需要在信息的数量和抽象概括水平之间找到一个均衡点,这就是基本的、适当的概括。而基本概念的概括性质和程度是比较适当的:既保留着一定的形象信息(树有高高的树干、绿色的树冠等),又保持着适当的信息量,不至于使认知负担过重,故而儿童优先掌握的是基本概念。

随着儿童年龄的增长,学前儿童晚期,开始能够掌握一些生活中常见的抽象概念,但儿童对这类概念的掌握也离不开事物的形象和具体活动的支持。例如,学前儿童对"勇敢"的理解是"打针不哭",对"节约"的理解就是"不撒米饭"。

事实上,儿童掌握概念的出发点,有时并不是最具体的或基本概念,而是抽象的。例如,"野兽""狮子""动物"之中,儿童最先掌握的是"动物",这与儿童的经验有一定的关系。

(2)掌握概念的名称容易,真正掌握概念困难。每个概念都有一定的内涵和外延。内涵即含义,是指概念所反映的事物的本质特征。例如,"动物"这个概念的内涵(本质特征)就是指一种生物,这种生物有神经、有感觉、能吃食、能运动。概念的外延,则是指概念所反映的具体事物,即适用范围。"动物"这一概念的外延(实例)就是指各种各样的动物,如鸟、兽、昆虫、鱼等。

儿童掌握概念通常表现在掌握概念的内涵不精确,外延不恰当上。也就是说,儿童有时会说一些词,但不代表其能理解其中真正含义。

由于学前儿童基本是通过实例的方式来获得概念的,而成人又常常有意无意地从各种实例中选择一些儿童常见的并对某一概念具有代表意义的"典型实例"重点向儿童介绍,同时与概念的名称(词)相结合。这种做法固然有利于儿童较快地获得概念,但同时也可能起到一种消极的定势作用:使得概念的范围局限于"典型实例",造成其内涵和外延的不准确。例如,成人带孩子去动物园,常常一边看猴子、老虎、大象等,一边告诉他这些都是动物。"动物"这个名称和儿童在其中所见的各种动物实例也自然发生着结合。以至于当问到"什么是动物"时,相当多的学前儿童回答"是动物园里的,让小朋友看的","是狮子、老虎、熊猫……"如果告诉孩子蝴蝶、蚂蚁也是动物,学前儿童会觉得奇怪,要是再告诉他人也是动物时,孩子会很难理解,甚至争辩说"人是到动物园看动物的,人怎么是动物呢,哪有把人关在笼子里让人看的!"

从实例入手获得的概念基本上是日常概念,即前科学概念,其内涵与外延难免不准确。只有在真正理解其含义的基础上掌握的概念,才可能内涵精确,外延适当。而这是学前儿童的水平难以达到的。

为了提高学前儿童掌握概念的水平,比较可行的办法是多给他们提供具有不同典型性的实例,同时引导他们总结概括其中的共同特征。

4.测查学前儿童掌握概念水平的常用方法

(1)分类法。所谓分类法,就是在儿童面前随机摆好若干张画有他们熟悉的物品的图片(内含几个种类),让儿童把自己认为有共同之处的那几张放在一起,并说明理由。根据儿童图片分类的情况和说出的理由,了解其掌握概念的水平。

儿童的类概念有一个发展过程:从以物体的感知特点为依据进行分类,发展到以物体的功用为依据,进一步向以物体的本质属性为依据进行分类发展。从年龄特征上分析,4岁以前基本不能分类,5岁儿童主要按感知特点和具体情景分类,6~7岁主要按物体的功用分类,并开始注意到物体的本质属性。例如,4岁的孩子把茄子和葡萄放在一起是"因为它们都是一样的颜色",把老虎和梨放在一起是"因为它们都是黄色的,上面还有黑点点"(感知特点)。一些5岁的孩子把车和马放在一起是"因为它们都是给人坐的",把苹果和葡萄放在一起是"因为它们都是生吃的",把洋葱和茄子放在一起是"因为它们做成菜才能吃"(功用)。6岁的孩子已经知道前者是水果,后者是蔬菜。甚至少数近7岁的孩子把它们放在一起,"因为它们都是植物"。

(2)排除法。排除法实际是分类法的一种特殊形式。即在儿童面前放若干组图片,每组4~5张。其中有一张与其他几张是非同类关系,要求儿童将这一张找出来,并说明理由。

用排除法调查的结果表明,学前儿童往往是根据情景和情感因素而非"类概念"去排除"不恰当"的一张。例如,在"老虎""人""马""车"的一组图片中,多数孩子拿掉的是"老虎"而不是"车",因为他们认为"马可以拉车,人坐在车上,正好","老虎会吃人、咬伤马,不能放在一起"。很明显,学前儿童是根据自己的生活经验和物体对自己的用途来分类的。

(3)解释法(定义法)。即说出一个儿童熟悉的词(概念),请他加以解释。例如,请你说说"动物"这个词是什么。

(4)守恒法。这是由瑞士心理学家皮亚杰的守恒实验演绎过来的一种方法,目的在于了解儿童是否获得某些数学概念,或者所获得的概念是否具有稳定性。几种典型的守恒实验主要是数量守恒、长度守恒、液体质量守恒、面积守恒、体积守恒、重量守恒等。

5.学前儿童数概念的发展

学前儿童掌握数概念也是一个从具体到抽象的发展过程。数概念的掌握是以事物的数量关系能从各种对象中抽出,并和相应的数字建立联系为标志的。

学前儿童数概念发展大约经历了以下三个阶段:

(1)对数量的动作感知阶段(3岁左右)。这时,儿童对大小、多少有笼统的感知,即只能认识很少量物体的明显差异;能口说10以下的数词,能数5个以下的实物,而且口说的数和手的指点动作互相配合和协调(手口一致的点数),但点完后仍然很难说出所数实物的总数。

(2)数词和物体数量间建立联系的阶段(4～5岁)。这时儿童能点数后说出总数,即有了最初的数群(集)概念,末期开始能进行少量物体的实物加减运算,并出现数量的"守恒";能按数取物(约5～15个);能认识"第几"和前后顺序;可以借助实物进行10以内的数的组成和分解,开始能做简单的实物加减运算。

(3)数的运算的初期阶段(5～7岁)。从表象运算向抽象的数字运算过渡,即这时候的数词不仅是标志客体数量的工具和认识客体数量的手段,而且连同它所负载的概念已成为运算的对象。

这时儿童能学会20以内的加减运算,基数和序数概念都达到了一定的稳定性。对10以内的客体有了数量的"守恒"。

从上述结果,可以看出儿童数概念的产生和发展,经历了最初的对实物的感知,继之到数的表象,最后到数的概念水平这样的过程。研究也发现,社会教育文化水平对学前儿童数概念的发展起到很大作用。

(二)学前儿童判断的特点

判断是概念和概念之间的联系,是事物之间或事物与它们的特征之间的联系的反映。判断是肯定与否定概念之间的联系,获得判断主要通过推理。逻辑思维主要运用判断、推理进行。

在学前儿童期,判断能力已有初步的发展。

1.以直接判断为主,间接判断开始出现

判断可以分为两大类:感知形式的直接判断和抽象形式的间接判断。一般认为直接判断并无复杂的思维活动参加,是一种感知形式的判断。而间接判断则需要一定的推理,因为它反映的是事物之间的因果、时空、条件等联系。

学前儿童以直接判断为主。他们进行判断时,常受知觉线索的左右,把直接观察到的事物的表面现象或事物间偶然的外部联系,当作事物的本质特征或规律性联系。例如,有学前儿童认为"汽车比飞机跑得快"。飞机比汽车快,对于一般成人来说,是间接判断的结果,他们并没有对此有过直接的感知,而且当飞机与地面距离很远时,也不可能直接感觉到飞机的速度。而这个学前儿童坚持自己的判断,却是从直接判断得出的。他说:"我坐在汽车里,看到天上的飞机飞得很慢。"

随着年龄增长,其间接判断能力开始形成并有所发展。我们从一项研究的结果就可以看出,具体见表5-2。

表 5-2　儿童直接判断与间接判断的发展(%)

年龄	5	6	7	8	9	10
直接判断	74	63	27	28	23.1	4.2
间接判断	11.2	22.8	71	70	76.2	95
其他判断	14.7	14.2	2	2	0.7	0.8

从上表 5-2 可以看出:7 岁前的儿童大部分进行的是直接判断,之后儿童大部分进行间接判断,6～7 岁判断发展显著,是两种判断变化的转折点。

2.判断内容的深入化

学前儿童的判断往往只反映事物的表面联系,随着年龄的增长和经验的丰富,开始逐渐反映事物的内在、本质联系。学前儿童初期往往把直接观察到的物体表面现象作为因果关系。例如,对斜坡上皮球滚落的原因,3～4 岁的儿童认为是"(球)站不稳,没有脚"。在发展的过程中,学前儿童逐渐找出比较准确而有意义的原因。5～6 岁学前儿童,开始能够按事物的隐蔽的、比较本质的联系做出判断和推理。如前例中,这个年龄段的孩子会说:"球在斜面上滚下来,因为这儿有小山,球是圆的,它就滚了。要是钩子,如果不是圆的,就不会滚动了。"

学前儿童对事物的因果判断的深入化不仅反映在自然现象上,也反映在社会生活中。如在进行道德判断时,年幼的孩子根据后果进行判断,年长的孩子开始学会根据主观动机进行判断。

在这个过程中,学前儿童的判断也从反映物体的个别联系逐渐向反映物体多方面的特征发展。例如,较小的学前儿童"火柴浮起来,因为它小",较大的孩子能知道"钥匙沉下去,因为小而且重"。

3.判断根据客观化

从判断的依据看,学前儿童从以对待生活的态度为依据,开始向以客观逻辑为依据发展。学前儿童初期常常不能按事物的客观逻辑进行判断,而是按照"游戏的逻辑"或"生活的逻辑"来进行。这种判断没有一般性原则,不符合客观规律,而是从自己对生活的态度出发,属于"前逻辑思维"。例如,3～4 岁的学前儿童认为,球会滚下去,是因为"它不愿意待在椅子上",或者是因为"猫会吃掉它"。

随着年龄的增长,学前儿童逐渐从以生活逻辑为根据的判断,向以客观逻辑为根据的判断发展。

4.判断论据明确化

从判断论据看,学前儿童起先没有意识到判断的根据,以后逐渐开始明确意识到自己的判断根据。学前儿童初期儿童虽然能够做出判断,但是,他们没有或不能说出判断的根据,或以他人的根据为根据,如"妈妈说的""老师说的",他们甚至于并未意识到判断的论点应该有论据。

随着学前儿童的发展,他们开始设法寻找论据,但最初的论据往往是游戏性的或猜测性的。学前儿童晚期,儿童不断修改自己的论据,努力使自己的判断有合理的根据,对判断的论据日益明确,说明思维的自觉性、意识性和逻辑性开始发展。

(三)学前儿童推理的发展

推理是判断和判断之间的联系,是由一个判断或多个判断推出另一新的判断的思维过程。

1.学前儿童的归纳推理

归纳推理是一种从个别到一般的推理。通过考察个别事物或现象具有某种属性,进而推导出该类事物或现象普遍具有该属性。归纳推理必须以概括为基础,首先要把个别事物或现象归属到某一类事物或现象,然后在此基础上进行推理。例如,由"喜鹊长着两只脚,燕子长着两只脚,乌鸦长着两只脚",推出"鸟长着两只脚"。

学前儿童的概括处于具体形象水平,故往往只能对事物的外部的非本质的特征进行归纳,很难抓住事物间的本质联系进行从个别到一般的推理,以至于出现从一些特殊事例到另一个特殊事例的推理,称为"转导推理"。它不是逻辑推理,而属于前概念的推理。例如,有个3岁的孩子看到大人种葵花籽,知道了"种豆得豆,种葵花长葵花"的道理,于是自己抓了几颗最爱吃的糖来种,希望长出几棵"糖树"。

转导推理是从个别到个别的推理,这一类型的推理在3~4岁学前儿童身上是常见的。这种无逻辑的推理是儿童还没有形成"类概念",即不能把同类与非同类事物相区别的结果。随着儿童概括能力的发展,类概念的形成,归纳推理的能力才能逐渐发展起来。

2.学前儿童的演绎推理

演绎推理是从一般到个别的推理。其简单且典型的形式是三段论。例如,"大班小朋友暑期后要上小学了(大前提),佳佳是大班的小朋友(小前提),佳佳暑假后要上小学了(结论)"。

有人用三段式为内容研究了儿童演绎推理的发展,发现小学生的演绎推理能力基本可以分为以下四种水平:

(1)自由联想型。处于此水平的儿童所作的回答与所提供的两个前提毫无内在联系,对给予的前提"置之不理",仅由前提中的个别语词引起某种联想。如我们在前面所举的关于萝卜的例子。这种类型在7~8岁儿童中还有一定的表现,在学前儿童中自然会占更大的比例。

(2)重复前提型。这类儿童在回答问题时,往往只会重复前提中的内容,而不能推导出新的结论。例如,在回答上述例子时,儿童只能重复小前提:"所以萝卜里面没有种子",而不懂得正确答案应为"所以萝卜不是果实"。

重复前提型较自由联想型水平略高一些,因为这种"推理"虽然不能兼顾两个前提,但至少没有完全脱离命题。

(3)实际理由型。这一水平的儿童似乎懂得应该根据前提来推论,但往往又以自己的经验或观念来补充或代替命题中的理由。所以其结论往往不是由大小前提之间的逻辑联系得出的,而是服从于自己补充的"实际"理由。比如,对于"一切木头制的东西在水中会浮起来,这个东西在水中不会浮,所以它……"的回答是"它是石头的",或者"它是铁做的"。

实际理由型的儿童已能根据命题进行推理,但他的实际经验和原有认识在推理过程中仍占优势地位,抽象的推理还没有发展起来。

(4)命题演绎型。此水平的儿童已能根据两个已知前提之间的内在联系进行推理,从而得到与命题逻辑相一致的结论。

值得注意的是,有时,儿童虽然完全根据命题推导出正确结论,但当结论与儿童已有认识不一致或相矛盾时,他们会表现出一种犹豫、怀疑的态度。例如,对"鱼是用鳃呼吸的,鲸鱼不是用鳃呼吸，所以鲸鱼……"这样的问题，有的儿童不是回答"所以鲸鱼不是鱼"，而是回答"鲸鱼不是平常的鱼"，"鲸鱼跟一般的鱼不一样，它是特殊的鱼。"这时，已有的非科学概念还在一定程度上干扰着儿童的推理活动。

学前儿童的演绎推理尚处于萌芽状态，很少能达到命题演绎水平。但有研究者(乌利彦科娃，1958)经试验证明，通过专门的教学，在其经验范围内，学前儿童也可以掌握三段论式的逻辑推理。

总之，学前儿童的推理主要表现出抽象概括性差、逻辑性差和目的性差的特点。

学前儿童的推理往往建立在直接感知或经验所提供的前提上，其结论也往往与直接感知和经验的事物相联系。年龄越小，这一特点越突出。比如，学前儿童看到红积木、黄木球、火柴棍漂浮在水上，不会概括出木头做的东西会浮的结论，而只会说："红的""小的"东西浮在水上。

学前儿童，尤其是年龄较小的儿童，往往不会推理。比如，对学前儿童说："别哭了，再哭就不带你找妈妈了"，他会哭得更厉害，因为他不会推出"不哭就带你去找妈妈"的结论。大些的孩子似乎有了推理能力，但其思维方式与事物本身的客观规律之间的一致程度较低，常常不会按照事物本身的客观逻辑、按照给定的逻辑前提去推理判断，而是以自己的"逻辑"去思考。如前面所列举的关于皮球滚落原因的解释。

学前儿童的推理往往不能服从一定的目的和任务，以至于思维过程时常离开推论的前提和内容。"你弹你的曲，我唱我的调。"例如，当研究者问："一切果实里都有种子，萝卜里面没有种子，所以萝卜……(怎么样?)"有的儿童立即回答说："萝卜是根"，"萝卜是长在地上的"。答案完全不受两个前提之间，甚至一个前提本身的内在联系所制约。

(四)学前儿童理解的发展

理解是个体运用已有的知识经验去认识事物的联系、关系乃至其本质和规律的思维活动。理解普遍存在于认识过程中，无论是对事物的知觉，还是对事物内在实质的把握，都离不开理解的参与。

学前儿童对事物的理解有以下发展趋势：

1.从对个别事物的理解，发展到理解事物的关系

这是从理解的内容上来谈的。从儿童对图画和对故事的理解中，我们都可以看到这种发展趋势。儿童对图画的理解，起先只理解图画中最突出的个别人物，然后理解人物形象的姿势和位置，再后理解主要人物或物体之间的关系。

儿童理解成人讲述的故事，常常也是先理解其中的个别字句、个别情节或者个别行为，以后才理解具体行为产生的原因及后果，最后才能理解整个故事的思想内容。

2.从主要依靠具体形象来理解事物，发展到依靠语言说明来理解

这是从理解的依据上来谈的。由于言语发展水平的限制以及学前儿童思维的特点，孩子们常常依靠行动和形象理解事物。如小班儿童在听故事或者学习文艺作品时，常常要靠形象化的语言和图片等辅助才能理解。随着年龄的增长，儿童逐渐能够摆脱对直观形象的依赖，而只靠言语描述来理解。但在有直观形象的条件下，理解的效果更好。例如，一项研究指出：在教学前儿童学习文学作品时，有无插图，效果很不一样。假定没有插图儿童理解水平为1，有插图后，3～4.5岁学前儿童的理解水平为2.12；4.5～9.5岁为1.23。可见，直观形象有助于学前儿童理解作品。年龄越小，对直观形象的依赖性越大。教师对学前儿童进行道德品质的培

养与教育,不采用说教的方式,而是将道理寓于故事之中,或让儿童有感性的体验,原因也在此。

3.从对事物作简单、表面的理解,发展到理解事物较复杂、较深刻的含义

这是从理解的程度上来谈的。学前儿童的理解往往很直接、很肤浅,年龄越小越是如此。例如,在给小班儿童讲完《孔融让梨》的故事后,问孩子们:"孔融为什么让梨?"不少儿童回答:"因为他小,吃不完大的。"可见他们还不理解让梨这一行为的含义。学前儿童对语言中的转义、喻义和反义现象也比较难理解。例如,上课时,一个小朋友歪歪斜斜地坐着,如果老师批评说:"××坐的姿势多好!"小班学前儿童可能都学着他的样子坐起来。他们以为老师真认为那样坐好,真的在表扬那位小朋友。所以对学前儿童,尤其是小班学前儿童千万不要说反话,要坚持正面教育。

4.从理解与情感密切联系,发展到比较客观的理解

这是从理解的客观性上来谈的。儿童对事物的情感态度,常常影响他们对事物的理解。这种影响在4岁前儿童尤为突出。因此,儿童对事物的理解常常是不客观的。有位妈妈给儿子出了道加法题:"爸爸打碎了3个杯子,小宝打碎了2个杯子,一共打碎了几个杯子?"孩子听后哭了,他说他没有打碎杯子。这种现象表明,妈妈出算术题时,没有考虑到儿童对事物理解的情绪性。较大的儿童开始能够根据事物的客观逻辑来理解。

5.从不理解事物的相对关系,发展到逐渐能理解事物的相对关系

儿童对事物的理解常常是固定的或极端的,不能理解事物的中间状态或相对关系。对学前儿童来说,不是有病,就是健康;不是好人,就是坏蛋。学前儿童学会了5+2=7后,不经过进一步学习,不知道2+5=7。随着年龄的增长,学前儿童逐渐能理解事物的相对关系。

三、学前儿童思维过程的发展

(一)学前儿童分析综合的发展

不同认识阶段,思维、分析、综合有不同特点。对感知形象的分析综合,属感知水平的分析综合。随着语言的作用增加,学前儿童逐渐学会用语言在头脑中分析综合,但还不能把握事物复杂的组成部分。

(二)学前儿童比较的发展

(1)逐渐学会找出事物的相应部分。

(2)先学会找物体的不同处,再学会找相同处,最后学会找相似处。

(三)学前儿童分类的发展

分类能力是逻辑思维发展的一个重要标志,分类活动表现思维概括性水平。

学前儿童分类的类型:

(1)不能分类。

(2)依感知特点分类。

(3)依生活情景分类。

(4)依功用分类。

(5)依概念分类。

学前儿童分类的年龄特点：

(1)4 岁以下儿童基本不能分类。

(2)5～6 岁,由不能分类向发展初步分类能力过渡,主要依据物体感知特点和情境联系起来分类。

(3)5.5～6.5 岁,从依靠外部特点向依靠内部隐蔽特点分类的转变。

(4)6 岁后,逐渐摆脱具体感知和情境性的束缚,能依物体的功能和内在联系分类。

(四)学前儿童概括的发展

处于从表面的、具体的感知和经验的概括到开始进行某些内部的、靠近本质概括的发展阶段。

四、学前儿童创造性思维的发展与培养

创造性思维是指有创见的思维,即通过思维不仅能反映客观事物的本质属性及事物间的内在联系,而且产生新的思维成果的活动。它是思维活动的高级过程。

学前儿童创造性思维的培养,是通过各种活动来实现的。主要抓住以下几个方面。

(一)保护好奇心,激发求知欲

好奇心是对新异事物进行探究的一种心理倾向;是推动人们主动积极地去观察世界,展开创造性思维的内部动因。学前儿童刚接触社会,世界对他们来讲都是新鲜有趣、具有吸引力的,好奇是学前儿童心理的一个特点。他们什么都要看看,什么都要摸摸,什么都要问问,什么都想跟着学。教师和家长对此要加以重视。

首先,教师和家长必须保护学前儿童这一积极的探索愿望,支持他们因好奇而提出问题。对他们所提的问题不能置之不理,更不能因嫌麻烦而责怪孩子啰嗦。要耐心地、满腔热情地给予回答,而且应根据学前儿童的接受能力,给予恰当的、正确的回答。切忌把学前儿童可贵的求知欲扼杀在萌芽状态。此外,对他们观看和操弄物体的举动,不要怕碍事,不要怕弄坏东西和手脚而粗暴地制止,要尽量提供方便,使其求知欲得到满足。

其次,学前儿童的好奇心往往缺乏明确的目的性,成人要对学前儿童的好奇心善于进行引导,把孩子的好奇心引向应该注意的对象上去,如自然界的变化、动植物的生长、物体的构造等等。

最后,为学前儿童提供能引起观察和探求行为的情景,并引导他们自己去发现问题、寻求答案。如在活动室内布置自然角,园内开辟生物园地或带领学前儿童到户外散步,组织参观访问活动等等,并经常向孩子提出些难度适中而具有启发性的问题。使学前儿童不仅保持对周围世界的好奇心和探索愿望,而且培养和训练学前儿童探求知识的态度和方法。

(二)引导学前儿童积极从事有创造想象参与的思维活动

思维起于问题,但不是任何问题的解答都需要有想象成分参与。比如,教师在讲故事后,只要求学前儿童原封不动地复述,或所提问题只需动用记忆的现成材料就可回答等,都不需要创造想象的参与,对学前儿童创造性思维的培养起不到积极作用。所谓有创造想象参与的思维,就是指人们在回答问题时,没有现成的答案可以引用,要有合理的猜想或设想。如让学前儿童编故事结尾;看图讲述时,不强求统一,允许学前儿童根据自己的知识经验和体会,充分发挥想象,自由地讲述或说明,这样便能激起儿童的想象,促进创造性思维的发展。

在平时的游戏、学习等各种活动中,要鼓励、支持和肯定学前儿童一切创造性的活动。如对学前儿童在游戏中提出新的主题,分配新的角色,使用新的代替物,改变游戏过程;或在应用建构材料时,构成新的式样;或在解决问题时运用新的方法等等,都应该予以肯定;即使所用新的代替物、改变的过程、构成的新式样,或改用的新方法在实践中还不如旧材料、旧过程、旧式样、旧方法合理,成人也不要加以耻笑、谴责。解决问题的合理性会随着学前儿童知识经验的积累而逐渐成熟,思维活动的创造性也会在教育影响和实践活动中逐渐发展。

(三)教学前儿童进行创造性思维的方法

创造性思维包括发散思维和集中思维。发散思维是从多种角度去思考探索问题,寻找多样性解决方案的思维。集中思维是通过逻辑分析,按问题解决的要求筛选出一个最优化解决方案的思维。在创造性思维中,两种思维相辅相成,缺一不可。

发散思维和集中思维的方法对学前儿童来讲,都还没有掌握,需要从头教起。一般来说,可先用示范来引导学前儿童模仿。当问题发生或提出后,成人可以对问题进行分析,提出解决问题的各种方案,而后进行比较、制订最佳答案,并在实践中进行检验。成人可用口头言语的形式,把这种思维活动过程一步一步讲出来,使学前儿童实际地感受到应如何对待问题和解决问题。以后,可进一步引导学前儿童自己来分析思考。从多种角度去寻找解决问题的途径,并经过验证,选择出最优的解决问题的方法。例如,编故事结尾时,先由教师指导每个儿童想出各种结尾,而后组织全班儿童共同讨论,选择出最合理的结尾。在学前儿童的计算、音乐、美术以及游戏等活动中,都需注意创造性思维方法的训练,促进创造性思维的发展。

小 结

1.想象是对人脑中已有的表象进行加工创造,创造出新形象的心理过程。想象对儿童认知、情绪、游戏、学习活动起着十分重要的作用。

2.按照想象时有意性、目的性的程度不同,可以把想象分为无意想象和有意想象;按照想象的创造性、独立性程度不同,即想象内容的新颖性、独立性和创造性不同,可以把想象分为再造想象和创造想象;按想象的现实意义,可以把想象分为幻想、理想和空想。

3.1.5～2 岁儿童出现想象的萌芽,主要是通过动作和语言表现出来的。

4.学前儿童想象发展的一般趋势是从简单的自由联想向创造性想象的发展,表现为:从想象的无意性,发展到开始出现有意;从想象的单纯再造性,发展到出现创造性;从想象的极大夸张性,发展到合乎现实的逻辑性。

5.思维是人脑对客观事物间接的概括的反映。思维过程的基本特征是反映的间接性和概括性。思维包括分析、综合、比较、抽象、概括判断和推理等基本过程。思维的基本品质包括思维的深度、思维的广度、思维的批判性、思维的逻辑性以及思维的灵活性。

6.学前儿童思维发展的总趋势,是按直觉行动思维在先,具体形象思维随后,抽象逻辑思维最后的顺序发展起来的。

7.儿童掌握概念的特点为:以掌握具体实物概念为主,向掌握抽象概念发展;掌握概念的名称容易,真正掌握概念困难。

8.学前儿童判断的特点为：以直接判断为主，间接判断开始出现；判断内容的深入化；判断根据客观化；判断论据明确化。

9.学前儿童的推理主要表现出抽象概括性差、逻辑性差和目的性差的特点。

10.学前儿童对事物的理解有以下发展趋势：从对个别事物的理解，发展到理解事物的关系；从主要依靠具体形象来理解事物，发展到依靠语言说明来理解；从对事物作简单、表面的理解，发展到理解事物较复杂、较深刻的含义；从理解与情感密切联系，发展到比较客观的理解；从不理解事物的相对关系，发展到逐渐能理解事物的相对关系。

思考与复习

1.掌握以下概念：

无意想象与有意想象   再造想象与创造想象   直观行动思维   具体形象思维   抽象逻辑思维

2.学前儿童的想象与现实之间有什么关系？

3.学前儿童思维的发展有什么特点？

4.结合自己的生活实践，请举例说明如何培养学前儿童的创造性思维。

第六章 学前儿童的言语

 本章主要内容

本章重点阐述学前儿童言语发展的特点。主要内容包括：学前儿童言语的发生；学前儿童言语的发展以及学前儿童言语功能的发展。学习者应重点掌握以下内容：学前儿童发音错误的表现及其原因；学前儿童句法结构获得的规律；学前儿童词义发展的趋势；学前儿童言语功能的发展。

 学习目标

1.掌握言语的概念及作用。
2.理解关于言语获得的后天论和先天论。
3.初步学会用学前儿童言语发展的知识去分析学前儿童的言语表现。

关键词

学前儿童　言语　先天论　后天论　语音　语义　语法

第一节　言语概述

一、什么是言语

言语是人运用语言进行交际的过程。人在和其他人进行交际的过程中，运用某一种语言，如汉语、藏语或英语、日语，把自己的思想情感表达出来，传达给别人。

在言语交际过程中运用的语言，都是词的符号系统。它的构成是以语音或字形为物质外壳，以词汇为建筑材料，以语法为结构规律。语言因为有物质化的语音或字形，因而可把自己的思想情感表达出来传达给别人。语言的词汇标示着一定的事物。语言的语法规则反映着人类思维的逻辑规律，所以能够相互交流，为人理解。语言是人类最重要的交际工具。

言语是人运用语言进行交际的活动。言语活动是受个人心理现象调节的活动。人们运用一定的语言，进行各种形式的交际。一方或者说出，或者写出；对方或者聆听，或者阅读，从而交流思想、相互了解。这种说、写、听、读是不同形式的言语活动。

在言语活动中,使用的语言可以不同,但就言语活动的过程来分析,交际的双方都在感受器、脑和效应器中进行着一定的活动,这些活动包含着两个过程:言语的表达过程和言语的感知、理解过程。

言语的表达过程是指说话的人或写话的人,在大脑活动控制之下,选择表达思想所必需的和适当的词,按照语法规则把它们联结起来,通过发音器官,或手部动作,把它们说出来或写出来,从而使自己的思想愿望或情感表达出来。

言语的感知和理解过程是指听话的或阅读的人,听到对方发出的语言或看到对方写出的文字,在头脑中思索理解,从而领会其中所表达的思想、愿望或情感。

心理发展水平不同的个体,言语活动过程也有差别。本章就是要研究学前儿童期儿童掌握和使用语言过程的机制和特点,研究学前儿童如何一步步地学会正确感知和理解别人的语言以及如何正确运用自己的语言表达思想、愿望和情感。

二、言语的作用

言语与其他心理活动有着密切关系,在人的心理发展上具有重要意义。

(一)言语的概括作用

言语中的词,是客观事物的符号,它总是代表着一定的对象或现象。言语不仅标志着个别对象或现象,还可以标志某一类的许多对象或现象。当我们指着某一个娃娃说"这是娃娃"时,"娃娃"一词只是某个娃娃的符号;当我们说"娃娃是一种玩具"时,"娃娃"一词就不是指某一个娃娃,而是指各式各样的娃娃。"玩具"这一词包括娃娃、积木、胶粒、玩具汽车、皮球等多种多样的东西。

言语的概括作用,使人加快了对事物的认识。人们不需要逐个地、具体地,而可以根据一类事物的共同特征,成批地、概括地认识同类事物。当成人指着一个布娃娃对学前儿童说"娃娃是一种玩具",虽然说这话时,呈现在学前儿童面前的是一个布娃娃,但后来,学前儿童无论接触到其他外形或其他材料制作的娃娃时,都会知道它是可以玩的玩具。又如,儿童懂得"玩具"的意思时,纵使看到以往没有玩过的玩具,只要听说"这些都是玩具",他们便会明白,这些东西也都可以玩。言语的概括作用,促进了人的认识能力,特别是思维能力的发展。

(二)言语的交流作用

人说出的有声言语或写出的言语都是表露在外的,因而能为别人感知和接受。而人通过感知、记忆、想象、思维、情感等内部活动而产生的思想、愿望、需要、情感、体验等,必须凭借言语才能表达出来使人感知和理解。此外,前辈的知识经验要传递到后世,也必须依靠言语活动。这些正表明了言语的交流作用。言语是人与人之间进行交际、沟通思想情感的桥梁;是人们相互影响、进行交际的工具;也是传递世代经验的途径。

(三)言语的调节作用

人在反映客观现实时,通过言语,不仅能认识客观事物,也能认识自己的心理和行为,使人的心理活动具有自觉的性质。人在活动之前,可以在头脑中以词的形式预定行动目的,设想行动结果,订出行动计划。而在心理活动进行过程中,又能按照预定的计划,用词调节自己的心理和行动,以求达到预定的结果和目的。言语对心理和行为起着调节作用。

学前儿童的言语对心理和行动同样具有调节作用。年龄较小的学前儿童最初多按照成人的言语指示做各种行动或制止各种不合宜的行动。随着年龄增长，逐渐学会按照要求，自觉地用词调节自己的心理和行动。

三、言语的生理机制

（一）言语的发音器官

人的发音器官包括以下三个部分：（1）呼吸器官。肺脏呼吸时所产生的气流是人类发音的原动力。肺的扩张和收缩，使气流吸入和呼出。当气流通过管道上的某些部位发生的冲击摩擦就形成声音。（2）喉头和声带。声带是主要的发声体。喉头起调节声带开闭或松紧的作用。（3）口腔、鼻腔和咽腔。它们是一个共鸣器，使声音产生各种不同的语音音色。

人类就是通过这些发音器官的作用，发出各种各样带有个人特色的语音。人类的言语不仅有声音，更重要的是有意义。对词的理解和词汇的选择，这是一个非常复杂的过程，是在大脑两半球的皮层上实现的。

（二）言语的脑生理机制

言语活动的生理机制是第二信号系统的活动。这个信号系统的刺激物是词。词是一种"信号的信号"，它把直接刺激物的信号加以概括化。在言语活动过程中，词的表达，除发音器官参加之外，主要通过言语运动分析器的活动实现。而对词的感知和理解，主要通过言语听觉分析器和言语视觉分析器的活动实现。

言语运动分析器的外周部分是发音器官的声带、喉头、口腔、舌、唇等。人说话时，由大脑皮层发出指令，支配发音器官活动。发音器官活动时发出的动觉刺激传到大脑皮层的活动中枢，进行分析与综合，又同时发出神经冲动反过来调整言语器官的活动，使言语活动更加协调准确。

言语听觉分析器和言语视觉分析器的外周部分就是一般听觉和视觉的感受器，但在皮层上却有专门化的中枢。

皮层的言语中枢包括言语运动、言语听觉和言语视觉三个分析器的中枢部分。这些分析器彼此紧密联系并和第一信号系统协同活动，而且和神经系统全部活动协调地相联系。

过去研究认为，各种不同的言语活动是与皮层上一定的区域相联系，即在皮层上有与各种不同的言语活动相对应的言语中枢。比如左半球下额回后1/3是言语运动中枢；左半球上颞回后1/3是言语感觉中枢。近几十年来，随着生理学、心理学的发展，对这种言语活动生理机制简单化的看法提出了批评。研究表明，某一种言语活动并不是由大脑皮层某个特定区域的有限细胞组织的活动所承担的，而是由神经系统各种水平的复杂组织的活动来保证完成的。言语活动的生理机制是一种专门化了的机能系统。更确切地说，它是若干多项目、多水平的机能系统的复杂组织。其中有些是专门为言语活动"服务"的机能系统，也有一些是同时为其他活动服务的机能系统。

第二节　言语获得的理论

儿童出生后短短的三四年中,就掌握了本族语言的全部语音、大量词汇和语法的基本体系。这个进步是很大的,甚至是惊人的。关于儿童的言语是如何获得的问题,心理学家和语言学家曾提出各种理论,归纳起来,存在着先天论和后天论两种根本分歧的意见。

一、后天的学习理论

后天论重视社会环境对儿童言语发展的作用,包括学习强化理论和社会学习理论。

(一)学习强化理论

学习强化理论以斯金纳为代表。

学习强化理论认为儿童的言语是通过操作性条件反射,特别是选择性强化而获得的。语言的操作条件反射建立在由环境引起的、声音和声音连结的选择性强化的基础上。比如,儿童在牙牙学语时,会自发地、无目的地发出各种声音,一旦有些声音近似于成人的说话声,于是父母就对这些声音加以强化,使这些声音逐渐巩固下来,在儿童的发声中占了优势。这里最重要的是"选择性强化",即对接近于成人说话的声音给予正强化,反之则给予负强化,这样就学到了正确的发音。

同时,儿童学习说话还必须学会适合各种语言反应的情境,使言语活动受到环境刺激的控制。比如,儿童最初说"爸爸"一词,不论其父亲是否在场都会得到强化。以后,儿童只有当父亲在场时叫"爸爸"才得到正强化,否则就得不到强化,或得到负强化。这样,使儿童的言语逐渐获得了意义,逐渐变得有效。

(二)社会学习理论

社会学习理论也称模仿理论,以班杜拉(A.Bandura)为代表。

社会学习理论者认为,儿童言语大部分是在没有强化的条件下通过观察和模仿而获得的,强调社会语言模式和模仿的作用,认为如果没有社会语言范型,儿童就不可能获得词汇和语法结构。

有人进一步研究儿童与成人在对话时相互模仿的情况,发现有这种倾向:儿童模仿成人的语言倾向于压缩。如,母亲说"吵架会叫人不高兴",儿童则说"吵架不高兴"。成人模仿儿童的语言倾向于扩充。例如,儿童说"捡手套",母亲则说"把手套捡起来"。儿童就是在这种反复模仿中学会社会的语言模式。

后天学习理论强调社会环境刺激、强化、模仿对儿童言语获得的作用,这对儿童的语言教学有一定的启示,但它无法解释下面的问题。

第一,儿童言语发展十分迅速,在短短的几年内学会那么多的词汇,掌握惊人数目的句子,完全凭借操作性条件反射方式、通过"强化"来获得,这是不可能的。假定儿童的言语完全由模仿而获得,那么儿童在学会说话之前,必须听过大量的句子,并把它们像录音机一样地贮存起来,而儿童掌握的词汇、语句数目如此庞大,即使花上几倍于生命的时间,也很难听完,很难设想可以在几年内学会全部语言。

第二,强化并不能使儿童了解句子结构正确与否。在儿童言语发展的进程中,成人通常很少注意儿童言语的语法是否正确,甚至对有明显语法错误的句子也不会及时指出;成人一般只注重言语表达的内容是否正确。比如当儿童指羊为马,说话内容有错误时,成人会给予纠正,至于内容上是正确叙说羊的活动,而语法上有错误时,往往不加理会。可见,儿童并非全凭强化掌握正确的语法结构。

第三,据研究,儿童在28~35个月之间,模仿成人的语言占10%,到了3岁半以后,下降到2%~3%。可见,在儿童获得语法结构之前,模仿已大大减少。儿童说出的句子要比他听过的更多。在儿童说出的句子中,有些是按儿童自己的语法结构而构成的,在成人的语句中是找不到的。此外,儿童也只能模仿他已掌握了的语法结构,不能模仿新的未掌握的语法结构。因此,仅用模仿理论是解释不了儿童言语的获得的。

二、生物的先天论

先天论强调言语是人类与生俱来的能力。乔姆斯基(N.Chomsky)是这一理论的代表。

他们认为,儿童之所以那么迅速地掌握语言,在三四岁时就已获得了复杂的语法规则,这是很难用学习和模仿来解释的,只能说是由于人类具有先天的语言能力。乔姆斯基认为,人类有一种内部的规律,它使我们能够决定何种句子是合乎语法的,并且能转达我们打算表达的意思。

乔姆斯基假定人的大脑先天具有一种"语言获得装置"(简称 LAD),由于有了这种装置,儿童虽然只从周围环境听到有限的句子,却能产生无限的句子。他用下列公式来表达这一获得过程:

儿童获得语法能力,不是由他人的言语直接输入的,而是通过自身的语言获得装置将输入的一系列原始语言资料,进行复杂的加工,才构成语法规则、原理,从而理解他人的语言或说出适宜的句子。由于这种语法能力是人类都具有的先天的特性,所以不管处于何种语言环境的儿童,在掌握语言、语法结构的顺序、时间上,基本上都一致。

这一理论是当前影响最大的言语获得理论。它比较能够解释在不同语言环境下成长的儿童,掌握本族语言之所以如此快速、完善,并有大致相同的发展顺序的原因。同时这个理论反对在语言教学中,把机械模仿作为主要方法,而强调思维的作用,这是有积极作用的。但是,这个理论过分强调言语发展的先天因素,而贬低了语言环境和教育在儿童言语发展中的作用。事实上,儿童的词汇量、词类、句子长度、数量甚至语法体系等无一不受到环境和教育的制约。

从以上三种言语获得理论的简述中可以看出,面对儿童言语发展这一重要而复杂的问题,只依照某一种理论来指导实践是片面的、不完善的,甚至是有害的。我们应该整合各种理论的合理因素,用来指导儿童语言教学,促进言语发展。例如,要为学前儿童创设一个良好的言语环境,把学前儿童置于经常用言语进行交际的场合;要树立良好的语言范型,防止学前儿童模仿不正确的发音、语法和言语结构,以免学前儿童以误为正,养成不良的言语习惯。也要根据学前儿童言语自身的发展顺序,有目的、有计划地组织好语言教学,不断提高各种言语技能。

更要耐心对待学前儿童独创的言语形式,不要轻易制止,或机械地一句句地纠正,而要积极引导,从而激发学前儿童言语活动的主动性和创造性。

第三节　学前儿童言语的发展

言语的发生和发展大大丰富了儿童言语反映的内容。掌握言语之后,儿童的心理机能发生了重大变化,形成了新质的意识系统,具体体现在以下两个方面:(1)高级心理机能开始形成,低级心理机能得到改造。(2)意识和自我意识产生,个性开始萌芽。

一、学前儿童言语的发生

言语活动是双向的过程,既包括对他人言语信息的接受和理解,也包括个人发出、表达思想的言语信息。言语的这两个过程并不完全同步,一般来说,接受性言语(感知、理解)先于表达性言语出现。人们通常将儿童能说出的第一批真正能被理解的词的时间(1岁左右)作为言语发生的标志,并以此为界,将言语活动的发生发展过程划分为言语准备期和言语发展期两大阶段。

0～1岁是学前儿童言语的准备阶段。言语发生的准备包括了发音(说出词句)准备和理解语词的准备两个方面的内容。

(一)发音的准备

婴儿的发音准备大致经历以下三个阶段:

1.简单发音阶段(1～3月)

新生儿因呼吸而发声,哭是儿童最初的发音。新生儿哭声中,特别是哭声停止的时候,可以听出 ei、ou 的声音。2个月以后,婴儿不哭时也开始发音,当成人引逗时,发音现象更明显,已能发出 ai、a、ei 等音。发这些音不需要较多的唇舌运动,只要一张口,气流自口腔冲出,音也就发出了。这与儿童发音器官不完善有关。

这阶段的发音是一种本能行为,天生聋哑的儿童也能发出这些声音。

2.连续音节阶段(4～8月)

这一阶段,婴儿明显变得活跃起来。当他吃饱、睡醒、感到舒适时,常常自动发音。发出的声中,不仅韵母增多,声母出现,而且连续重复同一音节,如 a－ba－ba、da－da－da 等,其中有些音节与词音很相似,如 ba－ba(爸爸)、ma－ma(妈妈)等。父母常常以为这是孩子在呼喊他们,感到非常高兴。其实,这些音还不具有符号意义。但如果成人利用这些音与具体事物相联系,就可以形成条件反射,使音具有意义。

3.模仿发音——学话萌发阶段(9～12月)

这一阶段,儿童所发的音明显增加了不同音节的连续发音,音调也开始多样化,四声均出现了,听起来很像是在说话。当然,这些"话"仍然是没有意义的,但却为学说话做了发音上的准备。

这一阶段,近似词的发音更多,同时,儿童开始能模仿成人的语音。这一进步,标志着儿童学话的萌芽。

在成人的教育下,婴儿渐渐能够把一定的语音和某个具体事物联系起来,用一定的声音表示一定的意思。虽然此时他们能够发出的词音只有很少几个,但毕竟能开口说话了。

(二)语音理解的准备

1.语音知觉能力的准备

婴儿对言语刺激是非常敏感的,出生不到 10 天的儿童就能区分语音和其他声音,并对语音表现出明显的"偏爱"。近期的研究又发现,几个月的婴儿还具有了语音范畴知觉能力:能分辨两个语音范畴之间的差别(如"b"和"p"),而对同一范畴之内的变异予以忽略。语音范畴知觉在言语理解过程中具有重要意义:不能分辨不同的语音(两个范畴之间的差异)自然无法理解词义,但如果不能忽略同一语音范畴内的各种变异(如说话个人发音的差异等),语音便不再具有稳定性而成为因人而异的不可理解的东西。

语音知觉的发展为语言理解提供了必要的前提,只有"听准音"才可能"听懂义"。

2.语词理解的准备

八九个月的婴儿已经能"听懂"成人的一些言语,表现为能对言语做出相应的反应。但这时,引起儿童反应的主要是语调与整个情境(如说话人的动作表情等),而不是词的意义。如果成人同样发出这种词音,但改变语调和语言情境,婴儿就不再反应。相反,语调不变而改变词汇,反应还可能发生。有人做过这样一个小小的实验:给 9 个月的婴儿看"狼"和"羊"的画片。每当出示"羊"时,就用温柔的声音说"羊,羊,这是小羊",而出示"狼"时,就用凶狠的声音说"狼,狼,这是老狼"。若干次以后,当实验者用温柔的声音说"羊呢? 羊在哪里?"婴儿就会指画着羊的图片,反之亦然。这时,实验者突然改变说话的语调,用凶狠的声音说"羊呢? 羊在哪里?"婴儿毫不犹豫地指向画着狼的图片。这足以证明,儿童反应的主要对象是语调和说话时的整个情景,而不是词,他还不能把词从语音复合情境中分离出来,真正作为独立信号而引起儿童相应的反应。一般到了 11 个月左右,语词才逐渐从复合情境中分离出来,真正作为独立信号而引起儿童相应的反应。到这个时候,儿童才算是真正理解了这个词的意义。

1 岁左右,儿童能理解几十个词,但能说出的很少。

二、学前儿童言语的形成

从 1 岁起,儿童进入了正式学习语言的阶段。在短短的二三年时间内,儿童便初步掌握了本族的基本语言。儿童言语发展的基本规律是:先听懂,后会说。

1~1.5 岁,儿童理解言语的能力发展很快,在此基础上,开始主动说出一些词,2 岁以后,言语表达能力迅速发展,逐渐能用较完整的句子表达自己的思想。学前儿童口语的发展可分以下为两个大的阶段。

(一)不完整句阶段(0~2 岁)

1.单词句阶段(1~1.5 岁)

此期儿童言语的发展主要反映在言语理解方面。同时,他们开始主动说出有一定意义的词。

这一阶段儿童说出的词有以下特点:

（1）单音重叠。这阶段的孩子喜欢说重叠的字音，如"娃娃、帽帽、衣衣"等；还喜欢用象声词代表物体的名称，如把汽车叫做"笛笛"，把小狗叫做"汪汪"。出现这一特点，是因为儿童的大脑发育尚不成熟，发音器官还缺乏锻炼。重复前一个音，属同一音节、同一声调，不用费力，容易发出。如果发出不同的二三个音节，发音器官的部位（舌、唇等）就要变化动作，这对于1岁多的孩子来说，还是比较困难的事情。

（2）一词多义。由于这个年龄的孩子对词的理解还不精确，说出的词往往代表多种意义，故称为多义词。例如，见到猫，叫"猫猫"，见到带毛的东西，如毛手套、毛领子一类的生活用品，也都叫"猫猫"。

（3）以词代句。这阶段的孩子不仅用一个词代表多种物体，而且用一个词代表一个句子，因而这阶段称为"单词句"时期。例如，孩子说出"拿"这个词，有时代表他要拿奶瓶，有时代表他要拿玩具，还有时代表他要拿别的孩子手里的食物。

2.双词句（电报句）阶段（1.5～2岁）

1岁半以后，孩子说话的积极性高涨起来，在很短的时间内，会从不大说话变得很爱说话。说出的词大量增加，2岁时可达200多个。这一阶段儿童言语的发展主要表现在开始说出双词或三词组合在一起的句子，如"妈妈抱抱"等。这种句子的表意功能虽较单词句明确，但其表现形式是断续的、简略的，结构不完整，好像成人的电报式文件，故也称为"电报句"或"电报式语音"。

（二）完整句阶段（2岁以后）

2岁以后，儿童开始学习运用合乎语法规则的完整句更为准确地表达思想。许多研究表明，2～3岁是人生初学说话的关键时期，如果有良好的语言环境，那么这一时期将成为言语发展最迅速的时期。

此期儿童语言的发展主要表现在以下两个方面：

1.能说完整的简单句，并出现复合句

这一年龄段的孩子渐渐能够用简单句表达自己的意思，并开始会说一些复合句。儿童说出的句子较长，日趋完整、复杂，由各种词类构成。

语言所表达的内容方面，也发生了质的变化。以前，孩子只能以眼前的事物为话题，因为他们还不具备谈过去、将来的能力。从2岁开始，他们能把过去的经验表达出来。

2.词汇量迅速增加

2～3岁儿童的词汇增长非常迅速，几乎每天都能掌握新词，而且他们学习新词的积极性非常高。到3岁时，孩子已经能掌握1000左右个词。

至此，儿童的言语基本形成了。

三、学前儿童言语的发展

语言的发展可以表现在语言形式、语言内容及语言运用能力的发展上三个方面。

（一）学前儿童语言形式的发展

语言形式是指儿童语言中的约定俗成的符号系统和系列规则。儿童对语言形式的获得包括对语音和语法的获得。

1.语音的发展

语音的发展主要表现在以下两个方面：

(1)逐渐掌握了本族语言的全部语音

1～1.5岁的儿童开始发出第一个类似成人说话时用词的音,到6岁时,儿童已经能够辨别绝大部分母语中的发音,也基本上能发准母语的绝大部分语音。

3～4岁是儿童语音发展的飞跃阶段,4岁的儿童基本上能掌握本民族全部语音。

儿童学习语音的过程,先后有两种不同的趋势。起初是扩展的趋势。婴儿从不会发出音节清晰的语音,到能够学会越来越多的语音,是处于语音扩展的阶段。3～4岁内的儿童,相当容易学会世界各民族语言的发音,所以有人称这个年龄段的儿童为"国际公民"。儿童掌握母语(包括方言)的语音后,再学习新的语音时,出现了困难,年龄越大,学习第二语言的语音,更多受第一语言语音的干扰。这个时期就处于语音的收缩阶段。

研究发现,学前儿童发音的错误,大多数发生在辅音上,而且集中在zh、ch、sh,z、c、s、l等音。

学前儿童发音错误有生理上和语言环境的原因。

3～4岁学前儿童由于生理上不够成熟,不能恰当地支配发音器官。困难在于不善于掌握发音部位和发音方法。学前儿童发出元音错误较少,错误往往在辅音。这是因为辅音要依靠唇、齿、舌等运动的细微分化。3～4岁学前儿童由于唇和舌的运动不够有力,下颚不够灵活,因而发出辅音时往往不能做出明显的分化。

学前儿童之所以不能正确掌握发音部位和发音方法,除了受生理成熟的影响外,还有其他原因。语言环境是影响学前儿童正确发音的重要因素。方言对4岁以上学前儿童发音的影响更为突出。

调查说明,城乡学前儿童发音的正确率有较大差异。这种差异在3岁时不显著,4～5岁差异较大,是环境,特别是教学条件影响的结果。

(2)语音意识的发生

儿童要学会正确发音,必须建立起语音的自我调节机能,一方面要有精确的语音辨别能力,一方面要能控制和调节自身发音器官的活动。儿童开始能自觉地辨别发音是否正确,自觉地模仿正确发音,纠正错误的发音,就说明对语音的意识开始形成了。

学前儿童期,主要是在4岁左右,语音意识明显地发展起来。学前儿童语音意识形成主要表现：

①能够评价别人发音的特点；

②能意识并自觉调节自己的发音。

2.语法的发展——主要考察儿童句子的获得与发展

(1)语句的发展

学前儿童的句子从不完整逐渐向完整性发展,其儿童句法结构的获得大致呈以下的规律：

①从混沌一体到逐步分化。儿童在掌握语言的过程中,语句逐渐分化。例如,最初的单词句阶段,一个词可以代表多种含义,"妈妈"可以表示呼唤妈妈,或是要求妈妈帮他捡起某样玩具等。随着年龄的增长,儿童的语词逐渐分化。

②从不完整到逐步完整,从松散到逐步严谨。最初的单词句只是一个简单的词链,不是体

现语法规则的结构。3岁半前儿童的话语常常漏缺主要词类,词序紊乱。3岁半后出现较多复杂修饰语句。如运用介词"把":"他们把绳子接起来跳"。"把"字前后的两个名词的关系以及第二个名词与紧接着的动词的关系,都受严格的限制,不能任意调换和删除。到五六岁,儿童的关联词比较丰富,但还常常用得不恰当。

③由压缩、呆板到逐步扩展和灵活。学前儿童最初的语句结构不能分出核心部分和附加部分,只能说出形式上千篇一律的、由几个词组成的压缩句。稍后能加上简单修饰语,再后加上复杂修饰语,最后达到简单修饰语的灵活运用和语句中各种成分的多种组合。例如,叽叽呜——还要叽叽呜——嘀嘀;叽叽呜去北京——爸爸坐火车到北京——我爸爸坐火车到北京开会去了——学前儿童园放假的时候,我准备和外婆坐火车到北京去玩。学前儿童句法结构的发展在4到4岁半之间较为明显,5岁学前儿童语句结构逐渐完善,6岁时水平显著提高。

(2)语法意识的出现

学前儿童掌握语法结构,主要是通过日常生活中的言语交流,模仿成人说话而进行的。学前儿童对语法结构的意识出现较晚。

学前儿童对语法意识是从4岁开始明显出现的。主要表现为学前儿童会提出有关语法结构的问题,逐渐能够发现别人说话中的语法错误等。当然,他们不是根据语法规则的知识去发现错误的,只是由于这些错误说法使他们听起来感到"刺耳",不符合其语言习惯。

(二)学前儿童语义的发展

1.对词义的获得

(1)词义获得的发展趋势

①从部分的、个别的语义向掌握全面的语义特征发展。儿童对词的最初理解是不全面的,只是掌握了词的部分的、个别的语义,出现了理解词的"泛化"和"窄化"现象。随着年龄的增长,逐渐向掌握词的全面语义发展。

②从一个词的单义向多义发展。儿童最初只能掌握词的本义,不能理解词的转义,随着年龄的增长,儿童对词的理解逐渐由单义向多义发展。

(2)词汇数量的发展。

学前儿童的词汇量随着年龄的增加而增加。1岁左右,儿童才开始说出词,到入学前,儿童已能掌握基本的口语词汇。研究表明,4~5岁是儿童词汇量增长的活跃期。

儿童的词汇有消极词汇和积极词汇之分。消极词汇是指儿童能理解但不能运用的词汇,实际上理解也是不深不透的;积极词汇是指儿童自己能说能用的词汇。学前儿童受知识经验的限制,对于许多词不能正确理解或有些理解而不能正确使用,以致出现乱用词或乱造词的现象。比如把"一个人"说成"一只人",把"一条裤子"说成"一件裤子"等。

(3)词类的扩大

随着年龄的增长,儿童不仅词汇量增多,同时掌握词的种类也不断扩大。儿童先掌握的是实词,然后是虚词。在实词中,儿童掌握的顺序是名词——动词——形容词。对其他实词,如副词、代词、数词掌握较晚。儿童对虚词,如连词、分词、助词、语气词等掌握也较晚。在各类词中,儿童使用频率最高的是代词,其次是动词和名词。

2.对句义的获得

在语句发展过程中,对句子的理解先于说出语句而发生。儿童在能说出某种句型之前,已能理解这种句子的意义。

儿童在理解自己尚未掌握的新句型时,常常根据自己从经验中总结出来的一些"规则"去理解它们。研究发现,学前儿童常用的理解句子的策略大致有如下几种:

(1)事件可能性策略。儿童常常只根据词的意义和事件的可能性,而不顾语句中的语法规则来确定各个词在句子中的语法功能和相互关系。例如,对"小明把王医生送到医院里"这个句子,相当多的学前儿童认为是小明生病了,王医生送小明去医院。因为在学前儿童看来,"小明"显然是个小朋友,在他们的经验中,医生是看病的而不可能生病,只有小朋友生病,医生送他去医院才合情合理。

(2)词序策略。儿童往往根据句子中词出现的顺序来理解它们之间的关系,理解句义。由于儿童经常接触的是主动语态的陈述句,于是他们形成了这样一种理解策略:句子中出现在动词前面的名词是动作的发出者,而其后面的名词则是动作的承受者,名词——动词——名词,即动作者——动作——承受者这样一种理解模式。而当刚开始接触被动语态句时,儿童也习惯于用这种策略(模式)去理解它,结果出现理解错误,如将"小明被小华碰了一下"理解成小明碰了小华。以词出现的顺序来理解其意义的情况在其他句型中也有反映,如把"小班儿童上车之前大班儿童上车",理解为小班儿童先上车,大班儿童后上车,等等。

(3)非语言策略。学前儿童在理解句义,包括句中某些词的词义时,时常使用一些非语言(与语言本身无关的)策略。比如,有人发现,给小孩子一些玩具和可放置玩具的物品时,物品的性质和特征如何,直接影响儿童对指示语的反应。如果给他的物品是容器(盒子、箱子等),儿童倾向于把玩具放在它们的"里面",而不管指示语是"放上面""放旁边";如果物品有一个支撑面(如小桌),儿童则倾向于把玩具放"上面",尽管指示语是"放下面""放旁边"。前面谈到的事件可能性策略,也可以说是一种非语言策略,儿童是根据自己的经验而不是语言信息(尤其是语法规则)来理解句义的。

一般来说,儿童只是在理解他们尚未掌握或未熟练掌握的句型时才使用这些策略,在使用过程中逐渐会发现其中的问题,从而改进策略使之更符合语言规则。这样,对句子的理解能力同时就发展起来了。

第四节　学前儿童言语功能的发展

一、交际功能

学前儿童言语交际功能的发展大致可以分为以下两个阶段:

第一阶段:3岁前。这个阶段言语的交际功能主要是请求、回答和提问。这是和3岁前儿童的独立性发展不足,其活动主要依赖成人有关。在这阶段,儿童主要用对话言语、情景言语和不连贯言语。

第二阶段:3~6岁。这个阶段的言语功能,除了请求和回答外,还有陈述、商量、指示和命令、对事物的评价等。与此相适应的是连贯性言语、陈述性言语逐渐发展。4岁以后,儿童之间的交谈大为增加,他们会进行讨论,在游戏和其他活动的合作中协调行动。5岁以后,儿童在争吵中,出现用语言辩论的形式。

随着词汇的丰富和语法结构的逐渐掌握,学前儿童的口语表达能力也逐步发展起来。

(一)从对话语言逐渐过渡到独白语言

口语可分为对话和独白两种形式。对话是两个人之间进行交谈;独白则是一个人独自向听者讲述。

儿童的语言最初是对话式的,只有在和成人共同交往中才能进行。3岁以前,儿童基本上都是在成人的帮助下和成人一起进行活动的,儿童与成人的言语交际也正是在这样一种协同活动中进行的。所以儿童的言语基本上都是采取对话的形式,而且他们的言语往往只是回答成人提出的问题,或向成人提出一些问题和要求。

到了学前儿童期,由于独立性的发展,儿童常常离开成人进行各种活动,从而获得一些自己的经验、体会、印象等。因此,有必要向成人表达自己的各种体验和印象,这样,独白言语也就逐渐发展起来了。

当然,学前儿童的独白言语刚刚开始形成,发展水平还很低,尤其在学前儿童初期。在良好的教育下,五六岁的学前儿童就能比较清楚地、系统地讲述所看到或听到的事情和故事了,有的学前儿童甚至能够讲得有声有色、活灵活现。

(二)从情境性言语过渡到连贯性言语

我们已经知道,对话言语是在交谈者之间相互进行的,大家对所谈的内容都有所了解,不需要连贯和完整,因此,对话时常用情境性言语。情境性言语只有在结合具体情境时,才能使听者理解说话人所要表达的思想内容,而且往往还需要说话人运用一定的表情和手势作为自己言语活动的辅助手段。

3岁前的儿童只能进行对话,不能独白,他们的言语基本上都是情境性言语。

学前儿童初期,儿童的言语仍然具有3岁前儿童言语的特点。虽然能够独自向别人讲述一些事情,但句子很不完整,常常没头没尾,让听的人感到莫名其妙。例如,一个3岁的孩子向别人讲自己昨天晚上做的事时说:"看到解放军了,在电影上,打战,太勇敢了。妈妈带我去的,还有爸爸。"讲的时候好像别人已经了解他要讲的内容似的,一边讲,一边做出一些手势和表情。这种让别人边听、边看、边猜想当时情境才能懂的言语,就是情境性言语。

连贯性言语的特点是句子完整、前后连贯、逻辑性强,使听者仅从言语本身就能完全理解讲话人所要讲的内容和想要表达的思想。

一般来说,随着学前儿童年龄的增长,情境性言语的比例逐渐下降,连贯性言语的比例逐渐上升。整个学前儿童期都处于从情境性言语向连贯性言语过渡的时期。六七岁的儿童才能比较连贯地进行叙述,但其发展水平也不是很高。学前儿童园教学工作的任务之一就是要促进这一过渡,提高学前儿童连贯性言语的水平。

连贯性言语的发展使学前儿童能够独立地、清楚地表达自己的思想,正是在这个基础上,独白言语也发展起来了。

(三)讲述逻辑性逐渐提高

学前儿童讲述的逻辑性逐渐提高,主要表现为讲述的主题逐渐明确、突出,层次逐渐清晰。

幼小儿童的讲述常常是现象的堆积和罗列,主题不清楚,不突出。随着儿童的成长,其口头表达的逻辑性有所提高。

儿童讲述的逻辑性反映了思维的逻辑性。研究表明,对学前儿童来说,单纯积累词汇是不够的,学前儿童讲述的逻辑性的发展,需要专门培养。

(四)逐渐掌握言语表达技巧

学前儿童不仅可以学会完整、连贯、清晰而有逻辑地表述,而且能够根据需要恰当地运用声音的高低、强弱、大小、快慢和停顿等语气和声调的变化,使之更生动,更有感染力。当然,这需要专门的教育。

在儿童言语表达能力的发展中,有人可能会产生一种言语障碍——口吃,其表现为说话中不正确的停顿和单音重复,这是一种言语的节律性障碍。

学前儿童的口吃现象常常出现在2~4岁。有以下几种因素会导致口吃:

1.生理原因

由于2~4岁儿童的言语调节机能还不完善,造成连续发音的困难。随着年龄的增长,这种情况会有所缓解。

2.心理原因

即因说话时过于急躁、激动和紧张造成的。说话过程是表达思想的过程,从"思想"转换成言语的过程中,可能会因为找不到合适的词汇和更好的表达形式而感到焦急,也可能会因为发音的速度赶不上思想闪现的速度而造成二者的脱节。这都会使儿童处于一种紧张状态,而这种紧张可能造成发音器官的细微抽搐和痉挛,出现了发音停滞和无意识地重复某个音节的情况。经常性的紧张便会成为习惯,以至于每次遇到类似的语词或情境时,都出现同样的"症状"。

3.模仿

学前儿童的口吃常有很大的"传染性"。因为他们的好奇心强,爱模仿,班上某个孩子偶尔出现"口吃"会使他们觉得有趣儿、好玩儿而加以模仿,最后不自觉地形成习惯。据北京等医院统计,参加口吃矫治的人中,有近2/3的人有幼年模仿口吃的历史。

矫正口吃的主要办法是消除紧张。

二、概括功能

言语的概括功能使得学前儿童认识过程发生质的变化。下面以感知过程为例来说明。

在一个实验里,要求4~7岁学前儿童分辨蝴蝶翅膀上花纹的细微差异。9只蝴蝶分为三种颜色,每种颜色又分为带斑点的花纹、条状的花纹和没有花纹的三种。实验结果表明,用语言说出花纹的名称,则学前儿童辨别花纹的成绩明显高于不用语言时。

为什么实验结果有明显差别?主要是言语的概括作用。这种概括作用使知觉的恒常性有所提高,使知觉不再停留以孤立的、表面的特征为主导,而发展到以复合的、意义的特征为主导,因而儿童对事物的感知越来越细致、精确、迅速、完整。

言语的概括功能,还可以改变对复合刺激物感知中刺激物强度的主次地位。比如,在一个实验中,让学前儿童看灰或淡黄色背景上的彩色圆圈。从单纯感知看,彩色是比灰色或淡黄色更强的刺激物,学前儿童主要注意感知彩色圆圈而不是灰色或淡黄色的背景。可是当实验者用语言告诉学前儿童,彩色代表飞机,淡黄色代表晴天,有太阳。灰色背景代表天气不好。晴天飞机能起飞;天气不好,飞机则不能起飞。学前儿童接受了这些语言指示以后,情况就发生了变化。即使是3~4岁学前儿童也能注意较暗淡的颜色(灰和淡黄色),而不去对彩色发生反应了。也就是说,有了言语的参加,学前儿童能够不是被动地认识世界,而有了自觉的能动的分析综合能力。

三、调节功能

言语对儿童心理活动和行为的调节功能,使儿童有了心理的自我调节功能。

儿童言语对心理活动和行为的调节,最初是受成人语言调节的。以后儿童会用自己的言语活动进行自我调节,一开始使用的是出声的言语,即"自言自语",再往后儿童开始用内部语言进行自我调节。

这里涉及了很重要的概念——自言自语。自言自语是内部言语发展的初级形态,是在外部言语的基础上,由外部言语向内部言语发展的过渡形态。

(一)自言自语的特征

自言自语既有外部语言的特征(出声),又有内部语言的特性(不是用来交流,只说给自己听,进行自我调节)。

(二)自言自语的形式

(1)游戏言语。这种言语的特点是比较完整、详细,有丰富的情感和表现力。例如,一个小班学前儿童独自抱着娃娃"喂饭",边喂边说:"快吃!快吃!不要把饭含在嘴里,要嚼嚼,再咽下去!"喂完饭,她把娃娃放在小床上,盖上被子,说:"吃完饭,要睡觉,不要乱动。你呀不要踢被子,要着凉的,生病要打针的……"儿童一边做各种游戏动作,一边说话,用语言补充和丰富自己的行动。在绘画活动中也常常有这种情况,用语音来补充不能画出的情节。

(2)问题言语。这种言语的特点是比较简短、零碎,常常在遇到问题或者困难时出现,或表现困惑、怀疑、惊喜等。当学前儿童找到解决问题的办法时,也会用这种言语表示所采取的办法。例如,在拼图过程中,儿童自言自语说:"把这个放哪里呢……不对,应该这样……这是什么……就应当把它放在这里……"四五岁儿童的"问题言语"最为丰富。

出声的自言自语是学前儿童口语发展的一种形态,成人要正确加以对待,应该帮助和引导他发展成真正的内部言语。6～7岁儿童能够默默地用内部言语进行思考,只是遇到困难时,才用"问题言语"。

小　　结

1.言语是人运用语言进行交际的过程。言语与其他心理活动有着密切关系,在人的心理发展上具有重要意义。

2.言语获得的理论包括后天论和生物的先天论。后天论重视社会环境对儿童言语发展的作用,包括学习强化理论和社会学习理论;先天论强调言语是人类与生俱来的能力。

3.人们通常将儿童能说出的第一批真正能被理解的词的时间(1岁左右)作为言语发生的标志,并以此为界,将言语活动的发生发展过程划分为言语准备期和言语发展期两大阶段。

4.言语发生的准备包括了两个方面的内容:发音(说出词句)准备和理解语词的准备。

5.学前儿童口语的发展可分为两个大的阶段:不完整句阶段(0～2岁)到完整句阶段(2岁

以后）。

6.学前儿童言语的发展表现在语言形式、语言内容及语言运用能力的发展上。

7.学前儿童言语交际功能的发展大致可以分为两个阶段：3 岁前言语的交际功能主要是请求、回答和提问；3~6 岁言语的功能有陈述、商量、指示和命令，对事物的评价等等。

8.言语概括功能使得学前儿童认识过程发生质的变化，儿童对事物的感知越来越细致、精确、迅速、完整。

9.言语对儿童心理活动和行为的调节功能，使儿童有了心理的自我调节功能。儿童一开始使用的是出声的言语，即"自言自语"，再往后儿童开始用内部语言进行自我调节。

思考与复习

1.掌握以下概念：

对话言语　独白言语　情境性言语　连贯性言语　积极词汇　消极词汇

2.学前儿童的言语准备包括了哪些方面？

3.单词句阶段，儿童能说出的词有哪些特点？

4.简析学前儿童词义获得的发展趋势。

5.简述学前儿童口语表达能力的发展趋势。

第七章　学前儿童情绪和情感的发展

 本章主要内容

本章在阐述情绪和情感的性质、作用及种类的基础上,分婴儿期和幼儿期两个阶段。重点探讨了学前儿童情绪和情感发展的意义和特点,同时介绍了学前儿童良好的情绪和情感培养的措施。

学习目标

1.掌握情绪和情感的概念、分类和功能,了解情绪和情感与认识过程的关系以及与机体变化的关系。

2.了解学前儿童情绪和情感的发生,掌握其发展特点。

3.初步学会用学前儿童情绪和情感发展的知识去分析学前儿童的情绪和情感表现,并懂得如何去培养学前儿童健康的情绪和情感。

 关键词

学前儿童　情绪　情感　心境　激情　道德感　理智感　美感　情绪社会化

学前期是儿童各种情绪和情感的萌发和发展的重要时期,他们的喜怒哀乐对其行为有直接的影响和支配作用。作为未来的幼儿教师,我们应当认识并理解学前儿童情绪和情感发展的特点,尊重儿童的情感需求,走进儿童的情绪和情感世界。

第一节　情绪和情感概述

一、情绪和情感的性质和作用

(一)情绪和情感的性质

1.定义

情绪(emotion)和情感(feeling)是指人对于客观事物是否符合自己的需要而产生的态度体验。

人非草木,孰能无情? 情绪和情感是人对客观事物的一种普遍的反映形式。人的情绪情感不是凭空产生的,而是由一定刺激情境引起的。在社会实践中人会接触到自然和社会环境中的各种事物,这些事物对人具有不同的意义,人对其抱有不同的态度,于是就产生各种不同的体验。比如事业成功时感到喜悦、受到侮辱时非常愤怒、失恋时伤心、遇到险情时产生惊恐,这些都是人的情绪情感的不同表现形式。这一切使我们的生活时而阳光灿烂,时而阴霾密布,时而晦涩呆板,形成一个五彩缤纷的心理世界。

情绪和情感的产生以需要为中介。人对客观事物采取何种态度,取决于该事物是否能满足人的需要。如果事物符合人的需要,个体就会对它产生肯定的态度,从而引起爱、尊敬、满意、愉快、欢乐等内心体验;如果事物不符合人的需要,个体就会对它产生否定的态度,从而引起恨、不满意、不愉快、痛苦、忧愁、恐惧、羞耻、愤怒、悲哀等内心体验。这些内心体验并不反映事物本身的属性,而是反映客观事物与主体需要之间的关系。

2.情绪和情感的关系

情绪和情感是两种既有区别又有联系的主观体验。通常把那些与生理需要(如安全、饮食、睡眠等)相联系的内心体验称为情绪。例如,由于饮食的需求是否满足而引起的惬意或愁绪,由于安全是否受到威胁而引起的恐怖或安全等。而把那些与社会需要(如交往、文娱、教育、道德、劳动等)相联系的内心体验,称为情感,如爱情、友谊、荣誉感、责任感、热爱集体、爱国主义等。

(1)从需要的角度看差异。情绪更多的是与人的物质或生理需要相联系的态度体验。如当人们满足了饥渴需要时会感到高兴,当人们的生命安全受到威胁时会感到恐惧,这些都是人的情绪反应。情感更多地与人的精神或社会需要相联系。比如友谊感的产生是由于我们的交往需要得到了满足。当人们获得成功时就会产生成就感。友谊感和成就感就是情感。

(2)从发生早晚的角度看差异。从发展的角度来看,情绪发生早,情感产生晚。人出生时会有情绪反应,但没有情感。情绪是人与动物所共有的,而情感是人所特有的,它是随着人的年龄增长而逐渐发展起来的。如人刚生下来时,并没有道德感、成就感和美感等,这些情感反应是随着儿童的社会化过程而逐渐形成的。

(3)从反映特点看差异。情绪与情感的反映特点不同。情绪具有情境性、激动性、暂时性与外显性,如当我们遇到危险时会极度恐惧,但危险过后恐惧会消失。情感具有稳定性、持久性、深刻性、内隐性,如大多数人不论遇到什么挫折,其民族自尊心不会轻易改变。父辈对下一代殷切的期望、深沉的爱都体现了情感的深刻性与内隐性。

实际上,情绪和情感既有区别又有联系,它们总是彼此依存,相互交融在一起。稳定的情感是在情绪的基础上形成起来的,同时又通过情绪反应得以表达,因而离开情绪的情感是不存在的。而情绪的变化也往往反映了情感的深度,而且在情绪变化的过程中,常常饱含着情感。

3.情绪和情感与认识过程的关系

(1)情绪和情感与认识过程的联系:情绪和情感与认识过程是紧密联系的。认识过程是产生情绪和情感的前提和基础。有了对事物本身属性的认识,才能有主客体之间需求关系的反映,从而产生情绪和情感,没有对事物的认识就不能产生情绪和情感。没有某种感觉,不可能有某方面的情调。所以聋者不觉噪音之讨厌,盲者不知丽色之可喜。当人听到并知道是节日的礼炮声或是激战的炮声时,便有不同的态度体验,这是与知觉相联系的情绪和情感;当人们回首欢乐的童年、学业和事业的成就、甜蜜的爱情、遭受的挫折、惊险的场面,便会产生不同的态度体验,这是与记忆相联系的情绪和情感。

（2）情绪和情感与认识过程的区别:认识过程反映了客观事物本身的属性,而情绪和情感过程则是反映主、客体之间的需求关系。单纯对客观事物的认识不能产生情绪和情感,只有客体和主体之间的需求关系的反映才能产生情绪和情感。认识过程的随意性较强,人可以随意地感知、注意、记忆、想象和思考,也可以随意地停止这种认识活动。而情绪和情感过程只有通过认识作用,才具有某些随意的性质。

4.情绪和情感与机体变化

情绪和情感活动中,机体所发生的外部表现和内部变化是和神经系统多种水平的机能联系着的,是大脑皮层和皮层下中枢协同活动的结果。

（1）机体的生理变化。伴随情绪和情感的产生,有机体内部会发生一系列的生理变化。这些变化主要表现在呼吸系统、循环系统、消化系统及内外腺分泌的变化上。例如,人在紧张时,肾上腺活动增强,促进肾上腺分泌增多,引起血糖增加,同时呼吸加快、心率加速、血压升高、脑电出现高频率、低振幅的波（频率为 14～30 次/秒,振幅为 5～20 微伏）,皮肤电阻降低,唾液腺、消化腺和肠胃蠕动减少等。而人在高兴时,肾上腺活动正常,肾上腺分泌适当,呼吸始终、血管舒张、血压下降,皮肤电阻上升,唾液腺、消化腺和肠胃蠕动增强等。这种变化的差距是十分明显的。以呼吸系统为例,在不同的情绪状态下,呼吸的频率乃至于呼气和吸气的比例都会产生明显变化。在悲痛时,每分钟呼吸 9 次,高兴时 17 次,积极动脑筋时 20 次,愤怒时 40 次,恐惧时竟达 64 次。

由于情绪的这种独特的生理特性,因而情绪也就与一个人的健康发生密切联系。我国古代就有"喜伤心""怒伤肝""忧伤气""思伤脾""悲伤肺""恐伤肾""惊伤胆"之说,现代医学更是明确地提出了身心疾病的概念。

（2）情绪的外部表现。情绪和情感发生时,人的身体各部分的动作、姿态也会发生明显变化,这些行为反应被称为表情。表情是人际交往的一种形式,是表达思想、传递信息的重要手段,也是了解情绪和情感体验的客观指标。人类的表情主要有面部表情、身段表情与言语表情三种。

①面部表情。人的面部表情最为丰富,它是通过眼部肌肉、颜面肌肉和口部肌肉来表现人的各种情绪状态。眼睛是心灵的窗户,各种眼神可以表达人的各种不同的情绪和情感。例如,高兴时眉开眼笑,悲伤时两眼无光,气愤时怒目而视,恐惧时目瞪口呆等。眼睛不仅能传情,而且可以交流思想,因为人们之间有些事情不能或不便言传,只能意会,因而观察他人的眼睛,可以了解他人的内心愿望,推知人们对事物的态度。眉毛的变化也表现出不同的情绪状态,如展眉欢欣、蹙眉愁苦、扬眉得意、低眉慈悲、横眉冷对、竖眉愤怒等。口部肌肉同样是表现情绪的主要线索,如嘴角上提为笑,下挂为气,憎恨时咬牙切齿,恐惧时张口结舌。就连表情肌肉有所退化的鼻子和耳朵也能表示人不同的心态,如轻蔑时耸鼻,恐惧时屏息,愤怒时张鼻,羞愧时面红耳赤等。据心理学家艾克曼研究,人的面部表情是由 7000 多块肌肉控制的,这些肌肉的不同组合使人能同时表达两种情绪。所以,人的面部表情是丰富多彩的。

②身段表情。身段表情是通过四肢与躯体的变化来表现人的各种情绪状态,如从头部活动来看,点头表示同意,摇头表示反对,低头表示屈服,垂头表示丧气。从身体动作来看,高兴时手舞足蹈,悔恨时顿足捶胸,惧怕时手足失措。

③言语表情。言语表情是通过音调、音素、音响的变化来表现人的各种情绪状态。比如高兴时语调激昂,节奏轻快,悲哀时语调低沉,节奏缓慢,声音断续且高低差别很少;爱抚时语言温柔,和颜悦色;愤怒时语言生硬,态度凶狠。有时同一句话,由于语气和语调不同,就可以表示不同的意思,如"怎么了",既表示疑问,也可以表示生气、惊讶等不同的情绪。

5.情绪和情感的两极性

情绪和情感都具有两极性,这是达尔文在研究人类和动物的表情时,提出的一个对立性原则。情绪和情感的两极性是指情绪和情感不论从何种角度来分析,都可分为向、背两个方面,如肯定和否定、强和弱、紧张和轻松、快乐和忧伤等。一般说来,情绪和情感的两极性具体表现在以下几个方面:

(1)从性质上看,情绪和情感的两极性表现在肯定和否定的对立性质。当一个人的需要得到满足时,会产生肯定的情绪和情感,如愉快、高兴、爱慕等;当一个人的需要得不到满足时,则产生否定的情绪和情感,如烦恼、忧伤、憎恨等。肯定的情绪和情感是积极的、增力的,可提高人的活动能力;否定的情绪和情感是消极的、减力的,可降低人活动的能力。构成肯定或否定两级的情绪和情感,并不是相互排斥的。客观事物之间的联系是极其复杂的。一件事物对人的意义也可以是多方面的。因此,两极对立的情绪也可以在同一事物中同时出现。例如,面对困难的烦闷感与战胜困难的兴奋感就会同时出现在某一个人身上。甚至相反的两种情绪和情感在一定条件下还能够相互转化,破涕而笑、乐极生悲等,就是由一个极端转化为另一个极端的实例。

(2)从强度上看,情绪和情感强弱是不同的。例如,从不安到激动,从愉快到狂喜,从好感到热爱,等等。在每一对由弱到强的情绪和情感中还存在着许多程度上的差异。例如,从满意到狂喜的发展过程是:好感—喜欢—爱慕—热爱。情绪和情感的强度取决于引起情绪和情感的事物对人的意义的大小,意义越大,引起的情绪和情感也就越强烈。

(3)从紧张程度上看,情绪和情感有紧张和松弛之别。这种两极性往往在人的活动的最关键时刻表现出来。例如,遇到重大的比赛,人们会处于高度紧张的状态,一旦比赛结束,人的紧张状态便逐渐消失,随之而来的是轻松的情绪体验。情绪和情感的紧张度,既取决于当时情景的紧迫性,也取决于人的应变能力及心理准备状态。一般情况下,紧张状态将导致人的积极行为,但是,如果过分紧张,也可能使人不知所措,甚至停止行动。

(4)从激动性上看,情绪和情感还有激动与平静两级。激动的情绪和情感,是强烈的、短暂的、爆发式的态度体验,如悲伤、狂喜、暴怒等。与激动的情绪和情感相对立的是相对平静的情绪和情感。在大多数情况下,情绪和情感是相对平静的,这也是人们进行正常的生活、学习和工作的基本条件。

(二)情绪和情感的作用

1.适应作用

在现代社会中科学不断进步,文化不断发展,社会不断变革,而社会价值、社会规范、观念也随之不断变化,这就使个人对环境的适应产生了困难。现代人适应现代社会发展的要求,往往通过调节情绪来对付日趋复杂的工作环境和人际关系。一种新观念、新情况的出现,人们不可能用以往有效的方式做出适当的反应,因而出现某种情绪的困扰,长期不能排除,就不能适应正常的学习、生活和工作,这不仅影响到工作效率,而且不利于身心健康。医学心理学研究和临床实验证明,情绪因素既是致病因素,又是治病因素。长期情绪困扰,会导致焦虑、压抑,引起某些心身性疾病,如偏头疼、高血压、胃溃疡等,以致引起神经或精神病。因此对情绪进行自我调控、引导、调节和适当的发泄,既有利于人们适应当今社会复杂的社会生活,有助于工作,也有利于身心健康。

2.动机作用

情绪和情感是驱策人们行为的动力,所谓动机是激励人们行动的原则。动机可以引发并维持主体有组织、有目的、有方向的行为。需要得到满足是行为的驱动力,是行为动机的主要来源。事实上,情绪和情感就是伴随着需要的满足而产生的心理体验。它们对激励人的行为,改变人的行为效率,起着重要的动机作用。当然,情绪和情感的动机作用也有正、反两个方面,积极的情绪可以使人们提高行为效率,起正向的促进作用;消极的情绪则会干扰、阻碍人的行动,减低活动效率,甚至引发不良行为,起反向的促进作用。研究发现,适度的情绪兴奋性会使人的身心处于最佳活动状态,能促进主体积极行动,从而增进行为效率。一定情绪紧张度的维持有利于行为的顺利完成,过于松弛或过于紧张都对行为的进程和问题的解决不利。

3.调节作用

情绪和情感的调节功能是指情绪和情感对人体的活动具有组织或瓦解的作用。这种作用一方面表现为情绪和情感产生时,会通过皮下中枢活动,引起身体各部分的变化,使人们能更好地适应所面临的情景。例如,面对突如其来的险情,恐惧只会使人产生应激反应,引起体内一系列生理机能的变化,使人更好地适应变化的环境;另一方面表现在情绪和情感对认识活动和智慧行为所引起的调节作用,影响着个人智能活动的效率。前苏联心理学家基赫尼洛夫就提出了思维活动受情绪调节的观点,认为"协调思维活动的各种本质因素正是同情绪相联系,保证了思维活动的重新调整、修正,避免刻板性和更替现存的趋势"。实践也证实心情愉快时思路格外灵敏;而心情沮丧时,思路变得迟钝、混乱。

4.信号作用

人处于复杂的社会关系中,总会与周围的人发生一定关系,进行一些信息和思想交流。情绪和情感在这种人际关系中起着信号作用,是人际交流的重要手段。情绪和情感有着明显的外显形式,即表情。表情是传播情绪和情感信号的主要媒介。面部表情的喜怒哀乐、声音表情中音调变化以及身体姿势都显示出主体的情绪状态。从他人这些情绪的外部表现中,就能得知他对一定事物的好恶态度,以及该事物本身情况的一些信息。人们在交际过程中,喜怒哀乐等情绪的表情是交流彼此的思想、愿望、需要、态度及观点的有效途径。微笑表示满意、赞许和鼓励;怒目圆睁表示个人对事物持否定态度。语言尚未发展起来的婴儿从周围成人的表情中能了解哪些事情受鼓励,应该做,哪些事情受责备,不应做。孩子看到陌生人会有些惧怕,这时大人如果用微笑、点头等表情鼓励他,他就会慢慢与之接触而不感到陌生。可见,大人及时的情绪和情感反应是婴幼儿学习、认识世界并发展个性的主要手段之一。同样一句话用不同的音调讲出,带来的情绪色彩也不同,从而会造成不同的理解。所有这些都说明,由各种表情表现出来的情绪和情感使人对环境事件的认识、态度和观点更具有表现力,人们在人际交往中就更容易传递信息。

二、情绪和情感的分类

(一)情绪的种类

据我国古代名著《礼记》记载,人的情绪有"七情"分法,即喜怒哀惧恶欲;《白虎通》记载,情绪可分为"六情",即喜怒哀乐爱恶;近代的研究中,常把快乐、愤怒、悲哀、恐惧列为情绪的基本形式。根据情绪发生的强度、持续时间和紧张度,可以将情绪分为心境、激情和应激。

1.心境

心境是一种深入的、比较微弱而有持久的情绪状态,如得意、忧虑、焦虑等。其特点表现为:(1)缓和微弱,似微波荡漾,有时人们甚至觉察不出它的发生。(2)持续时间较长,少则几天,长则数月。一般来说,事件越重大,引起的心境就越重大,引起的心境就越持久。例如,失去亲人往往使人产生较长时间的悲伤和忧郁心境。(3)心境是一种非定向性的弥散性的情绪体验,在人的心理上形成了一种淡漠性的背景,使人的心理活动、行为举止都蒙上了相应的情绪色彩。例如,人在得意时感到精神爽快,事事顺眼,干什么都起劲;失意时,则整天愁眉不展,事事感到枯燥乏味。

心境产生的原因是多种多样的。个人生活中的重大事件,诸如事业的成败、工作的逆顺、人际关系的亲疏、健康状况的优劣,甚至自然界的事物,如时令气候、环境景物等都可以成为某种心境的原因。除了有当时的情景而产生的暂时心境外,人还能形成各自独特而稳定的心境。这种稳定的心境是依人的生活经验中占主导地位的情绪体验的性质为转移的。例如,有的人朝气蓬勃,愉快的心境在他的生活中便占主导地位;有的人失望忧愁,忧伤之情在他的生活中便占主导地位。对心境起决定影响的是一个人的世界观。

心境有积极和消极之分。积极的心境,使人振奋愉快,能推动人的工作与学习,激发人的主动性和创造性;消极的心境则使人颓废悲观,妨碍人的工作和学习,抑制人的积极性的发挥。人应该充分发挥其主观能动性,正确认识和评价自己的心境,消除消极心境的不良影响,培养坚强的意志,增强抗御外界不良刺激和干扰的能力,树立正确的理想和信念,有意识地掌握自己的心境,做心境的主人。

2.激情

激情是一种强烈的、爆发式的、持续时间短暂的情绪体验,如欣喜若狂、暴跳如雷、悲恸、绝望等。激情有以下特点:(1)激情具有激动性和冲动性。激情一旦产生,人完全被情绪所驱使,言行缺乏理智,带有很大的冲动性和盲目性。(2)激情维持的时间比较短,冲动一过,事过境迁,激情也就弱化或消失了。(3)激情具有明确的指向性。激情通常由特定的对象所引起,如意外的成功会引起狂喜,理想破灭会引起绝望、黑暗、巨响会引起恐惧,等等。(4)激情具有明显的外部表现。在激情状态下,人的内脏器官、腺体和外部表现都会发生明显的变化,如暴怒时面红耳赤,绝望时目瞪口呆,狂喜时手舞足蹈,等等。

3.应激

应激是指出乎意料的紧急和危险的情况下所引起的高度紧张的情绪状态。当人遇到紧张危险情景下而又需迅速采取重大决策时,就可能导致应激状态的产生。在应激状态下,人可能有两种表现:一是目瞪口呆,手足无措,陷于一片混乱之中;二是急中生智,冷静沉着,动作准确有力,及时摆脱险境。出乎意料的危险情景或面临重大压力的事件,如火灾、地震、突遭袭击、参加重大的比赛、考试等,都是应激状态出现的原因。

应激有积极的作用,也有消极的作用,一般的应激状态能使有机体具有特殊防御排险能力,能使人精力旺盛,思想清楚精确,动作敏捷,使人化险为夷,转危为安,及时摆脱困境。但紧张而又长期的应激会产生全身兴奋,注意和知觉范围缩小,言语不规则、不连贯,行为动作紊乱。在意外的情况下,人能否迅速判断情况并做出决策,有赖于人的意志力是否果断、坚强,是否有类似情况的行为经验。另外,思想觉悟、事业心、责任感、献身精神等也是在应激状态下,防止行为紊乱的重要因素。

人如果长期处于应激状态,会有害于身体健康,严重的还会危及生命。

(二)情感的种类

情感是与人的社会性需要相联系的体验。情感的种类繁多,它渗透到社会生活的各个领域中,按情感的社会内容可将其分为道德感、理智感、美感。

1.道德感

道德感是按照一定的道德标准评价人的思想、观念和行为时所产生的主观体验,是在社会实践中发生和发展的,是根据一定社会文化的、政治的、伦理的道德标准,评价人的行为、举止、思想意图时所产生的情感体验。不同历史时代、不同社会制度、不同阶级,具有不同的道德标准,所以,人的道德感具有社会性、历史性和阶级性。

道德感按其内容包括:对民族、祖国的自豪感和尊严感;对民族和阶级的敌人仇恨感;对社会劳动和公共事务的义务感、责任感;对社会集体的集体主义感、荣誉感;对人群间的友谊感、同情感以及人道主义情感和国际主义情感等。

2.理智感

理智感是人在智力活动过程中,认识和追求真理时,需要能否满足而产生的情感体验。这类情感和人的认识活动、求知欲望、认识兴趣、世界观、人生观等有着密切联系。在人的认识活动中产生,又进一步地推动认识深入和发展。

理智感的表现形式有:对未知事物的好奇心、求知欲和认知的兴趣;在解决问题过程中表现出来的怀疑、自信、惊讶,以及问题解决时的喜悦;对真理的热爱感、充实感;对谬误与迷信的鄙视和憎恨感等。理智感不仅产生于智力活动,而且对推动人学习科学知识,探索科学奥秘有积极的作用。

3.美感

美感是客观事物是否符合个人审美需要而产生的个人情感体验。人的审美标准既反映事物的客观属性,又受个人的思想观点和价值观念的影响,所以美既是客观的,又是主观的,是主、客观的对立统一。优美的自然环境可以陶冶人的情操;善良、淳朴的人格特征,公正无私、舍己救人的高贵品质给人以美的感受;奸诈狡猾、徇私舞弊、损人利己的行为则让人厌恶和憎恨。

美感根据对象可分为自然美感、社会美感和艺术美感三类。例如美感可来源于自然,也可来源于社会,也可来源于文学、美术和艺术,如美好的音乐、绘画和优雅的环境等。

第二节　3岁前儿童情绪和情感的发展

对婴儿和学步儿童的情绪发展,主要从情绪的表达、情绪的社会化和情绪研究的新进展三个方面进行阐述。在进入具体说明之前,先探讨一下婴儿期儿童情绪表达的功能及其情绪的发生。

一、情绪的功能和发生

(一)情绪的功能

人类婴儿先天具有情绪反应能力,婴儿正是靠着这种能力向成人发出各种心理信息,使自己得以生存;婴儿也正是在与成人进行各种情绪的交流过程中,使自己得以成长。

(1)情绪和情感是婴儿适应生存的重要的心理工具。孩子一落地,就用哭声传达着信息,或饥饿,或寒冷,等等,呼唤照料者的注意,用自身的情绪和情感的能力求得生存的主动地位,得到母亲等照料者的抚爱,他们用微笑反映舒适满足,用哭声挽留母亲的离去;当母亲回来时,全身愉悦的活跃反应表明心中的喜悦之情。儿童所表现出的这些情绪和情感的反应,最能激起母亲给孩子以无微不至的关怀和积极的情感应答,从而使孩子身体得到健康成长,心理得到健全发展。

(2)情绪和情感是婴儿心理活动的激发者。研究表明,情绪和情感对婴儿的心理活动具有明显的动机作用。婴儿心理活动的情绪色彩非常浓厚。情绪直接影响着婴儿的行为。"儿童是情绪的俘虏"是最贴切的说明。诸多心理学研究和实际观察、经验都表明,情绪对婴儿心理活动的动机作用是非常强烈和明显的,情绪是婴儿心理活动的激发者和驱动器,支配制约着婴儿的心理活动。

(3)情绪和情感推动、组织婴儿的认知加工。情绪和情感对婴儿的认知活动起着推动促进或抑制延缓的作用。婴儿有积极愉快情绪的时候,容易被外界事物所吸引,有利于婴儿的智力操作。研究表明,同一情绪在唤醒不同水平时对智力操作的效果也不同。过低过高的唤醒水平都不利于智力操作,处于一般、中等积极愉快状态和兴趣状态,能为婴儿进行认知操作提供最佳的情绪背景,使操作最快,最有效,显示出最优的操作效果;而消极的、负性的情绪,会使婴儿感到高度的不愉快、紧张、激动,则易使婴儿操作行动被抑制,态度消极,方法简单化,或者引起退缩、躲避甚至排斥、拒绝等行为,使婴儿在操作中动作笨拙,过程缓慢,步骤混乱,造成婴儿智力操作慢、效果差。

(4)情绪和情感是婴儿人际交往的有力手段。表情是婴儿与成人交往的重要工具之一。婴儿借助面部表情、动作、姿态等,使成人了解他的各种需要,和成人进行交往。婴儿掌握语言之前,表情是主要的交际工具。婴儿初步掌握语言之后,表情仍是重要的辅助工具。许多研究表明,情绪是婴儿人际交往的组织者,在婴儿社会交往的发起、维持,以及社会行为的保持、调整中起着重要作用,是婴儿维持正常社会关系的必要手段。

(5)情绪和情感促进婴儿意识产生、个性形成。情绪和情感对婴儿自我意识的形成、发展有重要作用。婴儿对自身积极的情绪体验,如由自己活动、能力、操作成功得到的自豪感和成功感，由他人喜爱、称赞等得到的被爱感、愉快感，促使婴儿形成积极的自我形象和对自我的肯定性评价；而对自己消极的情绪体验，如由自己活动、能力、操作失败而引起的沮丧感、焦虑感，由他人批评、忽视、得不到关怀而引起的自卑感，则促使婴儿形成消极的自我形象和对自我的否定性评价。

婴儿情绪和情感对个性的形成也有很大影响。婴幼儿时期是个性形成的奠基时期。首先，在生命的头三年中，由于成人对婴儿的不同态度和方式，使婴儿逐渐形成了对不同人、不同事物的不同的情绪态度。久而久之，婴儿便会对这些不同的成人形成了不同的情绪和情感态度。其次，由于婴儿经常、反复受到特定环境刺激的影响，反复体验同一情绪和情感状态，这种状态便会逐渐稳定下来，成为稳定的情绪特征，而情绪特征正是个性性格结构的重要组成部分。研究表明，父母、亲人的长期爱抚关注有助于婴儿形成活泼开朗、乐观自信的性格情绪特征，而长期缺乏父母、亲人的关注和爱抚，则会使婴儿形成孤僻、抑郁、胆怯、不信任人等性格情绪特征。

（二）婴儿情绪的发生

人类的基本情绪在婴儿的生存和生长中起着十分重要的作用。那么，这些基本的情绪的发生时间是怎样的？根据婴儿的出生时间，分为以下三个阶段：

第一阶段（出生 1 周之内）：出现的情绪是"痛苦""厌恶""快乐"和"兴趣"。当新生儿出生 1～2 天后，他们就因受到生理刺激，做出相应的正负两种情绪反应，如"痛苦"和"厌恶"这样的负情绪，"快乐"这样的正情绪。出生后 4～7 天，受到光、声刺激后，就表现出兴趣。

第二阶段（出生 1～4 个月）：出现的情绪是"愤怒""悲伤"和"惧怕"。这些负面情绪最早出现于 1～4 个月的婴儿身上。"痛"的感觉，成为引起"愤怒""悲伤"的主要刺激源。而身体的"悬空"，使他们初次尝试到"恐惧"的滋味。

第三阶段（出生 6～9 个月）：出现的情绪是"惊奇"和"害羞"。"新异性"是引起这两种情绪的刺激源。当婴儿看到突然出现的新异物体时，便会感到"惊奇"，而当婴儿在自己早已熟悉的人际环境中，突然看到陌生人时，便会表现出"害羞"之情。

二、婴儿的情绪表达

"哭"和"笑"是婴儿表达情绪最直接的手段，是实现情绪交流功能最重要的手段。对婴儿的情绪研究主要通过"哭"和"笑"来进行。如图 7-1、图 7-2 所示。

（一）婴儿的哭

陈帼眉（1990）概括了婴儿"哭"的相继发展所显示出的生物性和社会性交流过程，并归结为以下两种类别：

1. 生理性啼哭

这是用以表示饥饿、冷、机体不适或疼痛等不快感觉。婴儿的啼哭常伴有闭眼、嚎叫和蹬腿等动作的发生。这种反映机体需要的啼哭，是成人用以判断婴儿需要的信息来源。在婴儿早期，啼哭是自发的、反射性的。这种啼哭在婴儿早期发生频繁，随生长而减少；到 3 个月时，下降为早期的 1/3；6 个月之后，除非出现异常的病痛，已不太啼哭。

2. 心理性啼哭

这主要发生在受到持续存在的不良的刺激时引起愤怒的啼哭；受到惊吓、震动时引起的恐惧的啼哭。这类啼哭带有明显的面部表情，容易为成人所鉴别。心理性啼哭一般发生在2～3个月的月龄之后。6个月之后，婴儿在无人陪伴感到孤单时也会啼哭，并显示出悲哀的面部表情，流出眼泪。如果在一段时间内，无人陪伴的情况得不到改善时，婴儿的嘤嘤啼哭会变成愤怒的啼哭，用以呼唤成人。

图 7-1　婴儿的哭①

图 7-2　婴儿的笑②

(二)婴儿的笑

婴儿的微笑是第一个社会性行为。鲍尔比(Bowlby,1996)等人对婴儿的笑进行了研究，概括了婴儿的"笑"相继发生所显示的生物性和社会性交流的过程。

第一阶段：自发的微笑(0～5周)，又称内源性微笑。在这个阶段，婴儿的微笑主要是用嘴来作怪相，这与中枢神经系统的活动不稳定有关。婴儿微笑的时候，眼睛周围的肌肉收缩，脸的其余部分仍保持松弛的状态。这种微笑可以在没有外部刺激的情况下发生，是自发的笑或反射性的笑，在婴儿睡着时发生得最普遍。

第二阶段：无选择的社会性微笑(3～4周起)，又称外源性微笑。虽然这个时候的婴儿还不会区分那些对他有特殊意义的个体，但人的声音和人的脸特别容易引起他们的微笑。

第三个阶段：有选择的社会性微笑(5～6个月起)。随着婴儿对人的认知能力的提高，他能够认出熟悉的脸和其他人的脸，并对此做出不同的反应。婴儿对熟悉的人会无拘无束地微笑，而对陌生人却带着警戒，不会轻易地展示笑容。

三、婴儿情绪的社会化

婴儿初生下来的情绪基本都是生理性的，是一种原始本能反应。由机体内外某些适宜、不适宜的刺激所引起，并反映机体当时的内部状态、生理需要。但是，婴儿自一降生，即进入人类社会环境中，和成人进行相互交往，在人际交往中实现着情绪的社会化。

婴儿情绪的社会化是当前情绪发展研究的焦点之一，是近年研究的热点课题。婴儿社会性微笑、母婴依恋、陌生人焦虑、分离焦虑和情绪的社会性参照等，既是婴儿情绪社会化的核心内容，也是当前情绪社会化研究的中心主题。

①　源自 http://www.enmuo.com/article/10517。
②　源自 http://www.nipic.com/show/1/15/5129321ka8daf09d.html。

(一)社会性微笑

社会性微笑的出现是婴儿情绪社会化的开端,是婴儿发展中的首要事情。新生儿最初显露的是反射性微笑,这在婴儿睡眠中、困倦时发生,或在身体舒适时反映,或可以通过柔和地抚弄婴幼儿的脸颊、对婴儿说话而产生。在出生 1 个月左右时,婴儿对各种不同刺激,包括社会的和非社会的,如灯光、铃声、人脸、图片、说话声等都产生微笑,而并不对人有所选择。到约第 5 周时,婴儿每当听到大人的声音、看到大人的面孔,就特别高兴、愉快、活跃,发出微笑。到 2~3 个月时,每当成人面孔趋近,婴儿会主动报以兴奋的微笑和全身活跃。但几乎对任何一张面孔都笑。而且,这时像面孔的刺激同样可以引起微笑,而当成人侧转时笑容则消失。这说明婴儿这时的社会性微笑不是对某一个特殊个体(如母亲),而只是对某一个特定的知觉图形而发生的。4 个月左右,婴儿逐渐能区分不同的个体,把母亲、家庭其他成员和陌生人分开,婴儿对不同的人微笑开始不同。他们对主要抚养者母亲笑得最多、最频繁,其次是对其他家庭成员和熟人,对陌生人笑得最少。以后,笑进一步分化,婴儿对亲近、熟悉的人尤其是母亲笑得更多、更开心,而对陌生人则笑得越来越少,越来越拘谨、严肃。

(二)母婴依恋

母婴依恋的形成是婴儿情绪社会化的一个重要标志,在婴儿同主要抚养者(一般是母亲)的最多、最广泛的相互作用中,在同母亲的最亲近、最密切的感情交流中,婴儿与母亲之间建立了一种特殊的感情连接,即对母亲产生一种依恋关系。研究表明,这种依恋关系在婴儿六七个月形成。其表现为:婴儿将其多种行为,如微笑、咿呀学语、哭叫、注视、依偎、追踪、拥抱等指向母亲;最喜欢同母亲在一起,与母亲的接近会使他感到最大的舒适、愉快,在母亲身边能使他得到最大的安慰;同母亲的分离则会使他感到最大的痛苦;在遇到陌生人和陌生环境而产生恐惧、焦虑时,母亲的出现能使他感到最大的安全、得到最大的抚慰;而平时当他饥饿、寒冷、疲倦、厌烦或痛苦时,首先要做的往往是寻找依恋对象,接近依恋对象的可能性要大于接近任何人。

母婴依恋一旦建立,婴儿就会是经常欢笑而少哭闹,情绪欢快、活跃而好探索,喜欢玩弄、操作物体,喜欢尝试着接近新事物、新情景甚至陌生人,有助于婴儿形成积极、健康的情绪和情感,养成自信、勇敢、勇于探索的个性人格,并促使婴儿智力发展,培养婴儿乐于与人相处、信任人的基本交往态度。

(三)陌生人焦虑

随着婴儿逐渐能分清陌生、熟人,随着母婴依恋的建立,婴儿能很好地把主要抚养者母亲和陌生人区分开来,陌生人的出现便会引起婴儿的恐惧和焦虑。例如,当一个 8 个月大的婴儿正坐着吃东西时,一个陌生人靠近他,则他的脸会非常紧张,眼睛在陌生人和母亲之间来回观看,突然,几分钟后他"哇"地大哭起来。如果陌生人离去,婴儿会慢慢平静下来,但如果陌生人又回来,婴儿还会大哭。这种反应,称之为"陌生人焦虑"。

研究表明:陌生人焦虑一般在婴儿 6~8 个月时发生,陌生人焦虑的发生发展是有过程的。婴儿 4 个月前,连陌生人、熟人都不能区分,当然谈不上惧怕陌生人,4 个月左右,婴儿开始区分陌生人、熟人了,对陌生人还笑,但明显比对母亲笑得少了,但这时并不害怕陌生人,对陌生人的态度一般还是比较友好的。5~6 个月时,婴儿见到陌生人往往会表现出一种严肃的表情,笑得更少,但是仍然不怕。而到六七个月时,婴儿见到陌生人就开始感到害怕了,到 8 个月时,婴儿明显怕生。

为什么婴儿会产生陌生人焦虑呢？研究认为,陌生人的出现引起婴儿的焦虑,是因为婴儿在头脑中建立了母亲的表象,把陌生人与母亲的表象相比较,敏锐地感觉到了陌生人与母亲的区别。有许多实验研究证明了陌生人焦虑的发生依赖于当时的情景关系。母亲是否在场、婴幼儿与母亲的距离、环境的熟悉性、陌生人的特点及其与婴儿的距离等是至关重要的因素。研究指出,如果陌生人接近婴儿时,父母在旁边或者陌生人不介入婴儿的活动,焦虑反应不是很强的;如果婴儿是在家里被接近陌生人,几乎很少出现害怕,而如果是在不熟悉的实验室里被接近,就有近50%的婴儿怯生。当陌生人接近婴儿时,如果他是慢慢地走进婴儿,说话轻柔,在一旁与婴儿玩耍,那么婴儿就很少产生恐惧;如果陌生人是很快地走近婴儿,默不出声或者说话声很响,并企图要抱他,则婴儿会很可能产生恐惧。

同时,一些研究表明,婴儿是否发生陌生人焦虑和婴儿是否对当时情景做出"适当"的反应,即使这一情景很新奇,甚至从未见过,他也不一定会恐惧。而此时婴儿还没有成熟到能够对陌生人这一有差异的刺激做出任何有控制性的反应。他不能把握陌生人接近这一奇怪的事件,结果是痛苦、害怕、大哭。

可见,陌生人焦虑的发生与诸多因素有关,受多方面因素的影响。多方面、多角度地认识、理解婴幼儿焦虑的产生机制和产生条件,对我们更为有效地减弱、消除婴儿的陌生人焦虑,减轻婴儿的痛苦将有所帮助。

(四)分离焦虑

随着婴儿与母亲依恋的建立,婴儿也出现了第二种形式的焦虑——分离焦虑,即婴儿与某个人产生了依恋之后,又要与所依恋的人分离,就会表现出伤心、痛苦、拒绝分离。比如,一个8个月大的孩子正坐在房间里玩玩具,看见妈妈走出去了,随着妈妈身影的消失,他哭了起来。这就是"分离焦虑反应"。研究证明,分离焦虑在婴儿六七个月时产生,随着母婴依恋的建立而同时发生。分离焦虑的发展也是有过程的。在头半年中,当妈妈离开时,他可能会哭;但是,如果有另外一个人来跟他玩,婴儿能很快接受他的替代而安静。但是,6个月后,婴儿的反应明显不同于头半年:当母亲离开时,他们非常地不高兴,会哭闹不安;同时,他们不愿意再接受他人的替代,别人再跟他玩,他也一定要妈妈。这是婴儿社会性情感发展上的一个很大的转折。研究表明,婴儿如果在头半年与他们的主要抚养者分离,被人领养,他们很少显示出不安;如果有,也一般是很轻微的,很容易消失。婴儿没有任何悲伤,也不大哭大闹。但如果分离发生在6个月以上,婴儿的反应则很不相同,婴儿会非常不安,非常悲伤,他们极力缠在母亲身上,哇哇大哭,拒绝分离。

关于分离焦虑的机制,研究者从多方面进行了探讨,认为分离焦虑的产生同几个重要原因有关。首先,分离焦虑的出现,与三个方面认知能力有关。(1)提取记忆的能力;(2)比较过去和现在的能力;(3)预期可能在最近发生事件的能力。头半年婴儿还没能产生这三个方面的能力,因此不会有分离焦虑。6个月以后,正是婴儿记忆提取能力提高,能尝试把刺激、事件加以比较或联系并形成有关的推测的时期。当母亲离开之后,婴儿记忆中便能产生以前母亲在场的图式,并把这种图式与目前情景相比较,推测"现在可能会发生什么事""母亲会不会回来"。这时如果婴儿能解答这类问题——即能正确预料到可能会发生的事情(即母亲很快会回来),婴儿可能就不会发生焦虑。但婴儿此时还不足以正确解答这些问题(即不能正确预料母亲回来),所以,婴儿容易焦虑并苦恼、哭叫。其次,婴儿分离焦虑的产生也与婴儿应付情景的能力有关。此时的婴儿当母亲离开时,已能认识自己正处于一个不同寻常的情景,但他们没有好的应对办法,不知如何做或改变环境时,压力便更大,便感觉紧张、惊恐、痛苦、焦虑由此而生。最后婴儿焦虑的发生与婴儿和母亲分离时的即时情景有关。当母亲离开时,婴儿处于一个陌生的环境,或与一个陌生人在一起,他更容易产生焦虑。研究指出,如主要抚养者离开时,有婴儿所熟悉的人与他待在一起,那么离开的影响要小得多。当父母中有一个离开而另一个还留在房间里时,尽管房间里有一个陌生人,婴儿很少有不安的表现;但当第二个也离去而留下婴儿一人与陌生人在一起时,婴儿会哭叫并停止玩耍。

婴儿与母亲分离时的痛苦程度部分取决于母婴之间的关系性质。婴儿与母亲关系越密切,婴儿越不愿与母亲分离,焦虑反应越强烈;相反,母婴关系一般,分离时婴儿的痛苦反应也就相对较弱,很少出现忧伤。

(五)情绪的社会性参照

它是婴儿情绪社会化的一种重要现象和过程,它充分显示了情绪的信号作用和人际交往功能,是情绪社会化的重要方面。当婴儿处于陌生的、不能肯定的情景时,他们往往从成人的面孔上搜寻表情信息,然后决定自己的行动。这一现象称之为情绪的社会性参照。

情绪的社会性参照是在婴儿发展的特定时期发生的人际情绪的交流和对他人情绪信息的利用,是在一种特定情境中发生的特定情绪交流模式。它包含了婴儿对他人情绪表情的分辨和如何利用这些情绪信息来指导自己的行为。对婴儿来说这是相当复杂的心理活动和心理能力,不是轻而易举就能获得的。它经历了一个逐渐发展的过程。婴儿的社会性参照是在婴儿成长到七八月时才发生的。因为这时婴儿已具有了一定的活动能力,活动范围更广,遇到陌生、不确定事件和情景的机会大为增加。每当婴儿遇到不能确定的情景时,他需要从母亲脸上寻找信息,以理解、评价情景,并确定自己的反应。比如,当8～10个月的婴儿遇到陌生人接近时,他们都注意查看母亲的面孔,母亲对陌生人的情绪态度对婴儿的陌生人焦虑影响很大。研究显示,当母亲表现出积极友好的态度时,婴儿很少出现陌生人焦虑,惧怕、哭泣反应很弱;而当母亲表现出消极害怕的情绪反应时,婴儿便产生陌生人焦虑,哭泣、恐惧反应强烈。

情绪的社会性参照有其极重要的意义,特别是对于0.5～1岁左右的儿童,受语言能力发展的影响,情绪的社会性参照在其发展中起着更为核心的作用,它在很大程度上决定着婴儿的生活质量和发展机会。婴儿与成人的积极主动的情绪和情感交流,参照成人的情绪信息,能使婴儿避免和摆脱险境和危险物体,并有利于婴儿行为的阻止和调整。同时,婴儿与成人经常的情绪体验的分享,有助于丰富婴儿的情感世界,密切亲子关系,积极的社会性参照,作为婴儿认知发展的媒介,能促进婴儿探索新异情景和事物,进一步扩大活动范围,发展智慧和能力。与此同时,要注意避免消极的社会性参照,因为它不利于婴儿良好情绪性格的形成和阻碍智力发展。

著名的"视觉悬崖"实验,就说明婴儿这种情绪的社会性参照。

 知识链接

视觉悬崖实验

沃克和吉布森(Walk & Gibson,1961)曾进行了一项旨在研究婴儿深度视觉的实验——"视觉悬崖"(见图7-3)实验,后来被称为发展心理学的经典实验之一。研究者制作了平坦的棋盘式的图案,用不同的图案构造以造成"视觉悬崖"的错觉,并在图案的上方覆盖玻璃板。将2~3个月大的婴儿腹部向下放在"视觉悬崖"的一边,发现婴儿的心跳速度会减慢,这说明他们体验到了物体深度;当把6个月大的婴儿放在玻璃板上,让其母亲在另一边招呼婴儿时,发现婴儿会毫不犹豫地爬过没有深度错觉的一边,但却不愿意爬过看起来具有悬崖特点的一边,纵使母亲在对面怎么叫也一样。这似乎说明婴儿已经具备了深度知觉,但这种深度知觉是与生俱来的,还是在出生后几个月里学来的,目前还没有定论。

图 7-3　视觉悬崖

四、婴儿情绪研究新进展

1890 年,美国心理学家威廉·詹姆斯曾对婴儿降生时的世界有过这样的描述:"一片极度模糊、喊喊喳喳的混沌。"这种观点被奉为经典已将近一个世纪,似乎这些"小不点儿"头脑简单,只会以模仿周围人的举止动态为能事。其实,近年来的科学所揭示的婴儿心灵图像表明:当那些看似一窍不通的婴儿摆动着四肢,淌着口水,从带围栏的婴儿床上盯着你的时候,他们的头脑里发生的秘密远不是你所能想象的。例如,4 个月的婴儿已具备高级的推理智力,能破译复杂多变的图案。他们的视觉调色板层次之细腻,也是令人惊叹的,足以洞悉成人脸上差异微笑的表情。而这一切,全发生在他们开口说话或试图坐起来之前。

(一)嫉妒

美国德克萨斯理工学院的哈特教授发现,出生才半岁的小家伙已经开始表露嫉妒的情感。图 7-4 为出生才 6 个月的婴儿维多利亚在测试中的表现。维多利亚被安置在一张高背椅上以后,主试递给母亲一本儿童图书。"请跟我谈谈这本书。"主试叮嘱道,"但最重要的是,眼睛别瞧维多利亚。"于是,两名成年女子闲聊起来。维多利亚则面无表情,环视着房间四周,显得有一点无聊。接着,主试从实验室外面抱来一个新生儿般大小的洋娃娃,把它塞到孩子母亲的怀里,要她继续在不理维多利亚的情况下做出同洋娃娃亲热的样子。富有戏剧性的一幕展开了:维多利亚露出两只小小的乳牙,以讨好的表情与娃娃争宠。当这一招没有奏效时,她开始以瞪眼来引起注意。但妈妈依然对她不理不睬。于是,她再也受不了了,很快面红耳赤地哭闹起来。哈特赶紧宣布："测试到此为止。"母亲也走过去抚慰她的宝贝女儿。"我从未见她对什么不快产生过这样的反应。"她说。

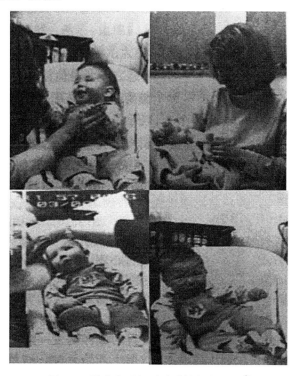

图 7-4　婴儿从无趣到感受嫉妒的过程①

哈特将这个脚本重复了数百次之多，每次的测试结果几乎是相同的：这些小家伙嫉妒不已，体验着一种直到最近仍被认为远不是他们所能理解的情感。

（二）同情

有关研究表明：婴儿最早表露的情感之一竟是值得赞许的同情心。事实上，关心别人的心理，可能同婴儿大脑有密切关系（见图 7-5）。将一个新生儿放到另一个哭闹的婴儿身旁，很可能两人都号啕大哭起来。这是否意味着婴儿真正关心他的同伴，抑或仅仅是为喧闹声所打扰？意大利最新开展的研究，在一定程度上回答了这个问题。研究人员为婴儿播放其他婴儿的啼哭录音，这足以像预料的那样诱发一阵痛哭流涕。但是，一旦播放本人哭泣的录音，这些婴儿却很少开始哭泣。纽约大学的心理学教授马丁·霍夫曼据此得出结论："从分娩之时起，就存在着某种起码的移情心理。"

这种情感的强度会随着岁月流逝而减弱。6 个月以上的婴儿，对别人的困扰不再用哭泣来回应，而是以扮个怪相取而代之。到了第 13～15 个月，婴儿往往会自己着手处理事情，尝试安慰哭泣的伙伴。这种同情心在某种程度上源自另一种现已被充分理解的婴儿早期技能，那就是分辨周围人的脸部表情的能力。目前，仍有相当一部分教科书认定：6 个月以下的婴儿是不懂分辨情感的。为了检验这个结论，费城拉萨尔大学的黛安娜·蒙塔古招募了数十名 4 个

---

① 图片转引自《文汇报》575 期科技文摘版，2005 年 8 月 21 日。

月以下的婴儿,她用脸一隐一现地逗儿童"躲猫猫"。游戏证明:那些婴儿在几次目睹她的笑脸以后,一旦看到伤感的脸部表情,"不仅眼光移开了,即使你重新露出笑脸也不会回来,仿佛内心已筑起一道戒备森严的防线"。

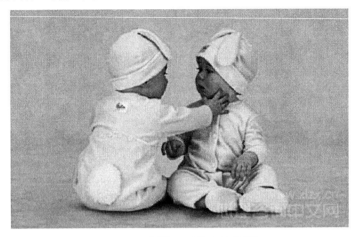

图 7-5 "同情心要从小培养"①

(三)辨认面部表情

婴儿在出生后的几个月就开始形成观察能力,这是被无数的实验观察所印证的不争事实。但是,明尼苏达州大学的神经科学家查尔斯·内尔森(现调往哈佛)希望他的研究能更深入一步,以确认早期婴儿如何分辨面部表情的微妙差异,亦即社交技能发育中一块关键性的基石。他设计了一种新的测试方法:给每个接受调查的婴儿佩戴一顶舒适的帽子,上面安放了 64 个海绵传感器。然后,让他们观看 60 幅喜怒哀乐各不相同的表情图片,通过测量脑电波来了解婴儿大脑的内部结构变化。当成人见到哪怕是不易觉察的笑容,大脑也会将它归入欢乐的范畴。研究者希望了解婴儿的大脑扫描是否跟成人一样。内尔森向他所在地区的每个新生婴儿的家长发放了邀请信,希望他们踊跃参与这项测试。结果如何,目前尚难以预料,但内尔森相信,如果婴儿出现孤僻症等情感障碍的早期症状,则是完全有可能借此得以纠正的。

(四)亲子沟通

当婴儿尝试学习说话时,一种与外界——特别是父母亲沟通的能力不断发展、日趋完善,显得尤为重要。婴儿牙牙学语远不是亦步亦趋的模仿。康奈尔大学的心理学家迈克尔·戈尔茨坦物色了两组 8 个月的婴儿,给他们穿上带有无线扩音器和传播器的紧身制服裤。其中一组母亲被告知:只要婴儿发出咕咕声或牙牙学语就立刻做出回应,用满面笑容和爱抚轻拍给予鼓励;另一组家长也需要对他们的孩子微笑,却是胡乱随意的,与婴儿发出的声响毫无关系。结果,那些及时得到反馈的婴儿不仅说话频繁,而且进步的速度也超过后者。

这些新的研究结果,无疑给初为人父母的家长们带来了惊喜。然而其意义远不止学术研究上的突破。有了这些新发现,儿科医生们正在改变诊治年幼病人的方式,除了体格健康以外,将更多的注意力投向他们的情感发育状况。因为研究表明,情感上的幸福将会对儿童未来

---

① 源自 http://www.xlzx.cn/laboratory/case—analysis/case—04.html。

的健康产生很大的影响。

有关调查显示:15％～20％的儿童生性害羞和焦虑不安。但令医生困惑不解的是:为什么有些人轻而易举地挣脱了这个怪圈,有些人的症状却每况愈下呢?马里兰州立大学的内森·福克斯对数十名出生9个月的婴儿进行了脑电波检测。扫描的结果发现:那些见到陌生人主动上前招呼的儿童,大脑中控制快乐之类情感的部分显得特别活跃。与此同时,福克斯又确信:孩子将来会成为怎么样一种人,家长的作风是不容忽视的因素。如果家长呵护过分或者不监督孩子尽早克服这一心理偏颇,那么,他的孩子在成人后仍会显得腼腆有余,沉稳不足。相反,富于自信和理智的家长通过善意地鼓励孩子甘冒风险,耐心地引导他们走出这一怪圈,则常能摆脱早年的心理障碍所带来的尴尬。这也是一项意义重大的发现,因为心灵上备受压抑的儿童在其他问题上同样会面临极大的风险。

五、婴儿情感发展的"里程碑"

随着第一个生日的降临,婴儿已俨然成为思维愈益精细的"见习社交家"。他们会开始跟踪周围人的视线,推测他们心里在想些什么。"通过理解别人的凝视,婴儿开始理解别人的心思。"华盛顿大学的心理学教授安德鲁·梅尔佐夫说,他和不少同事发现,这种技能最早出现在第10～11个月。它不仅是婴儿情感和社交能力趋于成熟的标志,也能用来预测他们的语言能力在日后的发展趋势。有关的研究结果显示:那些在过第一个生日时尚不能熟练地跟踪和凝固视线的婴儿,在进入2岁以后,对高级语言能力的掌握往往也会显得力不从心。梅尔佐夫说,这个事实有助于解释盲童或那些母亲患抑郁症而很少与人交流的婴儿为何学习语言迟缓的原因。因此,要及时接受情感智力的测评,以免错失扭转偏差的良机。

乔治·华盛顿大学的心理和儿科临床学教授斯坦利·格林斯潘博士拟定了一套里程碑式的评判标准,可用来测验婴儿在出生后各个时段所具备的社交技能和情感发育状况。他在谈到自己开发这一诊断工具的意图时表示:"我希望医生按照这些里程碑对婴儿进行一番评估,如果没有达标,也应如实地告诉他们的父母,以免错失扭转偏差的关键性时机。"宝宝的情感和社交技能发育是否正常,爸爸妈妈不妨根据下面的表7-1对之作评价。

表7-1　婴幼儿情感发展的里程碑[①]

3个月	5～6个月	10个月	18个月
最初的交际: 婴儿做出谨慎的反应,对别人发生兴趣,不时对周围人展露笑容	花样翻新: 随着同外界交往日益增多,婴儿流露出惊喜、欢乐、受挫和失望等情感	定眼凝视: 婴儿开始跟踪父母亲的视线,以便理解他们感兴趣的是什么	用行动表达情感: 刚开始蹒跚学步,自我意识更强了,也能体验到复杂的情感
注意和调节: 当你发出声响或面部表情有所变化时,小宝宝是否转过头来对着你瞧	参与与交往: 小宝宝看到他最喜欢的人,看上去是否快活或高兴	情感交流: 他是否试图捕捉你的目光或主动表示友好,比如探出身子主动让人抱	解决问题: 蹒跚学步的孩子是否到处找你。以满足他的需求,比如缠着你要你牵住他的手

① 转引自《文汇报》科技文摘版,2005年8月21日。

续　表

3个月	5～6个月	10个月	18个月
既看又听： 一边缓慢地向右或向左移动表情欢快的脸，一边同小宝宝随便说些什么	微笑的游戏： 用话语和滑稽的面部表情，逗宝宝开怀大笑	好玩的游戏： 留意小宝宝发出的声响和流露的表情，不无嬉戏地用镜子反射给他看	通力合作： 设想一个孩子需要你的帮助才能解决的问题，让他最开心的玩具也参与进来

第三节　幼儿情绪和情感的发展

一、情绪在幼儿心理发展中的作用

幼儿期的情绪功能，与婴儿期儿童的情绪功能不尽相同。幼儿情绪的发展，会对他们的人际交流、社会化等产生更大的影响，发挥更重要的作用。

（一）情绪对幼儿行为的动机作用

情绪的动机作用有正、反两个方面，积极的情绪可以提高活动的效率，起正向的推动作用；消极的情绪则会降低活动效率，甚至引发不良行为，起着反向的推动作用。情绪的动机作用在幼儿身上表现得特别明显。愉快的情绪不仅使幼儿愿意学习，而且学得快。不愉快的情绪则导致各种消极行为。为了使各项教育活动取得良好效果，必须让幼儿保持积极的情绪状态。

（二）情绪对幼儿心理活动的组织作用

组织作用有组织功能和破坏功能两种，积极的情绪对心理活动起协调组织的作用；消极的情绪对心理活动起破坏瓦解的作用。如有一个实验，要求幼儿把各种彩色纸条分别放在颜色相同的盒子里，比较在游戏中与在单独完成任务的情况下幼儿的注意。结果发现，在游戏中4岁幼儿可持续22分钟，6岁幼儿可持续71分钟，而且分放纸条的数量比单纯完成任务时高50％。单纯完成任务的情况下，4岁幼儿只能坚持17分钟，6岁幼儿只能坚持62分钟。可见，情绪对幼儿心理活动有很大的组织影响。

情绪态度对幼儿语言发展也有影响。比如宝宝对代词"你""我"的含义分辨不清。有一天，有人送宝宝一件喜爱的玩具，姨妈问："玩具是谁送给你的？"宝宝说："是叔叔送给你的。"姨妈马上说："好，送给我的，我拿走了。"这时宝宝急了，大叫道："送给我的，送给我的。"在这一刹那，宝宝终于明白了"你""我"一字只差的严重后果。

不同的情绪状态对幼儿的智力操作也有不同的影响。适中的愉快情绪对进行智力活动有明显的愉悦性，而痛苦、惧怕等消极情绪对幼儿的智力活动有明显的抑制作用。痛苦、惧怕程度越大，操作效果越差。总之，适度的积极情绪有利于幼儿的智力操作，消极情绪对幼儿智力操作一般是不利的。

（三）情绪对幼儿性格形成的作用

情绪特征是性格结构的重要组成部分，许多性格特征，如活泼、开朗、忧郁、粗暴等都和情绪密切相关。情绪在人际关系中也起重要作用。随着年龄增长,幼儿在一定的、不断重复的情境中,经常体验着同一情绪状态,这种情绪逐渐稳定成为幼儿的性格特征。大约5岁以后,幼儿情绪逐渐系统化和稳定。如果周围成人此时经常关心、爱抚幼儿,尊重幼儿,使幼儿体验到安全感和信任感,这有助于促进朝气蓬勃、活泼开朗的良好个性的形成。如果父母和教师经常要求幼儿帮助别人、关心生病的小朋友,要求幼儿相互谦让、不挤同桌的小朋友等,这样就能逐渐形成比较稳定的同情心和关心体贴他人的情感。久而久之,这种情感就会成为幼儿个性的一部分。

(四)情绪对幼儿生长发育的作用

情绪不仅影响幼儿的心理健康,也影响幼儿的生理健康。爱的剥夺会影响幼儿的身心发展,过于溺爱也会导致幼儿自我中心,不能与他人建立良好和睦的关系。儿童情绪剥夺,缺乏父母的疼爱,会抑制脑垂体激素的分泌,抑制生长素的分泌。儿童长期处于郁闷的情绪状态,成长发育会受到阻碍。比如有男女两对双胞胎,男双胞胎由于母亲的拒绝,造成情绪剥夺,13个月大时发育接近正常,有人称之为"剥夺矮小"。情绪剥夺对婴幼儿正常生长发育的影响是十分明显的。

二、幼儿情绪发展的特点

幼儿情绪有了进一步的发展,其发展主要表现在以下两个方面。

(一)情绪易冲动

幼儿常常处于激动的情绪状态,他们的情绪往往由于外界事物的影响而容易冲动,这种现象在幼儿初期尤为突出。在日常生活中可以看到,幼儿由于某件小事而情绪冲动。当他们处于非常激动的情绪状态时,他们完全不能控制自己,甚至完全听不见成人说话,短时间内不能平静下来。

幼儿情绪的冲动性是和他们大脑皮质兴奋容易扩散,以及对皮下中枢的控制能力较弱相联系的。

由于幼儿初期儿童情绪和情感的调节性较差,成人有时不得不用转移的方法消除他们的某种消极情绪。在正确的教育下,幼儿是能够逐渐接受成人的指示来调节自己情绪的。

幼儿晚期,情绪的冲动性逐渐减少,自我调节情绪的能力逐渐发展。成人的不断教育和要求以及儿童所参加的集体活动,都有利于使儿童逐渐学会控制自己的情绪,减少冲动性。

(二)情绪不稳定

幼儿初期儿童的情绪还跟婴儿的情绪差不多,仍然是经常迅速变化和不稳定的,甚至两种对立的情绪也常常在很短时间内互相转换。例如,当儿童由于拿不到喜欢的玩具而哭时,如果成人给他一块糖,他立刻就会笑,这种脸上挂着泪水又笑起来的情况在幼儿初期是常见的。

幼儿情绪的易变性(不稳定性)是与情境相联系的。儿童的情绪常常受着外界情境支配,往往随着情境的出现而产生,又随着情境的变化而消失。例如,儿童由于看见而拿不到某个玩具所产生的不愉快情绪,等到该玩具不在眼前时就会很快消失。新入园的幼儿,看见妈妈和他告别就伤心地哭,但是妈妈走后,经教师引导,很快就愉快地和小朋友玩。学前儿童情绪的易变性与其易受感染也有关系。

在正确的教育下,随着儿童经验的丰富,随着儿童内抑制和第二信号系统的发展,儿童情绪的稳定性就逐步发展起来。

三、幼儿情感的发展

随着认识的发展,幼儿的情感也在不断发展着,其发展主要表现在以下几个方面。

(一)情感稳定性的发展

幼儿的情感与3岁前比较起来稳定性虽有所发展,但发展极其有限,一般说来还是很不稳定的,有时和小朋友打架、吵架,成人还在生气,他们却已和好了,破涕为笑的情况是经常发生的。这种情感的不稳定性或易变性的特点在年龄越小的幼儿身上表现得越明显。这与学前儿童的抑制过程较弱、心理活动的有意性较差有关。学前晚期虽仍保留这一特点,但稳定性已有所加强。这时已产生了一些比较稳定的情感。比如对父母的爱、对幼儿园教师的依恋之感,也出现了爱朋友、爱作业、爱动物的情感等。

(二)对情感控制调节能力的发展

幼儿和婴儿相比,情感的易变性和冲动性虽稍有进步,但仍不容易控制和调节自己的情感,如别的孩子大喊大叫,他也跟着叫嚷,别人表示惊恐的情绪,他也会吓得哭起来,容易大笑,也容易大哭,自己不能控制。这种情形也和抑制过程差、有意性还未很好发展等有关。大班儿童与小班儿童比较起来,已经有了很大进步,往往可做到有意地控制自己的情感的外部表现。比如打针时,听到别人说他勇敢就能忍住不哭等。但总的说来,这种有意地控制情感的能力还是很低的。这种对情感的控制调节能力的发展,就为儿童稳定的心境以及道德感、美感的发展打下最初的基础。

(三)社会性情感的发展

在学前儿童情感的发展上,最重要的是社会性的情感开始产生和发展,婴儿就有了最初的社会性情感的萌芽表现,到幼儿期这方面的情感更有明显的发展。

1.道德感

儿童的道德感是在成人的道德评价影响下形成的。幼儿初期,儿童只能因受赞扬而高兴,受谴责时就不高兴,也初步能根据成人的态度,简单地区分哪些行为是好的,哪些是不好的。但他们往往不知为什么,以后在成人的教育下,已渐渐懂得一些道理,初步学会在具体形象的水平上把自己和别人的行为表现与社会的道德准则作比较,从而产生一定的情感体验。如当别人为他做了事会产生感激的情感,对欺侮小朋友的行为会产生气愤的情感。

幼儿对于符合道德要求的道德行为,产生了肯定的情感体验,对于不符合道德要求的行为产生了否定的情感体验。幼儿在正确教育下,道德感就日益深刻和丰富起来。

2.理智感

儿童的理智感发展表现为好奇、好问和强烈的求知欲。幼儿园儿童的理智感发展表现为好奇、好问和强烈的求知欲。幼儿园的学习、游戏和劳动等活动丰富了儿童各种知识,不断激发和满足儿童的好奇心和求知欲。丰富多彩的社会生活也引起儿童对于新鲜事物的惊奇感及探索的愿望,这些都直接促进理智感的发展。到学前晚期,儿童乐于解决各种智力任务或解答各种困难问题等。对于经过努力钻研与思考,使问题得到了解决,会表现出无比的喜悦。这些能给予儿童智力方面的满足,有助于理智感的发展。

3.美感

在幼儿初期,儿童就喜欢鲜艳悦目的颜色,爱听优美动人的音乐。幼儿园应通过音乐、美术等学习活动,利用周围美丽的自然景色、整洁的环境布置及文艺作品等,使儿童懂得美、欣赏美和发展美的体验。幼儿晚期儿童对美的标准已有一些理解并能够评价美,鲜明地表现出美的情感体验。

学前儿童情感的发展在儿童个性的形成上起着重大作用。应该从儿童很小的时候起,培养良好的情感,如热爱祖国、热爱社会主义、爱学习、爱整洁等;同时也要注意克服一些不良的情感,如嫉妒、虚荣心等。

四、学前儿童情绪和情感的培养

(一)建立合理的生活制度、创设丰富的生活内容,让孩子处于愉快的情绪之中

依据孩子的身心特点制定合理的生活制度,不仅有利于孩子身心健康和良好行为习惯的形成,更有利于孩子情绪的稳定。为此,无论是家庭,还是幼儿园都应为孩子建立科学合理的生活制度。与此同时,也必须为孩子创设丰富多彩的活动内容,让他们生活在轻松活泼的多样化的生活环境中。一般来讲,单调、枯燥的活动,容易使孩子疲劳,从而产生厌倦的、不愉快的情绪。相反,丰富多彩的生活内容,会使孩子产生兴趣,感到快乐和满足。

(二)和谐的家庭生活、良好的情绪示范、科学的教养态度造就婴幼儿的良好情绪

愉快、和谐的家庭生活,亲情的给予对婴幼儿情绪发展影响极大。事实证明,家庭不和、父母离异,容易造成孩子恐惧、悲观等不良情绪,乃至形成不良个性。婴幼儿的情绪易受感染,模仿性强,因此成人的情绪示范非常重要。日常生活中若成人经常显示出积极热情、乐于助人、关心爱护孩子等良好情绪,对孩子良好情绪的发展起潜移默化的作用,否则会造成不良后果。父母、教师不仅以自身为孩子良好情绪树立榜样,同时对孩子的教育、管理应有科学的教养态度。如公正地对待孩子,满足孩子的合理需求,帮助孩子适应变化的新环境,以及坚持正面教育,针对孩子的个别情绪特征给予疏导。不能恐吓、威胁幼儿,也不能溺爱或过分严厉地对待孩子,否则会使孩子形成不良情绪和不良性格。

(三)通过文学艺术作品培养孩子高级情感

文学艺术作品最富有感染力,也最为孩子所喜爱。选择适合孩子年龄特征的、优秀的儿童文艺作品,对培养孩子的高级社会情感有独到的作用。

通过欣赏艺术作品,可以使幼儿从艺术品的元素中体会出丰富的情感,激发幼儿的审美体验。儿童在与同一幅作品的对话中表现出了不同的情感体验和感受,有的感到很高兴,而有的却感到悲伤难过。在艺术学习中,幼儿对情感的需求是发自内心的,寻求情感上的满足是整个学习的动力。教师应当用艺术载体让幼儿和艺术家的情感得以交流,同时也让自己和学生的情感信息得以传递,使幼儿获得表达自己情感的机会,从而获得审美的愉悦。

(四)引导幼儿学会认识自己和他人的情绪情感

让幼儿学会评价自己,逐步了解自己的长处和不足。同时,逐渐学会从他人角度考虑问题。这样,当遇到问题和挫折时,会有一种比较正确的态度,避免消极情绪的干扰。

首先,应引导孩子积极评价别人的情感。让他们明白每个人都有表达自己喜怒哀乐的权利,对同一事物每个人都会有自己的看法和感受,这些看法和感受可能与你的不同,你不能以你的标准来要求别人,不可能你高兴别人也高兴,你痛苦别人也痛苦。其次,要训练孩子从别人的语言、声音、仪表和行为及作品辨别情感的能力,使他们善于"察言观色",培养他们对情感的敏感性。再次,要培养孩子控制自己情绪的能力,不能不顾别人的感受肆意表现自己的情绪。比如面对一个悲伤、痛苦、失意的人,即便你当时心里非常高兴,也没有必要表现出来。最后,要注意引导孩子去体验别人的情感。当别人高兴时,你应为他高兴,当别人痛苦时,你应具有同情心,对别人进行安慰和关怀。值得指出的是,要做到以上几点,成人的表率作用很重要。

 知识链接

"延迟满足"的实验

20世纪60年代,美国斯坦福大学心理学教授沃尔特·米歇尔(Walter Mischel)设计了一个著名的关于"延迟满足"的实验,这个实验是在斯坦福大学校园里的一间幼儿园开始的。研究人员找来数十名儿童,让他们每个人单独待在一个只有一张桌子和一把椅子的小房间里,桌子上的托盘里有这些儿童爱吃的东西——棉花糖、曲奇或是饼干棒。研究人员告诉他们可以马上吃掉棉花糖,或者等研究人员回来时再吃还可以再得到一颗棉花糖作为奖励。他们还可以按响桌子上的铃,研究人员听到铃声会马上返回。对这些孩子们来说,实验的过程颇为难熬。有的孩子为了不去看那诱惑人的棉花糖而捂住眼睛或是背转身体,还有一些孩子开始做一些小动作——踢桌子,拉自己的辫子,有的甚至用手去打棉花糖。结果,大多数的孩子坚持不到3分钟就放弃了。一些孩子甚至没有按铃就直接把糖吃掉了;另一些则盯着桌上的棉花糖,半分钟后按了铃。大约1/3的孩子成功延迟了自己对棉花糖的欲望,他们等到研究人员回来兑现了奖励,差不多有15分钟的时间。

(五)正确对待孩子的情绪行为,帮助孩子及时疏通和转移不良情绪

不良的生活环境容易造成孩子情绪发展不良。如对孩子的冷漠、粗暴容易造成孩子情绪萎缩,适应性差。不公正容易造成嫉妒,溺爱容易造成孩子情绪激动。在以往的教育活动中,家长和教师往往把孩子发泄内心不满的方式看作调皮捣蛋的行为。每个孩子在生活中都有可能发生冲突,受到挫折,从而表现出不良情绪反应,如面目肌肉紧张、坐立不安、睡眠不好等。为了避免孩子产生严重的不良情绪困扰,家长和教师一定要充分理解和正确对待孩子的发泄行为,不要让幼小的心灵总受压抑;并且要为孩子创设发泄情绪的环境和情景,培养孩子多样化的发泄方法并学习自我疏导。比如给孩子设个"情绪小屋",让孩子有一个小空间,在那里与好朋友说说心中的小秘密,自由表达自己的情感,或者自己静静地待一会,这些都有助于疏通和缓解幼儿的不良情绪。培养孩子多方面的兴趣,引导他们投入丰富多彩的活动,是帮助孩子转移不良情绪、学会积极发泄的有效方法。

小　　结

1.情绪和情感是人对客观事物的态度体验,是人的需要是否获得满足的反映。情绪和情感既有区别,又有联系。情绪和情感与认识过程既有区别,又紧密联系。

2.伴随情绪和情感的产生,有机体内部会发生一系列的生理变化。

3.情绪和情感对学前儿童的生存和发展具有重要意义:适应作用;动机作用;调节作用;信号作用。

4.情绪通常分为快乐、悲哀、愤怒、恐惧四种基本形式。最典型的情绪状态有心境、激情、应激三种。按照情感的社会内容可将其分为道德感、理智感、美感。

5.婴儿的情绪表达:"哭"和"笑"。

6.婴儿情绪的社会化:社会性微笑、母婴依恋、陌生人焦虑、分离焦虑、情绪的社会性参照。

7.幼儿情绪发展的特点:情绪易激动,情绪不稳定。

8.幼儿情感发展的特点:情感稳定性的发展;对情感控制调节能力的发展;社会性情感的发展。

9.学前儿童情绪和情感的培养:建立合理的生活制度、创设丰富的生活内容,让孩子处于愉快的情绪之中;和谐的家庭生活、良好的情绪示范、科学的教养态度造就婴幼儿的良好情绪;通过文学艺术作品培养孩子高级情感;引导幼儿学会认识自己和他人的情绪情感;正确对待孩子的情绪行为,帮助孩子及时疏通和转移不良情绪。

思考与复习

1.掌握以下概念:

情绪　情感　心境　激情　应激　道德感　理智感　美感

2.幼儿情绪和情感的发展有什么特点? 请举例说明。

3.结合自己的生活实践,谈谈如何培养学前儿童积极乐观的情绪和情感。

第八章 学前儿童的社会性发展

 本章主要内容

本章聚焦学前儿童的社会性发展，介绍了社会性的概念和学前儿童社会性发展的内容，并重点从亲子交往、同伴交往、社会性行为三个方面阐述了儿童的社会性发展特点。

学习目标

1.掌握社会性的含义，了解学前儿童社会性发展的内容。

2.了解亲子交往的重要性和途径，掌握亲子交往的影响因素和引导方法。

3.了解同伴交往的意义，掌握同伴交往的方式；熟悉同伴交往的类型，掌握同伴交往的改善方法。

4.理解社会性行为的含义，了解社会性行为的影响因素，掌握社会性行为的发展特点。

5.初步学会运用学前儿童社会性发展的知识分析学前儿童社会性发展的表现和促进学前儿童社会性发展的策略。

 关键词

学前儿童　社会性　亲子交往　同伴交往　社会性行为

第一节　社会性概述

一、什么是社会性

儿童在出生时，我们可以把他看作一个自然人，儿童在和周围人群（主要是父母、祖辈等家里人）的交往中，逐渐形成符合社会要求的行为习惯、社会规范和特定的人际关系，即所谓具有了一定的社会性。这一由自然人向社会人转变的过程（自然人 → 心理社会化 → 社会人），称为儿童心理社会化过程。社会性的发展是一个从新生儿开始的一个漫长的过程。

儿童社会化的发展，影响着心理发展的各个方面，尤其是直接影响儿童个性的最终形成，这是由于儿童的个性及其品质是在社会交往中逐步形成的。只有让儿童参与广泛的、有意义的社会交往活动,儿童的认知、情感和意志才能得到发展和表现,各种潜能才能得到发掘,其兴趣爱好、良好的品德才能得到培养,并因此形成自己的个性品质。社会性具有以下两个特点:

(1)不是先天的。社会性不是与生俱来的,而是后天习得的。虽然儿童在胚胎的晚期,已经具有了某些感知觉活动,但是属于纯粹的生理反应,而不具有社会性。

(2)是在社会交往中形成的。儿童心理社会化过程,从本质上说,就是儿童在与周围人交往的过程中,形成符合社会要求的行为方式的过程。换句话说,如果没有社会交往过程,儿童就不会形成社会性。例如,"狼孩",由于在他很小的时候被母狼叼走并被哺育长大,生活在狼群里,缺少与人交往的环境,虽然他具有人的遗传素质,但也形不成符合社会规范的人的社会属性。

二、学前儿童社会性发展的内容

(一)人际关系的形成

人际关系是社会性的基本内容。学前儿童的人际关系主要包括三个方面:一是学前儿童与父母的关系,即亲子关系;二是学前儿童与同伴的关系;三是学前儿童与幼儿园保教人员的关系。

(二)自我意识的形成

自我意识是一个人对自己本身的认识和看法,一岁前的婴儿,没有"我"的概念,即物我不分。如用嘴吮吸自己的手指时,不小心把自己的手指当成了"好吃的",狠狠地咬上一口,直到自己被咬疼时才知道是自己咬的自己,此时开始区分"我"与外界。到两三岁时,儿童逐步区分出我和别人,表明他们已经有了最初的自我意识。进入幼儿园以后,儿童能够在游戏中,通过别人对自己的反应来认识自己。他们在社会生活中受父母、老师、艺术形象等的影响,开始模仿某些人物的言行,并在游戏中以这些人物而自居。

(三)性别角色的形成

不论在哪种社会形态上,不同性别的人在社会上都充当着不同的性别角色。按照游戏准备说的解释,男女孩玩的多数都是那些与成年以后所充当的社会角色有关的游戏,是为生活做准备的。例如,男孩喜欢玩骑马、打仗等游戏;而女孩喜欢玩做饭、抱娃娃等游戏。

(四)社会性规范的形成

社会性规范在儿童心目中形成,是体现其心理社会化进程的尺度。儿童在与人的交往过程中,尤其是在与同伴一同游戏的过程中,学会如何遵守活动规则,为成年以后遵守社会道德规范、法律法规等奠定基础。

第二节　学前儿童的亲子交往

一、亲子交往的重要性

俗话说:父母是孩子的第一任教师。儿童出生以后,最初接触到的社会环境就是家庭环境,最初的社会交往就是亲子交往。心理学界早有定论:亲子交往在儿童身心发展过程中具有不可替代的作用。亲子情感是学前儿童与父母相互交流情感的特殊反映形式,是子女对家庭能否满足自己生理、心理需要所产生的内心体验。建立良好的亲子关系,使父母能正确地对待学前儿童的需要,适度地满足他们生理和心理的需要,这对学前儿童的健康成长将产生良好的促进作用。其具体表现为以下几个方面。

(一)儿童安全感形成的重要因素

许多心理学研究成果表明,童年早期只有与父母一起生活的儿童才能在其心理深层形成一块"磐石",人无论走到哪里,只要有这块"磐石",他(或她)的心理就是踏实的,即形成了很好的安全感。在《帮你改掉孩子的坏习惯》(方圆电子出版社,2002年)一书中有这样一则事例:"两岁半,男孩。午间休息时,老师发现他每次上床时都拿一根棍子,睡觉时总是抱在怀里,如果把棍子拿走,他就睡不着觉。"婴儿期,儿童依恋父母(尤其是母亲)并把他们当作自己的保护伞,倘若父母过早地与婴儿分开,由于婴儿长期缺少这样的保护伞,因此势必要寻找一个替代物,它可以是其他人,也可以是别的什么东西。本事例中的替代物就是棍子。

(二)儿童自信心形成不可或缺的条件

社会化的过程,规范儿童各自的行为,使之符合社会化模式。由于儿童的自然本能,其中有许多本不符合社会要求,因此就必须通过教育等对其加以抑制。这种抑制的副作用表现在两个方面:一是对儿童的创造性发挥的抑制;二是对其自主行为的抑制。尤其是后者对儿童自信心的形成相当不利。年龄越小的儿童,其生理需要更加突出。倘若他们不在父母身边,这种本能的生理需求,就不能给予及时的满足。

(三)良好的亲子交往促进学前儿童身心健康

良好的亲子交往影响学前儿童身心健康的发展,具体表现为生理健康和心理健康两个方面,二者是相互联系和相互作用的。例如,良好的情绪会促进食欲,使学前儿童有饱满的精力愉快地参加体育活动,此外良好的情绪还有利于学前儿童的睡眠,保证机体生物钟的正常运行,促进身体的健康成长。消极的情绪则会影响学前儿童的健康发育。反之,身体不好的学前儿童的情绪总是比较消极的,而影响学前儿童情绪的主要是亲子情感。因此,亲子情感是影响学前儿童的身心健康发展的重要因素。

(四)亲子交往影响学前儿童的认知发展

学前儿童的认知发展,有赖于学前儿童与周围环境刺激的相互作用。在活动中,学前儿童的各种感官才能充分地与外界发生作用,广泛地感知外部世界,获取信息,从而促进其认知结构的完善和认知水平的提高。亲子交往影响学前儿童的认知发展,主要涉及两个方面:一是提供外界信息刺激的量。表现在父母能否与学前儿童频繁地交往,并为他们创造丰富多彩的环境,包括亲子游戏。二是亲子交往过程中父母对学前儿童认知行为的态度。例如,有些家长认为儿童是软弱的、无能的,应该依附于大人的。因此,他们对孩子过分保护,事事代替包办,时时控制孩子,总想把孩子握在手心里,置于羽翼下。长期处于这种亲子关系中的孩子,就形成了依赖、怯懦的性格。在生活中,他们总是怕这怕那,不敢擅自做主去尝试、去探索。尤其是学前儿童入园之初,对父母过分依赖,无心参与或勉强参与幼儿园的各种活动,这会严重地影响幼儿认知水平的提高。

（五）亲子交往影响学前儿童健全人格的形成

人格是一个人所具有的独特的、典型的、持久的各项心理活动的总和。人格具体表现在气质、能力、兴趣、性格等心理特征上。家庭、教育、社会生活条件等，对学前儿童健全人格形成具有较大的影响，而亲子交往在人格的情绪情感等重要内容的形成上是至关重要的。培养学前儿童健全的人格，必须从影响他们的情绪情感培养入手，使其在对待周围事物的态度和行为方式中，表现出热情、乐观、谦和、待人亲切、富有同情心等一系列良好的情绪情感品质。亲子情感能够使儿童情绪稳定，有较好的安全感，能积极地参与各种活动，表现出活泼、开朗、态度积极等良好情绪；反之，则表现为消沉、孤独、沉默、胆怯等消极情绪。

在生活中，孩子心理上产生了不平衡，急切地需要交流自己的情感，以达到心理平衡。譬如学前儿童受到了委屈，在父母那里得不到安慰，使愤怒的情绪得不到平静，导致设法报复、躲藏或恨别人等不良情绪的产生。长此以往，心理不平衡会严重地影响幼儿健康人格的形成。另外，近些年来，人们还提出了隐性教育观念。隐性教育主要是指家庭的物质环境、精神环境、家庭氛围、家长素质、教子观念、家长和儿童关系的类型等。它是一种潜移默化的教育，不管儿童和家长愿不愿意，日积月累的熏陶，就塑造出了儿童的品行、个性。说到教育孩子，许多家长比较注重讲道理、教知识等言传，却忽视环境塑造等身教。亲子关系对儿童的作用是多方位的，会直接影响孩子的心理状态，而心态是形成人格的核心因素。研究表明，不同类型的亲子关系对孩子形成不同个性特征有直接的作用。

二、亲子交往的途径

（一）哺乳

亲子交往是从哺乳开始的。新生儿出生以后，通过母子触摸、婴儿哭闹、母子对视、母音气味信号刺激等哺乳活动，不仅可以有效地刺激泌乳系统，更好地分泌乳汁，而且还可以增进母婴情感。长期以来，人们存在着一些错误认识：婴儿出生不久频繁的哭闹声会影响母亲休息，采取母婴分离的方法，只有在喂奶时才把婴儿送回到母亲身边，甚至有些母亲因为担心产后身材走样，干脆不给孩子哺乳。其实，这样做对母婴间正常的亲子交往是极为不利的。通过哺乳，母婴间交往活动的烙印，对儿童长大成人以后深层心理的形成，有着十分重要的意义。

（二）日常生活

日常生活是亲子交往的基本途径。按照我国的教育传统，儿童3岁前的大部分时间一般在家庭中度过。因此，父母与儿童之间应该是朝夕相处的，就是在这种朝夕相处的过程中，他们之间的社会交往也就是随时随地的了，如吃饭、睡觉、游戏、教育活动等都具有了社会交往的职能。

（三）保育活动中的亲子交往

3岁前儿童的保育工作，对儿童的成长发育来说尤为重要，它关系到身体健康，同时也关系到儿童社会化的发展。因此，日常生活照料中，如哺乳、洗澡、营养配餐、抚触、预防接种等保育活动，也是亲子交往的重要途径。

（四）教育活动中的亲子交往

随着人们生活水平与教育意识的提高，家长们越来越重视儿童教育，望子成龙、望女成凤的心情也日益迫切。从儿童出生,甚至从出生前就开始教育活动。因此,教养活动也同样是亲子交往的重要途径。家长的教育观念、日常行为习惯等都成为无形的亲子交流的资源,父母教育言行与儿童的接受行为之间,融入了亲子情感、亲子间相互认知、接受等多重交往关系。教养活动中的亲子交往,是儿童心理社会化最重要的影响因素。

三、亲子交往的影响因素

亲子交往作为互动的过程,其影响因素主要包括父母(如父母的教养方式、人格特征、社会经济地位和受教育水平、社会网络支持系统等)和儿童(如儿童的气质、性别等)两个方面。

(一)父母方面的影响因素

父母的性格、爱好、教育观念、教养方式、父母的受教育水平、社会经济地位、宗教信仰以及父母之间的关系状况等都对亲子交往的质和量有着直接或间接的影响。以下主要分析教养方式、父母的人格特征及父母的社会网络与社会支持系统三个方面对亲子交往的影响。

1.父母的教养方式

亲子交往是最直接的父母与儿童互动和交流的层面。许多心理学家对父母的教养方式对学前儿童的认知、情绪和社会化的发展的影响做了大量研究。其中,美国加利福尼亚大学心理学家安娜·鲍姆令德(Diana Baumrind)采用了家庭观察、实验室观察的研究方法,对父母教养方式对学前儿童发展的影响做了系统的研究,发现不同的家庭教养方式不同程度地影响着父母与儿童之间的交往与互动。

2.父母的人格特征

脾气暴躁的父母容易成为专断型教养方式的父母;对子女的发展抱有较高期望的父母往往采用高控制的权威型或专断型的教养方式。相反,脾气、性格平和的父母更容易接纳子女;对子女发展不抱太高希望的父母,则可能表现出过分宽容的态度,放任孩子的发展。

父母尤其是母亲作为最主要的抚养者,与学前儿童的接触最为频繁。因此,母亲的人格特征毫无疑问地在亲子交往中起着至关重要的作用。母亲自身的人格特征可能对儿童的心理及行为发展产生影响。许多研究者思考母亲的抑郁与儿童的外显行为问题之间的关系。母亲抑郁的人格特征、母子之间的互动以及儿童的心理发展行为问题之间是相互作用、相互影响。

3.父母的社会网络与社会支持系统

在布隆芬布瑞那(Bronfenbrenner)的社会生态学理论中,"中间系统""外部系统""宏大系统"及"长期系统"都涉及父母的社会网络与社会支持。许多研究者都特别强调社会背景,特别是父母的社会网络与社会支持系统在影响亲子交往中的重要性。父母与儿童的亲子交往并不是在真空中发展起来的,而是在与父母有着关联的家庭的亲戚和朋友圈、父母的社会阶层、社会文化等组成的网络与社会支持系统中发展起来的。例如,父母对待儿童的方式可能受到自身的价值观、同事、邻居或者幼儿园等的影响。

知识链接

布隆芬布瑞那的社会生态学理论

社会生态学理论的重点是将发展看成是人与环境相互作用的产物。所以，布隆芬布瑞那的模式由三个组成部分：人、行为发生的环境以及说明发展发生变化的过程。

在理解儿童如何发展方面，布隆芬布瑞那最重要的贡献之一是对各种各样的环境水平的描述，一个身心处于发展中的儿童与这些环境进行相互作用。布隆芬布瑞那坚持认为，儿童的环境——发展得以发生的社会生态体系——远远超出直接影响他们的活动与事件。

社会生态体系包括五个水平的系统：微小系统、中间系统、外部系统、宏大系统和长期系统。

1.微小系统

很多重要的交流在直接的、面对面的水平上得以发生。这些交流确定了微小系统的范围。行为的复杂模式、角色以及家庭、学校、同伴群体、工作场所、游戏场所及那些包含了个体在其中从事事实上的交互作用的领域的关系，都是个体社会生态体系的"微小系统"的组成部分。布隆芬布瑞那认为，个体"微小系统"中的每一个人都对个体造成影响。

2.中间系统

微小系统之间可能通过重要途径相互影响。例如，母亲如何对待孩子的方式可能受到他的母亲与他的父亲直接的相互作用的影响。根据布隆芬布瑞那的观点，包含了发展中的个体的微小系统之间的交流，正是中间系统所包含的意义。

3.外部系统

布隆芬布瑞那解释道，家庭不会在隔离状态中存在。父母对待儿童的方式受到学校、教师的影响，也许受到教堂、雇主和朋友的影响。简单来说，它受到存在于儿童的微小系统与其他系统的成员之间的所有关系的影响。一般来说，外部系统包含了发展中的儿童的微小系统与更广阔的不包括儿童的环境之间的相互作用，对外部系统做了界定。

4.宏大系统

所有相互作用的系统——微小系统、中间系统与外部系统——使文化具有特色的系统，被称为宏大系统。宏大系统能够根据信念、价值观、做事情的传统方式、可以预期的行为、社会角色、社会地位、生活方式、宗教等内容来进行描述，这些内容都反映在不同系统之间的相互作用中。宏大系统可以被认为是特殊文化、子文化或者其他更广阔的社会环境的社会蓝图。

5.长期系统

儿童得以发展的所有社会生态体系都会随着时间的发展而发生变化。很多这些重要的变化将会在微小系统中发生，如父母离异、新的兄弟姐妹的出生等。有时候，变化涉及"宏大系统"更为广阔的方面。例如，20世纪最后的几十年中，在家庭结构上、在儿童养育的方式上、在生孩子的年龄上等方面都发生了深刻的变化。很多这些宏大系统的变化直接影响了儿童身处其中的微小系统——家庭、家族与学校。

（二）儿童方面的影响因素

儿童自身的性情和性别等身心特点对亲子交往也产生影响。

1.儿童的性情

巴斯与普罗民（Buss & Plomin）将性情定义为"在儿童时代早期出现的、通过遗传得来的个性品质"。托马斯、契斯与比奇（Thomas，Chess & Birth）根据研究，把婴儿的性情分为四种不同的、父母能够容易辨认的性情类型，即容易相处型、难以相处型、慢热型和程度不同的混合型。很多研究表明，婴儿的性情影响父母与婴儿之间的交往关系，并且反之亦然，这也说明了亲子交往的相互性，也被称为"影响同步性"。一定的父母养育类型可能与难以相处型性情有关，可能还会加剧随后出现的问题。例如，母亲与婴儿之间紧张的交往模式对那些难以相处型婴儿来说，会使他们表现出连续不断、极端的哭叫行为。这些婴儿的母亲表现出更少的自信心、更多的焦虑、更多的失败与抑郁、更容易发怒，并且更有可能经历婚姻上的冲突。

2.儿童的性别

性别也影响亲子之间的互动。一般，父亲更愿意与儿子进行交流；母亲与女儿交流得更多，而且，母亲更倾向于用更富有支持性的言语与女儿交流。在婴儿期和儿童早期，父母会鼓励一系列的"性别适宜"的游戏活动和行为。早在生命中最初的几个月，在婴儿能表达他们自己的偏好之前，父母就开始为男孩和女孩创造出不同的环境。在性别的一致性方面，父母针对男孩或女孩进行不同的积极强化。此外，父母与学龄前男孩和女孩的交流方式存在差异。例如，当与女儿谈话时，母亲经常标志情绪；与儿子谈话时，母亲更经常解释情绪，指出原因和结果。在亲子交往中，儿童性别不同，父母对待的态度与行为也不同，这也是男孩或女孩习得男性化或女性化角色的过程。

四、亲子交往的引导

（一）家长必须了解亲子交往的重要性

前面我们已经提到，亲子交往在儿童社会性发展中的作用具有不可替代性。必须让家长认识到亲子关系与儿童发展的重要性，儿童与父母及整个家庭的关系，是儿童与社会发生联系的一种基本形式。家庭是社会的一个细胞，良好的家庭关系的营造，对儿童社会性的发展有着较大的影响，父母的爱不能代替祖辈的爱和教师的爱。父母对儿童要进行有意识的指导与教育，家长的思想观念、行为习惯和性格特征，都有可能成为儿童潜移默化的教育资源，对儿童的社会性的发展有直接关系或间接关系。而这种直接关系或间接关系是通过家庭成员共同活动建立的。父母应该与儿童共同生活，相互交往、相互合作，才能有效地促进儿童社会性的发展。非母乳喂养或与父母分离的时间过长，学前儿童因其情感需要不能满足产生的焦虑情绪，会给其成年以后身心健康埋下巨大的隐患，因此必须引起家长高度的重视。

（二）父母应该了解亲子交往的技巧

交往是一种发展亲子关系的手段，通过亲子交往达到建立亲密亲子关系的目的。父母必须具有与儿童交往的能力，同时还要培养学前儿童的交往能力，激发幼儿交往的需要，拓宽亲子关系的内容，提高亲子交往的质量。因此，父母应该了解亲子交往的技巧与方法。

1.营造和谐的家庭氛围，是建立良好亲子关系的"土壤"

家庭是亲子交往的最佳场所。父母为了孩子的健康成长，必须努力地去营造一个温馨的家庭氛围,这也是儿童良好性格形成的基本保证。有什么样的家庭氛围,就能培育什么样的孩子。和谐的、善良的家庭氛围,培养性格和谐、善良的孩子;在不和睦家庭氛围中成长起来的孩子,性格往往具有扭曲的、暴躁、敌对、不合群、孤僻、自私等的特点。值得一提的是,在单亲家庭中,由于父母中一方的缺失,家庭氛围往往沉闷,少有快乐。单亲家庭在教育孩子上,家长应充当起父母两种角色,多给孩子以鼓励,积极支持孩子同其他同学交往,以培养孩子适应环境的能力;家长要求自己以健康的心态来影响孩子,帮助孩子预防和克服自卑心理,使孩子逐步形成活泼向上的性格。

2.家长角色的科学合理定位,是提高亲子交往效能的关键

在亲子关系交往中,家长既是儿童的交往对象,同时又是儿童的导师;既是儿童交往时的朋友,同时又是儿童的支持者、指导者。通过观察、交谈、询问、抚爱等手段,了解学前儿童的各种需要,给予科学合理的满足与引导,此时家长的角色是十分重要的,切忌以父母的需要代替儿童的需要。如家长想要孩子学钢琴,而他自己又不愿意时,不能强迫他去学琴。另外,亲子交往可以分为三个层次:一是由自然人的需要而进行的亲子交往,是最初级的交往,如婴儿期的哺乳过程。二是单方面的主动、应答式的交往,如在游戏或生活过程中,学前儿童(或父母)有了疑问向父母(或学前儿童)询问时,询问者为单方面主动,而被询问者则是应答式。此时的亲子交往属于中等层次。三是亲子双方主动的交往,属于高级交往,也是最具效能的亲子交往。随着学前儿童年龄的增加,他们对高级的亲子交往活动越来越感兴趣,家长要把握好这一时机,开展广泛的亲子交往活动。如在旅途中、游戏时、劳动活动中、学习活动中、购物时、访友时、看望亲人时、郊游时等,家长应该有意识地尽可能多与学前儿童进行交往,以弥补与学前儿童接触时减少的缺陷,增进相互的感情。

3.克服不正确的家庭教养方式

心理学曾对专制的父母、权威的父母和放任的父母等三种不同的家庭教育环境与儿童社会能力间的相关关系进行研究,得出的结论是,不同的家庭教养类型与儿童的性格、情感、人际关系形成、处事能力等均有明显的关系。

专制的父母要求孩子绝对遵循父母所订的规则,不鼓励孩子提问、探索、冒险及主动做事,较少对孩子表现温情,并严格执行对孩子的惩罚。这种教养类型在某种情况下对父母而言,可能更省事。但这种家庭的孩子从小缺乏思考的训练,又未从父母那儿得到温情,他们不懂得如何恰当表达自己的情绪、想法,在人际关系或处事能力上,可能会碰到较多困难。因此,专制的父母为孩子规划所有的事,将孩子训练成听话的机器,并不能帮孩子获取必要的知识技能,终究有不能包办孩子一切的时候,那时,放手就太迟了。

放任的父母不为孩子立任何规矩,无明确要求,惩罚不明,只给予孩子足够的温情,孩子没有长幼有序的观念,享有很大的自主权。这种类型的父母忽略了教导孩子的尊重意识,不能适时提供孩子做人处事的基本道理,使得孩子较缺乏自制力,尤其对学龄前孩子来说,父母若不能在言语、行为上有所引导,那么,孩子有如独自在汪洋大海中漂泊,不知该往何处,即使犯错也不自知。所以,给孩子这种自主,反而阻断了他学习做人的机会。因此,放任的父母是不负责任的父母,往往使孩子面对挫折无法适应。

权威的父母以合理、温和的态度对待孩子,他们站在引导和帮助的立场,设下合理的标准,并解释道理。既尊重孩子的自主和独立性,又坚持自己的合理要求;既高度控制孩子,又积极

鼓励孩子独立自主。因此,权威的父母才能培养孩子健全的自我,在这种家庭环境中长大的小孩,从小被尊重,又不乏父母的引导和要求,往往成为最独立而有自信的人。

第三节　学前儿童的同伴交往

同伴关系是儿童在早期生活中除亲子关系之外的又一重要的社会关系。尽管同伴关系不像亲子关系那样持久和巩固,但却为儿童提供了与众多同龄伙伴平等和自由交流的机会。因此,与同伴的交往使儿童在更大范围内体验一种全新的人际关系,这是他们发展社会能力、提高适应性、形成友爱态度的基础。如果早期同伴关系不良,不仅影响儿童当时的发展,而且还影响儿童今后的适应。

一、同伴交往的意义

(一)独生子女缺少同伴

目前,独生子女没有兄弟姐妹,缺少一起玩耍、相互交往的同伴,这对他们的社会性的发展是不利的。因此,专家建议:在选择居所时必须考虑要与公园、学校、广场等有小朋友经常玩耍的公共娱乐场所靠近等因素。给孩子更多的机会与同龄伙伴接触,这会有利于儿童交往能力的发展。由于独生子女政策,使中国家庭结构发生了变迁,早在20世纪80年代,人们预测的"四二一家庭模式"在城镇居民中占到了绝对优势。可以说,儿童已经处在了成人关系网的笼罩下,他们整天接触到的都是大人。在与成人交往过程中,其实是一种不平等的关系,儿童的所有事情,都被大人们安排得井井有条,根本不需要他们自己去思考,衣来伸手、饭来张口,生存本能被弱化,生活能力没有形成,当然还有身心早熟的隐忧,可能会形成未老先衰、小大人的性格。由此看来,学前儿童的同伴交往是重要的。

(二)同龄伙伴认知的同步性

儿童与同龄伙伴交往,能够促进其身心全方位的发展。这主要是由于同龄伙伴生理、心理与认知经验的相似性决定的。有人说,只有儿童能够了解儿童的心理,确实如此。研究者曾经观察到这样的情景:两个妈妈分别抱着自己不满周岁的宝宝在一起聊天,此时发现两个孩子也在用无声的语言进行交流。"一个宝宝笑了笑,另一个宝宝也笑一笑;一个宝宝发出了一种怪声,另一个宝宝也发出了一种怪声……"这说明同龄伙伴认知的同步性,使他们沟通起来十分的容易。而我们成年人却很难了解他们内心的所思所想。因此,儿童与同龄伙伴交往,更能够促进他们身心全方位的健康发展。

(三)同伴交往影响的有效性

按照游戏的生活准备理论,儿童在童年所从事的各种游戏活动都是为其成年以后做准备的。同龄伙伴认知的同步性,就决定了同伴交往影响的有效性。由于他们生理、心理的现有水平与同龄人更为接近,所以在对同一事物认识过程、情感体验以及目的性、自控能力等方面极易产生共鸣。尤其是在社会化行为规范的形成上,具有同步进程。例如,当儿童间产生矛盾或冲突时,我们成年人总习惯这样教育自己的孩子:"你是大哥哥(姐姐),应该让着小弟弟(妹妹)。"这两种不同的暗示,可能对两个儿童形成不同影响与结果。一方觉得我是大哥哥(姐姐),我只好吃亏了。时间久了就有可能形成大哥哥(姐姐)性格倾向。而另一方则觉得我是小弟弟(妹妹),他应该让着我。日积月累有可能形成小弟弟(妹妹)性格倾向。其实,这种教育方式不利于儿童形成解决矛盾或冲突的能力,换句话说,不具有交往影响的有效性。

二、同伴交往的方式

(一)游戏

游戏是学前儿童的主导活动。在同伴交往中,游戏仍然具有其他活动不可替代的地位与作用。游戏对学前儿童心理的发展有极其重要的影响,尤其是在合作游戏过程中,他们互相讨论情节,分配角色,确定共同遵守的规则,有时还想象能用什么东西替代情境中一定要用的真实物品。学前儿童始终处于积极主动的状态,探索各种事物的性质、作用和关系,从而能够更加深入细致地理解现实事物,发展他们的感知、注意、记忆、想象、思维、语言,同时还可以很好地促进其社会性的发展。

(二)共同活动

这主要是指要求幼儿园或班级所有小朋友共同参与的学习、劳动、体育活动等。这种活动的特点,有共同的目标、统一的意志、共同的活动内容、共同的活动过程、共同的活动结果等。它要求小朋友共同参与,相互合作。这种活动应该是最能促进儿童社会性发展的活动。

(三)随机交往

在幼儿园生活中,除了正常的集体活动之外,还有许多儿童自由的活动时间与机会。例如,在早晨入园、晚上等待父母来接的这段时间,他们可以和自己喜欢的小朋友一起谈话、搭积木等。儿童之间的这种交往就属于随机性交往。它的最大的特点,就是随意、随机、随便。这种交往有助于培养儿童之间的"私人感情",加深他们之间的相互了解,进而建立各自的社会小群体,教师可以抓住教育时机,促进儿童良好行为习惯的形成,同时也可以发展他们与人交往的技巧。

三、同伴交往的类型

在与同伴交往的过程中,不同的儿童有不同的行为方式。由于行为方式不同,同伴的反应也就不同,因此存在着不同的交往类型。儿童的社会地位与受欢迎的程度有适度的相关。研究儿童同伴交往的类型,不能不研究儿童同伴之间的接纳程度以及接纳性的两种属性——受欢迎程度和社会地位。若要具体讨论儿童为同伴接纳的程度,就要了解测量儿童受欢迎的程度、在同伴中的地位的主要方法。

(一)社会测量法

社会测量法是由莫雷诺(Moreno,1932)提出的。它是测量幼儿在团体中的地位与影响力的一种方法,通过该方法可以了解幼儿的社会交往能力与同伴关系。它是同伴关系测量的主要手段。社会测量法主要有以下三种:

1.同伴提名法

班级中每一个儿童按照一定标准提名一定数量的同伴。每名儿童所得的积极提名分数被看作同伴接纳的指标。相反,消极提名分数则意味着儿童被同伴拒绝的程度。由于消极提名可能会提醒或强化儿童对同伴的消极看法,因此在研究中教师要谨慎使用消极提名法。

2.同伴行为描述法

它实际上是一种结构化的提名程序。"班级喜剧"是其中的重要方法:儿童假想自己是戏剧导演,将同伴"对号入座"地分派一系列积极或消极角色,如"如果要演一个领导能力强的角色,你认为在你们班上谁最合适?"

3.同伴等级评定法

这实际上是问卷法,即将班上每名儿童的姓名依次排列,随后又五点或七点利克特量表等级评定尺度,要求儿童标明对每一个人的喜欢程度。

(二)儿童同伴关系的五种类型

根据社会测量法,儿童同伴关系主要要有以下几种类型(庞丽娟,1991;李骆逊)[1]:

受欢迎者:得到同伴正面提名多,负面提名少(见表8-1)。

被排斥者:得到同伴负面提名多,正面提名少(见表8-2)。

被忽略者:得到同伴正面及负面的提名都少(见表8-3)。

有争议者:同时得到同伴正面及负面的提名。

一般者:得到同伴正面和负面的提名都属一般程度。

表 8-1　受欢迎者的特质

项　　目	提名名次
学习成就	学习好(11)
外表	漂亮(4)、可爱(1)
社会技巧	热心助人(11)、友善(5)、不攻击人(2)、有领导能力(1)
个性	活泼开朗(4)、不与人计较(3)、健谈(2)、大方(2)、自信心高(1)、快乐(1)、风趣(1)、文静(1)、爱干净(1)、不骄傲(1)
运动/才艺表现	运动好(3)、喜欢运动(1)

表 8-2　被排斥者的特质

项　　目	提名名次
学习成就	学习好(2)、学习差(2)
外表	肮脏(3)、声音沙哑(1)
社会技巧	自私(5)、不守规矩(4)、攻击性强(4)、捉弄别人(2)、不合群(2)、说人坏话(2)、会打小报告(2)、爱讽刺人(1)、不讲道理(1)、好批评(1)、骄傲(1)
个性	小气(2)、脾气坏(2)、坏习惯(2)、好胜心强(2)、爱表现(1)、心胸狭窄(1)、情绪不稳(1)
运动/才艺表现	无

---

[1]　参见 http://www.naer.edu.tw/study/CHILD/teach.htm。

表 8-3　被忽略者的特质

项　　目	提名名次
学习成就	学习中等(4)、学习差(3)
外表	不干净(1)
社会技巧	不善于表达(2)、不善于与人交际(1)、不会犯大错误(1)、乖巧(1)、凡事依顺(1)、守规矩(1)
个性	安静不说话(10)、内向(6)、孤僻(2)、害羞(1)
运动/才艺表现	无专才(1)

上述三个表反映了受欢迎者、被忽略者、被排斥者的一些显著特质。

四、同伴交往的影响因素

学前儿童的同伴交往受着许多因素的影响,其中起主要作用的有早期亲子交往经验、学前儿童自身的个性与行为特征以及活动材料和活动性质等。

(一)早期亲子交往经验

大多数儿童从出生之日便开始了与父母的交往,这种亲子间的相互作用不仅满足了儿童的生存需要,而且为他们学习人与人之间的交往技能和行为提供了丰富的源泉。首先,父母之间,父母与他人之间,以及父母与儿童之间,都在进行着交往。对不同的对象在不同的情境下,父母的语言、行为都会有很多的差异,这些都成为儿童学习、仿效的榜样,他们通过观察、模仿可以学会如何与不同对象交往、如何处理不同情形的方式、技能。其次,亲子交往中儿童并非是完全被动的接受者,他们也通过微笑、言语、哭泣、身体动作等向父母表达需求与感受,甚至发起交往。他们不但实际练习着社交方式,而且发现自己的行为可以引起父母的反应,由此可以获得一种最初的“自我肯定”的概念。这种概念是儿童将来自信心和自尊感的基础,也是其同伴交往积极、健康发展的先决条件之一。再次,心理学研究指出,婴儿最初的同伴交往行为,几乎都是来自于更早些时候与父母的交往。比如婴儿在对成人第一次微笑和发声等社交行为发生后的 2 个月,在同伴交往中才开始出现相同的行为,父母对儿童的行为、方式影响着儿童随后对同伴的态度和行为、方式。可见,儿童在早期与父母的交往经验对其同伴交往具有重要的影响。

(二)学前儿童自身的个性与行为特征

学前儿童的个性、行为特征也明显地影响同伴的交往。首先,儿童的气质、性格、能力等个性特征,影响着他们对同伴的态度和交往中的行为特征,由此影响同伴对他们的反应和其在同伴中的关系类型。对儿童同伴交往关系影响最大的是其在交往中的积极主动性、交往行为及交往技能。正是由于学前儿童在社交积极性及交往行为方式上的差异,从根本上导致了儿童在同伴中的不同地位,形成了不同的社交类型。最喜欢用积极行为去与同伴交往的儿童,是同伴中最受欢迎的;相反,最不受欢迎的,是在交往中经常表现出消极行为的儿童。被忽视幼儿之所以被忽视,是因为在同伴心目中没有影响和地位,其主要原因在于其缺乏交往的主动性,在同伴群体中消极、退缩,同时积极、友好行为少,消极、不友好行为也少,并缺乏社交经验和技能。其次,儿童性别、长相、年龄以及姓名等因素,影响着儿童被同伴选择和接受的程度。学前儿童一般喜欢与自己同性别、同年龄的儿童玩,那些长相较好、名字好听的儿童比较容易被同伴接纳和喜欢。

(三)活动材料和活动性质

玩具、物品是学前儿童同伴交往的一个不可忽视的重要影响因素,儿童早期的同伴交往大都是围绕玩具而发生的,尤其是婴儿期到学前初期,大多数的同伴冲突都是因争抢玩具而引起的。通过玩具表达对同伴的邀请,如把手中的玩具递给同伴,或接受同伴提供的玩具,以表示对对方邀请的响应。他们还在使用玩具的过程中,逐渐学会等待和与他人分享、合作等。例如,儿童 A 正在玩一个十分可爱的玩具,儿童 B 看见了,也想玩,并试图去拿。这时儿童 A 面临着两种选择,要么放弃玩具给儿童 B 玩,要么自己继续玩。无论哪一种选择,都会使儿童 A 与儿童 B 发生交往,或者表现为分享、轮流,或者发生冲突和争抢。在这交往的过程中,儿童 A 和儿童 B 都能感受到对方对自己玩玩具的愿望的制约,于是要求自己要注意对方的情感、要求和反应,并协调自己的行为,以使围绕这一玩具的交往得以顺利进行。

玩具对儿童同伴交往的影响还体现在玩具的数量和特征上。在没有玩具,或有少量小玩具的条件下,儿童之间经常发生争抢、攻击等消极的交往行为;而在有大玩具,如滑梯、攀登架、中型积木等的条件下,儿童之间倾向于发生轮流、分享、合作等积极、友好的交往行为。也有研究表明,在只有一些很小的、可个人控制的玩具,如球、小火车、小型积木等的条件下,儿童倾向于单独摆弄手中的玩具而很少与同伴发生交流、分享。

活动性质对同伴交往的影响主要体现在,在自由游戏情境下,不同社交类型的幼儿表现出交往行为上的显著差异,而在有一定任务的情境下,如在表演游戏或集体活动中,即使是不受同伴欢迎的儿童,也能与同伴进行一定的配合、协作,因为活动情境本身已规定了同伴间的合作关系,对其行为提出了许多要求。

五、教师如何指导幼儿改善同伴关系

针对同伴关系中处于被忽视和被拒绝地位的儿童,教师要掌握适当的指导方法,改善其同伴关系。值得指出的是,一些儿童之所以处于被忽视地位,与教师不适宜的教育行为有很大关系。有些教师眼里只有"优秀"儿童,很少关注发展较慢的儿童,造成发展较慢儿童被忽视。

(一)被忽视者

被忽视儿童的心理特点是自信心低,常因害怕挫折或被同伴取笑而不敢有所表现;多为较安静、内向、守规矩者。因其没有声音,无特别好或消极的表现,也不会、不敢为自己争取表现的机会,就被同伴甚至教师视而不见,以致几乎忘了他们的存在。对这些儿童,教师不仅不能忽视他们,而且还要以多种方式来帮助他们。

(1)鼓励其勇敢地表达己见或参与同伴的讨论和游戏。

(2)给其表现的机会,如帮教师做事(发美工纸),或在午餐时帮助教师分发碗筷。

(3)主动关心或给予特别的注意,发掘其才能,让其展现或耐心等待其表现的意愿,引起同伴的注意。

(4)以游戏方式鼓励其参与活动。

(5)与家长联系了解儿童的家庭状况与其在家的表现。

教师要做到经常注意被忽视儿童,肯定其能力及聪敏才智,并给予口头褒奖,提高其自信,让他们重新认识自己,也改变同伴对他们的看法。同时,适宜的社会技巧也是被忽视儿童所需要学习的,如主动提供协助、表现友善的微笑或言辞、主动接近兴趣相同的同伴,或加入游戏团体的技巧等,都可以通过教师的指导、演练而获得。此外,教师还要帮助儿童懂得不是每一个都一定会在任何时间、地点被任何人所接受,偶尔被拒绝并没有关系,还有其他的选择或再继续努力。至于来自家庭的问题,就需要教师与家长共同合作来加以改善。

(二)被拒绝者

和被忽略者的特质相比,被拒绝者或被排斥者的特质就较多元化,教师辅导的方式也因儿童的个别差异而有所不同。

(1)建议儿童保持整洁的外表。

(2)个别谈话,使其明了受排斥的原因,提醒其自我约束,并指导与人相处的技巧。

(3)赞美其优点,加强其自信心。

(4)安排被拒绝者与受欢迎者一起游戏活动,以起到潜移默化的功效。

(5)给予他们为班级服务的机会,并当众夸赞其良好行为,以获得同伴的认同与接纳。

(6)与班上幼儿讨论改变被拒绝者言行的方法。

(7)以角色扮演、小团体活动方式让幼儿有机会表达自己及倾听他人不同的想法或感受,进而学习同理心及角色取代的概念。

(8)请家长配合改善。

第四节　学前儿童的社会性行为

一、社会性行为的界定

社会性行为是人们在交往活动中对他人或某事件表现出的态度、言语和行为反应。社会性行为在交往中产生,并指向交往中的另一方,因此从某种意义上来讲,社会性行为也就是具体的交往行为,人们通过社会性行为来实现与他人的相互交往。然而这种交往必须具备一个共同社会范型,涉及语言、情感表达模式、文化习俗等诸多方面。例如,语言是很重要的社会交往的媒介,倘若彼此双方根本听不懂对方表达的是什么意思,那么,这样的交往就是无效的或根本无法相互交流。情感表达模式也是如此,如果某个人的情感表达模式不是社会上通用的范型,他的哭就是笑,他的笑就是哭,与别人正好相反,那么与人交流起来会是怎样呢?

根据动机和目的,社会性行为可以分为亲社会行为和反社会行为两大类。亲社会行为又叫做积极的社会行为。它是指一个人帮助或者打算帮助别人,做有益于他们的事的行为或倾向。儿童的亲社会行为主要表现为同情、关心、分享、合作、谦让、帮助、抚慰、援助等。亲社会行为是人与人之间形成和维持良好关系的重要基础,是为人类社会所肯定和鼓励的积极行为。反社会行为也叫做消极的社会行为。它是指可能对他人或群体造成损害的行为或倾向。其中最具代表性、在学前儿童中最突出的就是攻击性行为,也称侵犯性行为,如推人、打人、抓人、骂人、破坏他人物品等。一旦形成侵犯性行为倾向,就很难矫治,而且还会影响到成年以后社会性的发展,这些行为或倾向不利于良好人际关系的形成,还会造成人与人之间的矛盾、冲突,长此以往很有可能走向违法犯罪道路。因此,在学前阶段应尽量避免儿童形成侵犯性行为倾向。

二、社会性行为的影响因素

学前儿童的社会性行为受诸多因素的影响,概括起来,主要有生物性因素、家庭教育、社会文化及儿童自身的认知水平等因素。这些因素彼此之间不是孤立的,学前儿童的社会性行为是在它们的共同作用下产生和发展的。

(一)生物性因素

人类的社会性行为有一定的遗传基础。在漫长的生物进化历程中,人类为了维持自身的生存和发展,逐渐形成了一些亲社会性的反应模式和行为倾向,如微笑、合群性等。这些逐渐成为亲社会行为的遗传基础。人们在对某些劳教人员犯罪原因研究过程中发现,攻击性行为倾向与雄性激素的水平有关,而且男性在受到威胁或被激怒时,比女性更容易产生攻击性反应。其实幼教研究结果也表明,男女儿童在攻击性上表现出显著的性别差异,男孩的攻击性行为明显多于女孩。另外,人的高级神经活动类型是与生俱来的生物性因素,由于它的不同,表现出不同的气质类型、不同的性格特征,并因此影响到人对现实的态度与交往的方式。研究者发现,胆汁质儿童的攻击性行为出现的频率远远高于黏液质的儿童。因此说气质也是影响社会性行为的重要因素。

(二)家庭教育

根据社会学习理论,年龄较小的儿童经常由于父母、教师奖励亲社会行为而学会分享,表现出助人行为,所以在亲社会行为的社会化过程中,父母的直接教育对亲社会反应的强化起到重要作用。当年龄较小的儿童看到其他人的助人行为时,他们自己会有更多的亲社会行为,特别是父母、教师或者其他受尊敬的人的亲社会行为,就更是如此。父母在日常生活中就经常表现出这样的亲社会行为,而且也为儿童提供了这样做的机会,这就更加有利于儿童亲社会行为的形成。因此,要想培养儿童的亲社会行为,家长必须率先垂范,为儿童做出亲社会行为的榜样,不仅要言传,而且还要身教。家长要营造一个和谐的家庭环境,让儿童感受到人与人之间的平等、互助、尊重与友爱的关系。

(三)社会文化环境

社会文化环境对儿童社会性行为的影响是潜移默化的。例如,发展中国家对合作和互相关心的行为比较崇尚,发达的西方国家则更多地鼓励人与人之间的竞争和个人的独立奋斗。不同文化环境对社会性行为的不同态度,通过社会生活的方方面面影响成长中的儿童。尤其是大众传播媒介,如电影、电视、报纸、杂志等对儿童社会性行为倾向的形成具有十分重要的影响。它主要是通过对社会文化和道德价值观传递,来影响人的社会性行为的形成。儿童更多地通过模仿其中人物的言行,日积月累,内化成自己的言行。因此,大众传媒的主流内容,直接影响着儿童社会性行为的走向。有研究表明,如果儿童观看的影视作品多是反映人与人之间相互关心、相互帮助等含有友善内容的情节,能为儿童学习和巩固亲社会行为提供直观、生动的榜样,便有助于儿童通过观察、模仿,习得亲社会行为。因此,电视节目对儿童社会性行为的影响,既有积极的一面,也有消极的一面,成人必须对儿童观看电视节目内容的选择加以干预与引导。近些年来,国外引进的部分内容不健康的影视作品,已经给我国儿童社会性行为带来了不小的负面作用,必须引起人们的高度注意。

三、学前儿童社会性行为的发展

(一)亲社会性行为

1.亲社会性行为的发生

儿童在出生后的第一年,就通过多种方式表现出亲社会行为,尤其是同情和帮助、分享、谦让等利他行为。研究者发现,5个月的婴儿已经开始有认生现象,对他们较为熟悉的人发出微笑,对不熟悉的人表示拒绝。像前者那种积极性行为反应就是他们最初表现出的亲社会行为倾向。当婴儿看到别的儿童摔倒、受伤、生病、哭泣时,他们会加以关注,并表现出皱眉、伤心等,甚至会出现共鸣性情感表现。到了1岁左右,他们还有可能对那些儿童做出一些积极的抚慰动作,如走过去站在他们身旁,或者拉一拉对方的手,或者轻拍或抚摸一下对方受伤的地方等。在日常生活中,当家长为他们买回来了好吃的食物时,婴儿会一边吃一边往大人嘴里放,此时已经表现出最初的分享行为。

在人生的第二年,儿童具备了各种基本的情绪体验,在一定的生活环境中越来越明显地表现出同情、分享、助人等利他行为。例如,在成人的教育下,把自己的玩具拿给别人玩,或者拿出一点食物给别的小朋友吃。同时,他们开始按照成人所要求的规则,初步了解到什么是可以的,什么是不可以的,从而形成了道德规范。亲社会行为的出现与儿童自我意识的发展、社会认知能力的发展关系密切。由于3岁前儿童的自我意识尚处于萌芽状态,因此有人认为真正的亲社会行为是不可能出现的,此时所谓的亲社会行为多停留在情绪反应或属于模仿性助人行为,而真正的亲社会行为如合作、分享等的出现一般要到幼儿时期。

2.幼儿亲社会性行为的发展特点

随着年龄的增长、儿童生活范围的扩大和交往经验的增多,到了幼儿期,儿童的亲社会行为有了进一步的发展。其表现出以下特点:

(1)儿童的亲社会行为不存在性别差异。据王美芳、庞维国对学前在园儿童亲社会行为的观察研究表明,不论小班、中班和大班儿童,在园亲社会行为均不存在性别差异。这与我国一些通过家长、教师的评定来研究儿童的亲社会行为所得的结论不一致。这些研究认为,女孩的亲社会行为要多于男孩。他们认为,这一结论与人们传统的性别角色期待有密切的关系,一般的社会文化期待女孩富有同情心、更敏感,因此应表现出更多的亲社会行为。教师、家长在对儿童的亲社会行为做出评定时难免受性别角色期待的影响。现实中儿童亲社会行为的性别差异可能比人们想象的要小。

(2)儿童的亲社会行为主要是指向同伴,极少指向教师。据王美芳、庞维国观察研究表明,学前儿童在园的亲社会行为中88.7%是指向同伴,指向教师和无明确指向对象的亲社会行为较少,仅为6.5%、4.8%。主要原因是,学前儿童的亲社会行为主要发生在自由活动时间。在自由活动时,儿童的交往对象基本上是同伴,而且同伴之间地位平等、能力接近、兴趣一致,因此他们有机会、有能力做出指向同伴的亲社会行为。儿童与教师之间是服从与权威、受教育者与教育者的关系。在儿童与教师的交往中,儿童一般是处于接受教育的地位,更多表现出遵从行为,而较少有机会做出亲社会行为。因此,儿童的亲社会行为指向教师的比较少。

(3)儿童的亲社会行为指向同性伙伴和异性伙伴的次数存在年龄差异。在幼儿园小班,儿童的亲社会行为指向同性、异性伙伴的人次比较接近。这是由于小班儿童的性别角色、认知处于同一性阶段,他们并不严格根据性别来选择交往对象,因此他们的亲社会行为指向同性伙伴和异性伙伴的人次之间也就不存在性别差异。而中班和大班儿童的亲社会行为指向同性伙伴的次数不断增多,指向异性伙伴的次数不断减少。这是由于从中班起,儿童的性别角色认知已相当稳定,他们开始更多地选择同性别儿童作为交往对象,因此他们的亲社会行为自然也就更多指向同性伙伴,学前儿童所做出的指向同伴的亲社会行为中,既有指向同性伙伴的亲社会行为,也有指向异性伙伴的亲社会行为。学前儿童的亲社会行为指向同性、异性伙伴的比例随着年龄的增长而变化。

(4)在儿童的亲社会行为中,合作行为最为常见,其次为分享行为和助人行为,安慰行为和功德行为较少发生。在儿童的亲社会行为中,发生频率最多的是合作行为,而其他类型的亲社会行为发生的频率相当低。而且大班儿童的合作行为所占比例明显高于中班和小班。观察者发现,儿童的合作行为多为儿童间自发的规则性游戏。由于受心理发展水平的制约,小班儿童的合作意识、自制能力较差,游戏多为无共同目的的玩耍,合作性的规则游戏较少;中班儿童的合作意识、自制能力有一定发展,但还不稳定,他们之间的合作游戏有所增多;从大班起,随着儿童合作意识的不断提高、自制能力的不断增强,儿童之间的合作游戏迅速增多。

此外研究者认为,幼儿期儿童安慰行为和功德行为等亲社会行为发生较少的原因是没有得到及时的强化。因此,学前儿童进入幼儿园后,教师、同伴对其社会化发展起着重要作用,儿童不可能离开教育而自发成长为符合社会要求的、品德高尚的社会成员。

(二)攻击性行为

儿童的攻击性是儿童社会性发展中一项非常重要的内容。攻击性行为是他人不愿接受的、出于故意或工具性目的的伤害行为,这种有意伤害包括直接的身体伤害、语言伤害和间接的、心理上的伤害。攻击性行为在不同年龄阶段的儿童身上都会有或多或少的表现,一般表现为骂人、推人、打人、抓人、咬人、踢人、抢别人的东西等。

从攻击性行为的意向性可以分为两类:敌意攻击和工具性攻击。敌意攻击是有意伤害别人的行为。例如,一个男孩子故意打一个女孩子,惹她哭,这是敌意攻击。但如果男孩子只是为了争夺女孩子手中的玩具而打他,则属于工具性攻击。从心理问题的严重程度来看,前者比后者要严重得多,更需要幼教教育工作者的关注。

1.攻击性行为的发生

儿童在1岁左右开始出现工具性攻击行为;到2岁左右,儿童只表现出一些明显的冲突,如打、推、踢、咬、扔东西等,其中绝大多数冲突是为了争取物品,如玩具、手巾,甚至为争座位而发生的。

2.学前儿童攻击性行为的特点

到幼儿期,儿童的攻击性行为在频率、表现形式和性质上都发生了很大的变化。它具有以下特点:

(1)学前儿童的攻击性行为有着非常明显的性别差异。观察者发现:男孩的攻击性行为普遍都比女孩多,而且他们很容易在受到攻击后采取报复行为,而女孩在受到攻击时则有的哭泣、退让,有的向老师报告,而较少采取报复。男孩子还经常怂恿同伴采用攻击行为,或者亲自加入同伴间的争斗。较大的男孩在同伴发生冲突时,如果对方也是男孩,他们很容易发生攻击行为,但如果对方是女孩,他们采取攻击行为的可能性则较小。

(2)中班儿童的攻击性行为明显多于小班、大班。观察者发现:4 岁前儿童攻击性行为的数量随着年龄增长呈逐渐增多的趋势;中班儿童攻击性行为最多,但此后随着年龄增长,其攻击性行为数量逐渐减少,尤其是儿童身上常见的无缘无故发脾气、扔东西、抓人、推开他人的行为逐渐减少。

(3)儿童攻击性行为表现为以身体动作为主。观察者发现:以身体动作如推、拉、踢、咬、抓等为主。小班的幼儿,常常为争抢座位、玩具而出手抓人、打人、推人、甚至用整个身体去挤撞妨碍自己的人。到了中班,随着言语的逐步发展,开始逐渐增加了言语的攻击。例如,在游戏中发生矛盾冲突时,幼儿常冲对方嚷嚷:"你讨厌","我不跟你玩了";当想得到小朋友的一件玩具而未得到时,会对对方说:"你不给我玩,我也不让你玩","我不给你好吃的"……幼儿时期这种带有攻击性的语言在人际冲突中表现得越来越多,而身体动作的攻击性行为则逐渐减少。

(4)攻击性行为以工具性攻击行为为主。观察者发现,幼儿期以工具性攻击行为为主,儿童常常为了玩具、活动材料或活动空间而争吵、打架。但是随着年龄的增长,他们也会表现出敌意性的攻击行为,有时故意向自己不喜欢的小朋友说难听的话,或者在被他人无意伤害后,有意骂人或打人、推玩具等以示报复。

攻击性行为不仅会影响到儿童道德行为的发展,而且如果任其发展,并延续到青少年时期,就容易形成攻击性人格。这将严重影响其以后良好人际关系的形成和正常的社会交往,有的甚至还可能转化为犯罪行为。因此,家长和教师应做到以下几个方面:一是正确认识儿童的攻击性行为。由于整个心理水平、交往方式和自我控制的不成熟,儿童很容易因为玩具和物品而发生矛盾与冲突,而产生攻击性行为。二是对儿童的攻击性行为应该有效地加以控制和引导。正确认识和分析儿童攻击性行为的性质,同时教给幼儿恰当的交往方式,特别是当自己的愿望、需要与他人发生矛盾冲突时,要注意控制自己,以积极、恰当的方式解决。

四、学前儿童亲社会行为的培养

儿童社会性行为发展的研究成果表明,要使品德培养切合实际、确有成效,应该教给儿童一些与人和睦相处的亲社会行为。这些行为不是生来俱有的,也并非随着儿童年龄的增长,亲社会行为就必然增多,攻击性行为必然减少。因此,要减少儿童的攻击性行为,促进其亲社会行为,需要对其进行教育和培养。

(一)移情

美国著名心理学家霍夫曼对学前儿童移情及其与行为的关系进行了多年的实验研究,他指出:移情在儿童亲社会行为的产生中具有极其重要的意义,是儿童亲社会行为产生、形成和发展的重要驱动力。具有良好移情能力的儿童能更好、更经常地做出亲社会行为,对周围成人和同伴亲切、友好;移情能力较缺乏的儿童,亲社会行为很少,而消极的、不友好的行为则较多。

移情是指在人际交往中,人们彼此的感情相互作用,当一个人感知到对方的某种情绪时,他自己也能体验到相应的情绪,即为他人的情绪情感而引起自己的与之相一致的情绪情感反应。例如,别人因得到心爱的玩具或活动取得了成功而高兴,自己也为之高兴;别人因喜爱的玩具丢失或父母生病而难过,自己也为之难过。移情包括两个方面:首先,识别和感受他人的情绪情感状态。其次,能在更高级的意义上接受他人的情绪情感状态,即将自己置身于他人的处境,设身处地地为他人着想,因而产生相应的情绪情感。

移情是一种非常重要的社会性情绪、情感,也经常被称之为"积极的社会性情感",因为它会使儿童产生一种内在自觉性,要求自己能使别人快乐、幸福,否则自己会感到不愉快。霍夫曼指出:"移情是诸如助人、抚慰、关心、合作、分享等亲社会行为的动机基础。它激发、促进人们的亲社会行为,是个体亲社会行为的推动器",提高儿童的移情能力,能极大地提高其亲社会行为。

当儿童做出友好或不友好行为时,引导其注意他人的情绪,情感状态,并在自己心目中产生相应的情绪、情感。利用移情来教育儿童,使其具有内在的自我调节能力,比一味地限制、要求这种外部约束要有效得多。能深刻体验他人的情绪情感的儿童,以后每遇到类似情境,要做出消极行为前,便会回忆起以往的体验,浮现出受害同伴痛苦、难受的表情,于是便会抑制自己的消极行为,而做出互助、分享、谦让等积极行为。训练的具体方法有听故事、引导理解、续编故事、角色扮演等。其中,角色扮演与角色游戏相类似,是让儿童根据一定的情节,扮演某个角色,并通过言语、行为、姿势、动作、表情等表现该角色的特征,从中体验在某些情境下该角色的心理感受,进而在现实生活中遇到类似情况时能做出恰当的反应。

实践证明,移情是一种十分重要的社会性情感,它有助于人格的完善,亲社会行为的形成。

(二)榜样

儿童亲社会行为的学习和形成,主要是通过观察性的学习和模仿达到的。榜样在儿童亲社会行为形成中占有相当重要的地位。儿童置身于社会之中,无论是周围人们,还是电影、电视、小说中的主人公,都是儿童学习模仿的对象。儿童多次观看别人的亲社会行为,就有助于培养自己的亲社会行为。研究表明,成人行为的榜样对儿童的刺激作用远大于言语指导的刺激。儿童看到成人的助人对儿童的刺激作用远大于言语指导的刺激。儿童看到成人的助人行为,可以模仿着去做。心理学家冠茨等人(1976)研究了幼儿在看过助人行为电视后发现,儿童在游戏场上表现出更多的彼此帮助的行为。拉什顿等人(1980)研究表明,儿童多次观看利他行为的榜样有助于培养利他行为。多次看到别人把自己的东西分给需要的人的儿童,比只看到一次的儿童,更多地把自己的东西分给别人。在众多榜样之中,父母的助人行为榜样能发挥更大的作用。因此,父母及其教养者要特别注意自身的榜样作用,以自己的言行举止熏陶儿童。

(三)利用归因原理

儿童对行为原因的归结直接影响着他的行动。儿童对自己利他行为或反社会行为总要想一下"我为什么这样做?"归因理论认为,一个人要想把在某种特定场合表现出的习得的助人行为保持下去,需要把助人的观念内化,这是一种自我归因。由于有了自我归因,利他行为才有持久性。格鲁赛克等人(1980)做过一项研究,使儿童有机会把自己的东西分给需要的人。一种情况是利用观念内化形成自我归因,告诉儿童他们分出自己的东西的行为是因为他们有助人的精神。第二种情况是他们分出自己的东西的行为受到表扬强化。第三种情况下,什么也不说不做,然后再使儿童有机会分出自己的东西。结果表明,归因和强化都增强了儿童的慷慨行为。而被说成是慷慨的儿童比受表扬的儿童给出更多的东西。那些未加处理的儿童给出的最少。进一步研究还表明,那些说成是慷慨的儿童在三个星期后的测验中,仍然显得乐于助人,而那些受表扬的儿童与未加处理的儿童表现相同。这就说明,由于儿童有了自我归因,利他行为就有了持久性,儿童有了内化的助人观念,在其他条件下也能很好地开展利他行为。

(四)表扬奖励

儿童亲社会行为无论是自觉的还是不自觉的,都需要得到群体的认可。儿童一旦执行了利他行为,成人和教师要及时强化,如表扬奖励等,使儿童获得积极反馈,达到逐渐巩固的目的。反之,习得的利他行为可能消退。我国心理学工作者曾做过一项研究,采用创设需要谦让的实际情境和假设情景,并施以精神奖励法,对幼儿进行谦让观念、行为的训练和教育。结果表明,精神奖励在巩固幼儿谦让行为、改变幼儿不谦让行为中具有不可低估的作用。

表扬奖励对行为的巩固作用和批评惩罚对行为的抑制作用是十分明显的。恰当地运用表扬奖励,能有效地促进学前儿童亲社会行为的发展,并在一定程度上抑制儿童的攻击性行为。

(五)组织游戏活动

关于儿童游戏的社会性发展,心理学家帕顿研究发现,根据幼儿在游戏中的社会性参与程度,可以将游戏分为六种类型,从第一种到第六种,社会性水平不断提高。

(1)无所用心的行为。儿童似乎并不想游戏,碰上有吸引力的玩具或事情才做一做。

(2)单独游戏。儿童独自一人摆弄玩具,毫不关心他人的行为。

(3)旁观。儿童绝大部分时间在观看某一群其他儿童的游戏,且常常对被观察者提出些问题或建议,但自己并不参与到游戏之中。

(4)平行游戏。儿童与同伴一起游戏,但各自摆弄自己的物品,而很少相互交流。

(5)联合游戏。儿童与同伴一起游戏,有交谈,有时还互相借用玩具等,但并不能围绕同一目标分工或组织。

(6)合作游戏。儿童与同伴为了某些共同的游戏目标而在一起游戏,彼此分工、合作,有一定的组织性。比如,角色游戏中有人当医生,有人当病人,有人当病人的家属,有人在药房发药,角色相对稳定,且能相互协调。

幼儿游戏中平行游戏和联合游戏较多,到学前晚期才开始出现有组织的合作游戏。游戏水平的提高反映着儿童社会性交往能力的发展,因此通过观察幼儿在游戏活动中的行为表现,既有助于我们了解幼儿游戏的发展,也有助于我们了解幼儿的同伴交往,了解儿童的社会性发展。同时,游戏也为儿童的同伴交往提供了必要的场所和机会,以游戏为主要活动形式,能有效地促进幼儿的社会性行为的发展。

游戏是培养儿童亲社会行为最好的方法,游戏中儿童要进行交往,不肯谦让,交往就不能继续进行;进行游戏要配合,合作的能力就能得到锻炼;大家一起游戏,玩具、物品就要求共同分享。在游戏活动中,儿童之间起初会发生冲突或出现争执的情况,因此,需要成人和教师给予指导,启发他们去想出各种不同的解决问题的办法,并教育儿童学会谦让、合作、共享等良好行为。所以要利用游戏这一有效的手段培养儿童的亲社会行为。只有让儿童认同,经过反复练习、反复实践,他们才能逐步形成自觉、稳固的亲社会行为。

小　　结

1.儿童在出生时,我们可以把他看作一个自然人,儿童在和周围人群(主要是父母、祖辈等家里人)的交往中,逐渐形成符合社会要求的行为习惯、社会规范和特定的人际关系,即所谓具有了一定的社会性。这一由自然人向社会人转变的过程,称为儿童心理社会化过程。

2.学前儿童社会性发展的内容:人际关系的形成、自我意识的形成、性别角色的形成、社会性规范的形成。

3.建立良好的亲子关系,使父母能正确地对待学前儿童的需要,适度地满足他们生理和心理的需要,这对学前儿童的健康成长将产生良好的促进作用。

4.亲子交往的途径:哺乳、日常生活、保育活动中的亲子交往、教育活动中的亲子交往。

5.亲子交往作为互动的过程,其影响因素主要包括父母(如父母的教养方式、人格特征、社会经济地位和受教育水平、社会网络支持系统等)和儿童(如儿童的气质、性别等)两个方面。

6.亲子交往的引导:家长必须了解亲子交往的重要性;父母应该了解亲子交往的技巧;克服不正确的家庭教养方式。

7.与同伴的交往使儿童在更大范围内体验一种全新的人际关系,这是他们发展社会能力、提高适应性、形成友爱态度的基础。

8.同伴交往的方式:游戏、共同活动、随机交往。

9.同伴关系测量的主要手段:社会测量法。儿童同伴关系的五种类型:受欢迎者;被拒绝者;被忽略者;有争议者;一般者。

10.同伴交往的影响因素:早期亲子交往经验;学前儿童自身的个性、行为特征;活动材料和活动性质。

11.儿童同伴关系不良的改善。

12.社会性行为是人们在交往活动中对他人或某事件表现出的态度、言语和行为反应。社会性行为可以分为亲社会性行为和反社会行为两大类。

13.社会性行为的影响因素:生物性因素;家庭教育因素;社会文化因素。

14.学前儿童社会性行为的发展:亲社会性行为、攻击性行为。

15.学前儿童亲社会行为的培养:移情;榜样;利用归因原理;表扬奖励;组织游戏活动。

思考与复习

1.什么是社会性?学前儿童社会性发展的内容是什么?

2.学前儿童的亲子交往有什么意义?

3.同伴交往对学前儿童的影响是什么?

4.你认为应该如何培养学前儿童的社会性?

5.如何对待学前儿童的攻击性行为?

第九章 学前儿童的个性、道德的发展

 本章主要内容

本章首先对个性心理特征作以简要的概述,其次分别对学前儿童的气质特点、学前儿童的性格特点、学前儿童的能力特点、学前儿童的自我意识发展状况做了详细的阐述,并对如何培养学前儿童的气质、性格、能力以及自我意识提出了可行性的建议,最后对学前儿童的道德发展进行了阐述。

学习目标

1. 掌握什么是个性心理特征,它包括哪些内容。
2. 掌握学前儿童的气质、性格、能力以及自我意识的发展特点。
3. 熟练掌握皮亚杰的关于儿童道德发展的观点以及科尔伯格的儿童道德发展阶段理论。

 关键词

学前儿童 个性 气质 性格 能力 自我意识 道德

第一节 个性心理特征概述

在日常生活中,"个性"是一个常用词。例如,人们常说"这个人很有个性",指的是这个人与众不同;人们也说"要发展儿童的个性",指的是使儿童的特点得到充分的发展。总之,日常我们讲的个性,指的是人的个别性、特殊性或个别差异。而心理学中的个性则是指一个人全部心理活动的总和,或者说是具有一定倾向性的各种心理特点或品质的独特结合。个性既不是天生的,也不是人在出生后就立即形成的,而是逐步形成和发展起来的。个性是在个体的各种心理过程、各种心理成分发生发展的基础上形成的。个性形成的过程是漫长的。2 岁左右,个性逐渐萌芽。三到六七岁是个性形成过程的开始时期。

我们说幼儿期是个性开始形成的时期。其根据是这一阶段已经明显地出现了个性所具有的各种特点;个性的各种结构成分,特别是自我意识和性格、能力等个性心理特征已经初步发展起来;有稳定倾向性的各种心理活动已经开始结合成为整体,形成个人独特的个性雏形。但是入学前儿童的个性,离个性的定型还差得很远。直到成熟年龄,即 18 岁左右,个性才基本定型,而人的个性定型以后,还可能发生变化。

个性是一个复杂的、多侧面、多层次的动力结构。它包括了一个人的气质、志向、兴趣、信念、人生观等。此外,个性还包括自我意识。

本节着重分析最突出地表明人的心理的个别差异,即气质、能力和性格。

一、气质概述

(一)什么是气质

气质俗称"脾气""性情",是一个人所特有的心理活动的动力特征。它表现为心理活动的速度(如言语速度、思维速度等)、强度(如情绪体验强弱等)、稳定性(如注意力集中时间长短)和指向性(如内向或外向)等方面的特点和差异组合。它使人的整个心理活动带上个人独特的色彩,制约着心理活动进行的特点,并直接影响个性的形成与发展。

气质在很大程度上受到了先天和遗传因素的影响,和人的解剖生理特点直接联系。中医认为,"气,生于内而形于外,藏于里而现于表",气质就是人固有的"内气"在外貌和言行中的体现。儿童生来就具有个人的气质特点。

气质的先天性质决定了它是人的个性中最为稳定的特性。这种稳定性主要表现在两个方面:

(1)无论从事何种活动,一个人的气质特征总会或多或少地表现出来,不会因活动的具体目的、动机或内容不同而有所改变。例如,一个好激动的学生不仅会在讨论问题时大声与人抗辩,在考试前寝食不安,即使看电影、电视,往往也沉不住气,大声惊叫或叹息不已。

(2)气质特征不会随个人年龄的增长而发生很大的变化。夏埃弗和拜莱的研究证明,儿童在内向或外向方面表现出来的气质特点,可以一直延续到他们成年。日常生活中也不乏这样的例子,一些分别了几十年的童年时代的朋友,彼此身材相貌都发生了极大的变化,但气质表现还如当年,以至于正是从气质特征上才能找回彼此旧日的痕迹。但是,气质的稳定性并不意味着它绝不可改变,对于每个人来说,可能会因生活条件、社会环境和身体健康状况的强烈转变而引起气质的改变。所以,气质只在童年时才表现得最为单纯,人受社会的影响越大,气质被改造的可能性也越大。

气质并没有好坏之分,只表明人们行为进行的方式各有差异,如同河水的流动:平原上的河水流动平缓,回环婉转;而高山上的河水水流湍急,一泻千里。气质仅是构成每个人心理独特性的最原始成分,是人的性格和能力发展的前提之一。不同气质类型的人都能以自己特有的动力特征成为对社会的有用之才。

(二)气质类型及其表现

古希腊医生希波克拉底对气质的分类方法历时久远,一直影响至今。他认为个体体内有四种体液,其分布多寡构成了人的气质差异:有的人易激动,好发怒,不可抑制,是由于黄胆汁过多,这种人属于胆汁质;有的人热情,活泼好动,是由于血液过多,属于多血质;另一些人敏感、抑郁,是由于黑胆汁过多,属于抑郁质;还有一些人冷静、沉稳,是由于黏液过多,属于黏液质。

虽然,希波克拉底用体液来解释气质成因有点牵强附会,但他把人的气质分为四种基本类型则比较切合实际,心理学上一直沿用至今。

巴甫洛夫通过实验研究,发现四种高级神经活动类型,与希波克拉底提出的传统的气质类型相吻合。他是根据高级神经活动三种基本特性的结合,来划分气质类型。

高级神经活动的三种基本特性如下:

(1)神经过程的强度。这是指兴奋和抑制的强度,即神经细胞所能承担的刺激量,以及神经细胞工作的持久性。

(2)神经过程的平衡性。这是指兴奋和抑制两种神经过程之间强度的对比。如果兴奋强于抑制或抑制强于兴奋,都是不平衡的表现。

(3)神经过程的灵活性。这是指神经细胞的两种神经过程转换的速度。

高级神经活动基本特性结合的不同,可以形成四种高级神经活动类型。其中三种是强型,一种是弱型。强型又可分平衡型与不平衡型。平衡型又可分为灵活型与不灵活型。

弱型:兴奋和抑制过程都很弱。外来刺激对它来说大都是过强的,因而使其精力迅速消耗,难以形成条件反射。

兴奋型:是强而不平衡的类型。其特征是容易形成阳性条件反射,但难以形成阴性(抑制性)条件反射。

安静型:强而平衡,但不灵活,反应迟缓。

活泼型:强而平衡又灵活的类型。

上述高级神经活动类型是人和动物所共有的。巴甫洛夫指出,人的大脑皮层的神经系统活动还有第一信号系统和第二信号系统之分。由此还可以分为第一信号系统占优势的类型(艺术型)和第二信号系统占优势的类型(思维型)以及中间型。

高级神经活动特性在人的心理活动和行为中的表现,可以从下列几个方面看:

(1)敏感性。即对刺激物的感受性,是神经过程强度的表现。强型的人,其敏感性比弱型者低。

(2)耐受性。即对外界刺激作用时间和强度的耐受程度,如注意集中的持久性,对长时间智力活动或操作活动的坚持性,对强刺激的耐受性,等等。弱型的人耐受性较差。神经过程平衡和有一定惰性的人耐受性较强。

(3)敏捷性。包括不随意动作的反应速度和一般心理反应及心理过程进行的速度,如说话的速度、记忆的速度、思维的敏捷程度等。神经过程强和灵活的人,反应速度较快。

(4)灵活性。即对外界环境适应的难易程度,如对新事物是否容易接受,情绪的转变,注意的转移,在接触新环境和陌生人时是否拘束,等等。

(5)外向或内向。反映了神经过程平衡性问题。兴奋强的人容易外向,抑制强的人容易内向。

从上述几个方面的表现,可以把儿童划分为各种气质类型。下面列表简要说明四种气质类型的特点(见表9-1)。

表 9-1　四种气质类型

神经类型	气质类型	心理表现
弱	抑郁质	敏感、畏缩、孤僻
强、平衡、灵活	多血质	活泼、灵活、好交际
强、平衡、惰性	黏液质	安静、迟缓、有耐性
强、不平衡	胆汁质	反应快、易冲动、难约束

气质的分类是相对的。在现实生活中，并不是每个人都能完全归入某个气质类型，非此即彼。因为除了少数人具有四种气质类型的典型特征外，大多数人都属于中间型或混合型，即只是较多地具有某一类型的特点，却也同时兼有其他类型的一些特点。

二、性格概述

(一)什么是性格

性格是个性中最重要的心理特征，是指人们对待现实的稳定态度和与之相适应的习惯化了的行为方式。像勤劳、懒惰、坚毅、慷慨、正直、谦虚这些便表示了人的性格特点。

根据性格定义，我们可做如下解释：

(1)性格是人在现实社会中形成的个性品质，它经常与个体的价值观、信念、需要等个性倾向性相联系。由于行为后果总会造成相应的社会影响，所以人们常用社会道德标准来评价性格。符合大多数人的利益、有益于社会的性格，如正直、慷慨、与人为善等被认为是好的；而损害他人利益、危害社会的性格，如懒惰、吝啬、见利忘义等则被认为是坏的。因此，性格常常与人的道德品质相关，受到好坏的评价。

(2)性格是一组能展示个人独特风格的心理特征之总和。例如，某一个人对待他人热情、诚恳；对待工作精益求精，任劳任怨；对生活严肃认真且显得有些刻板固执。从这些方面，我们可以看出他的一个统一风格，这些心理特征之总和即构成了性格。因此，心理学界有人认为，性格是个性心理特征的重要方面，在个性中占有核心地位，代表人的个性的本质的还是他的性格特征。人的个性的个别性(差异)首先是性格的差异。

(3)性格具有相对的稳定性。个体一旦形成某种性格，便会时时处处都表现出统一的态度或行为方式。一个吝啬的人，会处处表现出斤斤计较；而一个鲁莽的人，也将总是要冲撞别人的。但是这种性格既然是后天习得的，在特定的情境要求下人也会逐步改变自己旧有的性格特征，获得新性格。例如，一个性格怯懦、胆小怕事的人，由于生活的锻炼，会变得越来越胆大且自信起来。由于性格是人对现实稳定的心理待征倾向，所以偶尔表现出来的态度或行为不能被视为性格，只有那些经常表现出来的态度行为才能称之为性格。

(二)性格与气质

性格与气质彼此既有区别又有联系。

性格与气质的区别主要表现为以下几个方面：

(1)气质主要是先天获得的，相对稳定，无好坏之分；而性格则主要是后天养成的，是易变的，有好坏之分。

(2)气质与性格彼此具有相对独立性，同种气质类型的人(如多血质)可以具有不同性格特点(如有的慷慨大方，有的吝啬尖刻)；不同气质类型的人也可以有类似的性格特点。

性格与气质又有密切联系：

(1)不同气质可以使个人的性格特征显示出各自独特的色彩。例如，多血质的人用热情敏捷来表达勤劳，而抑郁质的人则以埋头苦干来展示这同一性格特征。

(2)某一气质会比另一气质更容易促使个体形成某种性格特征。例如，黏液质的人比胆汁质的人更容易养成自制力。

(3)性格也可以在一定程度上掩盖和改造气质。一位黏液质的教师会由于多年从事幼儿教育工作,而渐渐变得活泼、开朗。

三、能力概述

(一)什么是能力

能力是直接影响人的活动效率的心理特征,它是使活动任务得以顺利完成的必备的心理条件。例如,想要唱好歌,就必须具备旋律感、节奏感等音乐能力;而想要成为一名受学生欢迎的好老师,就需要具有良好的言语表达能力、教学组织能力等与完成教学任务相关的能力。

就活动而言,单一的能力是不足以完成某种活动的,需要多种能力相结合。在各种能力组合中,可能有些能力占据更加突出的地位,起着更重要的作用,尤其在一些简单活动中更是如此。我们通常所谓的才能就是多种能力的独特结合,使之能够最有效地去完成某种活动。才能的高度发展即天才。天才并不表示一个人的全部能力超群,而只是指他在特定的活动领域中是表现非凡的。例如,莫扎特是音乐天才,但并不表示他在其他活动中也能表现出同样的才华。

(二)能力的种类

1.运动、操作能力和智力

(1)运动和操作能力,是指体育运动、生产劳动、技术操作等方面的能力,是手脑结合,协调自己动作并掌握和施展技能所必备的心理条件。

(2)智力,是指人认识事物的能力,是人们完成活动所必须具备的最基本和最主要的能力。包括感知力、记忆力、思维力、想象力等。

运动和操作能力的发展,与智力的发展是不可分割的,智力的发展需要通过运动和操作来表现,而运动和操作能力的发展水平越高,越是依靠智力的支配,特别是在两岁以前,智力发展与动作的发展难以区分。

2.一般能力和特殊能力

(1)一般能力,是指为各种不同类型的活动所必需的能力,包括一般的运动、操作能力和智力。

(2)特殊能力,是指为某种专门活动所必需的能力,如音乐能力、绘画能力、数学能力等。

一般能力和特殊能力的划分是相对的,实际上,特殊能力就是一般能力在具体活动中的具体化。例如,数学推理运算能力、绘画感知力等特殊能力就是一般思维能力与感知力的特殊化形式。所以,特殊能力总是建立在一般能力基础上的,并与一般能力相互包含着。对特殊能力训练的同时,也就发展了一般能力。

(三)能力与知识、技能

能力不同于知识和技能。能力是人在从事某种活动中表现出来的多种心理品质的概括化,而知识则是来自于人类社会历史经验的总结和概括,是对客观事物的规律性的认识。它使我们在应付相同的生活情境时可以减少挫折。技能是个人在自己的心智活动及生活实践中经过反复尝试和练习而逐渐习惯化了的、熟练的行为方式。能力与知识、技能密切相连,由于这三者的协同作用,才使人们得以顺利地完成活动任务。

概括起来,能力与知识、技能的相互关系主要表现为以下三个方面:

第一,能力是掌握知识、技能不可缺少的前提。人们依靠自己的感受能力才得以获得各种丰富的感性知识,并在抽象、概括、判断和推理能力的基础上,去领会和掌握各种理性知识。例如,一个学生由于在推理和计算方面的能力,使得他有可能掌握数学知识。

第二,能力的高低影响着掌握知识、技能的难度、速度和程度,并影响对知识、技能的运用。例如,同一个班级的学生,虽然受到同样的教育机遇,但对知识的掌握、领会程度可能有很大的差别。这种差别除了与他们原来的知识水平、用功程度有关之外,也还包含了能力方面的差异。

第三,知识、技能的掌握也会对能力的发展起到促进作用。如果一个学生在语文知识和写作技巧方面掌握越多,那么他的写作能力也会相应变得更好。同样,丰富的数学知识也可以使一个学生的计算、推理能力得到提高。

能力与知识、技能虽然关系密切,但并非存在绝对的因果制约性。也就是说,能力的高低还受到个性等其他因素的影响。例如,中等智力水平的学生,由于勤奋和努力使得他的学习成绩超越常人;而在成绩一般的学生中,也许包含着不少智力优秀的人。可见,能力只是个体完整个性心理的一个组成部分。

第二节 学前儿童的气质

一、学前儿童的气质发展特点

(一)婴儿气质即表现出个别性

从来到这个世界之始,孩子间就表现出了明显的差异。布拉泽尔顿(Brazelton,T.B.,1969)根据婴儿的活动水平、生理机能的规律性等指标,把婴儿分成三种气质类型:一般型、活泼型、安静型。

典型的活泼儿童是名副其实的"连哭带喊"地来到人世的。他不像一般儿童那样要靠外力帮助才哭,他等不及任何外界刺激就开始呼吸和哭喊。护士给他穿衣服时他大喊大叫、脚挺直,或用脚踢,用手推开护士。他睡醒立即哭,从深睡到大哭之间似乎没有过渡阶段。每次喂奶对母亲来说都是一场战斗。

安静型孩子从出生开始就不活跃。生后安安静静地躺在小床上,眼睛睁得大大的,四处环视。他很少哭,动作柔和、缓慢。第一次洗澡也只是睁大眼睛,皱皱眉,没有惊跳也没有哭,甚至打针时也很安静。

一般型介于前二者之间。大多数儿童属于这一类。

活泼型和安静型儿童的父母常常忧虑孩子的身心是否正常。布拉泽尔顿强调指出,儿童的气质是各有不同的,但这些儿童都是正常儿童。

(二)幼儿气质的变化

如前所述,儿童出生时已经具备一定的气质特点,这些特点在整个儿童时期是相对稳定的。但是,气质也不是不变的,因为人的高级神经活动的特点有着高度的可塑性,而学前儿童的神经系统正处在发育过程中，其气质的形成也往往是先天和后天的"合金"。有时，气质类型并没有变化，但是受环境影响而没有充分表露，而改变其表现形式，这在心理学上称为气质的掩蔽。例如，一个儿童的行为表现明显地属于抑郁质，但神经类型的检查结果是"强、平衡、灵活型"。究其原因，发现这个儿童长期处于十分压抑的生活条件下，这种生活条件下形成的特定行为方式掩盖了原有的气质类型表现，而出现了畏缩和缺乏生气等行为特点。不过，年龄越小的儿童，气质掩蔽的情况越少。

二、根据幼儿的气质类型进行教育

气质无所谓好坏，但是由于它影响到儿童的全部心理活动和行为，如果不加以正确对待，将会成为形成不良个性的因素。研究儿童气质的意义在于：第一，使成人自觉地正确对待儿童的气质特点；第二，针对儿童的气质特点进行培养和教育。

（一）成人对儿童的抚养和教育措施，必须充分考虑到每个儿童的气质特点

由于每个儿童出生时的气质特点各不相同，父母应主动地使自己的行为节律与婴儿的行为节律相适应。比如，对弱型儿童应格外细心照料，多加鼓励。对于难以适应新环境的儿童，在送入托幼机构的过程中更应该多加帮助。同时又能注意引导婴儿的行为向着社会所要求的方向发展。这些对婴幼儿良好个性的形成都是十分重要的。

（二）要善于理解不同气质类型儿童的不足之处

尽管我们说气质类型无所谓好坏，但作为个体的行为特征，在社会生活中会表现出适宜或不适宜的情况。例如，黏液质的儿童自制力较强，有耐心，但不够活泼、迟缓、执拗；抑郁质的儿童细致，但怯懦、易退缩；多血质的儿童显得活泼开朗，机敏灵活，但有时不够踏实；胆汁质的儿童倾向于大胆、坦率、热情，但又有些爱逞能，易粗心、莽撞。作为教师要善于利用每一气质类型的积极方面，给幼儿提供充分表现的机会，同时，对于他气质中所表现出来的不尽如人意之处，也要表现出充分的理解，并考虑采取更策略的方法来对待。

（三）要巧妙地利用不同气质类型儿童的心理特点因势利导

例如，对于抑郁质的儿童，由于他们比较敏感，不宜在公开场合点名指责，要多表扬其成绩，培养自信心，激发活动积极性；而对胆汁质的儿童也要注意不宜针锋相对地去激怒他们，要教会他们自制，并逐步养成安静遵守纪律的习惯；而对多血质的儿童，要培养其耐心、专心做事的习惯；对黏液质的儿童，要引导他多和其他儿童交往，鼓励他多参加集体活动。虽然这些道理容易被人接受，但要巧妙地加以运用还是一门教育的艺术。

（四）要注意和防止一些极端气质类型儿童的病态倾向发展

抑郁质和胆汁质的儿童，如果稳定性发展过差，不能很好地控制自己，便会表现出一些病态倾向。通常抑郁质儿童在极不稳定情况下易发生像紧张、胆怯、恐惧、强迫等具有神经焦虑症倾向的障碍；而胆汁质儿童的极端化发展则可能与一些更具有攻击和破坏性的行为有关。教师要学会分辨一些基本的心理障碍倾向，采取科学的态度慎重对待他们。

第三节　学前儿童的性格

一、儿童性格的萌芽

(一)儿童性格的最初表现是在婴儿期

儿童的性格是在先天气质类型的基础上,在儿童与周围环境相互作用过程中形成的。一般来说,母子关系在婴儿性格的萌芽过程中,起着最重要的作用,母亲的良好照顾,使婴儿从小得到安全感,形成对母亲的信任与依恋,为以后良好性格的形成打下基础。2 岁左右,随着各心理过程、心理状态和自我意识的发展,出现了最初性格方面的差异,主要表现在以下几个方面。

1.合群性

在儿童与伙伴的关系方面,可以看出明显的区别,如有的孩子比较随和,富于同情心,看到小伙伴哭了会主动上前安慰,当发生争执时,较容易让步;而另一些孩子存在明显的攻击行为,如在托儿所,一般每个班里都有几个爱咬人、打人、掐人的孩子。

2.独立性

独立性是婴儿期发展较快的一种性格特征,独立性的表现大约在 2～3 岁变得明显。独立性强的孩子可以做很多事情,如有的孩子在两岁多时就可以用筷子吃饭、自己洗手等,而有些孩子吃饭还得大人追着喂;有些孩子可以独自睡觉,而有些孩子离不开妈妈,表现出很强的依赖性。

3.自制力

到 3 岁左右,在正确的教育下,有些儿童已经掌握了初步的行为规范,并学会了自我控制,如不随便要东西,不抢别人的玩具,当要求得不到满足时也不会无休止地哭闹。而另一些孩子则不能控制自己,当要求得不到满足时就以哭闹为手段,要挟父母。

4.活动性

有的儿童活泼好动,手脚不停,对任何事物都表现出很强的兴趣;有的儿童则好静,喜欢做安静的游戏,一个人看书或看电视等。

儿童最初性格的差异还表现在坚持性、好奇心及情绪等方面。

(二)成人的抚养方式和教育在儿童性格的最初形成中有决定性意义

研究发现,儿童的气质类型对父母的教养方式有较大影响。父母亲对待不同气质类型的孩子的行为方式是不同的。比如,性急的孩子饿了立刻大哭大闹,这使成人不得不马上放下一切其他事情,急忙给他喂奶。而对那些饿了只是断断续续地细声哼哼的婴儿,成人则可能把手头的事情做完,再去喂奶。日积月累,前一种儿童可能形成不能等待别人,自己的要求必须立即满足的态度和行为习惯,而后一种儿童则可以培养成自制的性格特征。又如,成人自己总是、而且要求儿童将东西放得整整齐齐,衣服扣子要扣好,手脏了立刻去洗,等等,这种耳濡目染的周围现实使婴儿在潜移默化中形成了逐渐稳固的态度和行为习惯,也就是爱整洁、爱劳动等性格特征的萌芽。再比如,婴儿看见糖就拿过来吃,甚至大把大把地抓到自己身边。这时如果不加以教育,反而报以赞赏的表情和语言,那么就会使"独占"的种子得以孕育。反之,如果经常注意引导同众人分享,则可以为良好的性格特征的形成打下基础。

二、幼儿性格的年龄特征

个性的独特性和典型性是辩证统一的。每个儿童固然有个人独特的性格,相同年龄的儿童又有共同的性格。年龄越小,性格的共同性越是明显。因为性格是在生活实践中形成的。年龄越大,人与人之间生活经验的差异越大,由此导致的性格差异也越大。幼儿由于生活时间和生理发育的限制,其生活经历的共同性很多,性格的共同性也很大。

幼儿期的典型性格也就是幼儿性格的年龄特点。幼儿最突出的性格特点是:

(一)好动

幼儿总是不停地做各种动作,不停地变换活动方式。在一般情况下,幼儿并不因为自己的不断活动感到疲劳,而往往由于活动过于单调和枯燥感到厌倦。健康的幼儿如果在活动方面得到满足,他们总是情绪愉快。好动的特点和幼儿身体发育的特点有关,活动方式多变化是幼儿生长发育的需要。作家冰心曾说过:"淘气的男孩儿是好的,调皮的女孩儿是巧的。"

好动的性格特征,在幼儿期逐渐和其他品质相结合。好动的特征本身,使幼儿较易形成勤快、爱劳动的良好性格倾向。幼儿喜欢跑跑跳跳,走来走去,搬动东西,参加各种力所能及的劳动。在成人指导下做事,他感到自豪。但是如果成人对幼儿自己做事的限制和干涉过多,或经常包办代替,则在幼儿期可能形成懒惰的性格倾向。

(二)好奇、好问

幼儿的好奇心很强。他们什么都要看看、摸摸,许多事物对幼儿来说都是新奇的。他们对新鲜事物非常感兴趣。在好奇心的促使下,幼儿渴望试试自己的力量,试验去做大人所做的事情。一些被禁止的事情,幼儿往往要去试试看。

幼儿好奇心强的原因和他们的知识经验贫乏有关。好奇心是定向反应的一种,是一种认识兴趣。表现为要求了解自己所不知道的事物,即新奇或矛盾的事物。初次接触的事物使幼儿产生好奇心,由于知识经验贫乏,对幼儿来说,新奇事物为数又很多。同时,事物的变化与自己的预期有出入,即构成引起好奇心的"矛盾"。幼儿同样由于缺乏知识经验,这一类矛盾也时常出现。

好奇心导致思考和探索的倾向。幼儿的好奇心往往表现在探索行为和提出问题上。幼儿的探索行为比较外露,一般不仅用视线来回地观察,而且加上用手去摆弄。

好问,是幼儿好奇心的一种突出表现。幼儿天真幼稚,对于提问毫无顾忌。他们经常要问许多个"是什么"和"为什么",甚至连续追问。他们总想试探着去认识世界,弄清究竟。

伯莱思(Berlyne,1963)提出,发现行为和提问行为两者包含共同的因素,它们都是为了寻找和搜集新信息。在恩德斯雷(Endsley,R.C.,1979)等人的研究中,二者是中等程度的正相关。

幼儿的好奇心和成人榜样的强化有密切的关系。据恩德斯雷的研究,母亲本身比较好奇,并且鼓励孩子好奇的,其子女的好奇心较强。在该研究结果中,母亲的发现行为、好奇定向行为、回答问题数量等与孩子对新事物的发现行为和提问成中等或强的正相关。母亲权威性强,较少引导儿童去发现,更少和儿童交往的,孩子的好奇心也较差。

幼儿好奇、好问的特征,如果得到正确引导,很容易发展成为勤奋好学、进取心强的良好性格特征。反之,如果指责或约束过多,甚至对幼儿的提问采取冷漠或讥讽的态度,则会扼杀良好性格特征的幼芽。

(三)好模仿

好模仿是幼儿突出的性格特点。幼儿最喜欢模仿别人的动作和行为。在幼儿园,如果一个幼儿说:"我爸爸给我买了一支手枪",立即就会有幼儿跟着说:"我爷爷也给我买了一支手枪","我妈妈给我买一支手枪",等等。关于模仿的实质,各种心理学派有不同的解释。比如格式塔学派认为是完形的补充(考夫卡),行为主义学派认为是反射活动(桑代克),皮亚杰把模仿看作智力发展过程中顺应比同化占优势的一种表现。谢切诺夫认为模仿是由两个相互联系的阶段所组成的复杂的过程:一是注视和探索别人的行动(定向探究反射),二是根据已建立的标准调节自己的行动(调节动作的技能)。

幼儿好模仿的特点和他们的能力发展有密切关系。模仿可分为动作的模仿和智力的模仿。动作的模仿在婴儿期已经发生,随着动作的发展,儿童模仿动作也逐渐复杂化。幼儿期的多种多样的模仿动作和他的运动能力的发展有关。智力的模仿是较高级的模仿。据皮亚杰的研究,儿童在 1.5～2 岁之间,开始出现心理表象时,也出现了延迟模仿。幼儿期随着智力的发展,智力的或心理的模仿也较以前增加。皮亚杰认为 2～7 岁儿童往往出现自我中心现象,这主要是一种认识上不分化的表现,即混淆了自己的看法和他人的看法,混淆了自己的活动和他人的活动,由此造成不自觉的模仿。比如有的儿童,虽说不想去模仿别人,自己要做另一个样子,而所做的仍然和模仿的完全一致。甚至有一个 6 岁儿童责怪一个 7 岁儿童模仿他,实际情况恰巧相反。这些事实说明,模仿是内部表象的继续。

一位妇女并没有戴帽子,如果问:"那个妇女戴的是什么帽子?"儿童会答:"黑帽子。"儿童常常重复别人所说的末一句话中的末一个字,也属于这种现象。陈鹤琴指出,还有一种消极暗示。比如孩子跌了一跤,母亲去把他抱起来,说:"不要哭。"孩子立刻哭起来。上课时,如果老师说:"不要看外面。"孩子就往外看。

幼儿的好模仿也和他们的自信心不足有关。幼儿一般缺乏自信心。小班幼儿更常常表现为胆小,甚至在陌生人或全班小朋友面前不敢大声说话。于爱娟(1987)的实验研究表明,小班幼儿很容易受成人示范的影响,比如成人在操作实验中故意做示范失败时,小班幼儿多数表现情绪消沉,经再三鼓励才敢去尝试操作,而且动作非常犹豫;中大班幼儿则多数仍然相信自己的力量。有的大班幼儿说:"我想试一试","我能做"。

利用模仿作为一种教育手段,会获得良好的成效,也证明幼儿具有好模仿的特点。有经验的教师特别注意为幼儿树立良好的榜样,使幼儿在模仿中学习。例如,上课时老师说:"看,小刚坐得多直",顿时就有好多孩子提起腰来,而不必逐个点名叫他们坐直。班杜拉的许多研究都证明观察学习法,即让幼儿模仿观察到的榜样,是非常有效的。

培养幼儿的认知分化能力和辨别是非的能力,加强他们的自信心和独立性,将会使幼儿形成善于学习正确榜样而不去模仿不良行为的性格特点和习惯。否则,其性格将会向受暗示性强和缺乏自信心的方向发展。

(四)好冲动

情绪易变化,自制力不强,是幼儿性格的情绪和意志特征。和好冲动的特征相联系的是缺乏深思熟虑。比如幼儿喜爱做事,但做事时急于完成任务,常常比较马虎,粗心大意,不大计较成果的质量。又如幼儿常常从情绪出发提出问题,为提问而提问,并非经过认真思考。幼儿的情绪比较外露,喜怒形于色。这种性格特征常常被认为是天真幼稚。它的优点是对人真诚、坦率、诚实、不虚伪。在此基础上,如果得到正确诱导和培养,幼儿将养成既善于思考和处理问题,又胸怀坦荡的性格特征。

前面列举了幼儿性格的一些典型特征。在这里,需要再次强调的是,独特性是个性的基本要素。幼儿的性格虽然有共同性,每个幼儿仍有个人的性格特征。比如,同属活泼好动,有的幼儿相对好静一些;同属受暗示性强,有的又相对有些主见。

随着年龄增长,性格的典型性将发生变化。年长儿童有许多已经不带有上述特点,如变得相对沉着稳重,能自制。但是有些人直至成年,仍然具有易冲动、不善于自制的性格特征。这些已经构成了他个人特有的稳固的性格特征。

三、学前儿童性格的塑造

学前阶段正处在性格发展和初步形成时期,一方面还没有形成稳固的社会观念与态度,有相当大的模仿性和受暗示性,从而极易受到环境中无论好或坏的各种影响。同时,他们又极易把各种习得的态度或行为方式变为习惯巩固下来。换句话说,学前儿童的性格已经开始形成,并表现了相对的稳定性。关于学前期性格特征对后来性格的影响,即幼儿性格特征的稳定性和变化问题,曾有过一些长期追踪研究,所得结果不完全一致。例如,卡根等(Kagan and Moss,1962,1964)报告,对 36 名男婴和 35 名女婴追踪至成年的研究表明,攻击性的性格特征,在男性发展比较稳定,从童年到成年表现相似,而在女性则不稳定,变化较大;被动和依赖性的特征,则在女性比较稳定;坚持性的特征,在 3～6 岁女孩已发展到青春期的 2/3,即在幼儿期已基本稳定(Bloom,B.S.,1964)。

儿童最初形成的性格特征对幼儿的个性形成起了重要的作用。这时性格虽然还没有定型,但它是未来性格形成的基础。在一般情况下,性格比较容易沿着最初的倾向发展下去。例如,性格比较顺从的婴幼儿,容易遵照成人的吩咐和集体规则行事,以后将仍然稳定形成与人和睦相处、守纪律的性格。而最初形成的任性的萌芽,要求别人处处依从儿童个人的意愿;成人如果迁就他,事情就似乎顺利进行,否则,会发生许多麻烦和不愉快。成人在无可奈何中纵容这种性格的发展,任性的性格特征也将日益巩固而最终定型。但是,如果环境和教育条件发生重大变化,幼儿的性格也会发生变化。许多事例反复证明,性格是随外界环境和教育的影响而产生和变化的。因此,我们必须重视对儿童性格的培养。

(一)加强思想品德教育

首先,日常生活是实施幼儿德育最基本的途径。在一日生活常规和生活制度中渗透着良好性格培养的内容,通过常规训练和严格执行生活制度,可以培养幼儿诚实、勇敢、自信、关心他人、勤劳等品德和行为习惯;其次,教师也可以结合本班幼儿的实际情况、行为表现,有目的、有计划地组织专门的德育活动;再次,利用游戏培养幼儿良好的性格特征。因为游戏伴随着愉悦的情绪,在游戏中向幼儿报出规则、要求,很容易被幼儿接受。例如,有些儿童在日常生活中表现得固执任性,而在游戏中,为了使自己不被游戏伙伴所排斥,便会主动抑制自己的性格缺点,慢慢地学会随和与合作。教师有意识地让过于好动、缺乏自制力的儿童在游戏中担任一些需要安静和认真工作的角色,而让过于内向、沉默寡言的儿童担任一些交往较多的角色,在经常的锻炼中,他们都能改变或减少一些个性发展上的不足之处,逐渐培养起良好的性格。

(二)树立良好榜样

就个人的成长而言,儿童时期无疑最容易受到榜样的影响。他很容易把某一个人物当作自己崇拜的对象和仿效的楷模。有研究者认为,当前儿童大多数以家长和教师作为榜样,根据这一特点,教师应该有针对性地及时提供良好的家长、教师或其他典范人物良好的形象,使儿童取得合理的心理寄托,并做好大多数家长、教师自身的工作,使他们堪为楷模。

(三)个别指导,因材施教

比如经常让教师头疼的打人的幼儿,其情况往往是各不相同的,有的是习惯反应,有的是被欺负后的报复,有的是出于自卫,有的是模仿电视中的人物行为,等等,因而教师必须进行不同的教育,一把钥匙开一把锁。

(四)重视家庭的因素和发挥家长作用

父母的文化程度、教养方式、生活习惯对儿童性格的影响是不可忽视的。心理学研究表明,父母尤其是母亲对儿童性格的影响极大。研究认为父亲对自制力、灵活性产生显著影响,而母亲则对果断性、思维水平、求知欲、灵活性四项行为特征产生显著影响。父亲的影响多表现在意志特征中,而母亲除对情绪、意志特征有影响外,还大量地表现在儿童的理智特征中。因此,幼儿园教育一定要与家庭教育相结合,教师的工作要取得家长的支持,才能在更大的社会背景中培养学前儿童良好的性格。

第四节 学前儿童的能力

一、学前儿童能力的发展

(一)学前儿童的能力初步形成并进一步发展

新生儿已表现一定的智力活动,而且具有巨大的潜能。婴儿期内,儿童智力各方面发展很快。例如,对于声音刺激的感受方面,两三个月的婴儿听到声音时,表现出倾听,三四个月会转头寻找声源。5个月的婴儿出现认生的现象,正表明儿童已能记住过去的印象。又如,儿童自出生时起,已有运动能力。半岁左右,四肢和身体的运动能力逐步发展,手的运动能力也开始发展成为操纵物体的能力即操作能力,等等。

幼儿前期,儿童双手动作的发展,使他们便于抓捏摆弄物体,认识物体属性。躯体动作的发展,使他们扩大了认识范围,又可以主动接近物体,仔细观察各种特性。这些都对智力发展起着积极作用。而言语的发展,使儿童的智力活动更为精确,更有自觉性质。总之,幼儿前期儿童的智力在发展着。

幼儿期儿童在接受教育和参加游戏、学习等活动的过程中,积累了知识,学会了一些技能,同时也进一步发展了能力。尤其是有计划、有目的的学前教育指导幼儿观察事物,认识事物,讲述故事,进行计算、音乐、美术、体育等活动,有意识地培养幼儿的能力,并且促使幼儿的能力不断发展。例如,辨色能力的发展,由认识纯色发展到认识近似色、混合色;由无意记忆占优势,到有意记忆开始出现并逐步发展等,这些问题在前面各章均有论述,这里就不再一一赘述。

(二)学前儿童智力的发展

1.学前儿童智力结构的变化与发展

对儿童智力结构变化发展的趋势,人们从不同的角度提出了不同的理论。

(1)智力分化论。有的研究者认为,儿童的智力最初是混沌不分化的。儿童智力因素的数量随年龄增长而增加。起先是一般化的智力,后来逐渐发展为一些智力因素群。这种智力分化论的代表人物是格雷特(Garrett)。他认为斯皮尔曼的"二因素"适用于婴幼儿,而塞斯顿的"群因素"或吉尔福特的大量智力因素则适合年长儿童或成人。

另一些人对青少年智力因素数量的研究也证明,初中生、高中生、大学生智力因素的数量是越来越增多的。

(2)智力复合论。有的研究者认为,儿童的智力最初已经是复合的、多维度的,其发展趋势是各种智力因素的比重和地位不断变化,复合性因素的比重越来越大。这种智力复合论的代表人物是霍夫斯塔特(Hofstatte,1954)。他指出婴儿智力结构变化前三个时期:20个月前,在智力活动中占最重要地位的是感知运动能力和感知敏锐性,包括感知活动中的高度注意力、运动行为的敏捷性、感觉协调和运动的准确性。20个月到4岁左右,占主要地位的是坚持到底的能力,包括坚持性和刚强性。4～13岁,理解和使用象征性符号的能力或抽象行为,即语言思维能力占主要地位。霍夫斯塔特据此指出,聪明的孩子在婴儿期表现为活泼,3岁时表现为倔强,以后则变得含蓄。

贝利(Bayley)提出相似的观点,并更具体地列出各年龄的主要能力:10月以前,在婴儿智力中比重最大的是视觉跟踪、社会性反应能力、感觉的探求、手的灵活性。10～30个月,最大比重变为知觉的探求(这种早期的能力将继续保持下去)、语言发声交际能力、对物体的有意义接触、知觉辨别力。30～50个月,最重要的是与物体的关系、形状记忆、语言知识。50～70个月,最重要的是形状记忆、语言知识。70～90个月,语言知识、复合空间关系和词汇占重要地位,而形状记忆的重要性减退。

斯托特(Stott)等人按吉尔福特(Guildford)的智力结构模型对1926名3个月至5岁儿童分14个年龄组进行智力测验,发现吉尔福特提出的许多智力因素是婴幼儿所没有的。婴幼儿只有该智力模型中的31种因素,其中某些因素又只在一些年龄出现,另一些年龄则没有。年幼儿童(特别是1岁前儿童)有些智力因素又是吉尔福特模型中所没有的,如大动作、精细动作、移位能力等。由此说明对不同年龄儿童的智力应作不同分析。

(3)智力内容变化论。有的研究者着重指出同一智力因素本身随着年龄增长而发生变化。同是智力的一般因素,在婴儿期,其内容是感知动作性质的,以后则是认知性质的。这种"智力因素内容变化论"的研究者,更多地把注意力放在一般(共同)因素的变化上,即各年龄儿童的智力都有共同因素,但什么是共同因素,则在不同年龄会发生变化。麦柯尔等人根据对婴儿的长斯追踪研究,认为各年龄儿童智力的共同因素是:6个月,视觉指导的知觉接触。1岁,感知运动和社会性模仿的混合物、最初步的发声语言行为。2岁,语言命名、语言理解、语言流畅、语法掌握。

麦柯尔等人后来又提出早期智力发展的五个阶段:

第一阶段(0～2个月),主要是对某些有选择的刺激做出反应。

第二阶段(3~7个月),更积极地探索环境,但还不能做出客观的探索。

第三阶段(8~13个月),根据事情的结果区分活动方法。

第四阶段(14~18个月),能够不用动作而去把两个物体在头脑中联系起来。

第五阶段(18个月以上),掌握符号关系。

综上所述,婴幼儿的智力结构是随着年龄的增长而变化发展的。其发展趋势是越来越复杂化、复合化、抽象化。不同的智力因素有各自迅速发展的年龄。这些观点提醒我们,根据不同年龄儿童心理的这些特点,在不同的阶段,对儿童智力培养的内容要有所侧重。总地来说,对入学前儿童应该特别重视观察力、注意力及创造力的培养。

2.儿童智力发展曲线

所谓儿童智力发展曲线,涉及不同年龄智力发展的速度,发展的加速期、高原期等问题。一般来说,儿童智力的绝对水平是随着年龄增长而增长的,但是各年龄的智力增长并不是等速的。为了说明智力发展的速度,往往以高原期为基准。

(1)智力发展的高原期。人的智力发展到一定年龄会停止或接近停止。在这个年龄之后,智力趋向衰退。有的研究指出,智力到26岁停止增长,26~36之间保持不变,随后则下降。由此形成一条智力发展曲线,其中最高的一段称为高原期。至于高原期的具体年龄,则各种研究因取材不同而有不同结论,有人甚至认为智力发展持续到60岁。智力结构的复杂性和环境及个人实践对智力发展的影响,是导致结论不同的原因。

不同智力因素成熟的时间也不同。有的研究指出,儿童的感知能力最早达到成熟水平,12岁已达成人的80%,空间推理次之,数学和语言能力10~18岁才达到成人的80%,其中语言流畅发展最晚。

各种智力因素下降或衰退的年龄也不同。有人指出,在非语言测验中,如"反应时",30岁以后已有所衰退。但在语言测验中,则智力水平还可以提高。职业也会影响智力衰退在年龄上的差异。有的研究指出,非技术人员18岁以后智力下降,而技术人员则还可能上升。一般认为,16~18岁以后智力发展趋向缓慢。

(2)学前儿童智力发展的速度。人生头几年是智力发展非常迅速,甚至是最迅速的时期,由此形成先快后慢上升的儿童智力发展曲线。

布鲁姆(Bloom,B.,1960)收集了20世纪前半期多种对儿童智力发展的纵向追踪材料和系统测验的数据,进行了分析和总结,发现儿童智力发展有一定的稳定规律。各种测验的时间和条件虽然不同,其所得曲线却非常相似,经过统计处理,得出了一条儿童智力发展的理论曲线。

布鲁姆以17岁为发展的最高点,假设其智力为100%,得出各年龄儿童智力发展的百分比:1岁,20%;4岁,50%;8岁,80%;13岁,92%;17岁,100%。这些数字说明,出生后头4年儿童的智力发展最快,已经发展了50%,获得了成熟时的一半。4~8岁,即生后的第二个4年,发展30%,其速度比头4年显然减缓,以后速度更慢。

布鲁姆用数量化方法说明学前期智力发展的速度和重要性,他的理论常被引用。但是应该指出:第一,布鲁姆所得曲线只是假设的、理论的曲线。第二,智力数量化只在一定程度上有参考价值,不能绝对化。因为智力发展与身体的发展(如身高)不同。身高的发展有尺可量,如,儿童2岁时的身高和17岁时的身高,可以用同样的尺子去度量,得出2岁身高已达到成熟时一半的结论。智力数量化的情况就大不相同。表示不同年龄智力水平的数据,没有确切的可比单位,正如布鲁姆自己指出,对一岁半以前儿童的智力,主要依据其运动和生理发展的能力来计分;对 2～3 岁儿童,是心理、运动和生理能力的结合;17～18 岁,则主要是认知和语言能力。显然,这几种情况得出的数据,其可比性是不高的。第三,布鲁姆的曲线没有充分估计环境对智力的影响,夸大了智力发展的稳定性,也是他被指责之处。总之,布鲁姆的智力发展曲线是可作参考的,但不可加以夸大。

(三)学前儿童能力的差异

学前儿童在能力发展和表现上存在各种个别与群体差异。

1.能力结构类型的差异

人通过运用各种能力与客观环境建立联系,而每个人在运用能力时有各自的特点。在日常观察中就可以发现,有的儿童记忆能力较强,很长的儿歌、快板词等很快就能记住;有的儿童理解能力较好,对故事的内容、计算的方法等很容易了解。在记忆时,有的儿童善于视觉记忆,有的善于听觉记忆,有的人对形象的东西能过目不忘,另一些人则最能记住抽象逻辑性强的东西。在一些特殊能力上也存在明显个别差异,如有的儿童绘画能力突出,而另一些儿童则长于动手操作各种机械及器具,还有的能歌善舞,对音乐、韵律特别敏感。个体间的能力差异是一个普遍的现象。

这些差异提醒我们在教育活动中要观察每个儿童的特殊能力倾向,并给予适当的激发和关怀。事实上几乎每个儿童都有他自己特定的能力类型,我们可以通过仔细观察或各种专门能力测试加以鉴别。当然,对于多数儿童而言,这种能力类型的差异虽然存在但并不显著,只有少数人的这种类型特征非常突出明显,对于某种能力超群的儿童要引起特别关注并请有关专家给予鉴定。

2.能力发展水平差异

除了能力结构类型差异之外,儿童在能力发展水平上也存在不均衡现象。绝大多数儿童的能力发展正常,但有少部分儿童的能力水平是高于常态,也有少部分儿童的能力水平低于常态,所以这种智力发展水平符合统计学上所谓的正态分布。它的分布特点为处在中间位置上,即中等水平的人数居多,处在极高或极低这两个极端水平上的人数较少。

推孟曾智商的高低将智力分成以下九类(见表9-2)。

表 9-2　智力的分类

智　商	类　别	智　商	类　别
140 以上	天才	70～80	近愚
120～140	极优	50～70	愚鲁
110～120	优秀	25～50	痴愚
90～110	中智	25 以下	白痴
80～90	迟钝		

虽然当时推孟的这种分类界限只是为了说明的方便,但是后来在实际运用中反映了这个理论上的分布及分类与实际情况颇为一致。所以时至今日,除了两端稍有变更外,智力按智商的基本分类仍然沿用至今。

理解这样一种能力分布现象,对于教育工作者至少有两个方面的重要意义。一是提醒要注意把教育的着眼点放在属于中等能力水平的大多数人身上,适应于他们的特点并施加教育影响。在一般教育机构中施行英才教育,只会造成拔苗助长的效果。二是要有效地分辨出能力的高、中、低分布,因材施教。对处于两个极端的儿童,需要给予特殊的教育、咨询。

3.能力表现早晚的差异

属于能力发展水平超群的儿童虽然是少数,但却时常因为他们在很小的时候就显示出卓越的成就而受到人们的关注并着力加以特殊培养。据统计,音乐家的才能在学前期出现的,比以后年龄出现的更多。

关心那些特殊优异的儿童,对于教育工作者来说是必需的。在这些儿童中经常会造就出一些对社会卓有贡献的人物,如大音乐家莫扎特、科学家维纳、数学家高斯等都是在儿童时期即展露出超群不凡的才华。

有人提出应该区分"早熟"与"天才(超群)"。所谓早熟,是指某些儿童智力或才能发展较早,或者说,在婴幼儿期智力才能发展比一般儿童迅速。但是到了成熟年龄,其智力或才能并不出众。所谓天才,是指智力或才能出众者,我国心理学家称之为"超常"。因为"天才"一词,是天赋才能的意思。而超常的智力或才能固然需要一定的自然物质前提,但更重要的是在生活环境和实践中形成。智力超过同龄人的婴幼儿,将来能否成为超常者,不仅决定于其天生因素,还要依赖后天的生活条件。早熟(早慧)而长大后不成超常者有之,早期不露头角、大器晚成者有之。因此,"智力早熟不等于智力超常",在理论上是成立的,但是在实际生活中对二者加以区别是困难的。

由于现有的科学认识尚不能有效地诊断人的真正才能,这就要求教师在关注对英才的培养之外,更要注意在平凡的儿童身上寻找闪光之处,不可因为仅仅关注一部分早慧或超常儿童而忽视了其他大多数平常儿童。

二、学前儿童能力的培养

(一)正确了解儿童能力发展水平

在日常生活中,成人和幼儿长期接触,通过日常观察,可以粗略地评定一个幼儿能力发展的特点和水平。例如,看出某个幼儿有音乐才能,某个幼儿聪明或愚鲁。但这种评定不易精确,而且容易受评定者主观因素影响,不能客观反映幼儿能力发展的实际水平。心理学研究者曾设计测定特殊能力的工具,如音乐才能测验、绘画能力测验等。

智力发展水平可通过智力测验获得。智力测验是能力测验的一种,主要测验人的一般适应能力。传统上使用最多的有比奈智力测验与韦克斯勒智力测验。每种智力测验都包含几组测量不同能力的题目,形式包括文字的和非文字的两种。测验结果所得分数经过计算、转换之后便可取得一个智力的数量指标,即智商(IQ)。应用这种智商可以更为直观地表示出某个儿童的智力水平在全体同龄儿童中的相对位置。

但是,目前的智力测验也存在着不少问题。首先,对如何确切地反映学前儿意的智力发展水平还没有统一的标准。其次,还没有很完善的、为大家都认可的测验量表,许多测验无法排除知识经验的影响,很难同时适用于来自不同区域、文化、生活背景的儿童。有些儿童智力测验成绩不好并非其智力真的不行,而是因为其受到了知识、文化背景的局限。最后,测验过程中常常会受到一些无关因素的干扰,如环境的嘈杂、主试的陌生、来往的行人等都会影响到被试儿童,从而影响到测验结果。而智力测验往往只记录或只重结果(即测验成绩),而不重视记录、分析测验过程,忽视当时客观环境因素及由此引起的主观因素对测验的影响。

因此,不要把智力测验看得太绝对化,不要只凭智力测验结果,特别是一次智力测验结果就来确定儿童的智力水平,并非所有的测验结果都那么"灵验"。一"测"定终身,对儿童的发展是非常有害的。

近些年来,针对智力测验存在的问题与弊端,心理学工作者正在努力进行研究与改善。一方面,根据智力是在特定生活环境条件下形成和发展的观点,致力于按照儿童的社会生活条件修订测验内容,更多地着眼于儿童的智力活动过程。尽量使智力测验更好地为确定儿童个人发展的最有利条件服务。另一方面,研究者们趋向于用综合的方法了解儿童,既用智力测验,也强调在实际生活中的观察和直接谈话,更客观、自然地接触了解儿童的智力发展水平。心理学家指出,测量的重点应放在"最近发展区",而不在儿童已有发展水平上,应着重考查儿童接受教育的能力,亦称"可教性"。

(二)指导儿童掌握有关的知识技能

能力和知识技能有着密切联系,掌握了与能力有关的知识技能,有助于相应能力的发展。例如,指导幼儿掌握丰富的词汇,说话时应该注意的要点以及正确的发音技能,可以促进学前儿童言语表达能力的发展。

学前儿童处于掌握知识和智力发展的最初阶段。从掌握知识的角度看,人的知识可以分为直接知识和间接知识,两三岁是开始掌握间接知识的年龄。从智力发展的角度看,这又是思维开始发展的年龄,而思维是对事物的间接反映,是以知识经验为中介的。有了一定的知识经验,才可能对有关事物进行思维和想象。因此,对学前儿童来说,知识和智力教育都不可偏废。

(三)激发兴趣

儿童对事物的兴趣直接影响儿童能力锻炼的机会。凡是儿童感兴趣的事物或活动,儿童会做出更多的投入并能使能力得到更多的锻炼。从这个意义上讲,激发儿童积极有益的兴趣爱好,有助于发展儿童的能力。事实上,儿童对某项活动的兴趣又常常是他的某种能力的反映。

兴趣是在社会实践过程中形成的。对于儿童来说,这些活动往往是具体的和直接的。教师要注意利用各种具体的社会实践活动激发儿童对事物的直接兴趣,借此增强和锻炼儿童的能力。

(四)能力与个性其他品质的良好配合

能力作为个性的一个组成部分,与个性的其他特征关系密切。要发展能力,不能脱离整个个性的培养与发展。

"勤能补拙"是中国的一句俗话,它的含义表明了能力发展和良好个性的形成相依相辅,互为促进。一个在性格上大胆、开朗、勇于探索和不畏困难的人,就会比一般人有更多的机会去锻炼和发展自己的能力;而这种能力的提高,又会使他的个性更为突出。同时,个性对施展自己才能起着至关重要的影响。所以良好个性对能力的形成和有效表达至关重要,需加以重视。

在教育和社会实践中发展和锻炼儿童的能力是一个规律,而重视能力与个性其他良好品质的配合也是培养能力的一个规律。现代社会需要一个人不仅有才能,而且要大胆敢为,能够表达自己的才能。个性上畏缩而缺乏主见的人即使有才能，也难以充分表达。心理学家推孟认为，智力优秀者至少与四种品质相关：为取得成功的坚持力、善于积累成果、自信心、不自卑。从儿童起，我们就要看到这样一种关系。

第五节　学前儿童的自我意识

一、自我意识概述

(一)什么是自我意识

自我意识就是自己对所有属于自己身心状况的意识。包括意识到自己的生理状况(如身高、体重、形态及健康程度等)、心理特征(如需要、兴趣、能力、性格等)以及自己与他人的关系(如自己与周围人们相处的关系、自己在班集体中的地位和作用等)。

人们常常这样说："我认为我是一个诚实的人。"这里有两个对立部分的自我。句子里开头主语部分的"我"是主观的我，即对自己活动的意识者；句子里宾语部分的"我"是客观的我，即被主观的我意识到的自己的身心活动。因此，也可以认为自我意识就是作为主观的我对客观的我的意识。

自我意识的产生和发展是人和动物在心理上的根本分界线。动物没有意识，更没有自我意识。人有高度发达的大脑，人在劳动的过程中随着言语的产生，不但认识了自然界而且认识了自我，并将"我"与"非我"做出区分。

在个体的心理发展中，自我意识的发展是个性形成和发展的重要条件，是衡量个性成熟水平的标志，是整合、统一个性各个部分的核心力量，也是推动个性发展的内部动因。自我意识对人的影响可以说是终生的，直接关系到一个人生活的幸福与否。因此，我们每个人都要不断地完善自我，使自我意识逐渐成熟。

(二)自我意识的心理成分

自我意识是由自我认识、自我体验和自我监控等三种心理成分构成的相互联系、相互制约，统一于个体的自我意识之中。

1.自我认识(狭义的自我意识)

自我意识的首要成分或基础是自我认识。自我认识包括自我观察、自我分析和自我评价。

(1)自我观察。人是观察的主体，同时又是被观察的客体，也就是将自己的心理活动作为被观察的对象。孔子说，"吾日三省吾身"，这里的"省"就有自我观察的意思。

(2)自我分析。人把从自身的思想与行为所观察到的情况加以分析、综合，在此基础上概括出自己个性品质中的本质特点，找出有别于他人的重要特点。

(3)自我评价。自我评价建立在自我观察和自我分析基础之上，是对自己的能力、品德及其他方面的社会价值的判断。自我评价有适当与不适当、正确与不正确之分。适当的、正确的自我评价使主体对自己采取分析的态度，并能将自己的力量与所面临的任务及周围人的要求加以恰当的比较。不适当的自我评价还可以分为自我评价过高和自我评价过低。

一般说来，人们对自我进行正确的认知和恰如其分的评价是比较困难的。因为认识自己是比认识客观世界更复杂的过程,除了认知因素外,还会受到其需要、动机、能力等其他心理因素的影响,因而往往容易过高或过低地估计自己。有位心理学家选择了25个被试者(他们彼此都很熟悉),采用排队法对自我评价和他人评价进行比较研究。提出九种品质(文雅、幽默、聪明、交际、清洁、美丽、自大、势利、粗鲁),要求每位被试分别将这些品质在所有被试者身上(包括自己在内)依次排队,程度最高者排在第一,程度次高者排在第二,依次下去,程度最低的一个列在第25。然后予以统计,把各人在每种品质排列中自己所占的地位和其余24人排列的地位(平均数)进行比较,发现有很大差异。例如,有一位被试自以为他的"文雅"程度应该排在前几名的,可是把其余24人对他的评价平均起来,他的名次却排在20名以后;另一被试者对于"清洁"品质的评价,自己排的位置要比别人排的平均位置提前5名,"聪明""美丽"提前6名,"势利""自大""粗鲁"等自己排的位置要比别人排的平均位置退5~6名。这一实验结果表明,优良品质的自我评价常常比他人的评价高,不良品质的自我评价却比他人的评价低。

2.自我体验

自我体验是指自己对自己怀有一种情绪体验,也就是主观的我对客观的我所持有的一种情绪体验。例如,自尊、自信、自卑、自责等都是种种自我体验。自我体验反映了主体的我的需要与客体的我的现实之间的关系,如果客体的我满足了主体的我的需要,就会产生肯定的自我体验,为自我满足;否则就会产生否定的自我体验,为自我责备。自我体验的内容很丰富,主要有以下几种。

(1)自尊感。自尊感也称自尊心。人们生活在一定的群体中,产生一种高级的自尊的需要,总希望在群体中占有一定的位置,享有一定的声誉,得到良好的评价。当社会评价满足个人自尊需要时,就产生自尊感。它促使自己更加奋发向上,追求实现更高的社会期望。如果社会评价不能满足个人的自尊需要,甚至产生矛盾时,可能会产生两种情况:一种是产生自我压力感,从而使自己倍加努力,迎头赶上;另一种是产生自卑心理,自暴自弃,一蹶不振。

(2)自信感。自信感也称自信心。自信感是对自己的能力是否适合所承担的任务而产生的自我体验。自信感是与自我评价紧密联系在一起的。良好的自信感是建立在适当、正确的自我评价的基础上,在完成任务的过程中既能看到自己的潜力,又能充分地估计到可能发生的困难。而不适当、不正确的自我评价会导致自信感的转化。在自我评价过高的情况下,自信感转化为自高自大;而自我评价过低,自信感又转化为自卑感。无论是盲目自大还是严重自卑,都对个性的正常发展极为不利。

(3)成功感与失败感。成功感是在实现目标过程中取得成功时产生的自我体验;而失败感则是在实现目标遭遇挫折时产生的自我体验。成功感与失败感的产生,不但取决于客体的"我"是否取得成就,还取决于主体的我对客体的我的要求即期望水平。例如考试,甲只求成绩能说得过去,乙一心想要考高分排名前5名,结果他俩成绩一样,都是80分,可各自产生了不同的自我体验,甲产生了成功感,而乙则产生了失败感。

3.自我监控

自我意识在意志和活动方面表现为自我检查、自我监督和自我控制。

(1)自我检查。自我检查是主体在头脑中将自己的活动结果与活动目的加以比较、对照的过程,以保证活动的预订目标与计划逐步得以实现。

(2)自我监督。自我监督是一个人以其良心或内在的行为准则对自己的言论和行为实行监督,有人把它比之为一个人内心的"道德法庭"。无需任何外在形式的监督,而听命于内心自我监督的行为才是真正自觉的意志行为表现。

(3)自我控制。自我控制是主体对自身心理与行为的主动的掌握。自我控制表现为两个方面:一是发动动作,如坚持做完功课后再玩,坚持利用假日参加一些社会公益活动等,都是自我发动与支配自己行为的结果。二是制止作用,即抑制不正确或在当时情境中不应有的言论和行为,如不随地吐痰、不乱抛纸屑、公共场所不吸烟等,都是自我控制的结果。

自我控制有时能掩盖自己的真实情况,这叫做"自我掩饰"。自我掩饰不能一概说好,也不能一概说坏,要具体情况具体分析,有时出于公心和礼貌,也要掩饰自己的真实感受。例如,当别人不当心把墨水溅到你身上而向你道歉时,你尽管心里恼火也会表示:"嘿,不要紧。"

(三)自我意识的作用

1.对态度和行为的调节、控制作用

人们在日常的学习和工作中,在和别人的交往和团体活动中,由于意识到自己在别人心目中的位置和在集体中的地位、作用,意识到自己负有某种责任或义务,从而自觉地调节情绪,调整和控制自己的态度和行为,以尽可能地与周围环境保持良好的适应。

2.对自我教育的推动作用

人的自我意识发展水平集中体现在对自我的认识和对自己优缺点所抱的态度上。一个人意识到自己的长处和不足,就有助于他发掘优点,克服缺点,取得自我教育的积极效果。反之,如果不能正确意识到自己的优点和缺点,只看到自己的优点或只看到自己的缺点,都可能导致自己落后和失败。因此,增强主体的自我意识,如通过自我认知看到自己的力量,通过情绪体验保持健康的情感生活,通过自我监控形成良好的行为习惯,才能更好地促进自我教育和自我完善,从而使自己的个性获得健康发展。

二、自我意识的发展

在教育的影响下,幼儿的自我意识有了进一步发展。韩进之等人的研究表明,幼儿自我意识各因素(自我评价、自我体验、自我控制)发展的总趋势是随年龄的增长而增长的(见图9-1)。

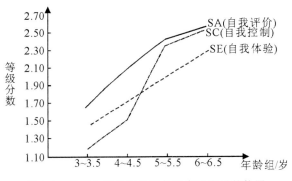

图9-1　学前儿童自我意识各因素的发展趋势图

(一)自我概念的发展

7岁之前,儿童对自己的描绘仅限于身体特征、年龄、性别和喜爱的活动等,还不会描述内

部心理特征。一项研究(Keller,Ford & Meachum,1978)让 3～5 岁幼儿用"我是个……"和"我是个……的男孩(或女孩)"的句型,说出关于自己的 10 项特征。约 50％的儿童描述了自己的日常活动,而对心理特征的描述几乎没有。早期儿童的认知能力处于具体形象思维阶段,他们很容易把自我、身体与心理混淆起来。塞尔曼(R.Selman)等人也认为,幼儿的概念是"物理概念",儿童对内在的心理体验和外在的物理体验不加区分。

(二)自我评价的发展

自我评价的能力在 3 岁儿童中还不明显,自我评价开始发生的转折年龄是 3.5～4 岁,此年龄段的发展速度较 4～5 岁时要快,5 岁儿童绝大多数已能进行自我评价(韩进之等,1986)。这与苏联的研究结论——自我评价产生丁学前期是一致的。

幼儿自我评价的特点是:(1)从轻信成人的评价到自己独立评价;(2)从对外部行为的评价到对内心品质的评价;(3)从比较笼统的评价到比较细致的评价;(4)从带有极大主观情绪性的自我评价到初步客观的评价;(5)开始以道德行为的准则进行评价。

总的来说,幼儿的自我评价能力还很差,成人对幼儿的评价在幼儿个性发展中起着重要作用。因此,成人必须善于对儿童做出适当的评价,对儿童行为作过高或过低的评价对儿童都是有害的。

(三)自我情绪体验的发展

自我情绪体验在 3 岁儿童中还不明显,自我情绪体验发生的转折年龄在 4 岁,5～6 岁儿童大多数已表现有自我情绪体验(韩进之等,1986)。

幼儿自我情绪体验由与生理需要相联系的情绪体验(愉快、愤怒)向社会性情感体验(委屈、自尊、羞愧感)不断深化、发展,同时又表现出易受暗示性。

在幼儿自我情绪体验中最值得重视的是自尊。自尊是自我意识中具有评价意义的情感成分,是与自尊需要相联系的、对自我的态度体验,也是心理健康的重要指标之一(Jahoda,1958)。自尊需要得到满足,将会使人感到自信,体验到自我价值,从而产生积极的自我肯定。研究表明,将儿童分为高自尊、中度自尊和低自尊三个组,高自尊与以后对生活的满意和幸福感相关(Crandall,1973),而低自尊则与压抑、焦虑、学校生活和社会关系不适应相联系(Damon,1983)。

儿童在 3 岁左右产生自尊的萌芽,如犯了错误感到羞愧,怕别人讥笑,不愿被人当众训斥等。随着儿童身体、智力、社会技能和自我评价能力的发展,儿童的自尊也得到发展。比如在韩进之等人的研究中,不同年龄的儿童体验到自尊的比例分别为:3～3.5 岁,10％;4～4.5 岁,63.33％;5～5.5 岁,83.33％;6～6.5 岁,93.33％。自尊稳定于学龄初期。

自尊与儿童的能力和对自身能力的认识有关,受到父母的育儿风格和对儿童有重要意义的他人评价的影响。高自尊的孩子,其父母一般也更温暖和支持,为他们树立了生活的典范,在部分有关他们的决定中适度听取他们的意见(Coopersmith,1967;Isberg,et al.,1989;Lamborn,et al.,1991)。相反,对儿童越溺爱,教育方式越不一致,则越容易使儿童形成低自尊。

培养富有建设性的未来公民,应重视培养幼儿的自尊。

(四)自我控制的发展

自我控制能力在 3～4 岁儿童中还不明显。从缺乏自我控制到有自我控制的转折年龄是

4～5 岁。5～6 岁儿童绝大多数都有一定的控制能力。总的来说,幼儿的自控能力还是较弱的(韩进之等,1986)。

科普(Kopp)认为,在儿童早期,儿童自我控制和自我调节能力的发展要经历五个重要的发展阶段,见表 9-3。

表 9-3 儿童自我调节的早期形式

发展形势	特 征	出现的年龄	中介变量
控制与系统组织	唤醒状态、早期活动的激活调节	从母亲怀孕晚期到儿童 3 个月	神经生理的成熟、父母间的交往、儿童的生活常规
依从	对成人警告性信号的反应	9～12 个月出现	对社会行为的偏向、母子交往的质量
冲动控制	自我的发生、行为与言语间的平衡	两岁时出现	成熟因素(如言语的发生)、照看者对儿童需要与情感的敏感性、降低压力的措施的采用
自我控制	社会品质的内化、动作抑制	两岁时儿童对成人的要求进行反应,3～4 岁时利用外部言语进行自动调节,6 岁时转换为内部言语的调节	社会互动与交流、言语的发展及其指导作用
自我调节	采用偶然性规则来引导行为而不顾及环境的压力	3 岁时出现	认知过程、社会背景因素

麦科比(Maccoby,1980)区分了四种自我控制活动。(1)运动抑制。儿童在自我控制发展中面临的第一个问题就是学会停止、抑制某些行动。一些研究发现,要儿童对某种信号不做出反应比让儿童做出反应要困难得多(Luria,1961,1981)。(2)情绪抑制。幼儿开始能够控制自己的情绪。(3)认知活动抑制。卡根将人的认知方式区分为冲动型和熟虑型。研究发现,6 岁之前的儿童倾向于对难题很快做出反应,而不考虑问题的难度。他们反应快,错误率也高。随着年龄增长,儿童放慢了做出反应的速度,改进了操作(见图 9-2、图 9-3)。(4)延缓满足。为得到更大利益而学习等待,放弃眼前报酬。幼儿往往选择即时报酬而不是等待(Mischel,1968)。

自我控制对于人成功地适应社会相当重要,它是人完成各种任务,协调与他人关系的必要条件。由于幼儿的皮质兴奋机制相对抑制机制仍占很大优势,所以幼儿更多地表现为冲动性,自我控制能力较低。

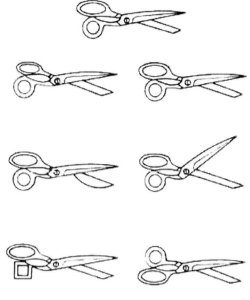

图9-2　儿童匹配熟悉图形

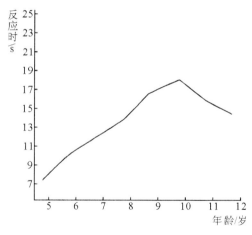

图9-3　儿童对匹配熟悉测验

三、学前儿童自我认识的发展

儿童认识自己,需要经过一个比认识外界事物更为复杂、更为长久的过程。刘金花等人(1993)运用阿姆斯特丹(Amsterdam)创造的给婴儿点红点、照镜子,从婴儿对镜子映像的反应变化中探究自我认识萌芽的方法来研究我国婴儿自我认识的发生、发展趋势与性别差异。研究结果表明:

(1)婴儿自我认识出现的时间大约在 21～24 个月间,与阿姆斯特丹研究基本一致。

(2)婴儿自我认识发生呈下列趋势:

①戏物(镜子)。9～10月的婴儿中有 60% 对镜子很感兴趣。他们见到镜子,又是摸,又是

舔，或者将脸贴在镜子上、或拨弄镜子的边缘，看镜子中映出来的东西，但很少注意镜中自己的映像。这说明此阶段儿童还不能意识到自己的存在，还不能把自己和周围世界区分开来，往往把自身和周围的东西看作是同样的物体。婴儿往往像玩弄其他物体一样玩弄自己的脚、手指等。随着认识能力的发展和成人的教育，婴儿逐渐认识自己身体的各部分。比如，孩子开始学说话时，成人往往指着他的身体某部分教他"鼻子""耳朵""嘴巴"等。婴儿通过自己的触摸感觉和动作，逐渐认识身体的各个部分。

②(镜像)"伙伴"游戏。1岁及以后几个月的婴儿对镜中自我的映像很感兴趣，亲吻、微笑，还到镜子后面去找这位"伙伴"。

③相倚性探究。约在18个月，婴儿特别注意镜子里的映像与镜子外的东西的对应关系，对镜中映像的动作伴随着自己的动作更是显得好奇。有的婴儿(占24%)已能根据相倚性线索认识镜中映像就是自己。

④自我认识出现。18～24个月，借助镜子立即去摸自己鼻子的人数迅速增加，在有无自我意识问题上出现了质的飞跃。

(3)男女婴幼儿自我意识出现时间无显著差异。

四、学前儿童的自我评价

(一)学前儿童自我评价特点

幼儿的自我评价尚处在学习阶段(有人称其为"前自我评价")，大致有以下几个特点。

1.依从性和被动性

幼儿由于认知水平的限制，加之成人权威的尊重与服从，往往把成人对自己的评价就当作是自己的评价，所以他们的自我评价基本上是成人对他们评价的简单重复。这种评价不是出于自发的需要，而是成人的要求。

2.表面性和局部性

幼儿的自我评价都集中在自我的外部行为表现，还不会评价自己的内心活动和个性品质。与表面性相联系的是幼儿只会对某个具体行为做出评价。如问幼儿自己为什么是好孩子时，只会说"我不骂人"，"我自己穿衣服"等。

3.情绪性和不确定性

幼儿的自我评价往往带有主观情绪性。对权威(如父母、教师)的评价及对自己的评价(与同伴相比较时)总是偏高。加之评价的依从性和被动性，幼儿的自我评价很不稳定。

随着年龄的增长，幼儿自我实践经验的积累，及与同伴、成人的相互作用，幼儿自我评价逐渐提高，变得较为独立、客观、多面和深入。

仇佩英(1991)探讨了3～6岁幼儿在能力、品德、与他人关系方面的自我评价，发现幼儿期自我评价的发展趋势是：3岁幼儿倾向于自评过高，随年龄增长自评恰当率提高，过高率下降；4岁幼儿自我评价由偏高向恰当接近，恰当自评开始占主要地位；5岁幼儿恰当自评已占主导地位，自评过低率有一定增加，与评价过高率趋于一致。这也许是因为5岁幼儿已产生初步的自我理想，由此会引起他们对现实自我的不满；同时，随着心理发展，自我意识中的保护机制开始发挥作用，有些幼儿会以过低的自评来保护自尊或取悦于成人；加上幼儿园教育，成人、同伴的影响，部分幼儿可能形成谦虚或自卑的性格倾向，这些都会影响幼儿自评的恰当性。

（二）提高儿童自我评价能力的策略

1.成人对儿童评价要实事求是,恰如其分

因为学前儿童的自我评价是根据父母及其他成人对自己的态度形成的,成人把他们评定为聪明的或愚笨的,讨人喜欢的或令人厌恶的等,这实质上是对儿童的个性、个性发展的可能性以及在同伴中地位的评价。儿童通常是信服地接受成人的这种评定,并把自己划归相应的等级,虽然有时成人对儿童的评定并不准确。因此,成人要特别注意对儿童评价要实事求是,恰如其分,让每个儿童都看到自己既有优点,也有缺点,同时对儿童的自我评价要进行及时的引导和调控,尤其是对自我评价过高或过低的儿童,要采取切实措施,让前者看到自己尚有不足之处,让后者看到自己还有某些优势,使他们对自己的评价变得比较客观、全面,从而在各自的起点上都能得到提高和发展。

2.通过交往活动提高儿童自我评价能力

儿童的自我评价是在与人的交往活动中形成与校正的。交往活动是自我认知、自我评价产生和发展的基础。儿童只有在交往中,才有可能被他人所观察和了解,从而产生评价,而儿童则在交往中获取他人评价的信息,借助于想象、推理等复杂的认知过程,内化他人关于自己的评价,从而形成自我评价。而自我认知、自我评价又是儿童进行社会交往的前提条件,恰当的自我认知和自我评价使儿童顺利地进行交往成为可能。在交往中,儿童总是对自我、交往对象以及双方的关系有所估计,并产生自我与他人的相应情感,进而采取相应的行为反应。对自我社会形象估计的模糊和自我评价的不准确,则会给交往带来困难甚至产生人际冲突。要实现成功的交往就必须转换社会视角,从"别人怎么看我"的角度,重新估计自我社会形象,修正自我评价从而调整自己的社会行为,使自己的社会适应性水平得到提高。可见,自我认知、自我评价的准确程度与表现出来的社会交往行为的适应程度是一致的。提高自我认知和自我评价水平,使社会交往具有自觉调节性质,可以避免交往上的失败;而改善社会交往行为,使交往取得成功,也可提高自尊心和自我评价能力,并且增强了进一步交往的动机。

通过交往活动提高儿童自我评价能力,我们可以从以下几个方面入手:

（1）改善交往环境。随着现代居住环境的变化,人们居住的场所逐渐具有高层封闭的特点,邻里之间咫尺天涯,互不往来,影响了人们之间的沟通。所以,家长要经常带孩子到大自然中去、到社会中去,到幼儿园中去。

（2）增加幼儿与成人的交往频率。家长要主动和幼儿在一起活动,一起游戏,把这种活动作为教育孩子的必经之路。幼儿园每个班级的人数不要过多,以增加幼儿与教师的交往机会,提高交往质量。

（3）开展丰富多样的游戏活动,增加幼儿之间的交往活动,养成团结合作、关心爱护、助人为乐等个性品质。

3.加强儿童交往中的个别指导

（1）对自我评价过高儿童的个别指导。自我评价过高的儿童,普遍具有难与人交往的特征。他们自认为处处都比其他人强,与别人相处总想占上风,因而普遍不受同伴欢迎。

造成儿童长期保持过高的自我评价,往往有两种情况。一是经常得到周围人不适当的肯定的评价,即使是在遭到失败时,仍然得到某些人的好评;另一个是他们确实具有某些能力,而且为其开展的活动又保证了他在这方面取得了部分的或暂时的成功。对自我评价过高、有着盲目优越感的儿童,采取个别说教的方法常常不能奏效。重要的是应该有针对性地引导他们参加一些活动,通过活动让他们切切实实认识到自己的不足,从而消除优越感和激情情绪,逐步使行为变得正常起来。

(2)对自我评价过低儿童的个别指导。自我评价过低的儿童,其特点是倾向于不与人交往。他们通常看不到自己的力量,对交往上的成功缺乏信心,常有退缩的行为表现。自我评价过低的儿童往往有过多次交往遭受失败和长期自我评价过低的经历。

长期的自我评价过低对儿童个性的正常发展和心理健康是极其不利的。对自我评价过低的儿童,教师要给予及时的关心。时时注意保护儿童的自尊心,要让每一个儿童都认为自己不差,知道自己的长处、短处及努力的方向。对已经产生自我评价过低的儿童,教师首先要从点点滴滴的小事上培养他们的自尊心,而且要让他们从同伴和集体的评价中切切实实感受到自己的价值。其次,教师要鼓励他们大胆和别人交往;同时教育其同伴对他们采取友善、热情的态度,消除其紧张情绪和不安心理。此外,在交往的技能技巧上给予具体指导,帮助其取得成功,逐步提高自我评价能力,促进自我意识的发展。

五、学前儿童自信心的发展

(一)学前儿童自信心发展概况

儿童到了两三岁开始萌发自信心。姜立君、杨丽珠(2000)研究结果表明,幼儿自信心各因素(包括自我评价、自我有效感、独立性、自我表现、主动性、敢为性)随着年龄的发展而发展,表现出年龄差异。幼儿自信心总的发展趋势,也表现出随着年龄的发展而发展。幼儿自信心在3~4岁之间较之4~5岁之间发展更为迅速,而且表现出个体差异。

研究表明,自信心较强的幼儿往往积极主动地参加各项活动,敢于表达自己的意愿;坚持自己的主张,与成人或同伴有分歧时能据理力争;在游戏及美工活动中创造多于模仿;他们对新环境、新事物容易适应;对待困难不轻易退却,常常自告奋勇地说"我来试试","让我想想办法";在自选活动中爱挑困难的任务,理由是"这样练习本领大","我会做成的","像这样的事我做过"。而自信心较弱的幼儿则往往迟疑,对自己的力量没有把握;不能坚持自己的行动目标,对新环境、新事物容易产生恐惧和退避;稍遇困难,未经努力就向成人或同伴乞求帮助。他们的内心充满了可能失败的预感和恐慌,往往会先说"我不会""我弄不好""我不行",不想付出更大的努力和尝试,宁愿随从、模仿别人或放弃目标。

自信心对于幼儿心理健康和认识能力具有十分重要的意义,它能促使幼儿产生积极主动的活动愿望,大胆探索、思考问题,乐于与周围人交往,经常保持愉快情绪。我国教育领域高度重视幼儿自信心这一心理品质的培养。新颁布的《幼儿园工作规程》总则第五条,幼儿园保育和教育的主要目标中增加了自信的内容,这是我国幼教法规在民主化、科学化、现代化方面的进步。

(二)学前儿童自信心的培养

1.建立良好的亲子关系

温暖和谐的家庭环境、良好的亲子关系是建立幼儿自信心的前提。出生第一年,婴儿一切都要依附于成人,如果在成人那里得到精心的照料和爱护,婴儿就会感到安全,就会相信周围的一切,信心十足地迈出自主的第一步。如果婴儿最初就受到冷漠,基本的需要得不到满足,就会产生不安全感和恐惧感,就会不相信自己,不相信周围一切。因此,我们提倡建立和谐的家庭气氛,父母对子女要采取民主的教育方法,关心爱护新生儿童。

2.给予儿童自由权和自主权,多为儿童提供自己做决定的机会,鼓励幼儿做力所能及的事情

儿童拥有自己独特的世界,他们对周围世界总是喜欢用自己的独特思维主动去认识、探索,偶有所得,便会欢呼雀跃。甚至更多的时候,拒绝成人给予的一切帮助,显示他的独立性。这个时期,父母往往容易过低估计幼儿的能力,觉得他们太小,怕他们做不成事反添麻烦,于是不顾幼儿的意愿包办代替,穿衣,妈妈帮;吃饭,妈妈喂;玩具,妈妈收;被褥,妈妈叠……幼儿的独立性、探索性、自信心逐渐泯灭。所以成人要以最大的信任、必要的指导和最低限度的帮助有的放矢地促进孩子自信心的发展。

3.给予幼儿积极的评价

对于幼儿的点滴进步,要给予积极的赞许和肯定,使他看到自己的力量。不要贬低或故意揭短,夸大孩子的缺点,要知道,好孩子是夸出来的。

4.帮助幼儿获得成功的体验

获得成功体验是形成幼儿自信心的基础。当幼儿自己学着穿衣服、铺床、收拾玩具时,成人的及时鼓励、适度表扬,能使儿童从中获得愉快的情绪体验,这种内心体验,可转化为儿童前进的动力。经过实践、强化、再实践、再强化的循环往复,幼儿就会在每一次成功体验的激励下,自信心得到进一步巩固和加强。可见,自信心从成功中来;而有了自信心,将会取得更大的成功。

六、学前儿童自我控制的发展

人类个体绝非一出世就具备了控制自己的能力。儿童是在生理不断成熟的条件下,在成人的指导教育下,通过与外界环境的不断交往发展各种心理能力,并逐渐克服其冲动性,学会控制自己的活动的。

宋辉、杨丽珠(2000)对幼儿自控能力发展趋势进行了研究,得出如下结果:

(1)幼儿自我控制能力结构包括自觉性、坚持性、自制力和自我延迟满足四个方面。

(2)幼儿自我控制发展具有年龄特征。从总体上看,3～5岁幼儿的自我控制能力随年龄的增长而呈上升趋势,且这种发展的关键年龄明显在三四岁之间。

(3)幼儿自我控制发展水平具有性别差异,女孩高于男孩。

第六节　学前儿童的道德

道德是调整人们相互关系的行为准则和规范的总和。道德品质又称品德,是一个人依据社会的道德规范和行为准则在行动时表现出来的一些经常的、稳固的特性。每个社会都希望它的社会成员能按照该社会的道德规范和行为准则行事,因此,品德发展成为儿童社会化的核心内容。

从心理学角度看,一般将品德分为三个基本成分:道德认知、道德情感和道德行为。这三者是互相联系、互相制约的统一体。

婴儿已能初步理解什么是"好",什么是"坏",并能做出一些合乎成人要求的道德行为。同时,已具有道德感的萌芽,如初步的同情心、责任感和害羞等。进入幼儿期,儿童的品德有了进

一步发展。这里仅介绍幼儿道德认知的发展。

幼儿道德认知是指幼儿对是非、善恶行为准则和社会道德规范的认识。这是幼儿将一系列的行为准则和规范不断内化的过程。

一、国外关于儿童道德认知发展的研究

(一)皮亚杰的儿童道德认知发展研究

皮亚杰是第一个系统研究儿童道德认知问题的心理学家。他采用独特的临床谈话法,着重从儿童对规则的理解和使用,对过失和说谎的认识以及对公正的认识等方面,揭示了儿童道德的开端和发展规律。

皮亚杰认为儿童的道德认识是从他律道德向自律道德转化的过程。他将儿童道德认知发展分为三个阶段:前道德判断阶段、他律道德或道德实在论阶段、自律道德或道德相对论阶段。

在前道德阶段,年幼的儿童对引起事情的原因只有模糊的了解,他们的行为直接受行为的结果所支配,因而这个年龄阶段的儿童既不是道德的,也不是非道德的。

在他律道德或道德实在论阶段,儿童认为规则是绝对的、固定不变的,是由权威所给予的,而不理解规则可以经过集体协商来制订或改变。在评定是非时,总是抱极端态度,或者是好的,或者是坏的,认为"公正就是服从权威",按是否遵从权威来判断是非。判断行为的好坏完全根据行为的后果,而不是根据主观动机。比如皮亚杰用对偶故事法研究儿童对说谎、过失的认识和判断,结果发现,6～7 岁儿童一般根据主人公在客观上的后果(如打碎的杯子的数量多少,说谎与真实情况的相差程度)做出判断,而年龄大的儿童则能注意行为的动机和意图。

幼儿的道德认知发展正处于第二个阶段,幼儿的道德判断是受自身之外的价值标准所支配的,因而具有从他性和情境性的特点。

幼儿晚期儿童的道德认知开始向自律阶段转化,但真正达到自律道德或道德相对论阶段则是在儿童入学以后。

皮亚杰认为儿童的道德认知发展与儿童的认知能力发展是相对应和平行的。幼儿道德的他律性就是幼儿认知的自我中心和实在论的反映。

近年的研究表明,幼儿对意图(动机)的理解比皮亚杰所设想的更为复杂。例如,要求 5～10 岁儿童判断两个男孩把箱子里的玩具都倒在地上的行为,一个是好意,另一个是恶意,结果几乎所有年龄组儿童都考虑了他们的意图(见图 9-4)。

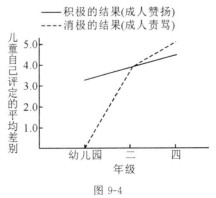

图 9-4

图 9-4 男孩的行为产生积极和消极的结果时,儿童对他的评价平均差别是他的意图是积极还是消极时儿童评价的差别。如果结果是积极的,所有年龄组对具有积极意图的小孩的评价比对具有消极意图的小孩的评价好。如果后果是消极的,除了最年幼的组外,评价也都是这样。

(二)科尔伯格的儿童道德发展阶段

美国当代发展心理学家科尔伯格(L.Kohlberg)受到了麦独孤(W.Mc Dougall)和皮亚杰等人观点的影响,提出新的道德理论。他通过采用两难故事法研究了 72 名 6 岁、7 岁、10 岁、13 岁及 16 岁的儿童,提出了道德发展的三个水平六个阶段(见表 9-4)。

表 9-4 科尔伯格的儿童道德发展阶段

阶段顺序	命 名	基本特征
第一级水平	前习俗水平(主要着眼于自身的具体结果)	由外在要求判断道德价值
第一阶段	服从与惩罚定向	服从规则以及避免惩罚
第二阶段	天真的利己主义	遵从习惯以获得奖赏
第二级水平	习俗水平(主要满足社会期望)	以他人期待和维持传统秩序判断道德价值
第三阶段	"好孩子"的定向	遵从陈规,避免他人不赞成、不喜欢
第四阶段	维护权威和秩序的道德观	遵从权威,避免受到谴责
第三级水平	后习俗水平(主要履行自己选择的道德准则)	以自觉守约、行使权利、履行义务判断道德价值
第五阶段	社会契约定向	遵从社会契约,维护公共利益
第六阶段	普遍的伦理原则	遵从良心式原则,避免自我责备

科尔伯格认为,幼儿的道德发展处于前习俗水平,此时幼儿尊重权威,目的是逃避来自严厉权威者的惩罚,同时出于自己的利益并考虑别人会如何回报他们的行动而服从、遵守规则,从而形成他律的道德判断。

二、中国关于儿童道德认知发展的研究

由李伯黍主持的儿童道德发展研究协作组曾在全国 18 个地区对 5～11 岁儿童的道德判断发展进行了研究。他们的被试对象共 2788 名,分 5 岁、7 岁、9 岁、11 岁四个年龄组。研究的目的在于验证皮亚杰等人的研究结果。

实验用三组对偶故事,第一组是关于行为意向性和行为后果的,第二组是关于成人惩罚的公正性的判断,第三组是关于儿童对人身伤害和财物损坏的道德判断(Elkind& Daber,1977)。

结果如下:(1)关于行为意向性与行为后果的道德判断,5 岁被试所根据的大多是财物损坏的程度,7 岁被试对行为意向性判断超过了对财物损坏的判断;(2)关于对成人惩罚的公平性判断,5 岁和 7 岁被试对成人不公正的惩罚,大部分持肯定的态度,这表明他们尚不能摆脱成人惩罚的影响;(3)对人身伤害与财物损坏的道德判断,在行为意向(有意或无意)相同的情况下,大多数认为人身伤害较财物损坏更为严重。研究者认为儿童这种判断与年龄无关,但中

国的研究发现,在有意的情况下,7～9岁儿童判断人身伤害较财物损坏更为严重的比例幅度有较大增长。

该研究支持了皮亚杰等人的理论。不过,中国儿童从不成熟判断转入成熟判断的年龄,普遍早于皮亚杰等人提出的转折年龄。

小　　结

1.个性是指一个人全部心理活动的总和,或者说是具有一定倾向性的各种心理特点或品质的独特结合。

2.个性既不是天生的,也不是人在出生后就立即形成的,而是逐步形成和发展起来的。个性形成的过程是漫长的。2岁左右,个性逐渐萌芽。三到六七岁是个性形成过程的开始时期。

3.气质俗称"脾气""性情",是一个人所特有的心理活动的动力特征。它表现为心理活动的速度、强度、稳定性和指向性等方面的特点和差异组合。

4.古希腊医生希波克拉底认为个体内有四种体液,黄胆汁、黑胆汁、血液、黏液,这四种体液分布多寡构成了四种气质型的个体,胆汁质、抑郁质、多血质、黏液质。

5.性格是个性中最重要的心理特征,是指人对现实稳定的态度和与之相适应的习惯化了的行为方式。

6.性格与气质的区别主要表现为:(1)气质主要是先天获得的,相对稳定,无好坏之分;而性格则主要是后天养成的,是易变的,有好坏之分。(2)气质与性格彼此具有相对独立性,同种气质类型的人可以具有不同性格特点;不同气质类型的人也可以有类似的性格特点。

7.能力是直接影响人的活动效率的心理特征,它是使活动任务得以顺利完成的必备的心理条件。

8.能力与知识、技能的相互关系主要表现为以下三个方面:第一,能力是掌握知识、技能不可缺少的前提。第二,能力的高低影响着掌握知识、技能的难度、速度和程度,并影响对知识、技能的运用。第三,知识、技能的掌握也会对能力的发展起到促进作用。

9.根据幼儿的气质类型进行教育:(1)成人对儿童的抚养和教育措施,必须充分考虑到每个儿童的气质特点;(2)要善于理解不同气质类型儿童的不足之处;(3)要巧妙地利用不同气质类型儿童的心理特点因势利导;(4)要注意和防止一些极端气质类型儿童的病态倾向发展。

10.儿童的性格是在先天气质类型的基础上,在儿童与周围环境相互作用过程中形成的。两岁左右,随着各心理过程、心理状态和自我意识的发展,出现了最初性格方面的差异,主要表现在以下几方面:(1)合群性;(2)独立性;(3)自制力;(4)活动性。

11.幼儿最突出的性格特点是:(1)好动;(2)好奇、好问;(3)好模仿;(4)好冲动。

12.学前儿童能力的差异表现在:(1)能力类型的差异;(2)能力发展水平差异;(3)能力表现早晚的差异。

13.自我意识就是自己对所有属于自己身心状况的意识。包括意识到自己的生理状况(如身高、体重、形态及健康程度等)、心理特征(如需要、兴趣、能力、性格等)以及自己与他人的关系(如自己与周围人们相处的关系、自己在班集体中的地位和作用等)。

14.自我意识是由自我认识、自我体验和自我监控等三种心理成分构成的相互联系、相互制约,统一于个体的自我意识之中。

15.婴儿自我认识发生发展的趋势:(1)戏物(镜子);(2)(镜像)"伙伴"游戏;(3)相倚性探究;(4)自我认识出现。

16.道德是调整人们相互关系的行为准则和规范的总和。道德品质又称品德,是一个人依据社会的道德规范和行为准则在行动时表现出来的一些经常的、稳固的特性。

17.国外关于儿童道德认知发展的研究:(1)皮亚杰是第一个系统研究儿童道德认知问题的心理学家。他采用独特的临床谈话法,着重从儿童对规则的理解和使用,对过失和说谎的认识及对公正的认识等方面,揭示了儿童道德的开端和发展规律。认为儿童的道德认识是从他律道德向自律道德转化的过程。(2)美国当代发展心理学家科尔伯格(L.Kohlberg)受到了麦独孤(W.Mc Dougall)和皮亚杰等人观点的影响,提出新的道德理论。他提出了道德发展的三个水平六个阶段的理论。

思考与复习

1.什么是个性?

2.气质的内涵是什么? 不同类型气质的主要特点是什么?

3.什么是性格? 如何塑造幼儿的性格?

4.什么是能力? 怎样培养幼儿的能力?

5.简述科尔伯格的儿童道德发展阶段论。

第十章　学前儿童心理发展的差异与教育

 本章主要内容

本章主要通过对学前儿童智能的差异、气质的差异、性格的差异、认知方式的差异、性别上的差异的阐述使读者更好地去了解学前儿童心理发展的差异，并针对这些差异如何进行更好的教育提出了可行性的建议。

学习目标

1.掌握学前儿童智能类型、水平、表现早晚的差异与教育方法。

2.了解学前儿童人格差异与教育方法。

3.掌握学前儿童的不同认知方式，以及对此如何进行教育。

4.熟练掌握学前儿童男女两性的心理和行为差异、学前儿童性别差异产生的原因，以及针对学前儿童性别差异如何进行教育。

 关键词

学前儿童　智能差异　人格差异　认知方式　性别差异

子路问："闻斯行诸？"子曰："有父兄在，如之何其闻斯行之？"冉求问："闻斯行诸？"子曰："闻斯行之。"公西华曰："由也问'闻斯行诸？'子曰'有父兄在'；求也问'闻斯行诸？'子曰'闻斯行之'。赤也惑，敢问？"子曰："求也退，故进之；由也兼人，故退之。"

这段话的意思是，子路问："一个人听到一件应该做的事是不是立刻去做？"孔子说："有父兄在，怎么可以听到就做呢？"冉求问："有人听到应该做的事是不是立刻去做？"孔子说："听到就做！"公西华对此迷惑不解，就问孔子这是为什么。孔子说："冉求生性畏缩，所以我要鼓励他；仲由（子路）勇气过人，所以我要约束他。"可见，孔子是根据教育对象的心理差异而采用不同的教育态度和方法的。

学前儿童的心理发展有着共同的年龄特征，然而每个儿童又各具特点。学前教育工作者既要依据学前儿童的年龄特征进行集体教育，又要考虑学前儿童心理发展的差异进行个别教育，这样才能发挥最大的效能。

第一节　学前儿童智能差异与教育

智能泛指智力和能力,它是一种心理特征,是顺利完成某种活动的心理条件。小学儿童智能发展上存在着多方面的差异,教师要承认这些差异,并针对这些差异进行教育,使每个学生的智能都能得到充分发展。

一、学前儿童智能差异

智力的个体差异有多种表现形式,它既可表现在水平的高低上,又可表现在结构的不同上,还可表现在发展与成熟的早晚上。

(一)智力水平差异

心理学的研究表明,人的智力水平是呈常态分布的。有些人智力发展水平较高,有些人智力发展水平较低,而大多数人的智力属于中等水平。据有关数据统计,68%的人的智商在85到115之间,他们的聪明程度属中等。智商分数极高与极低的人很少。一般认为智商超过140的人属于天才,他们在人口中不到1%(见表10-1)。

表 10-1　智力等级的分布

IQ	智力等级	百分比
130 以上	超常	2.2
120～129	优秀	6.7
110～119	中上	16.1
90～109	中等	50.0
80～89	中下	16.1
70～79	偏低	6.7
69 以下	低常	2.2

从上表可以看出,智商在130以上为超常儿童,智商在69以下为低常儿童,处在智力分布两个极端的超常和低常儿童,虽然他们人数比例较低,但是由于他们各自具有与一般儿童显著不同的特点,常常引起教育和心理学工作者的重视。后面我们将专题来论述和讨论。

(二)智力的结构差异

人的智力差异不仅表现在水平上,而且还表现在智力结构上。智力的结构差异主要是指由于构成智力的基本因素不同而产生的不同的智力类型。

1.分析型、综合型与分析—综合型

这是根据人们在知觉过程中的特点而划分的类型。属分析型的人,在知觉过程中,具有较强的分析能力和对物体细节感知清晰的特点,但概括性和整体性不够;属综合型的人,具有综合整体知觉的特点,但缺乏分析性,对细节不大注意;属分析—综合型的人,兼有上述两种类型的特点,既具有较强的分析性,又具有较强的综合性,是一种较理想的知觉类型。

2.视觉型、听觉型、运动觉型与混合型

这是根据人们在记忆过程中某一感觉系统记忆效果最好而划分的类型。视觉型的人视觉记忆效果最好;听觉型的人听觉记忆效果最佳;运动觉型的人有运动觉参加时记忆效果最好;混合型的人用多种感觉通道识记时效果最显著。在日常生活中,有人(艺术家)需要高度发展的形象记忆,而另一些人(数学家)需要高度发展的抽象数字符号记忆。有人记忆敏捷准确,保持长久,提取运用方便;有人则记忆迟钝,遗忘得快,再认回忆的效果差;还有的人虽然记得慢,但记得扎实且保持时间长。

3.艺术型、思维型与中间型

这是根据人的高级神经活动中两种信号系统谁占优势而划分的类型。艺术型的人,第一信号系统(除语词外的各种刺激物)在高级神经活动中占相对优势。他们在感知方面具有印象鲜明的特点,在记忆方面易于记忆图形、颜色、声音等直观材料。在思维方面富于形象性、想象丰富,还有他们的情绪容易被感染。思维型的人则第二信号系统(语词)在高级神经活动中占相对优势。他们在感知方面注重对事物的分析、概括,在记忆方面善于语词记忆、概念记忆,在思维方面倾向于抽象、分析、系统化,善于逻辑构思和推理论证等。中间型的人两种信号系统比较均衡,具有两者的特点。

(三)智力的年龄差异

智力发展与成熟早晚也存在明显的年龄差异。有的人在儿童时期就显露出非凡的智力和特殊能力,这就是"人才早熟"或"早慧儿童""超常儿童"。

在中国,唐初有名的诗人王勃,6 岁善文辞,9 岁能读汉书,以后写下了脍炙人口的《滕王阁序》;诗人白居易五六岁能作诗,9 岁通音律;财政专家刘晏 8 岁在唐玄宗的一次祭泰山途中献颂,被称为"国瑞"。宋代还专门成立了"念书童子科"以培养人才。当代,在社会主义国家,更是"神童"辈出。4 岁的亚妮和 7 岁的阿西,是我国广西有名的小画家,7 岁的胡晓丹应国际儿童年的"我的 2000 年"国际画展要求,创作了一幅《荡秋千》水墨画,荣获 1979 年世界儿童画一等奖。广西著名的 9 岁小歌手苏庆,以及中国科技大学数十名少年大学生,都是当代出类拔萃的小"神童"。

在国外,少年出众的"神童"也是不少的。据记载,莫扎特 6 岁就开办了音乐演奏会;贝多芬 13 岁时创作 3 部奏鸣曲;英国的威廉·汤姆逊是继牛顿之后的大物理学家,也是个天才儿童;控制论的创始人维纳 9 岁进入高中,14 岁进入哈佛大学,18 岁获得哲学博士学位……最近,国际报刊上也介绍了不少"罕见的小才子"的情况,如 11 岁的大学生坎姆·韩特,7 岁就写了不少童话和短篇小说的天才小作家伊尔·迪亚斯,以及日本儿童翻译家三轮光范小朋友的事迹……

超常儿童是在比较优异的自然素质和有利的环境影响下,经过精心培育的结果,超常现象并不是自发出现的。大部分超常儿童都有优越的早期家庭教育的条件,有名人的指点和熏陶,或家长的精雕细刻,使他们的超常才能得以早期表现。为此,创设一定的条件和环境,对及早发现和教育超常儿童是非常重要的。

人的智力除"早慧"外,还有"大器晚成"的现象,即有的人一直很晚才表现出才能来。我国古代早就有"甘罗早,子牙迟"的记载,战国时代秦国的甘罗 12 岁就当上了上卿,而姜子牙 72 岁才任宰相。我国近代著名画家齐白石,40 岁才表现出他的绘画才能。著名生物学家、进化论的创始人达尔文,到 50 多岁才开始有研究成果,写出名著《物种起源》一书。

人的智力虽有早晚的年龄差异,但就多数人来说,成才或出成果的最佳年龄是成年或壮年时期。美国学者莱曼曾研究了几个名科学家、艺术家和文学家的年龄与成就的关系。他认为25～40岁是成才的最佳年龄(见表10-2)。

表10-2 成才的最佳年龄表

学科	化学	数学	物理	实用发明	医学	植物学	心理学	生理学	声乐	歌剧	诗歌	小说	哲学	绘画	雕刻
年龄	26～36	30～34	30～34	30～34	30～39	30～34	30～39	35～39	30～34	35～39	25～29	30～34	35～39	32～36	35～39

我国学者张笛梅统计从公元600—1960年共1243位科学家的1911项重大科学成就,也与莱曼的观点一致(见表10-3)。

表10-3 成才人数与成才项目年龄阶段表

年龄阶段	16～20	21～25	26～30	31～35	36～40	41～45	46～50	51～55	56～60	61～65
成才人数	21	110	233	255	218	166	106	63	36	20
成才项目	21	119	294	328	333	278	201	117	83	44

(四)智力的性别差异

智力的性别差异问题,是智力差异中的一个较敏感的问题,许多研究尽管结论不同,但在以下两个方面是持一致意见的。

(1)大量的研究表明,在智力上,男女的智力即使存在差异也不明显,男女智力的总体水平大致相等,但在智力分布上有显著的差异。男性比女性的离散程度大,也就是说,很聪明的男性和很笨的男性都要比女性多。男女智力的这种分布差异在学业成绩上的反映很显著。国内外的一些调查的结论大致相同:无论是中学还是大学,学习成绩优异的和学习成绩较差的,男生均多于女生,成绩中等的女生多于男生。

在我国,天津市教科院最近根据国际教育成绩评协会提供的试题,对30所中学的在校中学生进行了91158人次的物理、化学、生物、地理的测试,结果发现:天津市中学男女生学习成绩有明显差异。男生四科成绩均高于女生9～13分。

有的研究表明,从10岁以后男孩的数学成绩超过女孩,高于同龄女生0.2个标准差;从10岁以后,男孩逐渐显示更高的空间视觉能力,男孩的空间视觉能力高于同龄女生0.4个标准差。应当注意,上面讲的是平均成绩,从个体看,女生学习优秀的也大有人在。

(2)男女的智力结构存在差异,各自具有自己的优势领域。在许多特殊能力上男女有别。男性在算术理解、空间关系、抽象推理等方面较占优势,女性在语言流畅、记忆、知觉速度等方面较占优势。具体来说,在感知觉方面,男性的视知觉能力一般较强,尤其是空间知觉能力,男性明显优于女性。女性的听觉能力较强,特别是对声音的辨别和定位,女性明显优于男性。在注意力方面,一般男性的注意定向更多指向于物,喜欢摆弄事物并探索物体的奥秘,对物的注意具有稳定性。女性的注意则较多指向于人,喜欢注意人的外貌、举止、内心世界和人际关系,对人的注意的稳定性较好。在思维方面,男性偏于抽象思维,女性偏于形象思维。男性一般喜欢数学、物理、化学等学科,女性一般喜欢语言、外语、历史等学科。在言语方面,男女也各有优势。女孩言语获得比男孩早,在言语流畅性和读、写、拼等方面占优势,但男孩在言语理解、言语推理以及词汇丰富方面比女孩强。

以上对男女智力差异的分析,不能说男性智力优于女性,虽然,历史上有成就的男性多于女性,但这主要是文化发展的产物,因为社会为男性提供了更多的机会。随着社会的发展,男女社会地位日趋平等,女性对社会的贡献也将日益增大。

我们在分析智力的性别差异后,也顺便谈一下性别的其他心理差异:在个性和行为方面两性差异较大,男性的支配欲较强,女性较顺从,易接受别人的影响;男性的侵犯行为表现得比女性多;男性的自信心、自我评价较女性高;女性比男性更易恐惧、胆小,比男性更易移情、富于同情心。在成就上,男性成就水平普遍高于女性,工程技术、科学研究是男性取得成就的传统领域,女性有成就者较多在艺术、教育等领域。存在这些差异,一方面因为男女在生殖系统、性荷尔蒙、性染色体、骨骼肌肉等方面存在差异,另一方面也有社会因素的影响。

二、智力超常儿童的特点与教育

超常儿童是指智力发展大大超过同年龄水平的儿童。在心理学中,一般把智商(IQ)在120以上的儿童,或在音乐、绘画、诗歌、戏剧、体育等方面有突出表现的儿童,称为某方面的超常儿童。

(一)超常儿童心理发展的特点

根据国外和我国心理学界近几年对超常儿童智力发展的研究,超常儿童有多种类型的表现。有的幼年大量识字,三四岁已掌握汉字2000余个,能津津有味地阅读儿童读物;有的5岁开始写作,文笔通顺生动;有的数学才华早露,四五岁已掌握了加减乘除的混合运算;有的擅长外语,7岁时就掌握了英语常用词汇3000个以上,可以阅读英文读物,并能自如地与外宾进行英语会话;有的是小画家、小歌手,有的擅长书法……有的智力高于同龄发展水平两岁以上,有的高于同龄水平四五岁以上。尽管超常儿童心理发展类型和程度上都不一样,然而,在不同年龄的超常儿童中,也还是有一些共同的心理特点的,主要表现为以下几个方面:

1.有旺盛的求知欲和广泛而强烈的兴趣

这是超常儿童极为鲜明的一个特点。他们很早就表现出好奇心,爱追根究底,从小就有学习知识的浓厚兴趣。求知欲和认识兴趣是促进一个人从事学习或活动的推动力,有了强烈的求知欲和浓厚的认识兴趣,人们就会千方百计、不畏艰难地去探究科学世界的奥秘。"兴趣是最好的老师",兴趣和求知欲是成就的前提。我国的一些超常儿童也都有浓厚的认识兴趣和探究的好奇心。有的还在会说话之前就贪婪地看小人书,持久地玩积木,会说话之后,总是无休止地问大人"这是什么?""那是什么?"有的 4 岁上小学一年级,学了《一粒种子》,回家就把三粒黄豆种在花盆里,观察发芽情况;有的学了《我是什么》,就用杯子装着水,放在火上煮沸,观察汽化现象,直到汽化完为止;学了《保护牙齿》,就把鸡蛋放进醋里试试等等,开始用实验来探索事物发展变化的奥秘。许多超常儿童,学校的课程满足不了他们旺盛的求知欲,就翻阅爸爸妈妈的医学、历史、地理等书,如饥似渴,无所不看,看书时着了迷,表现了好学、好问、好看的突出特点。有的对大自然也是兴趣盎然,常爱观察小昆虫、小动物如何生活,并收集一些花、叶来制作标本等等。一些已进入高中或大学的超常儿童,也还继续保持着这种广泛的兴趣。

2.有敏锐的观察力和高度集中的注意力

超常儿童注意既广,又能高度集中,特别是对他们感兴趣的事情,往往专心致志,高度集中注意两三个小时,甚至精彩的电视也不能使他们分心。只有善于观察,才能慧眼非凡,心灵开窍。善观察者可以见常人所未见,不善观察者,入宝山亦视而不见。善于观察是和高度集中的注意力紧密联系的,如果观察事物时注意力分散,东张西望,则难以看出事物的真相。从大脑皮层活动来说,注意力集中就是在大脑皮层上形成优势兴奋中心,因而这时感知的事物印象特别清晰,易于理解,并且学得快,记得牢。所以有人说,注意力和观察力是学习的门户,注意力集中,善于全面而深入地进行观察,就等于打开了智慧的天窗。

一般儿童注意力集中的时间不长,对事物观察不稳定,而智力超常的儿童则能较长时间地注意某一事物或某一活动。

我国现代小画家 4 岁的亚妮和 7 岁的阿西,能画出栩栩如生、千姿百态的小猴子和小猫咪,重要原因之一,就是他们在和猴子、小猫"交朋友"、玩耍的过程中,进行了细致入微的观察、观摩,甚至无数次对着镜子模仿、想象。这与他们的注意力异常集中而稳定是分不开的。

3.有较强的记忆力

智力超常儿童不仅机械记忆力出众,有意识记和意义识记也超出一般,常常是过目不忘,一读成诵。湖北武汉市的赵安,两岁半开始识字,3 岁时就认识 1767 个字。邝亚南 6 岁时能把妈妈挂在墙上的化学元素周期表纵横背诵。有的超常儿童记一个 17 位数字,即81276354453672189,善于从数字间的关系去找规律,寻找记忆方法,如上面的 17 位数字,他发现有两个规律:每相邻的两位数的和是 9;去掉末尾 9,数列正好成对称形式。这样就把机械记忆与意义记忆结合起来了。这种善于寻找有效的记忆方法,在超常儿童中不是个别的。

4.进取心强,有突出的探索精神和顽强的意志

超常儿童一般进取心都比较强,他们自信,爱与人比。比学习,别人会的自己也要学会;比下棋、比游泳……处处不甘落后。他们都有一股倔劲,想要学什么、干什么,就非学会干好不可。强烈的探究反射是深入学习的保证,它和求知欲、广泛的兴趣是密不可分的。强烈的探究精神是超常儿童的一个突出特点,他们什么事情都想了解,都爱问个究竟,找找它的奥秘,非要"打破沙锅璺(问)到底",不仅好问,而且好摆弄。

小宁看了《赤脚医生手册》《小草药手册》和《十万个为什么》,总喜欢把书上看到的问题亲自试一试。书上说睡觉时脚心受凉就会头痛,他晚上睡觉就故意把被子踢开,第二天果然感冒了;书上说吃了生蚕豆会中毒,他就跑到菜园里去剥了三颗生蚕豆,偷偷地吃了下去,然后躺在床上等中毒。可是过了许久,还不见动静。他就跑去问爷爷,"书上真胡闹……"爷爷生气地

说："胡闹？你才胡闹呢！幸亏吃得少,要是中了毒怎么办?"

在超常儿童前进的道路上,不是没有任何困难的,有的生活条件很差、学习环境嘈杂,有的碰上疾病或其他意外等,但是他们却善于排除各种干扰,坚持学习或锻炼,表现了坚毅的顽强的个性品质。"天才是勤奋""天才是毅力",凡是有成就的"神童",无不具有异乎寻常的毅力。离开了勤奋和毅力,任何天才都将夭折,都将一事无成。

5.思维敏捷,理解力强,有独创性

智力超常儿童从小思维就比较活跃、敏捷。他们敢想别人所未想,善于发现问题,敢于问一些谁也没问过的怪问题。能进行抽象推理,领悟事物之间复杂的关系,并富有创造精神。

湖南师院李仲涟等同志在《对超常儿童李小茜的调查和追踪研究》一文中指出,李小茜在类比推理和创造性思维上有着一些同年龄常态儿童所不及的特点。比如,要求将火柴棒摆出的式子 $114+3=45$,移动其中一根火柴棒,使两边相等。李小茜很快就将 114 中的一根火柴移到了后面,即 $14+31=45$。主试问："你怎么知道的?"她说："这边(指等号右边)只有 45,那边(指等号的左边)有 114,当然要把它减小,移个 1 就小了 100,把它放在 3 后面,使 3 变成 31,加起来就是 45。"她的分析、判断能力强,如要求改变下式"$1+2+3+4+5+6+7+8+9=100$"中的一个符号,使等号两边相等,李小茜稍加思索就将 9 前面的"+"号改为"×"。她的思路是:等号右边是 100,所以要从大的数目去想,$8×9=72$,还差 28,再把前面 7 个数加起来恰好是 28。在演算其他实验题目时,她推理正确、表达清楚,充分表现出思路灵活、流畅、富有创造性的特点。

发现速算法的史丰收,有长时间进行思考的坚持力。在他上小学二年级时,看到老师在黑板上演算,突然间产生了一个怪问题:做算术题能不能从左向右,从高位数算起呢? 他循着这个思路,长时间思索,日算夜想,吃饭时想,睡觉时想,想得入了迷,经过 10 多年的探索,终于创造了 13 位数以内的加减乘除和开方、平方的速算法。门捷列夫制成元素周期表,也是经过长时间的思考而成功的。这就说明智力超常的人,善于提出新问题,还要自己来回答,这就必须理解力强,坚持长时间的思考。善于提出问题是杰出人才做出创造性贡献的最基本的思维品质。他们善于在脑中分析,捕捉关键性的东西,思路开阔、敏捷、灵活,有创造性,有抓住问题焦点的能力。能掌握抽象概念,理解意义、认识关系,并能清楚地推理,易受启发,对成人的建议和问题能积极反应。

6.有丰富的想象力,有幸福感,情绪稳定

超常儿童的形象思维能力超出一般儿童,具有独特的想象力。小画家亚妮,1980 年 5 月 2 日是她 5 岁的生日,为了庆贺自己的生日,她在家里举行了一次精彩的童画表演。身高不足一米的小亚妮,竟坚持了 4 个小时,爬在画纸上创作了一幅珍奇画,画上有山有水,苍劲的树木纵横交错,树枝上的野果色彩丰富;一群群的猴子,有采果子的,有嬉戏的,有握手的,也有在树枝上睡觉的,有爬树寻找果子的,有在洞里抓虫子的,有从洞口往河里跳水的,有在河里游泳的。数一数竟有 40 只猴子,个个各具形态,只只色彩鲜明。这与她平时细致的观察、模仿、思索、想象是分不开的。参观者无不惊讶地望着这个刚满 5 岁的幼儿,她的小脑袋具有多么丰富的想象力呵!

智力杰出的人才还有幸福感,在大多数情况下表现自信、愉快、安详;必要时表现出自我解嘲的能力,显示强烈的幽默感。遇到问题并不忧虑,而能正确对待,适当解决。同时情绪比较稳定,以温和的而又适当的态度表达他的情感,能适应日常变化,既不暴躁也不愤怒。

(二)超常儿童的教育

一般估计超常儿童占学生总数的3%左右,就我国小学生来说,有1.4亿,就应有400多万超常儿童。这个庞大的数字,是我国培养人才的一笔巨大的"财富",因此发现和培养超常儿童,具有重大的现实意义,我们应采取措施使年轻一代的聪明才智得到充分的发展,加速培养现代化建设的人才。

儿童智力的发展,特别是超常儿童智力的发展,既有先天的因素,又有后天教育的影响。先天素质(如神经系统、大脑皮质的发展)是智力发展的前提,后天的生活和教育则起着决定作用。儿童存在着巨大的学习潜力和可能性,能否充分发挥,关键在教育。即使普通的学生,只要教育得法,也会成为不平凡的人。天资再好,若教育不得法也难以成才。如何对智力超常儿童进行教育呢? 近几年来,国内外一些研究超常儿童教育的工作者认为:

1.教育必须同孩子的"智力曙光"同时开始,开始时着重训练儿童的五官

所谓"智力曙光",是指幼儿智力发展开始萌芽的时期(即5岁前)。这是天才儿童卡尔·威特的父亲关于儿童教育应从什么时候开始的问题提出的基本观点。他认为,孩子的禀赋是各不相同的,如果所有孩子受的教育一样,那么,他们的命运就决定于其禀赋。但是,多数孩子接受的教育是不够充分的,他们的禀赋连一半也发挥不出来。如果及早地受到良好的、高明的完全教育,即使禀赋只有50%的普通孩子,也会优于生来禀赋是80%的孩子。因此,他主张要不失时机地给孩子以发展其能力的机会,必须同孩子的智力曙光同时开始进行教育。

俄国心理学家塞德博士认为:幼儿的求知需要在两三岁就发生了,这时若不提供适当的认识对象,则已发生的求知需要就会白白地枯死;反之,若在这一时期给予及时的教育,幼儿就能终生成为富有追求精神的人。

智力的发展必须从训练五官开始,五官(耳、目、口、鼻、皮肤)是认识外界事物和获得知识的渠道,渠道畅通,儿童接受外界刺激才会顺当、迅速。五官的训练,首先要发展幼儿的听力、视觉,训练他们的听觉、节奏感,培养他们辨别颜色、大小、形状等的能力,逐步发展他们的观察力以及其他几种感官的感知力。这些都是日后学习的必要基础。

2.及早地进行语言教育

语言是进行思维的工具,是接受知识的手段,也是发展智力的一个重要方面和标准。教儿童语言,首先从口语教起,特别要注意字音发声的准确,不要教儿童"半语子话"、方言和土语,教儿童"奶奶"(吃奶)"丫丫"(脚)"汪汪"(狗)"嘟嘟"(汽车)之类的语言是毫无意义的,是一种浪费。孩子在两岁左右,大人如能缓慢、清晰地将语词说几遍给孩子听,他们都可以模仿发出音来。因此,要孩子发音准确,自己必须以身作则,力求发音标准,语言规范,精选用词。儿童入学前通过口头语言掌握了一批词汇,紧接着就是对字的音、形、义统一联系认识的形成,这就为他们入学后掌握书面语言,理解字义打下重要的基础。除此之外,有条件地、尽量地让儿童在幼年时学习外语,也是有好处的。儿童掌握了大量词汇、句子,既扩大了知识面,又发展了能力。

3.以游戏、讲故事、外出散步、观察大自然的方式传授知识

对儿童进行思维的训练越早越好,而这种训练以游戏为好,游戏是儿童的天性,每个孩子都喜欢游戏,游戏能帮助孩子掌握知识,发展智力。比如识字时,看图找字的游戏.配对游戏;

给儿童一些木块,指导他们造房、修路、架桥、建造城市的游戏;玩各类戏剧性的游戏,如模仿电影、故事书上的情节进行表演。通过这些游戏教给孩子各种科学知识,并训练他们机智、灵活的思考能力。

儿童最爱听故事,而且百听不厌,用讲故事的方式教育儿童最有效。故事可以锻炼儿童的思考力、记忆力,启发想象,扩展知识,讲故事的方式儿童喜欢,也记得牢。讲故事要培养儿童复述的能力,这样可以培养他们集中注意地听,又迫使他们有意记忆,还能达到语言训练的目的。

为了扩大儿童的视野,要有目的、有计划地引导儿童观察大自然的动、植物形状,生长特点和有关知识,让他们在大自然中熏陶,增长知识。通过散步中闲谈,对儿童进行教育,既不疲乏,又不感到枯燥无味,又易激发儿童的求知欲望和兴趣。

4.启发求知欲,唤起学习的兴趣

教育在什么情况下最有效? 一般来说,唤起了儿童的兴趣和求知的欲望时才开始教育是最有效的。新颖的刺激、诱人的形象,以及学习的结果都能激发儿童的求知欲和兴趣。好奇心是儿童的天性,儿童渴望认识周围一切,他们常常提出各种幼稚的、奇特的,甚至难以解答的问题,这时家长和教师不要厌烦、拒绝、呵斥、取笑或讽刺,而要设法给以满足,以保护和巩固孩子的求知欲和积极性。而且还要故意向他们提出一些问题,引起他们思考和提出新问题。

进入学校学习后,超常儿童的聪明才智往往在特殊的兴趣、爱好中表露出来。教师要创设条件,使学生的特殊兴趣得到发展。因此中小学校多设课外活动小组,多设选修课,让学生按照自己的兴趣学习某些课目,将会出现更多才能出众的学生。

5.保持儿童的好奇心

精力充沛、好奇和求知欲旺盛是儿童(特别是超常儿童)的基本特征。好奇可以促使儿童更多地去观察世界、观察社会;与外界频繁地接触和交往又反过来增强儿童的好奇心和观察力,促进他们创造性的发展。出于好奇心去进行某种活动的儿童,如果得到了奖励,他们将会继续进行类似的实践。教师要保护学生的好奇心,不要挫伤其积极性,并引导他们向正确的方向发展。

6.充实课程内容

要注意有的超常儿童,由于他们接受能力强,比别的学生更容易理解教师讲的内容,课堂上"吃不饱",会感到烦闷和无事可做,有时表现得淘气,行为容易"出格",或与老师争辩,或幻想,或为了解决某一难题而不去专心听讲。对于这样的学生,教师应充实课业内容,提高练习难度,鼓励他们独创地去学习。有的学生在开学一个月内就把本学期的教材掌握了,教师可以编制一套供自学用的辅导材料,或推荐程度深一点的书给他,引导他去解决水平较高、难度较大的有关问题。这样就能使这个学生不仅保持了学习的积极性,而且更加迅速地发展他的才能和智力。

7.启发学生积极思维,鼓励学生的幻想和独创性活动

思维能力是智力的核心,学生的思维能力是掌握知识的重要条件,同时它又主要是在掌握知识的过程中发展起来的。科学知识是丰富多彩的,在教知识时既要循序渐进、由易到难,又要引导学生找窍门掌握知识的难点和规律。使学得的知识,可以举一反三,并能解答实际问题;在解答问题过程中要会阐述自己分析问题、解决问题的过程与依据。在教学中,还应当鼓

励学生的求异思维和创造性思维，这样有助于发展学生的思维能力。

儿童和青少年是富于幻想的。有创造经验的人认为，对未来可能发生的事物进行幻想的构图，可以促进独创性的发展。因此，教师要鼓励学生进行幻想，并创造条件，给予机会，组织他们进行各种想象力的练习。教师还要注意他们的独创性是在各项独立性活动中发展和表露出来的，因此允许他们按自己的进度自学，并在实验室和课外活动中为他们提供更多的独立活动的机会，是促进学生独立工作和发展创造力的必要条件。他们独立活动时，开始可能有较多的缺点或错误，但这是创新精神的开始，因此教师既要鼓励，又要帮助他们总结经验教训，以克服缺点，纠正错误。

对超常儿童可以采取加速教育，充实课程内容和开设特别班来发展其智力，允许他们跳班。这样做有助于人才的培养。

8.不可忽视学生品德、意志的锻炼与培养

超常儿童在智力上是超常的，但在品德上则不一定超常，甚至可能会落后。我们培养的人才，首先必须是有高尚品德和情操的人，因此个性品德的教育是十分重要的。为了培养他们有良好的品德，可以经常给他们讲古今各国劝谏行善的故事，培养对故事人物的善恶行为进行判断的能力；鼓励他们处处为别人着想，经常做好事，而且把做好事的行为登记下来，作为自己永久性的纪念。一般来说，智力超常儿童最易滋长骄傲自满情绪，这是他们学习和品行的大敌。要特别重视他们在积极因素掩盖下的消极品行，及时地进行矫正教育。同时要培养他们的意志，从小事做起，培养他们的意志力。要使他们认识到，缺乏坚强的毅力和顽强的意志是很难使学习取得实效的。

三、智力落后儿童的特点与教育

智力落后儿童是指智力发展处于持续性迟缓状态，因而其智力水平和智力功能低于正常水平的儿童。在国外，智力落后儿童也叫低常儿童或智能落后儿童。

人生最痛苦者，莫过于智力发展产生障碍。智力落后已成了当今世界面临的最重要的社会问题之一，已引起医学、教育学、心理学各界以及有关家长的关注。

（一）智力落后儿童的特点与分类

据了解，智力落后儿童的心理活动具有如下特点：

感知觉发展缓慢，知觉范围比较狭窄，视觉、听觉表象贫乏而笼统，对类似事物不易分化，且不稳定。记忆力很差，学过的东西不能很好保持，回忆困难，意义识记和有意识记能力很差，如果不受专门训练，就不能独立运用意义识记的方法。思维上，他们不善于比较，进行抽象和概括特别困难，抽象思维力差，有的三四岁甚至到八九岁还不会数数，即使能从1数到10或者20，但却数不到100，计算时只会扳指头、画圈圈。因此，他们不能正确地理解客观事物的本质及内在联系，想象力也很贫乏。但在特殊教育条件下，配合直观因素进行教学，或者与多样化的实际活动和劳动密切联系起来，他们的思维也能得到明显的改变。他们的语言表达能力差，词汇贫乏，常常语无伦次，对语言的理解和运用能力均有缺陷。

智力落后儿童在个性特征和行为上也与众不同。在个性上他们比正常儿童更易沮丧，对成人常抱敌意，情绪紧张、压抑，缺乏自信，他们常以失败的心情对待学习和大人交给的任务，思想方法也较绝对化。他们个性特征的根本特点是固执性、僵硬、缺乏灵活性，难以适应新的事态。这一切当然都与成人、周围人对他的态度和教育有关。

智力落后儿童的心理水平和行为能力并非都是相同的。我国心理工作者与医务人员参照国外资料，将智力落后儿童划分为三类，即分为轻、中、重三级。其特点或行为指标如下：

（1）轻度的。生活能自理，能从事简单劳动，有连贯语言，但学习吃力，特别是掌握数的概念和进行计算有困难。

（2）中度的。生活能半自理，动作基本可以或部分有障碍，只会说简单的字或极少的生活用语，数的概念缺乏或极简单。

（3）重度的。生活不能自理，动作有困难，缺乏语言，或只会发单音，不识数。

根据初步调查，我国智力落后的儿童大多数是轻度和中度的。对于这些儿童，只要进行早期诊断，及时给予治疗，同时给予适当的训练，他们中的大多数是能够学会独立生活和从事某种简单劳动的。

（二）智力落后是怎样形成的

引起儿童智力障碍的原因相当复杂，它包括遗传、生物环境、社会环境与心理等多方面的因素，也可以是出生前、出生时或出生后的各种因素对大脑的损害。高龄妊娠、近亲结婚、怀孕前后接触有毒物质等，都可以引起染色体异常而导致智力障碍。孕期接触放射线、铅及汞类化学毒物、酗酒、吸毒、病毒感染等，妊娠期贫血、营养不良、患各种严重疾病以及长期的情绪不良等对胎儿的脑发育产生影响，从而导致智力发育异常。出生时难产、缺氧、早产、过期产、胎儿出生体重过低或超重等，也是引起智力障碍的原因。儿童期大脑发育成熟以前患脑炎、脑外伤、脑缺氧、严重营养不良、长期癫痫发作、严重躯体疾病引起脑代谢异常、先天性甲状腺功能低下、代谢性疾病等都可能导致脑缺氧和脑损害，产生智力障碍。特别要提醒注意的是，妊娠期长期接触电脑的妇女所生小孩，以及小孩居住在新装修的房子后受到室内污染中毒，有可能影响智力的发展。小孩出生后得不到足够的教育时，将对智力发展产生不良影响。我们经常会发现，一些儿童的智力障碍发生的原因，就是父母忙于工作，将孩子完全交给保姆带养，小孩与外界交流很少，生活照顾虽然周到，但智力刺激很少，以致儿童语言发展迟缓，反应迟钝。

就病理因素来说，其病因是：

（1）产前因素。例如，受精卵中染色体畸变，母亲妊娠期间由于患病（高烧、吃药过多）与治疗（X光射线）给胎儿脑发育带来不利，或近亲（父母血统关系近，隐性遗传的问题）造成的智力落后。

（2）产程因素。例如，脐带绕颈、分娩异常、难产，新生儿窒息，颅内出血等。

（3）产后因素。出生后患过脑炎、脑膜炎（有后遗症）或高烧等疾病。

（4）其他或原因不明。例如，有的儿童在年龄小时患过肺炎或中毒性痢疾，病中曾发过高烧、抽搐等。

有人认为，孕妇饮食对于婴儿的发育和智力行为是有影响的。在怀孕最初8周，脑发育不受母体营养物质的影响，但受辐射、病毒感染等有害因素的影响。在怀孕7个月左右，脑开始一个重要的发展阶段，这个时期一直到出生，到一岁半、两周岁或更晚，营养条件是重要的。如果这一段时期营养不良，则可能造成幼儿脑不可逆（即难以挽回）的损伤。婴儿出生后，即使生理机制正常，但若失去应有的护理和必要的刺激，大脑发育也会停滞，心理发展会受到严重损失。

（三）对智力落后儿童的教育

为减少智力落后儿童的出现,提倡优生学,禁止近亲结婚,注意和加强对孕妇在怀孕期间的护理和营养是很重要的。另外,为避免儿童在大脑发育定型后造成不可挽回的影响,对婴幼儿进行早期诊断和防治也是非常重要的。

从教育的观点看,根据对智力落后儿童进行教育的可能性,可作三种分类:一是可教育者,他们发展速度缓慢,但有可能掌握社会生活所需要的知识和技能。二是可训练者,他们没有能力在学校教育中掌握科学技术,即使长大成人,也不能参与社会生活,但可以在家庭或特设机构里进行处理身边琐事和适应生活等的训练。三是保护对象,需要终身在家庭或特设机构里接受保护。

对于轻度智力落后儿童,采用适合患者水平的教育措施,能促进智力进一步发展,并达到适应社会要求的水平。比如,对他们特别爱护、关心、热情,让他们进入一个更多变化、富有刺激的、高度激动的情绪影响的环境,轻度智力落后是能够经过教育而好转的。

为智力落后儿童设立特殊班级或专门学校,把他们集中起来,编入特殊班进行系统的、适合他们特点的教学。或采用诊断性补救教学,针对儿童缺陷的特点,缺什么教什么。例如,有的儿童抽象概括思维能力特别差,因而数学能力差,那就着重补数学;有的儿童语言能力差,因而学习语言文字课目有困难,就给他补习这方面的课程。这些做法都有一定的效果。

特殊班是对智力落后儿童进行有针对性的系统教育,在学习初期,应加强培养学生的自信心和自觉性,课业内容要适合他们的水平,不宜过高。教学方法要特别注意采用具体、形象、生动的看、听、摸、尝、演等直观手段,而且要进行更多的练习,知识才容易被掌握。在学习知识时,需要辅以图片、幻灯、影片和戏剧性的扮演角色表演,以补充和代替抽象的概念,补足其亲身的经验。

如果是智力障碍严重的,则应送到专门治疗智力落后病人的医院去治疗,或在家里保护起来。在我国,应加强对智力落后儿童的诊断、训练和治疗,以利于他们学业和智力的发展。

第二节　学前儿童人格差异与教育

人格是气质和性格的总称。所谓气质,是指人的心理活动的比较稳定的动力特征,它表现在一个人心理活动的强度、速度、稳定性、灵活性及显露程度等方面。而性格是表现在人对现实的态度和行为方式中比较稳定的心理特征。性格特征是社会化的结果,在个性中占有核心地位。

一、学前儿童气质差异与教育

（一）学前儿童气质差异的表现

典型的气质类型为胆汁质、多血质、黏液质、抑郁质,它们的主要表现如下:

胆汁质相当于神经活动强而不均衡型。这种气质的人兴奋性很高,脾气暴躁,性情直率,精力旺盛,能以很高的热情埋头事业,兴奋时,决心克服一切困难,精力耗尽时,情绪又一落千丈。

多血质相当于神经活动强而均衡的灵活型。这种气质的人热情、有能力，适应性强，喜欢交际，精神愉快，机智灵活，注意力易转移，情绪易变、冷淡，办事重兴趣，富于幻想，不愿做耐心细致的工作。

黏液质相当于神经活动强而均衡的安静型。这种气质的人平静，善于克制忍让，生活有规律，不为无关事情分心，埋头苦干，有耐久力，态度持重，不卑不亢，不爱空谈，严肃认真；但不够灵活，注意力不易转移，因循守旧，对事业缺乏热情。

抑郁质相当于神经活动弱型，兴奋和抑郁过程都弱。这种气质的人沉静、深沉，易相处，人缘好，办事稳妥可靠，做事坚定，能克服困难；但比较敏感，易受挫折，孤僻、寡断，疲劳不容易恢复，反应缓慢，不图进取。

气质与看戏

四位先生听说某一歌星来演出，下班后他们赶到戏院，但已开演了。第一位急匆匆走到门口，就要入内，看门人拦住他说，"已经开演了，根据剧场规定，为了不妨碍其他观众，开场后不得入内"。这位先生一听，立刻火冒三丈，与看门人争吵起来。正当他们吵得不可开交的时候，第二位先生看见看门人吵得门也顾不上看了，灵机一动，立刻侧身溜了进去。第三位则认为再等一下，耐心地跟看门人好好说说，也许能让进。第四位见看戏无望，一边叹息一边说，"唉，真倒霉！我老是不走运，不看了。"说完就朝回走。

请你猜猜这四位先生分别是哪种气质类型的人？

当然，每个人都不是绝对属于某一类型，而是兼有几种心理特征，其中一种占主导地位。

（二）学前儿童气质差异的教育意义

气质与教育工作的关系非常密切，因而研究气质问题对搞好教育工作具有重要的意义。教师掌握气质方面的知识，就可以更深入地了解学生的气质类型及其特点，能有效地提高教育效果。

1.了解学生气质类型，帮助学生发展积极品质

气质类型本身没有好坏之分，我们不能笼统地认为某种气质类型好，某种气质类型不好。任何一种气质类型，既有积极方面，也有消极方面，如表9-1所示。

每一种气质类型都存在着向积极的品质或消极的品质发展的可能性。教师掌握了学生气质类型的特点，就可以有预见地、有针对地去帮助各种气质类型的学生，发展积极品质，防止消极品质的产生。

2.根据学生气质特点进行个别教育

由于气质类型是由神经活动类型决定的，所以一个人的气质特征具有很大的稳定性。教育过程中，若照顾到了学生气质类型的特点，采取恰当的方法，就可以把教育学生的工作做得更加顺利而有成效。例如，黏液质的学生比较固执，如果他表现出拒绝接受某个观点，教师不必强制他接受，而可以采取启发或事实感化等迂回的方式去说服他；抑郁质的学生比较敏感，不宜在公开场合点名指责；对胆汁质学生不宜针锋相对地去激怒他们。当多血质的学生犯了

错误后,当众予以批评可以收到积极效果;但抑郁质的学生难以忍受强烈刺激,当众指出他的缺点,很容易使他们灰心丧气,情绪低落,对自己丧失信心。如果教师用同一方法对待不同学生,效果不会好的。

3.注意和防止胆汁质和抑郁质学生的病态倾向发展

胆汁质和抑郁质儿童,如果不能很好地控制自己,便会表现出一些病态倾向。胆汁质儿童的极端化发展可能出现一些攻击和破坏性行为;抑郁质儿童容易产生紧张、胆怯、强迫等具有神经症焦虑倾向的障碍。根据临床研究,精神疾病患者的主要气质类型是胆汁质和抑郁质。因此,教师要更多地关心这两种气质类型学生的情况和问题,采取一些特殊措施,防止病态倾向发展。

二、学前儿童性格差异与教育

(一)学前儿童性格差异的表现

1.性格特征的差异

每个人的性格都是由不同的性格特征所构成的独特模式,一般认为,性格特征体现在四个方面:

(1)对现实态度的性格特征。对己,表现有谦逊与骄傲、自信与自卑、律己与任性、大方与羞怯等差异;对人,表现有诚实与虚伪、善交际与孤僻、同情心与冷酷无情、礼貌与粗暴等差异;对事,表现有勤奋与懒惰、负责细心与粗枝大叶、革新创造与墨守成规等差异。

(2)性格的理智特征。表现在认知态度和活动方式的差异,在感知方面有分析与综合、描述与解释、主观与客观、主动与被动等差异;在思维方面有独立思考与人云亦云等差异;在记忆方面有敏捷与迟钝、持久与短暂、准确与错误等差异。

(3)性格的情绪特征。即在情绪的强度、稳定性、持久性以及主导心境等方面表现出来的稳定特点。儿童之间表现出温和与暴躁、乐观与悲观、热情与冷漠、舒畅与抑郁、安静与激动等方面的差异。

(4)性格的意志特征。在意志的目的性、果断性、自制性与坚持性等方面,儿童之间存在着明显差异。

2.性格的类型

特征的独特结合,构成了性格类型。由于性格的复杂性以及人们对性格的不同理解,至今还没有公认的性格类型分类。下面介绍几种常见的性格类型分类。

(1)理智型与情绪型。理智型的人用理智的尺度衡量一切,用理智支配自己的行动。理智型儿童做任何事,总要冷静地思考一番,不感情用事;总要权衡一下利害得失,不贸然行动。"三思而后行",可以说是这一类型儿童的最大特色。情绪型的人情绪体验深刻,行为举止受情绪左右。情绪型儿童做事,喜欢凭情感行动,不冷静考虑。正因为如此,这种类型的儿童容易出现莽撞行为,事后常常追悔莫及。

大多数儿童属于中间型,单纯属于这两个极端类型的人是少数的。就是说,大多数儿童的情况是:他们遇到问题,有时冷静思考,凭理智行事;有时情感奔放,凭一时冲动。简言之,对此事可能是三思而行,对彼事则可能是贸然行动。

(2)外倾型与内倾型。外倾型的人心理活动倾向于外部世界,他们开朗、活泼、善于交际。

这种类型的儿童情感外露，对人对物均感兴趣、愉快好动、勇往直前，还带有一点鲁莽，以环境作为行为的出发点等等。内倾型的人心理活动倾向于内部世界，他们深沉、文静、反应缓慢、顺应困难，甚至性情孤僻。这种类型的儿童情感内隐、体验深刻、不爱交际并易害羞，以自我作为行为的出发点等等。大多数儿童属于中间型。

（3）顺从型与独立型。顺从型的人易受暗示，缺乏独立性。这种类型的儿童容易接受别人的意见，往往屈服教师的权威，倾向于不加批判地执行教师的一切指示，不能适应紧急情况。独立型的人具有个人信念的坚定性、决定的独立性。这种类型的儿童有自己的独立见解，在困难面前也不惊慌失措，喜欢把自己的意见强加于人，也易于在紧迫情况下发挥自己的力量。大多数儿童属于中间型。

（4）理智型、政治型、经济型、审美型、社会型与宗教型。德国哲学家、教育家斯普兰格（E.Spranger）认为，理论、政治、经济、审美、社会和宗教是人类六种基本生活方式，人们对这六种生活方式中的某一种方式产生特殊兴趣，形成相应的价值观。根据这种价值观，斯普兰格把人的性格分为六种类型，即理智型、政治型、经济型、审美型、社会型与宗教型。理智型的人表现出探究世界的兴趣，总是冷静而客观地观察事物，力图把握事物的本质，尊重事物的合理性，以追求真理为人生目的。政治型的人倾向于权力意识与权力享受，支配性强，其全部的生活价值和最高的人生目标就在于满足自己的权力欲望，得到某种权力和地位。经济型的人注重实效，其生活目的是为了追求利润和获得财富。审美型的人富于想象，追求美感，以感受事物的美作为人生的价值。社会型的人关心他人，献身社会，助人为乐，以奉献社会为人生追求的最高目标。宗教型的人信奉宗教，相信神的存在，把信仰视为人生的最高价值。

（5）社会型、理智型、现实型、文艺型、贸易型与传统型。美国职业指导专家霍兰德（J.L. Holland）认为，儿童的性格、学习兴趣与将来的职业准备密切相关。人们在不断寻求能够获得技能、发展兴趣的职业。经过几十年的研究和上百次的实验，他提出了性格—职业匹配理论，对儿童职业指导具有重大意义。他把人的性格分为六种类型，即社会型、理智型、现实型、文艺型、贸易型与传统型。

社会型的人对人友好、善于交往、乐于助人、易于合作，适合从事社会工作、教师、护士等工作。理智型的人生性好奇、勤奋刻苦、善于分析、富于理解，适合从事自然科学研究工作。现实型的人任劳任怨、脚踏实地、注重现实、不爱交往，适合从事农业、制图、采矿、机械操作等工作。文艺型的人情感丰富、想象力强、富于创造、自由放任、不拘小节，适合从事文学、艺术等活动。贸易型的人雄心勃勃、好冒险、精明强干、乐于领导、充满自信，适合从事管理、采购、推销等工作。传统型的人稳重顺从、认真细致、尽职尽责、拘谨保守，适合从事秘书、会计、打字员和接线员等工作。

（二）学前儿童性格差异的教育意义

儿童的性格，既是教育的结果，也是进一步做好教育工作的依据。针对儿童性格的差异，我们在教育中应注意以下几点：

（1）针对儿童的性格特征，采取适当的教育方法，培养优良性格特征，克服不良性格特征。例如，一个儿童乐于帮助人，但办事常常虎头蛇尾、不够踏实。教师可以通过有意识地委托其帮助集体办事等方式，使他逐步养成一丝不苟的认真态度和坚忍的意志品质。

（2）适当照顾儿童的性格特点，采取灵活多样的教育方法。

性格虽然可变，但又有相对稳定性因素，为了提高教育效果，教师应该考虑儿童的性格特点开展工作。一般来说,对于自卑或自暴自弃的儿童,教师不宜苛责,应通过启发暗示、表扬等办法,让他看到自己的优点和能力,以增强信心。对自尊心强或自高自大的儿童,教师就不能一再夸奖,但批评又要顾及情面,留有余地,既要保持他的上进心,又要设法使他在学习和工作的成败中看到自己的缺点和不足,以求虚心。对"吃软不吃硬"的倔强学生,教师要力求心平气和、避免情绪激化。儿童的性格多种多样、千差万别,所以教育的方式和方法也不能千篇一律。教育是塑造灵魂的艺术,必须因材施教、因势利导、坚持原则、讲求机智。

第三节　学前儿童认知方式与教育

认知方式又称认知风格,是指个体习惯性地加工信息的方式。所谓"加工信息",是指感知、思维、记忆等认识活动;所谓"习惯性的",是指没有意识到的偏好。由于习惯性的行为是一种稳定的行为,因此,个体认知方式的差异一般也是稳定的,儿童时期所表现出来的某种认知方式可能会保持到成年。一般来说,个体的认知方式也没有好坏之分,也就是说,不同认知方式的人可以取得同样好的学习效果,所以,教师没有多大必要去改变儿童的认知方式,但要根据儿童不同的学习方式,施以不同的教育。

认知方式有许多种,最常见的有三种分类:场依存型—场独立型、冲动型—沉思型、同时型—继时型。

一、场独立型—场依存型

这是美国心理学家威特金(H.Witkin)提出的一对认知方式。"场"意指问题的空间。场独立型是指当个体面对一个作为认知目标的问题时,很少或甚至不依赖于该问题空间的其他一些线索,而是根据认知目标本身的结构来搜索信息;场依存型是指当个体面对一个作为认知目标的问题时,较多甚至完全依赖于该问题中的其他一些线索,从这些线索中搜索信息。

用隐藏图形或镶嵌图形测验,可以有效地测量场独立型和场依存型的差异。测验图形是由一种比较复杂的图形构成,其中隐藏着一个简单的图形,要求被试迅速地从复杂的图形中找出简单的图形。

在这个测验中,复杂图形就是一个"场",在这个"场"的里面,有我们要辨认的"目标",即简单图形,还有围绕简单图形的多余线条,甚至阴影。如果没有这些多余线条和阴影,那么,看出指定的简单图形是很容易的;有了这些多余线条和阴影,就给辨认简单图形带来了困难。这些困难可以描述为"场"内多余线条和阴影,它们影响我们对目标图形的辨认。有的儿童可以迅速、准确地辨认出目标,表明他们认知活动较少受"场"内多余线条和阴影的影响,这就是"独立于场"的意思,所以,这样的儿童就叫作"场独立型者";有的儿童要花较多的时间才能辨认出目标,甚至最后还是辨认不出或认错,表明他的认知活动较多地受"场"的影响,这就是"依存于场"的意思,所以,这样的儿童就叫作"场依存型者"。

场依存型与场独立型作为一种认知方式的个体差异表明,为了认识事物而获取参照信息时,个体之间在侧重信息源的习惯性或偏爱性上有所不同。场依存型的人习惯性地侧重从外部环境(即所谓的"场")中搜索信息,由于这种"搜索"过程往往是不自觉的,所以就表现为"受外部环境的影响"的行为方式;场独立型的人则相反,他们习惯性地侧重根据认知目标本身的结构来搜索必要的信息,因此就表现为"不易受外部环境的影响"的行为方式。

场独立型与场依存型的差异,表现在心理活动的许多方面:场独立型的儿童认知重构能力强,在认知中具有优势;而场依存型的儿童社会技能高,在人际交往中具有优势;学习内容上,场独立型的儿童多偏爱数学和自然科学,场依存型儿童多倾向艺术和人文学科;在学习方式上,场独立型的儿童喜欢正规的、结构严谨的教学,场依存型的儿童则更喜欢松散的讨论式学习;从学习中的支援力量源来看,场独立型的儿童更多依赖资料本身,场依存型的儿童在学习中遇到困难时,更喜欢请教别人;从未来职业选择来看,独立型的儿童喜欢从事理论研究、工程建筑、航空等工作,场依存型的儿童则喜欢社会定向的职业。

根据学生的认知方式进行教育可以取得良好的教育效果。格劳伯森(Globerson)采取两种不同的训练方式,分别对场独立型和场依存型的 8 岁儿童进行有针对性的训练,结果他们在解决问题的能力上得到了不同的提高。心理学家研究表明,当教学方式与场依存型儿童的认知方式相匹配时,能减轻这种儿童在数学学习中的相对"劣势"。

二、冲动型—沉思型

这是心理学家卡根(J.Gagan)提出的一对认知方式。冲动型的特点是:反应快,但精确性差。冲动型的人面对问题总是急于求成,不能全面细致地分析问题的各种可能性,不管正确与否就急于表达出来,有时甚至没有弄清问题的要求,就开始解答问题。他们使用的信息加工策略多为整体性策略,当学习任务要求做整体解释时,成绩较好。沉思型的特点是:反应慢,但精确性高。沉思型的人,总是把问题考虑周全以后再做反应,他们着重解决问题的质量,而不是速度。这种人在加工信息时多采用细节性策略,在需要对细节进行分析时,他们的学习成绩较好。

在元认知知识和认知策略方面,两种认知方式也存在差异,斯托伯(Stober)的研究发现,8岁儿童中"沉思"与元认知水平有显著相关。沉思型的儿童能认清认知的目标和使用策略的有效性。也有研究发现,一至三年级具有"沉思"认知方式的儿童,具有更多的元认知知识,能使用较多的策略,记忆成绩也较好。

在学习能力上,两种认知方式也有差异。沉思型的儿童阅读能力、记忆能力、推理能力、创造力都比较好;而冲动型的儿童则往往有阅读困难,学习成绩也不太好。

冲动型—沉思型认知方式差异的形成与教养方式有关系,这对学校教育特别有意义,因为这就意味着冲动型—沉思型认知方式是可以训练的。如果教师认为沉思对于完成某些学习任务来说是更合适的认知方式,那就可以训练儿童沉思,特别是训练认知上倾向于冲动型的儿童转向沉思型。一些实验研究表明,训练还是比较容易奏效的。有的训练只是要求冲动型儿童在一开始反应的时候就抑制这一反应,过一会儿再说。结果受过训练的冲动型儿童要比未受过训练的冲动型儿童在解决问题时显得相对"沉思"了,作业表现也明显好转。有的训练是指导冲动型儿童观察沉思型儿童的行为,然后模仿其行为,才能取得一定的效果。

三、同时型—继时型

达斯(Das)等人根据脑功能的研究,提出了同时型与继时型两种认知方式。他们认为,左脑优势的个体表现出继时型的加工风格,而右脑优势的个体表现出同时型的加工风格。同时型的人,在解决问题时,同时考虑多种假设,并兼顾解决问题的多种可能性;继时型的人,在解决问题时,一步一步地分析问题,每一个步骤只考虑一种假设,提出的假设在时间上有明显的前后顺序,第一种假设成立后再检验第二个假设,解决问题的过程像链条一样,一环扣一环,直到找到问题的答案。

教师教学方式与儿童认知方式相匹配,能提高儿童的学习效果。帕斯克(Pask)研究了教师的教学方式与儿童的认知方式的关系。结果显示,当学习材料与儿童的认知方式匹配时,学习效果好;反之,当学习材料与儿童的认知方式不匹配时,学习成绩一般都不及格。研究者还通过同时型与继时型加工策略的训练,来帮助学习有困难的学生,结果表明,训练对学习困难的学生是有帮助的,特别有利于阅读水平的提高。

第四节　学前儿童性别差异与教育

人类分为男女两性,人的性别是由第 23 对染色体决定的。含有两个 X 染色体的受精卵就发育为女性胎儿,含有一个 X 染色体和一个 Y 染色体的受精卵就发育为男性胎儿。正是在性染色体的作用下,才实现了个体在胎儿期性腺、性激素、生殖系统的分化,并在降生后,尤其是在青春期形成第二性征以及在骨骼大小、肌肉力量强弱等方面的差异。男女之间这种在解剖生理方面的差异,是比较明显的,是人们熟悉的。但男女两性在心理和行为上存在哪些差异呢? 又是如何形成的? 作为教师应如何对待呢? 这是本节所要讨论的问题。了解这些问题,有助于教师有针对性地采取教育措施,更充分地发掘男女两性的潜力。

一、学前儿童男女两性的心理和行为的差异

(一)学前儿童智力的性别差异

1.男女两性智力发展的年龄倾向性

男女两性智力方面的差异受到年龄阶段的影响。研究发现,男女儿童在学龄前智力差异不很明显,特别是婴儿期,智力上几乎没有什么性别差异。幼儿期虽然已显示出差异,其表现是女孩的智力略优于男孩的智力,但不显著。男女两性智力差异的明显表现是从童年期开始的,也就是从小学阶段开始的,表现为女孩的智力优于男孩的智力。到了青春发育期,女性智力发展优势开始下降。到男性发育高峰期,男性智力逐渐优于女性,并且随着年龄的增长,这种优势愈益明显,青春发育期结束才逐渐减弱继续扩大的趋势。

男女两性智力差异的年龄倾向反映了男女两性在智力总体上的平衡性,这种平衡性还反映在另一方面,即男性在智力发展分布上智愚两端都比女性多,而女性的智力发展较为均匀。英国和日本的不少研究也发现男女两性的平均智商没什么差别,但男性标准差很大。从学习成绩来看也有类似的情况,一般男生学习成绩优异和差的为多,女生成绩中等的为多,男女生的平均成绩无明显差异。

2.男女两性智力发展上的不同优势

在感知能力方面,男性的视觉能力特别是视觉的空间能力明显地优于女性,与空间能力有密切关系的领域,如工程师,男性占绝对统治地位;女性的听觉能力较强,特别是对声音的辨别和定位,明显地优于男性。

在记忆能力方面,男性理解记忆和抽象记忆较强,女性的机械记忆和形象记忆较强。例如,在复述课文时,男生一般不满足于逐字逐句地背诵或模仿教师的讲述,而总是喜欢加入一些自己的语言或根据课文大意进行自由的复述,他们所关心并记忆的是课文的思想内容而不局限于原文的字句。女生在复述课文时,常喜欢从头到尾、逐字逐句地进行,不是很注意对识记材料进行思维加工。女生对具体事物的记忆较为精确,模仿性强,能凭形象记忆精确地模仿别人的动作和语言。

男女两性在思维能力方面的差异更为明显,男性多偏向于逻辑思维,女性多偏向于形象思维。

女性的言语能力胜于男性是一个事实。女孩说话较早,开始说话比男孩平均早 2~4 个月,而且言语表达能力较强。这种差异在童年期并不明显,从青春期开始,言语能力上的性别差异突增,女性在言语上的优势一直可以保持到高中阶段,她们不仅擅长拼拼写写等相对简单的言语任务,而且对于遣词造句、撰写创作等较为复杂的语言运用也能驾轻就熟。中小学里,朗读、背诵、作文比赛的获奖者,女生占绝对优势。

从以上所介绍的实验和观察结果,我们可以得出这样的结论:男女两性智力在不同年龄阶段各占优势,在智力的构成因素上也各有优劣;从智力差异的分布状况来看,男性智力优异的和很差的两端比女性多。所以,从总体上看,男女两性智力,难以判定谁优谁劣。

(二)学前儿童兴趣的性别差异

从兴趣上看,男性注意多指向于物,喜欢摆弄物体,拆散玩具,并探索其中的奥妙,主动进行科学实验,积极参加小发明、小创造活动,即所谓"物体定向"。女性则表现出"人物定向",她们的注意多指向人,喜欢探索人生,一般对人与人之间的关系很注意,很敏感。女孩爱玩"过家家"游戏,你当爸爸,我当妈妈,玩得十分起劲;爱抱洋娃娃,喜欢听悲欢离合之类感情色彩浓重的人生故事。从抱负水平上看,升学抱负水平男生显著高于女生,男生具有更强的取得高学历的意愿。

(三)学前儿童行为的性别差异

男女两性行为上的差异表现在侵犯性、支配性、合作性上。侵犯性的强弱是男女两性在行为方面最为显著的差异之一。男性的侵犯性强于女性,这一性别差异在一般的研究中都得到了证实。在学龄儿童中,男孩子的相互斗殴是十分常见的现象;而在成年人中,多数暴力犯罪都是男性干的。支配行为上,一个人的支配行为可以表现在两个方面:其一,支配他人,以获得别人的顺从并以此为满足;其二,个人对他人所施予的影响予以抗拒,这种对他人的抗拒实际上从相反的方向体现了个人的自我支配感。大多数的研究都证实了人们的传统看法,即女性更易受他人影响,容易被说服,易受暗示,也易产生从众行为。合作性上,女孩在一起从事合作性的活动多于男孩。女孩倾向于找比自己年龄小的同伴玩,对比自己年幼的儿童会表示关心和帮助;男孩倾向于跟年龄比他大的伙伴合作,如试着参加大孩子们的比赛。另外,男孩对同伴的苦恼或不舒服有点漠然。

(四)学前儿童自信心的性别差异

一般认为,女性的自信心低于男性。在自我评价上,男性对自己的成绩倾向于做过高的估计,而女性对自己的成绩倾向于做过低的估计。有一项研究要求儿童估计自己学期末考试成绩在班中的排次,男生估计自己排在前面比女生更为显著,对下一学期提高学习成绩的信心,男生也显著比女生强。这表明,男生的学习自信心比女生强。

在成败的归因上,女生更多地把自己成功归因于运气,把失败归因于自己的能力;男性更多地把成功归因于自己的能力,把失败归因于任务难。这种归因也反映出女性自信心不足。

二、性别差异产生的原因

两性的心理和行为差异是客观存在的。那么,这种差异是什么原因造成的呢?我们知道,人的心理受到生物因素、社会因素及主观能动性的影响,男女两性的心理和行为差异当然也是生物因素、社会因素、个体主观性等方面的交互作用形成的。

(一)生物因素

生物因素是造成男女两性心理和行为差异的前提。心理是脑的机能,脑的成熟是儿童心理发展的物质前提。研究表明,男女两性大脑两半球偏侧性功能专门化在发展速度和水平上是有性别差异的。女性控制言语过程的左脑的专门化速度要比男性强,正因为这样,女孩说话一般比较早,有较丰富的词汇,阅读书刊也比较早,学习外语也容易些。另外,性激素通过对大脑的影响也能引起智力的变化,如当女性胎儿暴露于过量的雄性激素或孕激素中,出生后其智力有所提高。男性的侵犯性强主要来自雄性激素的作用,男性的雄性激素水平是女性的6倍。

(二)环境因素

导致男女两性心理和行为的差异更多的是社会因素。首先是家庭的影响。观察表明,婴儿出生3个月后,母亲对女儿说话比对儿子多,这就会强化女孩的言语表达能力,为女孩日后在言语上的优势奠定基础。母亲与女儿的接触机会也较多,母亲的活动方式不断地影响女儿的活动方式,久而久之,女孩势必就容易模仿和参与女性的各种活动,逐渐出现女性式的活动倾向。同样,女性的依赖性强,也与从小对母亲的依赖有关。男女儿童的活动倾向性出现后,父母还会继续通过各种方法予以强化,他们会对孩子做出自己认为是合乎性别的行为投之以微笑、赞许和鼓励,如小女孩玩布娃娃、顺从、喜欢与人交往,男孩的好动、好斗、拆散玩具等,而对他们认为不合乎性别的行为则会加以阻拦和制止。这样,男女两性的活动倾向因强化而越加明显,他们各自的合乎性别的活动也就逐渐被固定下来。于是女性的活动就逐渐定向于人,善于交际,富于感情;男性的活动逐渐定向于物,喜欢探索,勤于思考。社会现实也是造成男女性别差异主要的环境因素。例如,男女不平等现象对女性心理产生一种无形的压力,使她们容易自卑,丧失信心,升学抱负水平低。"男子养家"等传统观念,使得男性具有更强的取得高学历的愿望。

(三)教育因素

教育是一种有目的、有计划、有组织地对下一代身心施加影响的,因而其作用就显得更为深刻、突出和显著。教育对男女两性差异的影响主要表现在教育内容和教育方式上。有研究者对人民教育出版社1979年至1982年出版的全日制学校小学课本《语文》教材进行分析,从《语文》的插图、故事性课文主角和人物个性塑造这三个方面来看语文教材是怎样对待男女两性的,是怎样描述两性的人格特征和社会作用的。教材里有许多带有人物的插图,其中可辨男女性别的人物共有1323个,所有各册的人物数量都是男多于女。从人物职业看,保育员、营业员、纺织工人都是女性充当;小学教师、医生护士、拖拉机手这些职业虽然也有男性,但多数是女性;而科学家、文学家则都是男性。男女两性担任主角的数量也不同,以男性为主角的有

132篇,以女性为主角的只有21篇,所有各册都是男性主角多于女性主角;男女两性担任主角质量存在着差异,担任主角的21个女性中,有8个是小孩子和小学生,7个是一般群众。教材写了许多中外革命领袖、科学家、文学家、艺术家,没有一个女性,以历史上的著名人物为主角的课文有9篇,也没有一个是女性。从人物个性塑造来看,其描述也是女性比男性更低一些,更差一些,在《数星星的孩子》《看月食》《萤火虫》《落花生》等课文里,充当无知、低能的都是女性,而男性则是知识渊博、能力高超的。课文里展现人类不良性格特点的如小气、贪得无厌等角色是由女性担任的,如林圆圆、田寡妇、老太婆、巫婆;而男性描述常常是有优良的性格特征,如吃苦耐劳、正直善良、勇敢坚强、团结友爱等。也有人对中学英语教材的性别角色进行研究,也得出同样结论。教学内容上的这种性别角色对男女儿童心理和行为上具有很大的影响。

从教育方式上看,教师忽视了儿童性别差异而没有因"性"施教。很多教师满足于知识传授或根据儿童学习成绩优良与否而产生对儿童的偏向性。小学女生在心理发展上占优势,她们往往利用这种优势以机械识记、背诵的办法获取知识,得到高分,教师则表现出对女生的偏爱,而忽视对知识理解能力的训练。中学教师则容易偏爱男生,认为只有男生才能学好数、理、化等学科,就算女生能与男生并驾齐驱,他们也认为这是女生"苦干"得来的,这样就使女生更加妄自菲薄,对自己的前途丧失信心。

总之,儿童性别差异是在遗传的基础上,在环境和教育下形成的。在外界的影响下,男女儿童逐渐形成性别角色观念,进而模仿性别角色行为,成人加以强化,男女儿童形成不同的心理和行为。

三、针对儿童性别差异进行教育

儿童性别差异既是客观存在的,也是不可能彻底消失的。但是,这并不意味着可以满足这种性别差异,消极而被动地适应这种性别差异,而是要求我们承认这种差异,正视这种差异,既要看到男女两性心理发展上的优势,也要看到各自的劣势,通过各种有效措施,使男女两性心理得到健康发展。

(一)发扬优势,克服劣势

男女两性心理特点各有所长,各有所短,要教育他(她)们以人之长,补己之短,发扬长处,克服短处。例如,在小学阶段,女生遵守纪律,学习成绩优良,其后可能隐藏着过于偏重机械记忆、喜欢模仿、缺乏独立思考、易受暗示甚至不求甚解等弊端,因此在教育中要有意识地培养她们独立思考的习惯,发展逻辑思维能力。对于女生智力因素中的优势成分,教师应予以充分利用,加以积极引导培养,使其得到充分发展。例如,文科的描述性和形象性一般更适合女生的智力特点,教师就要让她们结合自己形象思维较强的特点,充分发挥自己在文科领域内的才能,使她们既能全面发展智力,又能发展自己的优势。对于男生也是如此,他们的言语能力在小学阶段相对比较差,如果采取有效措施加强言语的培养训练,就能使他们的言语得到更快更好地发展。同样,也不能忽视男生智力因素中的优势成分,教师要让他们结合自己逻辑思维较强的特点,通过各种活动,充分发展逻辑思维能力。

(二)创造条件,加强男女两性的交往

为了弥补男女两性心理品质中的薄弱成分,创造条件,加强男女两性的交往,也是十分重要的。例如,鼓励儿童与异性小朋友在一起做游戏,教师在排座位时男女生混合,课外活动尽

可能避免男女学生分开。通过男女生的交往,男女两性互相学习、互相影响,从而达到心理互补。

 拓展知识

未来性别角色的展望

性别差异的产生有它的生物学前提,但传统两性角色的内涵是由特定的历史时代和社会生活所赋予的。在传统社会中,正是男女两性不同的社会生活实践,才形成了他们各自的心理和行为特征。因此随着社会的发展和变革,随着男女两性的社会生活条件的变化,传统两性角色的内涵也必然会有所变化和发展。这种变化和发展,有人称之为"男女互补"。

1.男女性别角色的互化是因为时代的发展和科学的进步,是因为男女两性在社会职业上的接近。产业革命以后,女性走出了家庭,结束了由于生育后代的天职而被长期束缚在家庭之内而与社会生活发生隔离的历史,开始能够从事和男性一样的工作。时代的进步使女性走出家庭成为可能,而科学的进步则使这种可能成为现实。因为科学帮助女性克服了体力等生理因素的局限,这是男女两性在职业上接近的前提。而相同的社会经历必然会造成男女两性在心理和行为上的趋同现象。

2.伴随着整个社会的变迁,家庭结构起了很大的变化。传统的大家庭日益减少,而新型的小家庭日益增多。家庭结构的变化也势必导致男女两性的家庭角色的变化。在传统的大家庭中,家庭内的分工非常严格,但在小家庭里却有了变化,因为当一个核心家庭必须单独维持生活的时候,男性就必须准备在女性不在或失去工作能力时担任女性的角色,反之亦是如此。因此,家庭内部的性别角色分工就不可能十分严格。

3.思想和观念上的变革也在一定程度上促进了男女性别角色的变化。文化修养所去掉的不仅是人类茹毛饮血时代所留下的粗鲁和野蛮,还去掉了传统社会所留下的性别偏见和性别歧视。在知识阶层中男女性别角色的变化现象比其他阶层更明显。

针对男女性别角色的这种现象,心理学界提出了"男女兼性"或"双性化"心理学的概念,以美国心理学家桑德拉·贝姆(S.Bem)为代表。男女兼性是指同时具有男性气质和女性气质的心理特征。人们发现,在丰富多彩的现代社会生活中,具有"兼性"心理的人往往能够较好地适应自己的生活环境。人们从角色互变中,获得了功能上的互补。

(三)消除偏见,对男女一视同仁

家长对儿女不能偏爱,平常不能让儿子"饭来张口,衣来伸手",不能把做家务看作是女儿的"本性",不要动不动当着女儿的面夸她长得漂亮,也不要议论其他女孩子的长相等。教师对儿童要一视同仁。小学教师要向男孩子多提问题,要求其回答,锻炼他们口头表达能力;中学教师要为女生提供机会,让其展露才华,对其优点要加以表扬,维护她们的自尊心。

(四)具体对象具体分析

我们以上介绍的男女心理和行为差异是指平均发展水平而言,并非指某一具体的个体。我们说女性言语能力强,男性抽象能力强,但男性中巧言善辩者屡见不鲜,女性中在数学、自然科学领域做出贡献者也不乏其人。所以,我们要对具体对象进行具体分析,防止产生社会刻板印象。

(五)教育儿童正确认识自己

教师要教育男女儿童正确认识性别差异及其形成的原因,正确对待自己的优势和劣势。特别要帮助女生了解和正确对待历史和现实中女性的弱点及其成因,要以女英雄、女科学家的先进事迹教育学生,激发女生的自信心和进取心。

(六)修订教材和课外读物,消除男性社会"一边倒"的传播

增加女政治家、女科学家、女企业家、女文学家的传记及作品等,改变传统的"男耕女织""男外女内"的插图,使教材、儿童读物彻底消除"性别歧视",真正做到男女平等,为培养未来社会需要的人才服务。

小　结

1.智力的个体差异有多种表现形式,它既可表现在水平的高低上,又可表现在结构的不同上,还可表现在发展与成熟的早晚上。

2.人的智力结构差异主要是指由于构成智力的基本因素不同而产生的不同的智力类型。根据人们在知觉过程中的特点将智力划分为分析型、综合型与分析—综合型;根据人们在记忆过程中某一感觉系统记忆效果最好而将智力划分为视觉型、听觉型、运动觉型与混合型;根据人的高级神经活动中两种信号系统谁占优势将智力划分为艺术型、思维型与中间型。

3.智力发展与成熟早晚也存在明显的年龄差异。有的人在儿童时期就显露出非凡的智力和特殊能力,这就是"人才早熟"或"早慧儿童""超常儿童"。

4.大量的研究表明,在智力上,男女的智力即使存在差异也不明显,男女智力的总体水平大致相等,但在智力分布上有显著的差异。男女的智力结构存在差异,各自具有自己的优势领域。在许多特殊能力上男女有别。男性在算术理解、空间关系、抽象推理等方面较占优势,女性在语言流畅、记忆、知觉速度等方面较占优势。

5.超常儿童心理发展的特点:(1)有旺盛的求知欲和广泛而强烈的兴趣;(2)有敏锐的观察力和高度集中的注意力;(3)有较强的记忆力;(4)进取心强,有突出的探索精神和顽强的意志;(5)思维敏捷,理解力强,有独创性;(6)有丰富的想象力,有幸福感,情绪稳定。

6.国内外一些研究超常儿童教育的工作者认为,对于超常儿童的教育应采取下列方法:(1)教育必须同孩子的"智力曙光"同时开始,开始时着重训练儿童的五官(耳、目、口、鼻、皮肤);(2)及早地进行语言教育;(3)以游戏、讲故事、外出散步、观察大自然的方式传授知识;(4)启发求知欲,唤起学习的兴趣;(5)保持儿童的好奇心;(6)充实课程内容;(7)启发学生积极思维,鼓励学生的幻想和独创性活动;(8)不可忽视学生品德、意志的锻炼与培养。

7.智力落后儿童是指智力发展处于持续性迟缓状态,因而其智力水平和智力功能低于正常水平的儿童。在国外,智力落后儿童也叫低常儿童或智能落后儿童。

8.智力落后形成的原因是多方面的,有先天遗传基因形成的,也有后天疾病、环境教育等多方面的影响。

9.根据学前儿童气质的差异采取正确的教育方法:(1)了解学生气质类型,帮助学生发展积极品质;(2)根据学生气质特点进行个别教育;(3)注意和防止胆汁质和抑郁质学生的病态倾

向发展。

10.每个人的性格都是由不同的性格特征所构成的独特模式,一般认为,性格特征体现在四个方面:(1)对现实态度的性格特征;(2)性格的理智特征;(3)性格的情绪特征;(4)性格的意志特征。

11.几种常见的性格类型分类:(1)理智型与情绪型;(2)外倾型与内倾型;(3)顺从型与独立型;(4)理智型、政治型、经济型、审美型、社会型与宗教型;(5)社会型、理智型、现实型、文艺型、贸易型与传统型。

12.认知方式又称认知风格,是指个体习惯性地加工信息的方式。认知方式有许多种,最常见的有三种:场依存型—场独立型、冲动型—沉思型、同时型—继时型。

13.学前儿童男女两性的心理和行为的差异主要表现在:(1)学前儿童智力的性别差异;(2)学前儿童兴趣的性别差异;(3)学前儿童行为的性别差异;(4)学前儿童自信心的性别差异。

14.性别差异产生的原因:(1)生物因素;(2)环境因素;(3)教育因素。

15.对于儿童性别差异进行教育的正确方法:(1)发扬优势,克服劣势;(2)创造条件,加强男女两性的交往;(3)消除偏见,对男女一视同仁;(4)具体对象具体分析;(5)教育儿童正确认识自己;(6)修订教材和课外读物,消除男性社会"一边倒"的传播。

思考与复习

1.超常儿童心理发展的特点有哪些?

2.对于智力超常的儿童应采取什么样的教育方法?

3.学前儿童男女两性的心理和行为的差异有哪些?

4.性别差异产生的原因是什么?

5.怎样针对儿童性别差异进行教育?

第十一章　学习理论

本章主要内容

本章在阐述学习的概念、实质、类型的基础上，主要介绍了行为主义、认知心理学以及建构主义关于学习的理论，勾画了教育心理学从过去的研究到今天的发展的基本线索，尤其是关于学习问题研究的基本框架，为准确地理解学生的学习提供了理论支持。

学习目标

1. 说出学习的基本含义及其基本意义。

2. 比较各种学习分类的依据，记住加涅关于学习层次和学习结果的分类。

3. 理解联结学习理论的基本含义，说出尝试错误说、经典性条件反射、操作条件反射的基本含义。

4. 理解建构主义的发展及基本含义，运用其理论于日常的幼儿教育工作中。

关键词

学习　接受学习　发现学习　机械学习　意义学习　联结理论　观察学习　认知理论 人本主义　强化　建构主义　知识观　学习观　学生观

第一节　学习的实质与类型

一、学习概述

（一）广义的学习

学习是在人和动物活动中普遍存在的一种现象。它有广义和狭义之分。广义的学习泛指人类和动物的学习。狭义的学习则仅指人类的学习而言。一般认为，广义的学习是人和动物在生活中获得个体经验，并由经验引起的比较持久的行为变化过程。

学习是人和动物适应环境的有效手段。人和动物所生活的环境是千变万化的，要适应这样的环境，就必须在生活中进行学习。关于动物如何利用学习获得的经验来躲避它的追逐者，恩格斯曾有一段形象的描述。他在《自然辩证法》中写道："……在英国猎狐的时候，每天都可以观察到,狐是怎样正确地使用它关于地形的丰富知识来躲避它的追逐者,怎样出色地知道善于利用一切对它有利的地势来中断它的踪迹。"狐之所以能做出这种复杂行为,是因为它在生活过程中通过学习获得个体经验的结果。对于人和高级动物来说,只有通过学习获得个体经验,才能适应变化着的环境,从而富有成效地保存自己和种族延续。

学习是获得个体经验的过程。经验有种族经验和个体经验两种,前者是在种系发展的过程中形成的,并通过遗传把它传给后代,在个体身上以无条件反射的方式表现出来,是本能行为的调节者;后者则是有机体在同周围环境相互作用的过程中通过学习获得的,是一切习得行为的调节者。虽然上述两种经验都是个体行为活动的定向工具,但是对于高等动物和人来说,个体经验在调节行为活动中则起着更重要的作用。

有机体通过学习可以获得个体经验,而经验的获得则会产生行为上的变化并通过行为变化表现出来。经验对个体行为具有调节的作用,因而经验的获得会引起行为上的变化。但是,不能简单地把个体的所有行为变化都归结为学习。因为个体行为的变化可以由学习获得的经验所引起,也可以由生理成熟、疲劳、受伤、适应及药物等其他因素所引起。由学习引起的行为变化是以个体经验的获得为中介的,由其他因素引起的行为变化多半是通过生理机能的变化而产生的。虽然由学习和其他因素都能引起有机体的行为变化,但行为变化的速度、持续的时间等是有差别的。一般来说,由学习引起的行为变化在速度方面比较快,而且持续时间较久,行为水平往往趋于提高;由其他因素所引起的行为变化,有的速度慢,有的持续时间短,有的则行为水平趋于降低。有机体行为的变化是学习的标志,因为由学习所引起的行为变化是在个体获得经验的基础上发生的。从这个意义上说,学习就是获得个体经验并由此而引起行为变化的过程。

(二)狭义的学习

狭义的学习是针对人类的学习而言的,人类的学习是在社会生活实践活动中,以语言为中介,经思维活动而自觉积极主动地掌握人类历史的社会知识经验,以积累个体经验的过程。由此可见,学习虽然是动物和人类生活中的一种普遍现象,但是人类的学习与动物的学习却存在着本质的区别。这主要表现在以下几个方面。

1.学习的目的和动机不同

动物的学习仅仅是为了消极地适应外界环境,为了满足个体的生物需要。而人类的学习不仅是为了适应环境,更重要的是为了提高自己的认识能力和水平,从而自觉地更有成效地改造客观世界和主观世界,以满足人类日益增长的物质和文化的需要。恩格斯指出:"动物仅仅利用外部自然界,单纯地以自己的存在来使自然改变;而人则通过他所做出的改变来使自然界为自己的目的服务,来支配自然界。这便是人同其他动物的最后的本质的区别。"因为人类的学习是为了认识世界和有效地改造世界,所以人的学习便是一种有目的、有计划的自觉活动。

2.学习的内容和形式不同

动物通过学习获得的是适应外界环境的个体经验,其学习形式是直接的、独自进行的,而人类的学习内容却是极其丰富的,人通过学习不仅获得个体经验,而且更重要的是学习人类社会的历史经验。了解和掌握了这些历史经验,可给人们提供借鉴,使人们能按照事物的发展规律,更富有成效地去改造客观世界和主观世界。人类的学习不仅可以直接地独自进行,而且也可以集体进行,还能借助于语言、文字进行间接的学习。这是动物的学习根本达不到的。

3.学习的过程不同

动物的学习过程仅仅是消极地适应环境。而人的学习是自觉的,有目的、有计划的,而且是积极、主动的,人对客观世界和主观世界的认识和改造是永不满足的,总是在积极地学习、追求之中,这个过程是循环往复、一直无穷,使得人的心理水平不断地得以提高和发展。

4.学习的心理机制不同

动物的学习机制仅限于第一信号系统行动,人类的学习除依赖第一信号系统活动外,更重要的是依赖第二信号系统活动,人的学习是两种信号系统协同活动的过程。由于动物的学习仅限于第一信号系统活动,因而动物只能反映事物的现象和外部联系。而人的学习是借助于两种信号系统的协同活动,因而人所反映的是事物的本质和规律。

(三)学生学习的特点

学生的学习,是人类学习的一种特殊形式。学生在学校中的学习,与人类的学习有共同点,也有其特殊性。学生的学习有以下几个特点。

1.以掌握书本的间接经验为主

间接经验是人类在漫长的社会实践中所积累起来的精神财富,它包括文化科学知识、生产技术和行为规范。学习直接经验和间接经验对于人类来说都是必要的,关于这方面的问题,毛泽东同志曾经有过专门的论述。他指出:"一切真知都是从直接经验发源的,但人们事事不能直接经验,事实上多数的知识都是间接的东西,这就是一切古代的和外域的知识。"[①]但是学生的学习则以掌握间接经验为主。因为学生要在短时间内掌握人类数千年积累起来的知识,要求他们事事都去直接经历和体验,这既无可能,也不必要。强调学生要以掌握间接经验为主,这并不排除学生也要获得必要的直接经验。因为没有一定的直接经验,学生学习间接经验就会产生困难。

2.学生的学习是在教师的指导下进行的

学生在教师的组织和指导下的学习跟人们在日常生活中的学习是不同的。教师是经过教育和训练的专职教育工作者,他们能按照一定的教育目的和要求,遵循教学和学生身心发展的规律,有计划、有组织地进行教育和教学。学生在教师指导下的学习,其学习目的、任务比较明确,学习要求具体,学习内容丰富而又系统,时间安排得比较科学,学习形式灵活多样,这样就会使学生在较短时间内掌握比较系统的科学知识,取得良好的学习效果。这同人们在日常生活中通过交往而进行的学习和自学,在学习的目的、内容和效果等方面,都有明显的区别。在教师指导下进行的学习,是学生学习的一个重要特点。

3.学习的主要目的是为参与未来的生活实践做准备

学生在学校里学习系统的科学知识,形成技能,发展智力,形成科学的世界观和道德品质,为参与未来的社会实践做准备。学生的学习实际上是一种社会化的过程,他们不仅要学习科学知识,更要学会做人,掌握社会行为规范。由于学生的学习是为将来参加社会实践做准备,他们对学习的重要性、紧迫性往往认识不足,因而必须对学生经常进行目的教育,培养和激发其学习动机,以充分调动他们的学习积极性。

① 《毛泽东选集》第一卷,人民出版社1964年版,第264页。

二、学习的分类

由于学习现象是非常复杂的,涉及不同的学习对象、内容、形式、水平等,因而存在着各种不同类型的学习,并且各种学习的过程及其所需要的条件各有差异。若用单一的模式来解释不同的学习类型,显然是不恰当的。应区分不同类型的学习,探讨各种类型的学习规律,从而促进有效的学习。正因如此,研究者们从不同的学习理论观点和不同的角度出发,划分了各种类型的学习。下面列举几种较有代表性的学习类型。

(一)学习主体分类

根据学习主体即学习者的不同,一般可以将学习分为动物的学习、人类的学习和机器的学习三种。虽然机器的学习不属于本章所探讨的学习范畴,但为了更准确地了解人类和动物的学习本质,也有必要对机器的学习进行分析。

人类的学习和动物的学习有相似之处,都是有机体对环境的一种适应。但人类的学习和动物的学习在本质上是不同的,这主要表现在以下几个方面:

首先,从学习的功能与动力来说,动物的学习仅限于消极适应环境变化,以满足其生理需要,而人类的学习则是主动适应并改造自然和社会环境,以满足其生理的和社会的需要。

其次,从学习的形式与内容来说,动物主要是以直接的方式来获取个体的经验,或者主要依靠其先天遗传的种族经验,在学习内容的质与量方面也不可与人类相提并论,而人类可以在社会实践活动中,在与他人交往的过程中以间接的方式获取经验,并能对事物及其关系加以概括、抽象。

最后,从学习机制来看,动物的学习主要局限于第一信号系统,学习环节较为简单,而人类的学习主要是第一信号系统与第二信号系统的协同作用。第二信号系统给人的学习带来了新的学习机制,也使得人类的第一信号系统不同于动物,并发展了更为高级的心理功能。

动物的学习和人类的学习虽有共同点,但其本质是不同的。既不能抹杀二者的区别,把人的学习导向生物学化的方向,也不能盲目、绝对地否认二者的连续性、共同性,把人的学习导向社会学化的方向。

机器的学习主要指计算机的学习,它是人工智能的一个活跃的研究领域。人工智能就是把人的某些智能赋予机器,把人的某些思维活动物化,让机器模拟人的某些智能,以代替和扩展人脑的某些功能。所以,人工智能也称为机器智能或智能模拟。机器的学习过程实际上就是一个随着经验的积累而不断改善其操作,并使之表现出智能的过程(Howard,1995)。简言之,就是计算机系统如何获得信息并利用信息来解决问题的过程。

机器的学习的研究涉及很多方面,如怎样形成概念,如何识别和理解图像,怎样进行数学问题的求解与定理的证明,如何理解自然语言等。20 世纪 80 年代中期,研究者用神经网络这种计算机系统来模拟大脑的活动。神经网络不仅可以模拟人类来进行多种形式的学习,而且还可以用于发现和预测人类大脑所不能做的。可以说,人工智能或机器的学习是人类认识发展史上的一个伟大的转折,是人类科学地认识自身的新开端。通过将人的思维活动物化,并对人的某些认识活动进行精确的定量的研究,有助于了解人类的学习,揭示人类思维的内在机制。

但是,人工智能不等于人的智能的复制,机器的学习也不能等同于人类的学习,二者有本质的区别。机器本身是人造的,工作程序是人编的,工作过程中是受人控制的,因此,机器不具有人的主观能动性,尽管具有自动性,但也需要有人的干预,绝对的超人的自动化是不存在的。此外,机器也不具有人的思维的社会性,不能模拟人的社会意识。机器不具有主观世界,没有人类所特有的自我意识、情感、兴趣及其他心理活动等。

总之,在对于人脑与电脑、人类的学习与机器的学习的关系问题上,应进行辩证的分析,既不能把有机物与无机物之间的界限绝对化,也不能抹杀二者在性质上的差异。机器的学习不等于人类的学习,而是人类的学习的物化。机器的学习既有可能性,又有局限性。

(二)学习水平分类

由于有机体进化水平的不同及学习本身的繁简程度不同,可以将学习分成不同的类别。其中以雷兹兰(Razran,1971)和加涅(Gagné,1965)的分类较有代表性。

雷兹兰在对多种有关资料进行综合分析的基础上,依据进化水平的不同将学习分为四大类,每一类又包含一些子类别。

(1)反应性学习。一种最简单的学习,包括习惯化和敏感化。腔肠动物可以产生此类学习。

(2)联结性学习。主要指条件反射的学习,包括抑制性条件作用(不重复被惩罚的动作的学习,腔肠动物即可形成该学习)、经典性条件作用(可发生于简单动物身上,如蚯蚓)、操作性条件作用(在低等脊椎动物身上可产生)。

(3)综合性学习。把各种感觉结合为单一的知觉性刺激,包括感觉前条件作用(即 S—S 学习)、定型作用(对复合刺激反应,而不对其中的个别刺激反应)和推断学习(客体永久性观念的运用)。

(4)象征性学习。一种思维水平的学习,主要为人类所特有,包括符号性学习、语义学习和逻辑学习。这三种学习是言语学习的三个阶段。

加涅认为,人类学习的复杂程度是有不同层次的,根据学习的繁简程度的不同,提出了以下八类学习:

(1)信号学习。学习对某种信号做出某种反应。经典性条件反射是一种信号学习。这是一种最简单的学习,其先决条件主要取决于有机体先天的神经组织。

(2)刺激—反应学习。主要指操作性条件作用或工具性条件作用。其中强化在该类学习中起非常关键的作用。

(3)连锁学习。它是一系列刺激—反应的联合。个体首先要习得每个刺激—反应联结,并按照特定的顺序反复练习,同时还应接受必要的及时强化。

(4)言语联想学习。其实质是连锁学习,只不过它是语言单位的连接,如将单词组合为合乎语法规则的句子。

(5)辨别学习。能识别各种刺激特征的异同并做出相应的不同的反应。它既包括一些简单的辨别,如对不同形状、颜色的物体分别做出不同的反应,也包括复杂的多重辨别,如对相似的、易混淆的单词分别做出正确的反应。

(6)概念学习。对刺激进行分类,并对同类刺激做出相同的反应。这种反应是基于事物的某些特征而做出的,如圆的概念和质量的概念的学习。

(7)规则的学习。亦称原理学习,指了解概念之间的关系,学习概念间的联合。自然科学中的各种定律、定理的学习是规则学习。

(8)解决问题的学习。亦称高级规则的学习,指在各种条件下应用规则或规则的组合去解决问题。

上述八类学习是分层排列的，由简单到复杂，由低级到高级，同时又具有累积性，每类学习都以前一层次的低级学习为前提，较高级、较复杂的学习是建立在较低级、较简单的学习基础之上的。加涅后来又对这八类学习进行了修正，将前四类学习合并为一类，将概念学习分为具体概念和定义概念的学习。因此，原来的八类学习变成了六类学习：连锁学习、辨别学习、具体概念学习、定义概念学习、规则的学习、解决问题的学习。

（三）学习结果分类

20 世纪 60 年代，美国著名学习与教学心理学家 R·M·加涅（R.M.Gagné,1916—2002）明确认识到，人类学习现象极其复杂，不可能用一种理论解释全部学习现象，必须对学习做分类研究。1965 年他出版《学习条件》一书，该书于 1970 年、1977 年和 1985 年三次修订再版，最后一版的书名为《学习的条件和教学论》[①]。该书将人类学习的结果分为五种类型。

1.言语信息

即能用言语（或语言）表达的知识。其中又分三个小类：（1）符号记忆，包括人名、地名、外语单词、数学符号等的记忆，如知道上海又名"沪"，苹果在英文中叫"apple"等。（2）事实的知识，如知道"中国的首都是北京""北京在 2008 年举办第 29 届奥运会"等。（3）有组织的整体知识，如影响稻谷生长的原因知识。

2.智慧技能

主要指运用概念和规则办事的能力。其中又分以下五个小类：

（1）辨别。区分事物差异的能力，如区分两张不同的面孔，区分两个不同字母如 b 与 d 的音和形。

（2）具体概念。识别同类事物的能力，如从大量餐具中识别"碗"和"杯子"，从大量动物中识别"马"。具体概念一般不能下定义，其本质特征是人们在日常生活中逐渐发现并归纳出来的。

（3）定义性概念。即运用概念定义对事物分类的能力，如圆周率（其符号为 π），这类概念不能直接通过观察习得，必须通过下定义即 $\pi = c/d$，即圆周率（π）是圆的周长与其直径之比，而且不论圆的大小，这个比值是固定不变的。学生如果按该定义办事，则他习得了定义性概念。

（4）规则。当原理或定律指导人的行为，按原理或定律办事时，原理或定律变成了规则。如圆的面积（s）等于圆的半径（r）的平方乘以 π，即 $s = \pi r^2$。当学生运用这个定律（公式）做事时，则该定律变成了指导人行为的规则。

（5）高级规则。由若干简单规则组合而成的新规则。如 $(a+b)(a-b) = a^2 - b^2$ 由如下简单规则组合而成：符号相同的两个变量相乘，积为正，如 $a \times b = ab$；符号不同的两个变量相乘，积为负，如 $a \times (-b) = -ab$；单项式乘以多项式即用多项式中的每一项乘以单项式，如 $3a \times (3a+5b+6c) = 9a^2 + 15ab + 18ac$；同类项应合并。

3.认知策略

即运用有关人们如何学习、记忆、思维的规则支配人的学习、记忆或认知行为，并提高其学

[①]　R·M·加涅著：《学习的条件和教学论》，皮连生等译，华东师范大学出版社 1999 年版，第 3 章。

习、记忆或认知效率的能力。例如,阅读心理学家提出阅读中可采用SQ3R方法。这里S指浏览全文,略知文章大意;Q指提出疑难问题;3R中第一个R指带着问题阅读课文,第二个R指对重要文段进行诵读,最后一个R指回顾或复读课文。如果学生用这套方法(或规则)进行阅读,改进了自己的阅读方法,并提高了阅读效果,就可以认为,学生掌握了这种阅读策略并提高了阅读学习能力。

4.动作技能

即通过练习获得的、按一定规则协调自身肌肉运动的能力。例如,背越式跳高能力就是以动作技能为主的运动能力。动作技能中含有两个成分:一是运动规则,如背越式跳高这项技能中有如何助跑、单脚蹬地、腾空、身体过竿等复杂规则;二是肌肉协调,如背越式跳高中手、脚、身躯甚至呼吸之间有复杂的肌肉协调。动作技能学习的实质是通过练习,使操作规则支配学习者的肌肉协调,最后达到自动化。

5.态度

即习得的对人、对事、对物、对己的反应倾向。例如,若父母给幼儿讲大灰狼假装兔妈妈,闯进小白兔家里,想吃小白兔的故事。故事中的大灰狼狡猾、凶残。故事多次重复以后,幼儿一听到大灰狼这一名称就感到憎恶,说要打死大灰狼。一提到小白兔,幼儿就表现出愉快,想接近它的神态。这两种反应倾向表明,幼儿习得了对不同动物的两种不同态度。

(四)学习中的经验来源分类

依据学习主体所得经验的来源不同,可以将学习分为发现学习和接受学习两大类型;根据接受学习的内容的不同,又可以将学习分为知识的学习、技能的学习和社会规范的学习三类。

1.发现学习

发现学习是指人类个体经验的获得是来源于学习活动中主体对经验的直接发现或创造,并非由他人的传授而得。因发现学习中经验来自学习主体自身的创造,故这种学习又叫创造学习。

发现学习的根本特点在于其所得经验是学习主体发现或创造的结果,并非来自别人的传授。从这一意义上来说,发现是人和动物所共有的。因为对实验室条件下的动物而言,根本不存在经验传授的条件,其经验的获得只能靠自己的发现与创造。但是,人和动物的发现学习在性质与水平上都是有区别的。

就人的发现学习而言,其水平也是不同的,存在着高级和低级之分。一般来说,幼小儿童在其掌握语言以前的学习基本上都属于低级的发现学习。在这种学习活动中,很难发现事物的本质与规律。他们所获得的经验,一般属于感性范畴。这同科学家在其发明创造活动中发生的发现学习有质的区别,因为后者在原则上属于理性经验的获得。

2.接受学习

接受学习是指人类个体经验的获得是来源于学习活动中主体对他人经验的接受,把别人发现的经验经过其掌握、占有或吸收,转化为自己的经验。这种学习又叫掌握学习。

接受学习区别于发现学习之处在于主体所得经验来自经验传递系统中他人对此经验的传授,并非来自主体的发现与创造。

接受学习也有高级和低级之分。低级的接受学习主要表现为死记硬背、一知半解;高级的接受学习则表现为举一反三、融会贯通等。冯忠良认为,依据教育系统中所接受经验的内容不同,可以将学习分为知识的学习、技能的学习和社会规范的学习三类。

(1)知识的学习。即知识的掌握,是通过一系列的心智活动来接受和占有知识,在头脑中构建起相应的认知结构。具体来讲,知识的学习是通过领会、巩固和应用三个环节完成的,每一环节又有其特殊的心智动作。知识的学习要解决的是认识问题,即知与不知、知之深浅的问题。

(2)技能的学习。通过学习或练习,建立合乎法则的活动方式的过程。技能的学习包括心智技能学习和操作技能学习两种。技能的学习比知识的学习更为复杂,不仅包括对活动的认识问题,还包括活动或动作的实际执行问题。不仅要知道做什么、怎么做,同时还要能够实际做出动作。技能的学习最终要解决的是会不会做的问题。

(3)社会规范的学习。又称行为规范的学习或接受,是把外在于主体的行为要求转化为主体内在的行为需要的内化过程。社会规范的学习既包含规范的认识问题,又包含执行及情感体验问题,因此比知识、技能的学习更为复杂。

值得注意的是,有人认为,接受学习在很大程度上是机械的,发现学习是有意义的。这实际上是对接受学习和发现学习的误解。首先,接受学习既可以是机械的,也可以是有意义的。在理解的基础上的接受就是有意义的,反之是机械的。同样,发现学习中亦存在着意义和机械的区分。动物通过盲目尝试获得某种经验即属于机械的发现学习,而科学家的发明创造即属于有意义的发现学习。其次,有人(如布鲁纳)把接受学习说成是低级的,把发现学习说成是高级的,这是错误的。与此相反,有人(如奥苏伯尔)认为接受学习是高级的,而认为发现学习是低级的,这同样也是错误的。实际上,接受学习和发现学习是个体获得经验的两条途径,两者都是在能动反映现实的基础上,通过主体主动构建而实现的。

除上述几种类型外,还可以从其他角度来划分,如布卢姆(B.S.Bloom)及其同事从教育目标和教育任务出发,将学习分为认知领域的学习、情感领域的学习和动作技能领域的学习这三大类,每一大类又包含一些子类别(布卢姆等,1986)。对不同类型的学习加以区分,有助于深化对学习的理解,从而促进学习。

(五)奥苏伯尔的意义与机械学习分类

(1)符号表征学习。学习单个符号或一组符号所表示的意义,如"上海"表示一个城市,"车祸"表示一类事件,"小白兔"表示一类动物。符号表征学习包括学习符号和符号所指称的人、事物或性质。符号最初表示个别事物,如"狗"只表示儿童最初所见到的某条狗。当符号如"狗"表示一类事物如犬类,而不论其大小、毛色、习性时,"狗"这个符号所表示的是狗的概念。

(2)概念学习。概念是一类事物共同的本质特征。例如,"三角形"这个概念是所有三角形(不论大小、形状)的本质特征:在同一平面上,有三条边且两两相连接。概念学习意味着掌握一类事物共同的本质特征。例如,掌握三角形这个概念,就意味着能理解三角形是"平面上由三条边两两相连构成的封闭图形",也意味着学习者能从大量图形(包括三角形和非三角形)中识别三角形。

(3)命题学习。命题这个术语来自逻辑学,是指表达判断的语言形式,由句子把主词和宾词联系而成。例如,"北京是中国的首都"在逻辑学中就是一个命题。在心理学中,命题是语词组合表示的最小意义单位,由两个成分构成:一个成分是两个以上的论题,第二个成分是它们的关系。例如,"我爱冬天的梅花"这个句子包括两个命题:第一个命题是"我爱梅花";第二个命题是"梅花是冬天的"。"我"和"梅花"是论题,"爱"和"是"是关系。

命题有两类:一类是概括性命题,如"圆的直径是它的半径的两倍",指一切圆的所有直径都是它的半径的两倍;一类是非概括性命题,如"月亮绕地球转"。前一类命题往往是揭示几个概念之间的关系,表示某种规律、定理、规划或原理等;后一类命题表示一个事实。所以命题学习包括事实学习和规律、定理或原理学习。后者是掌握概念之间的关系,是有意义学习的核心成分。

(4)概念和命题的运用。前三类学习是有意义学习的基本类型。在此基础上,是概念和命题(概括性命题)在简单情境中的运用。例如,掌握圆周率之后,当已知圆的半径的条件下,可以利用公式 $c = 2\pi r$ 求周长。

(5)解决问题与创造。解决问题是概念和命题在复杂情境中的运用。学习者遇到的新情境越复杂,新情境与原先学习的情境越不相似,问题解决的难度就越大,要求的创造性程度就越高。创造是解决问题的最高形式。奥苏伯尔认为,解决问题涉及问题的条件命题和目标命题、背景命题、推理规则和解决策略。奥苏伯尔提出有意义言语学习理论的主要目的就是阐明其中的限制条件。

(六)乔纳森等的分类系统

乔纳森(D.H.Jonassen)等人主张,应根据教育研究和教学技术的最新发展考虑当前的学习分类系统。学习理论和技术的进步已经有理由重新考虑由心理学家如加涅所提出的标准学习结果分类。新的结果是建立在新的研究和学习理论基础之上的。多媒体和互联网教学等技术革新也要求提出新的学习结果,尤其是存在这样一种倾向,即希望帮助学生获得综合性知识、知识延伸技能、自我意识和自我控制。

该分类系统增加了在当前使用的学习结果分类系统中未曾出现过的认知、反省认知(即元认知)和动机的学习结果。具体地说,该分类系统的特点是:

(1)反映了经典分类系统中欠缺的行为,包括推理、类比、评估学习困难和分析问题;

(2)反映了传统的认知—行为分类系统中未强调的认知结构,包括结构性知识、自我知识、心理模型等学习结果;

(3)包括传统学习结果,如态度、程序、规则、概念和解决问题。

正如乔纳森等人所说:"我们想简要地强调我们的分类系统与传统分类的差异,其中包括结构性知识、心理模型、情境性问题解决、延伸技能、自我知识、执行控制策略和动机形成。"[①]

(1)结构性知识。结构性知识代表既多样又相互关联的概念或命题网络的习得。结构性知识是学生语义网络的反映,后者是有关某一课题的命题结构。一个语义网络是概念相互关联的一个集合以及这些概念之间的许多联结。

(2)心理模型。心理模型(知识复合体)是在结构性知识基础上建构而成的。心理模型涉及相互关联的言语或表象的命题集合,也包括程序性(可以运行的)知识、视觉—空间(表象)的表征、隐喻的知识和执行控制。它们是知识延伸、问题解决和远迁移所需要的。心理模型是人们做出推论和预测(延伸技能)的深层知识基础。

(3)情境性问题解决。大多数传统学习分类系统提到的问题解决是教科书中见到的、结构良好的、答案单一的解题活动。而现实世界的情境性问题解决涉及结构不良的问题和知识领

---

① Jonassen, D. H. & Tessmer, M. & Hannum, W. (Eds.) (1999). Task Analysis Methods for Instructional Design, p.27.

域。这些问题具有多种答案和解答途径,或根本不可解答;对于哪些概念、规则和原理是解决问题所必需的,或者它们如何组织,这显现出了不确定性;对于决定适当的行动没有清晰界定的特征;而且对于问题及其答案需要学习者做出判断。解决情境性(结构不良的)问题与解决结构良好的问题相比,需要不同的知识和技能。心理学需要描述从事结构不良问题解决的必要心理活动。

(4)延伸技能。即用于超越给定信息进行推理的技能,包括进行类比、做出解释、得出推论和建构论据。延伸技能常常和其他学习结果一起发挥作用。也就是说,学生可能从言语信息中做出概括,推论经济学原理的后果,做出类比,以优化他们关于一个设施的心理模型或想象解决问题的多种可能性。

延伸技能不同于解决问题技能,因为它们不可能像延伸学生的知识领域那样直接导致问题解决。其价值是,能延伸的学生可以在未经研究或训练的情况下生成新知识。知识延伸使学习更高效,更适合个人特点。

(5)自我知识。我们的分类系统阐明了不同形式的自我知识,这些知识对于心理模型发展、问题解决和反省认知是必要的。自我知识是一种特殊的陈述性知识,是关于自我的知识或知道我们作为学习者"是什么人"的知识。自我知识包括学习方式、学习优缺点和知识水平的自我意识。自我知识不同于其他陈述性或结构性知识之处在于,知识的对象不在外部而在学习者内部。学生要学习有关自我的知识。

(6)执行控制策略。它常常指反省认知策略,由如下学习计划活动构成:评估任务难度、建立学习目标、选择或决定完成任务的策略、分配认知资源、评估先前知识(也是自我知识的一部分)、评估目标达成中的进步、检查自己操作方面的错误。

另一类执行控制策略是理解监测。此处是指学习者评估学习中的进步。理解监测动态性地与其他控制策略相互联系。在监测进步时,首先必须清晰地陈述目标。

执行控制依赖自我知识。理解你自己的兴趣、需要、学习风格和爱好,对于计划有效地学习活动是必要的。然而,执行控制也涉及促进学习和问题解决的重要的任务估计和协商技能。有效的学习者通过实践已习得这些技能,并将它们应用于大多数学习情境。

(7)动机形成。最后,该分类系统阐明了动机形成在学习中的作用。动机形成包括学习的愿望、做出的努力和在学习中的坚持性。这三个方面被称为意动方面,是动机和意志的结合。必须把动机形成视为伴随于学习的重要技能,而不只是学习的先行状态。也就是说,动机形成贯穿着整个学习过程,而不限于学习初始阶段。

第二节　学习的联结理论

巴甫洛夫是俄国著名的生理学家和心理学家,学习的经典条件作用理论就是在他的研究工作的基础上建立起来的。

一、巴甫洛夫的经典条件作用理论

(一)巴甫洛夫的经典实验

俄国生理学家巴甫洛夫(1849—1936)从 1902 年起一直致力于条件反射的研究并取得了丰硕成果。

1.实验的产生

巴甫洛夫最初研究的并不是条件反射。他将狗按放在实验台架上,对它施行手术并配备特定的装置(见图 11-1),以便观察并测量狗在吃食物时各种消化液的流量变化。但经过几次试验,巴甫洛夫惊奇地发现,狗在还没有喂食前,只要看到盆子或喂食者,就会流唾液,狗好像预先就知道将有食物出现似的。这使巴甫洛夫不能再进行原先的实验。为了消除这种干扰,巴甫洛夫及其同事做了大量尝试,但都以失败而告终。失望之余,大家决定对这一现象进行系统地分析研究。

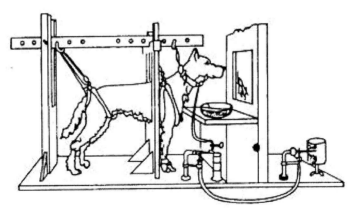

图 11-1　巴甫洛夫关于条件作用研究的实验装置

开始,巴甫洛夫的同事们试着站在狗的立场上来设身处地地推测这一现象的根源,但没有得到成功。因为狗想什么、感觉什么,不同的研究者看法不同,也没有人能证明自己的设想是对的。后来,巴甫洛夫抛弃了这种所谓"内省"的方法,改用客观的实验方法进行研究,从而正式开始了其对条件反射的系统研究。

2.实验程序

巴甫洛夫的条件反射实验的程序是:在喂狗食前几秒钟,发出铃声或节拍器声,接着再将肉末送入狗的口中。开始时,狗听到铃声只加注视,并不流口水,只是吃到食物时,才流口水。

但这种操作过程经过若干次后,只要一发出铃声或节拍器声,狗就立刻分泌唾液。很显然,狗对声音做出了反应。这种本来和唾液分泌无关的铃声和节拍器声,由于它们和食物出现的时间接近,现在则可以引起唾液的分泌。这种反应是后天学习得来的,巴甫洛夫称之为条件反射(简称 Rc)。铃声和节拍器声称为条件刺激(简称 Sc),它们受一定条件的制约。巴甫洛夫称食物为无条件刺激(简称 Su),称那种吃食物时流口水的反应为无条件反射(简称 Ru),因为它是生来就会的,不是后天学习得来的反射活动。

巴甫洛夫的实验中,在给予条件刺激后,立刻给无条件刺激,这称为强化。这个应答性条件反射过程称为强化过程,或称习得过程(见图 11-2)。

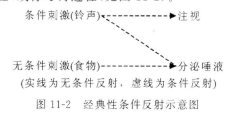

(实线为无条件反射,虚线为条件反射)

图 11-2　经典性条件反射示意图

实验结果是:

条件作用之前,给出铃声(条件刺激)并无唾液分泌。

给出肉末(无条件刺激)产生唾液分泌。

条件作用期间,铃声+肉(条件刺激+无条件刺激),产生唾液分泌。

条件作用之后,给出铃声(条件刺激),产生唾液分泌。

巴甫洛夫这个实验的成功,对学习理论及行为矫正技术的发展影响很大。尤其是巴甫洛夫着重刺激、依靠刺激来控制行为的研究,为以后的刺激—反应研究提供了经验借鉴。因此,后人把巴甫洛夫发现的条件反射称为巴甫洛夫的经典条件反射。由于这一条件反射所涉及的行为是由刺激引起的应答性行为,故称应答性条件反射。

3.经典条件作用的基本定律——消退、泛化、分化

条件反射形成后,如果仅仅呈现条件刺激物,不给予无条件刺激物,即不予强化,则所形成的条件反射就会逐渐减退而消失。这个过程称为消退。行为矫正者可用消退法来消除儿童的不良行为。

当一种无关刺激物已成为条件刺激物,引起条件反射后,与此刺激物相似的别的刺激,也能产生相同的反应。这种现象称为泛化。新刺激和原来刺激越相似,就越容易引起泛化现象。泛化现象在日常生活中也较常见,如打过针的婴儿只要看到穿白大褂的护士就会大哭起来。

认识处于泛化过程时,刺激间的细微差别是分辨不清的。如果一再重复地对条件刺激进行强化,而对相似的其他刺激不予强化。那么,个体最后只会对特定的条件刺激发生反应,而对其他相似的刺激不再发生反应,这种现象称为分化。巴甫洛夫做过一个有趣的实验:在呈现一个照明的圆形(条件刺激)以后,狗常常得到肉末(无条件刺激)的强化,但在呈现一个椭圆形之后得不到强化。不久,狗就有规则地对圆形流唾液,对椭圆形不流唾液。这种分化现象的出现,说明了狗可以分辨圆和椭圆的不同。

(二)经典条件作用的主要规律

1.获得律与消退律

条件作用是通过条件刺激反复与无条件刺激相匹配,从而使个体学会对条件刺激做出条件反应的过程而建立起来的。在条件作用的获得过程中,条件刺激与无条件刺激之间的时间间隔十分重要。一方面,条件刺激和无条件刺激必须同时或近于同时呈现,间隔太久则难于建立联系;另一方面,条件刺激作为无条件刺激出现的信号,必须先于无条件刺激而呈现,否则也难以建立联系。

在条件反射建立以后,如果条件刺激重复出现多次而没有无条件刺激相伴随,则条件反应会变得越来越弱,并最终消失。但这种消退现象只是暂时的,休息一段时间以后,当条件刺激再次单独出现时,条件反应仍会以很微弱的形式重新出现。当然,随着进一步的消退训练,这种自发恢复了的条件反应又会迅速变弱。然而,要完全消除一个已经形成的条件反应则比获得这个反应要困难得多。

2.刺激泛化与分化律

人和动物一旦学会对某一特定的条件刺激做出条件反应以后,其他与该条件刺激相类似的刺激也能诱发其条件反应。例如,曾经被一条大狗咬过的人,看见非常小的狗也可能产生恐惧;平常害怕猫的人看到仿真的猫玩具也会产生恐惧。泛化条件反应的强度取决于新刺激和原条件刺激的相似程度。新刺激与原条件刺激相似,其诱发的条件反应也就越强。事实上,在自然生活情境中,刺激很少每次都以完全相同的形式出现,这就需要借助于刺激泛化将学习范围扩展到原初的特定刺激以外。我们的学习也正是如此,学会了英语后再学习法语就比不懂英语的人学得容易,这是因为英语的某些成分对学法语起泛化的作用。但是,刺激泛化虽然对扩大学习范围来说非常重要,但有时它也会带来许多麻烦,因为引起泛化的刺激对引起的泛化反应来说,有时是不准确或不精确的。比如,英语中的一词多义。在许多时候我们需要把一些类似的刺激区分开,这就需要刺激分化。

所谓刺激分化,指的是通过选择性强化和消退,使有机体学会对条件刺激和与条件刺激相类似的刺激做出不同反应的一种条件作用过程。在巴甫洛夫的实验研究中,为了使狗能够区分开圆形和椭圆形光圈,实验者只在圆形光圈出现时才给予无条件刺激进行强化,而在呈现椭圆形光圈的时候不再给予强化。经过一段时间的训练以后,狗便可以学会只对圆形光圈做出唾液分泌反应而不理会椭圆形光圈。在实际的教育和教学过程中,也经常需要对刺激进行分化,如引导学生分辨勇敢和鲁莽、谦让和退缩,要求学生区别重力和压力、质量和重量等。

刺激泛化和刺激分化是互补的过程,泛化是对事物的相似性的反应,分化则是对事物的差异的反应。泛化能使我们的学习从一种情境迁移到另一种情境,而分化则能使我们对不同的情境做出不同的恰当反应,从而避免盲目行动。

3.高级条件作用律

在条件作用形成以后,条件刺激可以像无条件刺激一样诱发出有机体的反应。从这种意义上说,条件刺激似乎成了一种替代性的无条件刺激。在巴甫洛夫的研究中,他首先将灯光(CS_1)与食物(US)反复匹配,形成对灯光的唾液分泌反应(CR)。然后,将铃声(CS_2)与灯光(CS_1)反复匹配而无食物(US)呈现。最后,单独呈现铃声(CS_2),结果发现实验动物也产生了唾液分泌反应(CR)。这种由一个已经条件化了的刺激来使另一个中性刺激条件化的过程,叫作高级条件作用。

在高级条件作用中,条件作用的发生不再需要具有生物力量的无条件刺激的帮助,因而它极大地拓宽了经典条件作用的领域。高级条件作用可以帮助我们理解许多复杂的人类行为。在日常生活中,人们的很多行为往往不是由无条件刺激直接引起的。以广告设计为例,一些广告上的产品本来并不能引起人们的注意,但是,由于广告设计者将这些产品与一些诱人的刺激形象以及一些赞赏性的语言匹配在一起,引起了人们对它们的好感与青睐。

 拓展知识

不愿做心理学家的心理学家——巴甫洛夫

巴甫洛夫是俄国一个乡村牧师的儿子,他在当地的神学院受教育后,就读于圣彼得堡大学,专修动物生理学,1875 年获得学位,成为医学院里生理学的高级研究生,后来又出国去深造,与当时最杰出的生理学家们一块儿从事研究。回国以后,巴甫洛夫任职于圣彼得堡军事医学院,他将全部身心都投入到了关于消化的研究上,并因为在消化方面的杰出研究而获得了1904 年的诺贝尔奖。

与其他心理学家不同的是,巴甫洛夫并不愿意做一名心理学家。相反,作为一名严谨的自然科学家,他十分反对当时的心理学,反对过分强调"心灵""意识"等看不见、摸不着的仅凭主观臆断推测得到的东西。他甚至威胁说,如果有谁胆敢在他的实验室里使用心理学术语,他将毫不留情的开枪将他击毙。然而,这样一个如此鄙视心理学的人,却在心理学研究方面做出了重大贡献——虽然那并不是他的初衷!

巴甫洛夫在心理学界的盛名首先是由于他关于条件反射的研究,而这种研究却始于他的老本行——消化研究。正是狗的消化研究实验将他推向了心理学研究领域,虽然在这一过程中他的内心也充满了激烈的斗争,但严谨的治学态度终于还是使他冒着被同行责难的威胁,将生理学研究引向了当时并不那么光彩的心理学领域。后来,该项研究的成果——条件反射理论又被行为主义学派所吸收,并成为行为主义心理学的最根本原则之一。

巴甫洛夫对心理学界的第二大贡献在于他对高级神经活动类型的划分,而这同样始于他对狗的研究。他发现,有些狗对条件反射任务的反应方式和其他狗不一样,因而他开始对狗进行分类。后来又按同样的规律将人划分为四种类型,并和古希腊人提出的人的几种气质类型对应起来,由此,他又向心理学领域迈进了一步。

到老年的时候,巴甫洛夫对心理学的态度有了松动。他认为:"只要心理学是为了探讨人的主观世界,自然就有理由存在下去。"但这并不表明他愿意把自己当作一位心理学家。直到弥留之际,他都念念不忘声称自己不是心理学家。但尽管如此,鉴于他对心理学领域的重大贡献,人们还是违背了他的"遗愿",将他归入了心理学家的行列,并由于他对行为主义学派的重大影响而视其为行为主义学派的先驱。

二、斯金纳的操作条件作用理论

(一)从桑代克到斯金纳

学习的联结理论是 20 世纪初美国心理学家桑代克所首创,后经行为主义心理学家华生、赫尔、斯金纳等人的进一步发展，形成了用刺激与反应的联结来解释学习过程的完整的联结理论。

桑代克于19世纪末就开始进行了大量的动物学习的实验研究，其中最著名的实验是饿猫学习如何逃出迷笼获得食物的实验（1898）。图11-3是桑代克的实验迷笼装置之一。

图11-3　桑代克迷笼实验装置之一

桑代克将饥饿的猫禁闭于迷笼之内，饿猫可以用抓绳或按钮等三种不同的动作逃出笼外获得食物。饥饿的猫第一次被关进迷笼时，开始盲目地乱撞乱叫，东抓西咬，经过一段时间后，它可能做对了打开迷笼门的动作，逃出笼外。桑代克重新将猫关入笼内，并记录每次从实验开始到猫做出打开笼门的正确动作所用的时间。经过上述多次重复实验，桑代克得出猫的学习曲线。练习的次数越多错误率越低。

20世纪20年代，桑代克又进行了大量的人类学习实验。桑代克依据动物和人类学习的实验材料，创立了学习的联结说。桑代克认为，学习就是在情境与反应之间形成了一定的联结。

桑代克的学习联结说有如下几个基本点：

第一，在桑代克的学习观点中保留着17、18世纪英国联想主义哲学思想中有关观念联想的某些成分，同时又受到当时美国机能主义心理学思想的影响。这主要表现在他对"情境""反应"的解释上。桑代克所用的"情境"一词，虽然有时也称为"刺激"，但其含义同后来行为主义所用的"刺激"一词的含义不完全相同。桑代克认为，所谓情境，既包括大脑的外部环境刺激，同时也包括"脑内状态"，即思想、感情等。同样，反应的含义不仅指机体的外显活动变化，还包括观念、意象等"内部反应"。

第二，对联结机制的解释，桑代克完全站在本能主义的立场上。他认为，人生来就具有许多联结的"原本趋向"，即在精子与卵子结合成人时，在人的头脑中各神经元就形成了许多"原本的联结"。这是"人的本性"，它决定了后天联结的趋向。因此，桑代克认为，所谓学习，就是在一定情境的影响下，唤起"原本联结"中的一种联结倾向，并使之加强；而不唤起其他联结倾向，或使其他联结倾向减弱。这样，桑代克的学习联结说就完全抹杀了人在学习中的主观能动作用，而把学习看成是本能的、被动的，或是完全受情境决定的过程。

第三，桑代克认为，情境与反应之间的联结是通过尝试错误，按一定的规律形成或建立起来的，学习的过程完全是盲目或尝试错误的，这就更进一步地抹杀了学习的自觉性和目的性。桑代克提出形成情境与反应相联结的三大定律,即所谓的准备律、练习律和效果律。其中,练习律和效果律是"学习的主律"。准备律的含义是,当某一情境与某一反应准备联结时,给予联结就引起学习者的满意;反之,当某情境与某反应不准备联结时,要求联结就引起烦恼。早期的练习律注意到联结的频因效果,认为已经形成的某情境与某反应的联结,经常使用会使联结的力量加强;经常不用,则联结的力量减弱。到 20 世纪 30 年代初,桑代克修改他提出的学习定律,首先放弃了频率因素,认为单纯地反复练习并不能增强其联结,而只有将练习律与效果律相配合才能发挥作用。早期的效果律注意到奖励和惩罚的作用,认为某情境与某反应联结伴随着奖赏时,联结力量增强;如果伴随惩罚时,联结力量就削弱。后来,桑代克认为奖赏的效果比惩罚的效果更好,而特别强调奖赏的作用。桑代克首先注意到奖赏的强化学习作用,为后来强化理论的深入研究开辟了途径。

如何看待和评价桑代克的学习理论呢? 首先,我们应当看到,桑代克是西方第一位从事动物学习实验研究的心理学家,他的学习理论以实验研究为基础,系统地阐述了学习过程,并提出一系列学习定律,成为西方最早的、最系统的学习理论。这对后来学习联结理论的进一步发展产生了重大影响。这些学术上的历史功绩是应当给予充分肯定的。

但是,我们也应当看到,桑代克的学习理论存在着许多缺点和观点上的错误。这些缺点和错误突出地表现在以下几个方面:

第一,由于哲学思想的局限,桑代克忽视了学习的认知特性。他一味强调情境与反应的联结,把复杂的学习过程简单化和机械化。人类的学习,主要是一种复杂的认知过程。桑代克的学习联结说充其量只能解释简单的机械的学习,而无法解释人类复杂的认知学习,人类的学习却恰恰是以认知过程为主。这就使桑代克的学习理论显得苍白无力。

第二,由于桑代克接受了本能主义的思想观点,在他的学习理论中忽视了学习的目的性和能动性,而把学习过程看成是盲目的、被动的过程。这就抹杀了人类学习的最突出的特征,即人类学习的主观能动作用。

第三,桑代克坚持了弗洛伦斯(P.Flouress,1794—1867)关于从动物实验中得出的结论同样可以应用于人类的观点,把人类的学习同动物的学习完全等同起来。我们不否认动物的学习与人类的学习存在着一定的内在联系,对动物学习的某些研究结果亦可作为研究人类学习的参考资料。但是,人类学习与动物的学习无论如何都存在着一些本质上的区别。人类的学习要比动物的学习复杂得多,用解释动物简单学习的观点来解释人类复杂的学习,必然是不充分的或片面的。

虽然,桑代克的学习理论存在着一些缺点和错误,但它至今仍然对学校教学实践有一定的影响。这主要表现在以下几点:

桑代克发现的尝试错误现象是一种普遍存在的事实,也是人类解决问题的一种方式或途径。自然,人类的尝试错误决非盲目的,通常是有目的的,因此,在教学中,我们应要求学生尽量运用学过的知识或经验去解决问题,而不要让学生盲目地对待疑难问题。

桑代克的练习律,即机械识记在学习中并不是毫无功效的。我们不能完全否定机械识记和过度学习在知识学习中的一定作用,尤其是一些外文单词的识记和历史年代及一些数理常数的记忆,仍然需要多次重复的运用和反复的识记才能识记得更好。

桑代克的学习理论对学习心理学产生了重要影响,并直接影响到斯金纳的操作性条件作用理论。

(二)斯金纳的经典实验

斯金纳(Skinner.B.F.1904—1990),美国行为主义心理学家,新行为主义的代表人物,操作性条件反射理论的奠基者。他创制了研究动物学习活动的仪器——斯金纳箱。1950年,斯金纳当选为国家科学院院士,1958年获美国心理学会颁发的杰出科学贡献奖,1968年获美国总统颁发的最高科学荣誉——国家科学奖。

1.操作性条件反射实验

(1)实验装置

实验装置见图11-4。

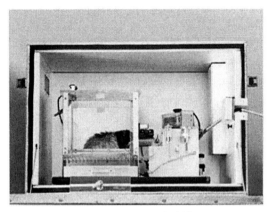

图11-4 斯金纳的实验装置

(2)实验过程

斯金纳认为,反射行为只能解释所有行为中的很少一部分,他提出了另一类行为(操作性行为),因为这些行为是在没有明显的无条件刺激存在的环境中所做出的操作。斯金纳的研究同样关注行为与其结果之间的关系。斯金纳研究的主要问题是:把被试置于受控的情境中,观察行为结果的系统变化所引起的行为变化。

(3)实验结果

教学设计运动是以行为主义为先导的。早在20世纪20年代,美国心理学家普莱西(S.Pressey)就提出了利用机器进行教学的想法,他还在1924年自行设计了一台自动教学机器。运用这台教学机器,可以向学生提供多重选择题形式的练习材料,并能跟踪学生的应答。可惜受当时科学条件的限制,加之没有找到合适的理论指导,这台教学机器未能在教学中得到应用,因而也就没有能引起人们的重视。但是,这台机器的诞生却表明了机器辅助教学的思想已经开始萌芽。

作为程序教学的代表人物,美国行为主义心理学派的重要代表人物斯金纳是与计算机辅助教学的研究与应用紧密联系在一起的。在斯金纳看来,行为是人类生活的一个基本方面,因而他一直以行为作为自己的研究对象。他认为,通过对行为的研究,可以获得对各种环境刺激的功能进行分析的方法,从而可以影响和预测有机体(包括人和动物)的行为。他最初进行动物的操作性条件反射的实验研究,提出了学习的操作性条件反射学说。20世纪40年代后期,他与费尔斯特合作对各种强化时间安排做了大量实验研究,揭示出动物的操作反应与强化安排之间的许多规律性问题。50年代前后,他将操作性条件反射和强化安排的原理应用于教学实践,创造了"教学机",设计了"程序教学"方案,大力提倡程序教学。

按经典的条件作用学说,让一个中性刺激伴随着另一已知会产生某一反应的刺激连续重复呈现,直至单凭那个中性刺激就能诱发这种反应,新的刺激—反应(S—R)联结就形成了。也就是说,新刺激替代了原刺激,如在著名的巴普洛夫实验中,铃声替代了肉末引起狗流口水。刺激替代现象在人身上也时有发生,如在课堂讲课时,当教师转向黑板时,学生就会拿起笔来准备做笔记,虽然"转身"动作本身并非引起"做笔记"这一反应的原始刺激。然而,在经典的条件作用下建立的联结属随意性的学习行为,这种学习模式对于人类学习没有多大帮助,反而往往造成误会。比较有实际意义的是斯金纳创立的操作性条件作用学说和强化理论。

2.操作性条件作用学习理论的基本观点

斯金纳在用白鼠和鸽子作为被试进行研究,放在"斯金纳箱"中的饥饿的白鼠起先是因偶然的压杆动作获得食物,多次尝试后,它学会了主动压杆以获取食物。斯金纳认为,学习就是通过强化某个刺激情景中的自发性反应,建立"刺激—反应"联结,形成操作学习。斯金纳的操作条件作用学习理论有以下几个基本观点:

(1)斯金纳把条件作用的学习历程分为两类,即"反射学习"和"操作学习"。他认为,机体并不一定需要接受明显的刺激才能形成反应。他把机体由于刺激而被动引发的反应称为"应激性反应",机体自身主动发出的反应称"操作性反应"。操作性反应可以用来解释基于操作性行为的学习,如人们读书或写字的行为。为了促进操作性行为的发生,必须有步骤地给予一定的条件作用,这是一种"强化类的条件作用"。

(2)强化包括正强化和负强化两种类型.正强化可以理解为机体希望增加的刺激,负强化则是机体力图避开的刺激。增加正强化物或减少负强化物都能促进机体行为反应的概率增加。这一发现被提炼为"刺激—反应—强化"理论。这一理论可以用来指导教学工作:在学习过程中,当给予学习者一定的教学信息——"刺激"后,学习者可能会产生许多种反应(包括应激性反应和操作性反应)。在这些反应中,只有与教学信息相关的反应才是操作性反应,在学习者做出了操作性反应后,要及时给予强化,如学生答对时告诉他"好"或"正确",答错时告诉他"不对"或"错了",这样在下次出现同样刺激时做错误反应的可能性就会大为减小,从而促进学习者在教学信息与自身反应之间形成联结,完成对教学信息的学习。

(3)强化程序中有很多种不同的强化实施方式,其中最主要的有两类:一类是立即强化与延缓强化。立即强化是指个体表现正确反应,立即提供强化物;而延缓强化则是指个体表现正确反应后,过一段时间才提供强化物。实验的结果表明立即强化的效果优于延缓强化。另一类是连续强化与部分强化。连续强化是指每次个体出现正确反应之后,均提供强化物;而部分强化仅选择在部分正确反应之后提供强化物。实验的结果表明部分强化效果优于连续强化。

3.程序教学

在把操作性条件作用学说和强化理论应用于人类学习研究的基础上,斯金纳提出了程序教学的概念,并且总结了一系列的教学原则,如小步调教学原则、强化学习原则、及时反馈原则等,形成了程序教学理论。20世纪50年代后期,斯金纳积极倡导程序教学运动,他自己设计了教学机器,并在军队训练实践中运用程序教学的思想。斯金纳提出了直线式程序教学的模式。他首先把教学内容分成一组连续的小单元,在学生进入一个新的单元学习前,必须先回答一些关于前一个单元的问题。如果回答错了,程序或者向学生提供一些暗示,或者直接告知正确答案,只有经历了这一关,且学生真正了解了与前一单元相关的问题的正确答案后,才可能进入新的学习单元。程序教学作为组织和提供信息的一种特殊方法,在操作中按照严格的逻辑顺序编制程序,将教学信息转换成一系列的问题与答案,从而引导学生一步一步地达到预期的目标。程序教学法的基本思想是:

(1)把教学内容分成具有逻辑联系的小步子;

(2)要求学生做出积极反应;

(3)对学生的反应要做出及时的反馈和强化;

(4)学生在学习中可根据自己的情况,自定步调和学习进度;

(5)学生尽可能地做出正确的反应,使错误率降低到最小限度。

程序教学可借助多种不同的媒体来实现,从电动教学机、程序式课本,到电子计算机。操作条件作用学习理论成为早期计算机辅助教学(CAI)设计的理论依据。

三、华生的环境决定论

华生是把学习理论的原则应用于儿童发展问题研究的最主要的心理学家。他认为儿童是被动的个体,其成长决定于所处的环境。儿童成长为什么样的人,教育者负有很大的责任。当他读到巴甫洛夫的研究成果后,开始认为经典条件作用的原则不仅适用于动物,人类的大部分行为也服从经典条件作用原理,并致力于儿童情绪的研究。

华生认为,婴儿出生时只有三种情绪反应:恐惧、愤怒和爱。引起这些情绪的无条件刺激一般只有一两种,但是年长的儿童可以对很多的刺激产生这些情感反应,因此对这些刺激所产生的反应一定是习得的。例如,华生认为,对婴儿来说只有两种无条件刺激可以引起恐惧,一个是突然的声响,一个是失去支持物(如从高空落下),但年龄大点儿的儿童对很多事物,如陌生人、猫、狗、黑暗等都感到恐惧。对这些事物的恐惧一定是习得的。例如,一个小孩对蛇的恐惧是因为当他看到蛇时听到了尖叫声,蛇因而成为了一种条件刺激。华生等以一个11个月大的小男孩为被试,看能否通过条件作用让他对小白鼠产生恐惧。实验之初,小孩对小白鼠并不害怕,但经过条件作用后,小孩发生了很大变化。实验过程如下:在小白鼠出现在小孩面前的同时,在小孩的背后用力击打一个物体发出巨响,引起孩子的惊吓反应。反复几次后,当只有小白鼠出现时,小孩也表现出害怕、逃避的反应。几日后,小孩对所有带毛的物体如狗、皮毛大衣等都感到害怕,可见,他的恐惧已经泛化。

华生的研究在实践上一个主要的应用是发展了一套对恐惧进行去条件作用的方法。这种方法在当代来说即是一种行为矫正或称之为系统脱敏法。这个研究是针对一个叫皮特的3岁小男孩进行的,他是一个健康活泼的孩子,但对兔子等动物感到害怕。华生等为消除其恐惧采用了如下程序:首先,在皮特喝下午茶时,将关在笼子里的兔子放在距离皮特较远且不会对他产生威胁的地方;第二天,将兔子拿到较近的距离,直到皮特感到一丝不安;接下来的每一天,兔子都被移近一点儿,但在实验者的关照下,并不会给皮特带来太多的麻烦。终于,皮特可以做到一边吃东西一边与兔子一起玩。用同样的方法,心理学家消除了皮特对其他物体的恐惧。

基于经典条件作用理论,华生对养育孩子也提出了独到的见解。他认为父母应避免拥抱、亲吻婴儿,因为这样做很快就会让婴儿把看见父母与纵容的反应联系起来,就不会学习离开父母独自探索世界。他主张把孩子当成小大人般对待,用良好的方式训练他们,从而使儿童从小养成好的习惯。

四、对行为主义学习理论的评价

(一)行为主义学习理论在教育上的应用价值

(1)联结主义学习理论用"试误"来解释简单行为的学习;而操作条件作用理论则用"强化原则"解释多种复杂行为;

(2)行为主义学习理论强调外在环境对学习的影响,故而在教育上主张奖励与惩罚;

(3)根据操作条件作用理论中的强化原则,便产生了对学校教育极有影响的行为矫正、编序教学、精熟学习、计算机辅助教学等多种教学方法,对于改革传统教学,采用新的手段、新的技术教学起了积极的作用。

根据行为主义学习理论,现代教育技术在教育教学过程中的作用在于:通过多种教学媒体为学生提供引起必要反应和形成强化刺激的材料及条件,引起学生的多种反应,使学生建立起刺激与反应间的牢固联结,并培养学生的多向思维和发散思维。

(二)行为主义学习理论的局限性

(1)行为主义学习理论是在动物实验研究的基础上形成的,这种理论把人和动物的学习等同起来,忽视了人的意识的作用,忽视了学习者的能动性和理解作用;

(2)尝试与错误并非学习的主要形式,学习的成功也不完全取决于机械重复的练习;

(3)强化在学习中固然重要,但也不能忽视学习目标、学习动机等,它们也可作为学习的动力;

(4)行为主义学习理论认为只靠直接经验的学习方式,对日常处于社会情境中人类的学习而言,颇不实际。

五、班杜拉的社会学习理论

社会学习理论是由美国心理学家(Albert Bandura)于 1977 年提出的。它着眼于观察学习和自我调节在引发人的行为中的作用,重视人的行为和环境的相互作用。

所谓社会学习理论,班杜拉认为是探讨个人的认知、行为与环境因素三者及其交互作用对人类行为的影响。按照班杜拉的观点,以往的学习理论家一般都忽视了社会变量对人类行为的制约作用。他们通常是用物理的方法对动物进行实验,并以此来建构他们的理论体系,这对于研究生活于社会之中的人的行为来说,似乎不具有科学的说服力。由于人总是生活在一定的社会条件下的,所以班杜拉主张要在自然的社会情境中而不是在实验室里研究人的行为。

(一)基本观点

班杜拉指出,行为主义的刺激—反应理论无法解释人类的观察学习现象。因为刺激反应理论不能解释为什么个体会表现出新的行为,以及为什么个体在观察榜样行为后,这种已获得的行为可能在数天、数周甚至数月之后才出现等现象。所以,如果社会学习完全是建立在奖励和惩罚之结果的基础上的话,那么大多数人都无法在社会化过程中生存下去。为了证明自己的观点,班杜拉进行了一系列实验,并在科学的实验基础上建立起了他的社会学习理论。

1.观察学习

班杜拉认为,人的行为,特别是人的复杂行为主要是后天习得的。行为的习得既受遗传因素和生理因素的制约,又受后天经验环境的影响。生理因素的影响和后天经验的影响在决定行为上微妙地交织在一起,很难将两者分开。班杜拉认为,行为习得有两种不同的过程:一种是通过直接经验获得行为反应模式的过程,班杜拉把这种行为习得过程称为"通过反应的结果所进行的学习",即我们所说的直接经验的学习;另一种是通过观察示范者的行为而习得行为的过程,班杜拉将它称之为"通过示范所进行的学习",即我们所说的间接经验的学习。

班杜拉的社会学习理论所强调的是这种观察学习或模仿学习。在观察学习的过程中,人们获得了示范活动的象征性表象,并引导适当的操作。观察学习的全过程由四个阶段(或四个子过程)构成。注意过程是观察学习的起始环节,在注意过程中,示范者行动本身的特征、观察者本人的认知特征以及观察者和示范者之间的关系等诸多因素影响着学习的效果。在观察学习的保持阶段,示范者虽然不再出现,但他的行为仍给观察者以影响。要使示范行为在记忆中保持,需要把示范行为以符号的形式表象化。通过符号这一媒介,短暂的榜样示范就能够被保持在长时记忆中。观察学习的第三个阶段是把记忆中的符号和表象转换成适当的行为,即再现以前所观察到的示范行为。这一过程涉及运动再生的认知组织和根据信息反馈对行为的调整等一系列认知的和行为的操作。能够再现示范行为之后,观察学习者(或模仿者)是否能够经常表现出示范行为要受到行为结果因素的影响。行为结果包括外部强化、自我强化和替代性强化。班杜拉把这三种强化作用看成是学习者再现示范行为的动机力量。

2.交互决定论

班杜拉的社会学习理论还详细论述了决定人类行为的诸种因素。班杜拉将这些决定人类行为的因素概括为两大类:决定行为的先行因素和决定行为的结果因素。决定行为的先行因素包括学习的遗传机制、以环境刺激信息为基础的对行为的预期、社会的预兆性线索等。决定行为的结果因素包括替代性强化(观察者看到榜样或他人受到强化,从而使自己也倾向于做出榜样的行为)和自我强化(当人们达到了自己制定的标准时,他们以自己能够控制的奖赏来加强和维持自己行动的过程)。

为了解释说明人类行为,心理学家提出了各种理论。班杜拉对其中的环境决定论和个人决定论提出了批判,并提出了自己的交互决定论,即强调在社会学习过程中行为、认知和环境三者的交互作用。

环境决定论认为,行为(B)是由作用于有机体的环境刺激(E)决定的,即 B=f(E);个人决定论认为,环境取决于个体如何对其发生作用,即 E=f(B);班杜拉则认为,行为、环境与个体的认知(P)之间的影响是相互的,但他同时反驳了"单向的相互作用",即行为是个体变量与环境变量的函数,即 B=f(P,E),认为行为本身是个体认知与环境相互作用的一种副产品,即 B:f(P * E)。班杜拉指出,行为、个体(主要指认知和其他个人的因素)和环境是"你中有我、我中有你"的,不能把某一个因素放在比其他因素重要的位置,尽管在有些情境中,某一个因素可能起支配作用。他把这种观点称为"交互决定论"。

3.自我调节理论

班杜拉认为,自我调节是个人的内在强化过程,是个体通过将自己对行为的计划和预期与行为的现实成果加以对比和评价,来调节自己行为的过程。人能依照自我确立的内部标准来调节自己的行为。按照班杜拉的观点,自我具备提供参照机制的认知框架和知觉、评价及调节行为等能力。他认为人的行为不仅要受外在因素的影响,也受自我生成的内在因素的调节。自我调节由自我观察、自我判断和自我反应三个过程组成。经过上述三个过程,个体完成内在因素对行为的调节。

4.自我效能理论

自我效能是指个体对自己能否在一定水平上完成某一活动所具有的能力判断、信念或主体自我把握与感受。也就是个体在面临某一任务活动时的胜任感及其自信、自珍、自尊等方面的感受。自我效能也可称作"自我效能感""自我信念""自我效能期待"等。

班杜拉指出："效能预期不只影响活动和场合的选择,也对努力程度产生影响。被知觉到的效能预期是人们遇到应激情况时选择什么活动、花费多大力气、支持多长时间的努力的主要决定者。"班杜拉对自我效能的形成条件及其对行为的影响进行了大量的研究,指出自我效能的形成主要受五种因素的影响,包括行为的成败经验、替代性经验、言语劝说、情绪的唤起以及情境条件。

行为的成败经验是指经由操作所获得的信息或直接经验。成功的经验可以提高自我效能感,使个体对自己的能力充满信心;反之,多次的失败会降低对自己能力的评估,使人丧失信心。

替代性经验是指个体能够通过观察他人的行为获得关于自我可能性的认识。

言语劝说包括他人的暗示、说服性告诫、建议、劝告以及自我规劝。

情绪和生理状态也影响自我效能的形成。在充满紧张、危险的场合或负荷较大的情况下,情绪易于唤起。高度的情绪唤起和紧张的生理状态会降低对成功的预期水准。

情景条件对自我效能的形成也有一定的影响,某些情境比其他情境更难以适应与控制。当个体进入一个陌生而易引起焦虑的情境中时,会降低自我效能的水平与强度。

(二)观察学习的主要影响因素

1.榜样与示范

社会学习理论认为,榜样的行为对个体的影响很大。一般而言,榜样向个体传递社会行为规范主要有两条途径:一条是言语教诲;一条是身体力行。米契尔(W.Mischel)等在要求儿童按规则进行游戏的实验中,把儿童分成两组:第一组的成人要求儿童遵守规则,自己也遵守规则;第二组的成人要求儿童遵守规则,但自己不遵守规则。研究发现,当成人在场的时候,第二组儿童基本上能严格按规则进行;但当成人不在场时,他们就不按规则游戏了。而第一组儿童自始至终是比较严格遵守规则的。这一结果表明,社会仅仅对个体进行口头教育是难以奏效的,必须言行一致才能取得良好的教育效果,而且"身教重于言教"。这样,个体才能通过观察学习获得良好行为。

观察学习是通过观察榜样的示范行为而进行的,榜样的特点、示范的形式及榜样所示范行为的性质和后果都会影响到观察学习的效果。研究表明,榜样在年龄、性别、兴趣爱好、社会背景等方面与观察者越相似,越容易引起个体的观察学习。这些主客观条件的相似,可以给观察者提供一种可接近感,不致产生"可望而不可即"的"望尘莫及"或"望洋兴叹"之感。同时,人们倾向于观察那些受人尊敬、地位较高、能力较强、拥有权力且具有吸引力的榜样,而地位较低、能力较弱、权力很小且缺乏吸引力的榜样,则难以成为模仿的对象。这就是俗话说的"人往高处走",个体希望通过学习榜样来自我发展、自我完善。

示范行为的独特性、复杂性、流行性和功能性价值等也影响着观察学习的速度和水平。一般而言,独特而简单的活动容易成为观察的对象。榜样行为越流行,越容易被模仿,如各种大众传播媒介中的榜样行为极易成为"时尚",尤其是影视明星的行为更容易成为学习的对象。同时,人们对于敌对的、攻击性的行为较亲社会行为易于模仿,榜样行为被奖励比被惩罚更能引起模仿的倾向。

2.观察与模仿

不仅榜样及其示范行为会影响个体的观察学习,观察者本身的信息加工能力、情绪唤醒水平、知觉定势、人格特征、先前经验等也会影响到观察学习的质量。信息加工能力强、情绪唤醒水平高的个体,能从观察中学到更多的东西。观察者过去形成的知觉定势,会影响到他们在观察中抽取什么特征以及如何对所见所闻做出解释。缺乏自信的、低自尊的、依赖性强的人,更易于注意他人并模仿榜样行为。同时,先前获得强化经验的行为在当前的观察学习情境中,将比较容易受到注意。

个体观察榜样行为的结果是导致模仿。不过,模仿并不仅仅是机械的、简单的仿效,也可能是灵活的、复杂的加工。班都拉研究表明,个体的模仿主要有四种方式:(1)直接模仿。经由直接参与模仿的学习方式,如儿童学习用笔写字。(2)综合模仿。观察者所学的行为不是直接来自榜样一人,而是综合多次所见而形成自己的行为。(3)象征模仿。观察者所模仿的不是榜样的具体行为,而是其性格或其行为所代表的意义。(4)抽象的模仿。观察者所获得的是行为背后蕴涵的抽象规则,而不是具体的行为方式。由于模仿有不同的方式,因此即便身处同样的社会环境,个体的行为表现也可能不同。

3.替代强化和自我强化

班杜拉认为,在观察学习过程中没有强化,学习者也能从各种示范行为中获得有关信息,学会新的行为模式。而强化则决定学习者是否把学会的行为表现出来。也就是说,强化对人的行为具有调节和控制作用。

班杜拉认为,强化包括外部强化、替代强化和自我强化三种形式。

首先,如果按照榜样行为去行动会导致有价值的结果,而不会导致无奖励或惩罚的后果,人们倾向于展现这一行为。这是一种外部强化。不过,班杜拉并不把强化看作是行为改变的关键,而是将它视为个体对环境认知的一种信息。也就是说,强化物的出现等于告诉个体,他的行为后果将会带给他的是奖励还是惩罚。

其次,观察者如果看到榜样成功的(被奖励的)行为,就会增加产生同样行为的倾向;如果看到榜样失败的(受惩罚的)行为,就会抑制发生这种行为的倾向。因此,对榜样行为的强化,便可替代性地影响观察者的学习。这意味着即使强化没有直接作用于观察者,也能控制观察者的学习。研究表明,替代强化的作用主要表现在:(1)通过观察他人行为的结果,可以了解行为会受到社会的认可还是反对;(2)使学习者容易模仿受到奖赏的行为,抑制受到惩罚的行为;(3)看到榜样的行为结果,会产生如果这样做也会得到同样强化的心理期待;(4)榜样受到奖赏或惩罚而表现的情绪反应,会唤起学习者的情绪反应,并影响相应行为的表现。

最后,人们对自己的行为所产生的评价反应,也会调节他们将表现出哪些可观察到的习得行为。个体倾向做出自我满意的行为,拒绝那些自己厌恶的东西,这实际上是一种自我强化。自我强化实质上是指人们能够自发地预测自己行为的结果,并依靠信息反馈进行自我评价和调节。班杜拉特别强调替代强化及自我强化的作用,这无疑是强调学习中的认知性和学习者的主观能动性。

(三)对班杜拉社会学习理论的评价

1.积极意义

班杜拉的社会学习理论是在前人研究的基础上，特别是行为主义学习理论研究的基础上发展起来的，但他突破了旧的理论框架，把行为主义、认知心理学和人本主义加以融合，以信息加工和强化相结合的观点阐述了学习的过程和机制，并把社会因素引入到研究中。他所建立的社会学习理论开创了心理学研究的新领域。

第一，班杜拉吸收了认知心理学的研究成果，把强化理论与信息加工理论有机地结合起来，以认知的术语阐述了观察学习的过程和作用，提出了替代强化、自我强化、三元交互、自我效能等概念，改变了传统行为主义重刺激一反应，轻中枢过程的倾向，使解释人的行为的参照点发生了重要的转变。

第二，班杜拉在社会学习理论研究中，注重社会因素的影响，把学习心理学同社会心理学的研究有机地结合在一起，提出了观察学习、间接经验、自我调节等概念，对学习心理学的发展产生了重要影响。

第三，班杜拉的实验结果都是以人为研究对象而得出的，这就避免了行为主义以动物为实验对象，把由动物实验得出的结论推广到人当中的错误倾向，结论更加具有说服力。

2.理论的局限与不足

当然，班杜拉的社会学习理论也有其明显的不足和局限性，这主要表现在以下几点：

第一，班杜拉的社会学习理论缺乏内在统一的理论框架。该理论的各个部分较分散，如何将彼此关联起来，构成一个有内在逻辑的体系，是一个亟待解决的问题。

第二，班杜拉的社会学习理论是以儿童为研究对象建立起来的，但他忽视了儿童自身的发展阶段会对观察学习产生影响。

第三，班杜拉的社会学习理论虽然可以解释间接经验的获得，但对于比较复杂的程序性知识，以及陈述性知识和理性思维的形成缺乏说服力。

第四，班杜拉虽然强调了人的认知能力对行为的影响，但对人的内在动机、内心冲突、建构方式等因素没做研究，这表明其理论本身仍然有较大的局限性。

(四)德育价值

(1)强调观察学习在人的行为获得中的作用。认为人的多数行为是通过观察别人的行为和行为的结果而学得的。依靠观察学习可以迅速掌握大量的行为模式。

(2)重视榜样的作用。人的行为可以通过观察学习过程获得。但是，获得什么样的行为以及行为的表现如何，则有赖于榜样的作用。榜样是否具有魅力、是否拥有奖赏、榜样行为的复杂程度、榜样行为的结果和榜样与观察者的人际关系都将影响观察者的行为表现。

(3)强调自我调节的作用。人的行为不仅受外界行为结果的影响，更重要的是受自我引发的行为结果的影响，即自我调节的影响。自我调节主要是通过设立目标、自我评价，从而引发动机功能来调节行为的。

(4)主张奖励较高的自信心。一个人对自己应付各种情境能力的自信程度，在人的能动作用中起着重要作用。它将决定一个人是否愿意面临困难的情境，应付困难的程度以及个人面临困难情境的持久性。如果一个人对自己的能力有较高的预期，在面临困难时往往会勇往直前，愿意付出较大的努力，坚持较久的时间；如果一个人对自己的能力缺乏自信，往往会产生焦虑、不安和逃避行为。因此,改变人的回避行为,建立较高的自信心是十分必要的。

社会学习理论重视榜样的作用,强调个人对行为的自我调节,主张建立较高的自信心。所有这些思想都是十分可取的,值得我们借鉴和参考。就企业管理来说,企业领导应充分看到员工与员工之间的互相影响,主动在企业中树立员工榜样,利用榜样的作用激发员工的工作热情,使员工更多地表现出企业所希望的行为。在树立榜样时,企业领导要力求使榜样真实可见、平凡感人。如果将榜样完美化、理想化,常常会使员工感到高不可攀,或者感到榜样脱离生活、虚假骗人。结果不仅不能起到激励作用,反而会使员工反感,降低员工士气。

(五)教育应用

(1)班杜拉在对行为习得过程的叙述中提出了人类的观察学习模式。在论述观察学习过程中反应信息的传递时,班杜拉指出:不同的示范形式具有不同的效果,用言语难以传递图像及实际行动所具有的同等量的信息,而且图像和实际行为的示范形式在引起注意方面也比言语描述更为有力。这些理论与我们所说的"身教胜于言教"的原则具有异曲同工之妙,因而为教育上解释学习行为的自律问题提供了依据。教师应把学习刻苦、自觉守纪、品德优良的学生典范确立为其他学生学习的榜样,使学生沉浸在一种良好的氛围中,充分发挥榜样的作用,从而使学生自觉向好的方向发展。同时,我们可以用优秀科学家、有成就者的事迹来教育学生,这会产生鞭策激励的巨大力量。此外,教师要为人师表,注意自己在学生面前的行为表现,为学生起到好的示范作用。

(2)班杜拉的自我效能理论对于教育教学工作具有积极影响,尤其是对开发学生的潜在能力、激发学生的学习动机和情感、促进学生积极的自我意识发展起到了不可低估的作用,对于探讨教师如何提高教学质量具有一定的启发意义。

首先,学校和教师应该为学生设立通向成功的阶梯。成功的经验会增强学生的自我效能,使学生树立成功的信心,正确看待自己的能力。这就要求教师要着重培养学生良好的心理品质,培养学生正当的兴趣、爱好和特长,并给学生创造成功的机会,为学生铺好通向成功的阶梯。

其次,教师应该给予学生积极的鼓励和及时肯定的评价。对于表现出色的学生,我们给予其积极肯定的评价,可以进一步促进学生向更好的方向发展,同时也能激励其他学生的观察学习行为。对于相对较差的学生,我们更应该及时给予鼓励而不是一味地指责,以逐渐增强他们的自我效能。

最后,要侧重全面发展学生的能力。能力是建立自信心的基础,因此要注重培养和发展学生的各方面能力,能力水平提高了,学生的自我效能自然会得到提高。我们应该让每个学生在班集体里找到自己合适的位置。让每个学生都在班级中负有一定的责任,都有为大家服务的机会,并不断地为每个学生创造成功的机会,使他们品尝到成功的欢乐,从而培养学生的自信,提高他们的自我效能。

(3)班杜拉在论述创造性示范的影响时指出:接触多种榜样的人更具有创新性,观察学习是创造性行为的主要来源,榜样越是多样化,观察者就越有可能做出创造性的反应。这告诉我们要培养学生的创新性,就要为学生提供多样化的示范者。人们在社会中常常要面对多个或多种榜样的影响,观察者很难仅仅根据某一个榜样来塑造自己的行为模式。人们常常把不同榜样的各个方面组合成一个与任何一个榜样都不同的新的混合体。事实表明,小学生看到这样的教师榜样,他们会以不同的方式组合教师的特征,从教师那里习得不同的行为特征,从而使他们的个性特征介于任何一个特定的教师。文学、艺术等的创新也往往是博采众家之长的基础上而成的。因此,多种榜样和示范将激发观察学习者创造出新的、具有创造性的行为。现代社会,电影、电视和其他声像信息传播媒介为社会学习提供了广泛的信息来源,为观察学习提供了极大的方便。学校和教师应该多让学生接触这方面的教学资源,用教学的方式使学生看到示范者的行为模式,为学生好的创新性行为提供便利条件和激励机制。

(4)班杜拉提出的观察学习为教育中的示范教学、观摩教学及教学演示等行为提供理论依据。观察学习是人们行为习得的一个重要方面。在观察学习中,示范者对学习者来说具有举足轻重的作用。示范不仅仅影响人们的行为反应,在不同类型的示范影响下,人们通过观察学习,可以学到许多东西。其中包括判断标准、言语方式、概念结构、信息处理策略、认知策略、行为标准、道德判断、个性特征、新的行为方式等。在教育中的示范教学、观摩教学等方式可以为其他教学者提供一种榜样示范作用,使教学者之间相互学习,取长补短,不断提高教学质量。

(5)在说明强化在观察学习中的作用时,班杜拉指出,与其等待对榜样的模仿出现后才给予奖赏,不如事先让观察者预测选择榜样的行为会带来益处,这样才能更有效地进行观察学习。这就要求教育者对学生的思想给予正确地引导,让他们认识到对积极、正确的榜样的观察模仿学习行为会给他们带来益处。即增加学生对观察学习良好行为的自我强化,以促进他们良好行为模式的形成。按照班杜拉的观点,自我奖惩标准是在个人成长过程中逐步确立起来的。个体可以通过模仿父母、同伴或权威人物的示范行为获得评判标准;也可能在个人成长过程中,由于父母、教师或其他年长者对符合他们信念和标准的行为予以奖励,不符合者予以惩罚,使个体将这些信念和标准内化为自己的标准,掌握道德的、伦理的评价尺度;或者是凭借榜样作用,学习怎样借助道德的要求或论点为自己的标准提供合理的依据。因此,父母、教师要在儿童自我奖惩标准确立的过程中起到方向标的作用,指引他们前进的方向。

此外,我们应该看到,观察学习对于人的个性形成、生活和工作方式的养成、道德品质和社会性行为的塑造都发挥着十分重要的作用。社会就是教育人的一所大学校,而观察学习就是人们在这个大学校里进行有意或无意学习的主要方式。一个社会要学会利用这所学校影响和塑造每个社会成员。我们要力争营造良好的社会环境,形成积极向上的社会舆论,创造文明的社会文化氛围,大力发展社会主义精神文明建设,促进每一个社会成员的社会性学习向着健康、文明的方向发展。

第三节 学习的认知理论

认知学习理论包括格式塔心理学的早期研究和现代认知心理学的研究。格式塔心理学是产生于德国的一种心理学流派,被誉为现代认知心理学的先驱。现代认知心理学具有两个方面的含义:一是以理论的角度对学习所进行的研究,可以布鲁纳、奥苏伯尔的理论为代表;二是以现代信息加工论的研究为代表。本节主要介绍加涅的学习的信息加工模式。

一、布鲁纳的认知发现理论

布鲁纳(J.S.Bluner,1915—)是当代美国著名的教育心理学家。他倡导发现学习,强调学科结构在学生认知结构形成中的重要作用,从认知心理学的观点出发,对学生的学习、动机以及教学等方面进行了全面的阐述,他的理论常被称为认知—结构论或认知—发现说。下面主要从学习观和教学观方面对布鲁纳的理论做一介绍。

(一)认知学习观

1.学习的实质在于主动地形成认知结构

布鲁纳反对行为主义学习观,主张认知学习观。他认为,学习的本质不是被动地形成刺激—反应的联结,而是使学生主动地形成认知结构。学习不是被动地接受知识,而是主动地获取知识,不论是认识一种样式、掌握一个概念、解决一个问题,还是发明一个科学理论,对学生来说都是一个主动的过程。学习者通过把新获得的信息和已有的认知结构联系起来,进而积极地构成他的知识体系。认知结构在学习过程中起着重要的作用,它可以给经验中的规律性以意义和组织,并形成一种模式。

在布鲁纳的理论中,他倾向于把认知结构看成编码系统。编码系统是人们对环境中的信息加以分组和组合的方式,并且是不断变化和重组的。它的一个重要特征是对相关的事物类别做出有层次结构的安排。所有的类目其概括水平不同,有些类目较为具体,如梨子、苹果、香蕉等,有些类目较为一般,其概括的范围越大,具体属性就越少。

2.学习包括获得、转化和评价三个过程

布鲁纳认为,"学习一门学科,看来包括三个几乎同时发生的过程"。这三个过程是:

(1)新知识的获得。学习是一个认知的过程,学习活动首先是新知识的获得过程,这种新知识可能是学生以前知识的精炼,或者和学生以前的知识相违背。不管新旧知识的关系如何,通过新知识的获得都会使已有的知识进一步提高。

(2)知识的转化。学习涉及知识的转化,通过转化,以不同的方式把新获得的知识转化为另外的形式,以适应新的任务,从而学到更多的知识。

(3)知识的评价。评价是对知识转化的一种检查,通过评价,可以核对我们处理知识的方法是否适合新的任务,运用得是否合理。因此,知识的评价通常包含对知识的合理性进行判断。布鲁纳认为,教师在帮助学生进行评价中常常具有决定性的作用。

学生在学习任何一门学科时,总是由一系列情节组成的,每一个情节(或一个事件)总是涉及获得、转化和评价三个过程。由此可见,学生并不是被动的知识接受者,而是主动的信息加工者。

布鲁纳认为,学习任何一门学科的最终目的是构建学生良好的认知结构。因此,教师应明确所要构建的学生的认知结构包含的要素,采取有效措施帮助学生通过获得、转化、评价去掌握新知识,从而使学科的知识结构转变为学生的认知结构,使书本的知识转化为学生自己的知识。

(二)结构教学观

1.教学的目的在于理解学科的基本结构

在关于学习的观点中,布鲁纳强调学生学习的积极性和主动性,强调认知结构的重要性。在教学的观点中,他主张教学的最终目标是促进对学科结构的一般理解。他认为"不论我们选教什么学科,务必使学生理解该学科的基本结构"。所谓学科的基本结构,就是指一门学科的基本概念、基本原理及其基本的态度和方法。学生掌握了学科的基本结构就能够把该学科看作一个相互联系的整体,就容易掌握整个学科的具体内容,容易记忆学科的知识,提高学习的兴趣,促进学习的迁移。儿童早期学习学科的基本原理,还可以促进智慧的发展。

因此,布鲁纳很重视学科结构的教学,把学科的基本结构放在设计课程和编写教材的中心地位,成为教学的中心。

2.掌握学科基本结构的教学原则

既然学科的基本结构是教学的中心,那么,如何通过教学让学生学习和掌握学科的基本结构呢?为此布鲁纳提出了四条教学的原则。

(1)动机原则。布鲁纳认为,几乎所有的学生都具有内在的学习愿望,内在动机是维持学习的基本动力。他认为儿童具有三种最基本的内在动机:第一,好奇的内驱力。这种内驱力是天生的,是种族生存所必需的。正是儿童的好奇心导致他们不断地从一种事物转向另一种事物,从一种活动转向另一种活动,使他们保持旺盛的求知欲望。第二,胜任的内驱力。儿童总是对能够胜任的活动保持兴趣,并且越来越感兴趣,他们总是在自动改造环境和顺利解决问题的过程中赢得真正的满足。第三,互惠的内驱力。人总有一种与人和睦相处的需要,这种动机在学习过程中同样是重要的。布鲁纳认为,以上这三种基本的内在动机都具有自我奖励的作用,其效应不是短暂的,而是长期的,教师如能促进和调节学生的探究活动,就可以激发学生的这些内在的动机,推动学生有效地达到预定的学习目标。

(2)结构原则。布鲁纳通过对儿童认知发展的研究发现,人有三种表征系统,这三种表征系统也是人成功地理解知识的手段。动作再现表象是凭动作进行学习的,无需语言的帮助;图像再现表象是借助表象进行学习的,以感知材料为基础;符号再现表象是借助语言进行学习的,经验一旦转化为语言,凭借逻辑推导就能进行。任何知识结构都可以通过这三种表象形式进行教学呈现,为了促进学生的学习,教师选用哪种呈现形式应考虑到学生的年龄、知识背景和学科的性质。布鲁纳认为,"任何概念、问题或知识都可以用一种极其简单的形式来理解它"。因此,他强调呈现的经济性,使教学符合经济性的最好办法是给学生作简要地概括。

(3)序列原则,或称程序原则。布鲁纳认为,教学就是引导学习者通过一系列有条不紊地陈述问题或大量知识的结构,提高对所学知识的掌握、转化和迁移的能力。通常,每门学科都存在着各种不同的程序,它们对学习者来说,有难有易,不存在对所有的学习者都适用的唯一程序,而且在特定的条件下,任何具体的程序总是取决于许多不同的因素,包括过去所学习的知识、智力发展的水平、材料的性质及个体的差异等。

(4)强化原则。为了提高学习效率,学习者还必须获得反馈,知道结果如何。因此,教学规定适合的强化时间和步调是学习成功的重要一环。结果反馈应恰好在学生评估自己作业的那个时刻进行。知道结果过早,易使学生慌乱,从而阻挠其探究活动的进行;知道结果太晚,易使学生失去接受帮助的机会,甚至有可能接受不了正确的信息。

(三)发现学习法

布鲁纳认为,"发现是教育儿童的主要手段",学生掌握学科基本结构的最好方法是发现法。所谓发现学习,就是学生利用教材或教师创设的学习情境,经过自己的探索寻找,以获得问题答案的一种学习方式。发现并不限于寻找人类未知的事物,它也包括通过思考来获得知识的一切方法。学生所获得的知识,如果这些知识是依靠学生自己的力量引发出来的,那么对学生来说仍然是一种"发现"。为此,教学不应当使学生处于被动地接受知识的状态,而应当让"学生自己把事物整理就绪,使自己成为发现者"。

在教学中运用发现法,教育工作者的任务是要把知识转换成一种适应正在发展着的学生的形式,以表征系统发展的顺序,作为教学设计的模式。由此,他提倡教师在教学中要使用发现学习的方法。

使用发现法应遵循六个步骤:提出和明确学生感兴趣的问题;使学生体验到对问题的某种程度的不确定性;提供解决问题的多种可能的假设;协助学生收集可供下断语的资料;组织学生审查有关资料,得出应有的结论;引导学生用分析思维去证实结论。

布鲁纳之所以强调在教学中要重视学生的发现学习,原因在于他通过比较研究发现学习和接受学习,看到发现学习有以下几个比较明显的优点:

第一,发现学习不仅强调对学习结果的存储,它还重视学习者在学习中以有意义的方式组织知识,因而学习者对知识掌握的牢固程度要高。

第二,发现学习强调学习者内部学习动机的激发,要求学习者在教师所提供的教学信息面前,自己探索解决问题的模型,所以实践表明发现学习更加容易激发学习者的智慧潜能。

第三,发现学习强调培养学生的直觉思维能力,注重在学习的过程中让学习者运用假设去推测关系,应用自己的能力去解决问题或发现新事物,因而发现学习在一定程度上可以有效提升学习者发现问题、解决问题的能力。

第四,在发现学习的过程中,教师与学生处于合作状态,此时的学生就不再是静坐的听众或观众了,他们主动合作,投入教与学的互动中,在不断地探究中获得新的信息,从而大大提高学生学习的主动性。

二、奥苏泊尔的意义接受理论

美国教育心理学家奥苏伯尔认为,人类的学习有多种多样的类型。但从学习的内容和学习者已有的知识经验的关系来看,可以把人类学习分成有意义学习和机械学习;根据学习进行的方式来看,可以把学生的学习分为接受性学习和发现性学习。在教学过程中,学生通过"发现"学习所掌握的知识是十分有限的。"发现学习难以成为一种有效的、首要的手段。"绝大多数的知识仍然需要学生通过"接受性学习"来掌握。由于教学过程是一个特殊的认知过程,学生主要是接受间接知识,这一特殊性决定了学生获取大量知识必须是接受性的。奥苏伯尔批评了把言语讲授和接受学习贬为空洞的说教和机械模仿的说法,他用有意义学习理论对接受学习进行了科学的分析,指出它不可能与机械学习画上等号,它完全可以是有意义的。如果教师能将有潜在意义的学习材料同学生已有认知结构联系起来,融会贯通,学生也能采取相应的有意义学习的心向,即学生在学习新知识的过程中,积极主动地从原有的知识结构中提取出最易于与新知识联系的旧知识。这样,新旧知识在学生的头脑中会发生积极的相互联系和作用,即"同化",导致原有认知结构的不断分化和重新组织,使学生获得关于新知识方面明确而稳定的意义,同时原有的知识在这一同化过程中发生了意义上的变化,具有潜在意义的学习材料转化为学生的认知结构,学生获得了知识的心理意义。那么,接受性学习将是有意义的。他指出,只要教师清晰地组织教材,就会使学生出现稳定而明确的有意义学习,就会使有组织的知识体系长期保存下来,有意义的言语接受学习成为学生获取知识的有效途径,从而形成了以言语讲授和有意义学习为特征的有意义接受教学模式。

(一)教学目标

奥苏伯尔认为,学校的首要工作是向学生传授学科中明确、稳定而有系统的知识体系,学生通过有意义接受学习的方式获取和牢固掌握有组织的知识,形成良好的认知结构。奥苏伯尔将认知结构定义为:"个体的观念的全部内容和组织,或者,就教材学习而言,指个体的特殊知识领域的观念的内容和组织"。在他看来,学生的认知结构即是他所称的有意义学习的结果。他说:"当我们努力影响认知结构以提高有意义的学习与保持时,我们便深入到教育过程的核心了。"在教学过程中,只要接受性学习是有意义的,学生掌握的知识就是牢固而稳定的,是一种自我的知识。

(二)教学程序

奥苏伯尔认为,学生在有意义的接受学习中,并不是将现成知识简单地"登记"到原有认知结构中去的,而要经过一系列积极的思维活动,因此,有意义接受学习是一个主动的过程。(1)在决定把新知识"登记"到已有的那些知识中去时,需要对新旧知识的"适合性"做出切实而有效的判断。(2)当新旧知识在进行联系时存在分歧或发生矛盾,需要进行调节、重新理解或表达新知识。(3)新知识要转化到学生个人的参照系中来,即与学生个人的知识经验、背景、词汇、概念等相联系,使旧知识成为可以接受新知识的基础。(4)如果找不到作为调节新旧知识分歧或矛盾的基础,需要对更有概括性、容纳性的概念进行再组织,从更高的层次上进行新旧联系。可见,这一过程实质上是呈现过程而不是发现过程。

奥苏伯尔运用"同化"学说,认为一个完整的学习过程包括三个阶段,即习得、保持和再现。在习得阶段,学习得来的新观念同认知结构中已有的适当观念发生联系,从而使新观念为旧观念所同化。同化即新知识为旧知识所融合,纳入原有认知结构的适当部位。学习者认知结构中适当可利用的观念愈多,新旧观念的性质愈接近,就愈易于发生同化。他说学生认知结构中一旦有概括和包摄水平高于新知识的原有固定观念时,新观念和新信息的获取和保持才最有成效。因此,同化是由习得转化为保持的机制,有了同化,才能使新知识牢固地保持在记忆中。在保持阶段,新旧观念是否能顺利地保持在记忆中,从而实现有意义的学习,主要取决三个因素;第一,在认知结构中是否有适当的、起固定作用的观念可以利用;第二,新的学习内容与同化它的固有观念的分化程度;第三,认知结构中原有的、起固定作用的观念的稳定性和清晰度。一般来说,认知结构中有可利用的观念则便于同化新材料,新旧知识之间辨别得越明确,越有助于促进学习与保持;原有观念的稳定性越强,清晰度越高,越有利于新材料的充分掌握。在再现阶段,新的意义与同化它的原有观念分离。这样学习过程就是一个旧观念同化新观念的过程,是一个"滚雪球"似的掌握知识的过程。根据有意义接受学习是一个主动的过程和学习过程三个阶段的特点,可以勾画出有意义接受学习的一般实施程序。

(1)要有评价准备。在讲授新材料之前,要考虑一种能激起学生动机、适合学生的过去经验和现有能力,并能使材料纳入学生的认知结构的方法。在教学中,学生的动机、经验等变量必须予以考虑。这便要求教师对儿童的年龄特征有一个大概的了解,弄清楚学生已经知道什么,并以此为依据进行教学。评价学生的准备情况如何可通过测验或其他非正式途径来完成。教师可在日常生活中,通过倾听学生的反映,仔细观察和记录学生的进步与不足等方式进行评价。教师提供一种让学生自由讨论、自由提问、无拘无束地发现见解的场合,也是评价准备的重要方面。

(2)适当选择材料。即确定要讲授的内容。讲授内容力求少而精,并能用生动的例子来使所讲授的内容与学生已有的经验联系起来,以加强对材料的理解。选择材料的来源之一是课堂用的教科书,来源之二是教科书以外的杂志、报纸乃至个人经验等。

(3)鉴别结构原理。即鉴别出所要讲授的材料中哪些是一般或普遍的原理。这些原理是其他事实、概念和原则赖以附着的骨架。同时，应使学生对材料的结构原理有一个基本的了解。

（4）提供材料概意。即教师应在学期之初提供给学生有关全部课程大意，并逐渐使这一大意向具体内容转化。转化的方式是先陈述一般概念或原理，并且提供具体的事例留意说明它们，随后再提供具体的事例演绎这一概念与原理，即从一般到个别。

（5）运用事前结构材料。教师先把一段简要的文字介绍给学生，这段文学通常要比即将学习的新材料具有更高的抽象性、普遍性和广泛性；随后教师再讲授所要学习的新材料。这种做法可以唤起学生对已有知识的回忆，有助于新材料的学习。一般来说，事前结构材料有助于学生接受（或同化）和理解新的材料。

（6）重视原理和概念。教学中一定要重视原理和概念。如果教师在教学中不强调对于概念和原理的理解，那么学生往往会倾向去记忆、学习一些具体的事实，而最终所获仅是一些缺乏理解的语言知识。

（7）注意理解关系。理解关系是认知结构理论阐述学习的基础。学生一定要学会理解关系，并且要学会用批评家的眼光来检查这些关系，以辨别出哪些是因果关系，哪些是非本质的关系和哪些是显而易见的关系等。

（三）师生角色与教学策略

言语接受学习的前提是进行有意义的学习，教师只有把具备潜在意义的学习材料同学生已有的认知结构联系起来，才能采取相应的有意义学习。奥苏伯尔认为，教师在教学中扮演着主导者、组织者的角色，他可以采取以下一些教学的基本策略。

1.“先行组织者”策略

奥苏伯尔主张，在正式学习新知识前，向学生介绍一种他们比较熟悉，同时又高度概括性地包含了正式学习材料中的关键内容，这些内容在抽象、概括和包摄水平上普遍高于新知识，也与学生个人的参照系相联系。这些引进的内容，充当新旧知识联系的桥梁，奥苏伯尔称之为“组织者（organizer）”。由于这些引进的内容是在学生正式学习新知识之前呈现，故又称之为“先行组织者（advance organizer）”。“先行组织者”能根据先前的经验抽出已经形成的认知结构，有助于同当前的学习材料形成有机的联系，能给学习材料提供适当的联结点，以便在学习初期易于同已有的知识结构相整合，使学生能借助“组织者”将学习内容的本质部分渗透到已有的认知结构中去，舍弃非本质的内容。

奥苏伯尔根据学生对“学习新知识的熟悉程度”，将“先行组织者”分为两类。第一类，学生对新知识完全陌生，教师可设计采用“陈述性的组织者”策略。这种“组织者”中包含的较高抽象和概括的观念是学生所熟悉的，而其中涉及的概括化的新知识，虽然抽象性高于正式学习材料的内容，但不低于学生熟悉的上位概念。学生事先学习了这个“组织者”之后，能将这些高度抽象概括化的观念渗入认知结构中，当学习具体的新材料时，认知结构中就有了可利用的“固定观念”。第二类，如果学生对新知识不完全陌生，新知识能与认知结构中的适当观念联系，但由于有具体或特殊的联系性，新旧知识间的差别就有可能被相似性所掩盖，使得学生在正式学习中可能把新旧知识混淆起来。这时教师可采用“比较性的组织者”策略，它能帮助学生事先分清新旧知识间的异同，以增强新旧知识间的可辨别性，从而将概括性观念渗入学生认知结构中，有利于正式材料的学习。

2.不断分化策略

奥苏伯尔从有意义言语学习理论和培养学生良好的认知结构的教学目标出发,反复强调两条简便而又实用的策略:不断分化和综合贯通。他指出,"不论哪门学科,要使教材编排成序,有两个原则是适用的,这就是不断分化原则和综合贯通原则。"

不断分化(progressive differention)就是指教师在教学中要根据人们认识新事物的自然顺序和认知结构的组织顺序,对知识进行由上位到下位、由一般到个别的纵向组织,类似于循序渐进。过去,教师往往忽视知识的组织和呈现应当依照抽象和概括性来进行,结果使学生不能用先前学习的知识来同化当前所要学习的知识,直接导致了机械学习和大量遗忘现象的产生。不断分化的策略,就是要求教师在呈现教学材料时,应首先介绍具有较高概括和包摄性的知识,然后再安排那些概括程度逐渐薄弱的知识,因为原先习得的包容范围较广的总体中掌握分化的方面较之从原先习得的分化的方面形成总体来得容易;个人的某一学科领域的知识在其头脑中的组织是由分层次的结构构成的,包摄最广的观念处于这一结构的顶端并逐渐容纳范围较小的高度分化的命题、概念。通过不断分化的策略来呈现材料,学生学起来快,而且利于保持与迁移。

3.综合贯通策略

综合贯通(integrative reconciliation)就是从横的方面加强教材中概念、原理、课题乃至章节之间的联系,消除已有知识之间的矛盾与混乱,以促使学生的学习融会贯通。综合贯通的策略,就是要求教师帮助学生牢固掌握知识间的区别和联系,指出它们的异同,将前后出现的连贯观念表面上或实质上不一致的地方融会贯通,使之成为完整的知识体系。过去教师在讲授教材时,由于不注重知识的综合贯通,结果使学生不能区分表示相同意义的不同术语或者表示不同意义的相同术语间的区别和联系,造成认识上的混淆,学生难以理解许多有联系的内容之间的共同特征,先前学习所掌握的知识不能为后继学习提供基础,直接导致了知识的生吞活剥,食而不化。

(四)评价

自从布鲁纳提出发现学习思想以来,对学习就有了接受性学习和发现性学习之分,孰是孰非,莫衷一是。而奥苏伯尔关于有意义接受教学思想的提出对接受性学习和发现性学习给予了适当、中肯和较为科学的论证。接受性学习不一定全是机械的、注入式的,在适当的条件下可以转化为积极的、主动的、有意义的学习。而发现性学习也并非完全是有意义的,在一定的条件下有可能成为盲目的、无效的学习。学习是否有意义,决不决定于学习的外在形式,其关键要看是否满足了有意义学习的条件。只要根据有意义的学习规律,充分考虑儿童的认知特点和教材的难易程度,无论采用何种学习方式,都可以成为有意义的学习。这样,奥苏伯尔提出的有意义接受性学习理论为公正地评价上述两种学习方式提供了可靠的依据(即学习是否有意义),也为人们在教学过程中综合运用两种学习方式提出了思路。要使接受性的学习有意义,必须符合有意义学习的条件:学生必须具有有意义学习的心向,即主动地将所要学的知识与学生原有的知识发生联系的倾向性;具有适当的知识,进行新旧联系。因此,学生的有意义学习也是一个主动的过程,这能促使教师在教学中彻底避免传统教学中的"满堂灌"的做法,代之以少而精的讲授(如先行组织者策略、不断分化和综合贯通策略等),有利于学生掌握丰富的知识体系。但奥苏伯尔的有意义接受学习模式对教师的要求较高,如运用先行组织者策略、不断分化和综合贯通策略,了解学生原有的知识结构等需要教师对教材有十分深入的了解和把握,这无疑强调了教师中心地位,忽视了学生在学习过程中的能动性和自我激发学习动机的潜能。另外,要促使有意义学习成为现实,需要学生运用原有的认知结构去同化新知识,而在奥苏伯尔的理论中,原有的认知结构更多的是指认知成分,忽视了学生的学习态度、兴趣在同化新知识中的作用。因此,有意义学习还要注重对学生情感、兴趣、态度等非认知心理因素的激发和培养。

三、加涅的信息加工理论

加涅是 20 世纪最有影响的著名教育心理学家之一。他认为,学习是一个有始有终的过程,这一过程可分成若干阶段,每一阶段需进行不同的信息加工。在各个信息加工阶段发生的事件,称为学习事件。学习事件是学生内部加工的过程,它形成了学习的信息加工理论的基本结构。与此相应,教学过程既要根据学生的内部加工过程,又要影响这一过程。因而,教学阶段与学习阶段是完全对应的。在每一教学阶段发生的事情,即教学事件,这是学习的外部条件。教学就是由教师安排和控制这些外部条件构成的,而教学的艺术就在于学习阶段与教学阶段的完全吻合。

(一)学习的信息加工模式

加涅认为,学习的模式是用来说明学习的结构与过程的,它对于理解教学和教学过程,以及如何安排教学事件具有极大的应用意义。他提出了影响深远的信息加工的学习模式。

1.信息流

从图 11-5 中,我们可以看到信息从一个假设的结构流到另一个假设的结构中去的过程。首先,学生从环境中接受刺激,刺激推动感受器,并转变为神经信息。这个信息进入感觉登记,这是非常短暂的记忆储存,一般在百分之几秒内就可把来自各感受器的信息登记完毕。有些部分登记了,其余部分很快就消逝了,这涉及注意或选择性知觉的问题。

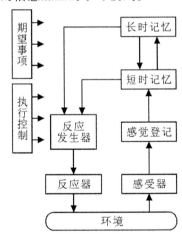

图 11-5 加涅的信息加工模式图

被视觉登记的信息很快进入短时记忆,信息在这里可以持续二三十秒。短时记忆的容量很有限,一般只能储存七个左右的信息项目。一旦超过了这个数目,新的信息进来,就会把部分原有信息赶走。如果想要保持信息,就得采取复述的策略。但复述只能有利于保持信息以便进行编码,并不能增加短时记忆的容量。

当信息从短时记忆进入长时记忆时,信息发生了关键性转变,即要经过编码过程。所谓编码,不是把有关信息收集在一起,而是用各种方式把信息组织起来。信息是经编码形式储存在长时记忆中的。一般认为,长时记忆是个永久性的信息储存库。

当需要使用信息时,需经过检索提取信息。被提取出来的信息可以直接通向反应发生器,从而产生反应,也可以再回到短时记忆,对该信息的合适性作进一步地考虑,结果可能是进一步寻找信息,也可能是通过反应发生器做出反应。

2.控制结构

除信息流程之外,在图 11-5 所示的学习的信息加工模式中,还包含着期望事项与执行控制。期望事项是指学生期望达到的目标,即学习的动机。正是因为学生对学习有某种期望,教师给予的反馈才会具有强化作用。换言之,反馈之所以有效,是因为反馈能肯定学生的期望。执行控制即加涅学习分类中的认知策略。执行控制过程决定哪些信息从感觉登记进入短时记忆,如何进行编码,采用何种提取策略等。由此可见,期望事项与执行控制在信息加工过程中起着极为重要的作用。加涅之所以没有把这两者与学习模式中其他结构联系起来,主要是由于这两者可能影响信息加工过程中的所有阶段,并且它们之间的关系目前还不太清楚。

(二)学习阶段及教学设计

从学习的信息加工模式中可以看到,学习是学生与环境之间相互作用的结果。学习过程是由一系列事件构成的。加涅认为,每个学习动作可以分解成八个阶段(见图 11-6)。图 11-6 左边是学习阶段,其中方框上面是该阶段的名称,里面是该阶段内部的主要学习过程;右边则是教学事件。这样,学生内部的学习过程一环接一环,与此相应的学习阶段把这些内部过程与构成教学的外部事件联系起来了。

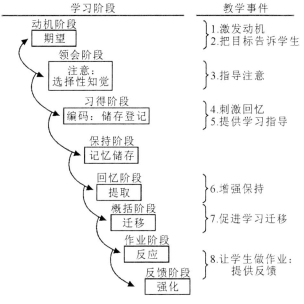

图 11-6 学习阶段与教学事件

1.动机阶段

有效的学习必须要有学习动机,这是整个学习的开始阶段。动机的形式多种多样,在教育教学情境中,首先要考虑的是激发学生进行学习活动的动机,即学生力图达到某种目的的动机。它是借助于学生内部产生的心理期望过程而建立起来的。期望就是指学生对完成学习任务后将会得到满意结果的一种预期,它可以为随后的学习指明方向。

但是,在有些场合下,学生最初并没有被达到某种目的的诱因所推动,这时就要帮助学生确立学习动机,形成学习期望。理想的期望只有通过学生自己的体会才能形成,而不能仅仅通过教师告诉学生学习的结果来形成。因此,为了使学生形成理想的期望,在学生实际获得某种知识和技能之前,应先做出安排使学生达到某种目标,以便向学生表明他们能够达到预期的目标。

2.领会阶段

有了学习动机的学生,首先必须接受刺激,即必须注意与学习有关的刺激,而无视其他刺激。当学生把所注意的刺激特征从其他刺激中分化出来时,这些刺激特征就被进行知觉编码,储存在短时记忆中。这个过程就是选择性知觉。

为了使学生能够有效地进行选择性知觉,教师应采用各种手段来引起学生的注意,如改变讲话的声调、手势动作等;同时,外部刺激的各种特征本身必须是可以被分化和辨别的。学生只有对外部刺激的特征做出选择性知觉后,才能进入其他学习阶段。

3.习得阶段

当学生注意或知觉外部情境之后,学生就可获得知识。而习得阶段涉及的是对新获得的刺激进行知觉编码后储存在短时记忆中,然后把它们进一步编码加工后转入长时记忆中。

在短时记忆中暂时保存的信息,与被直接知觉的信息是不同的。在这里,知觉信息已被转化成一种最容易储存的形式,这种转化过程被称为编码过程。当信息进入长时记忆时,信息又要经历一次转换,这一编码的目的是为了保持信息。如用某种方式把刺激组织起来,或根据已经习得的概念对刺激进行分类,或把刺激简化成一些基本原理,这些都会有助于信息的保持。在此过程中,教师可以给学生提供各种编码程序,鼓励学生选择最佳的编码方式。

4.保持阶段

学生习得的信息经过复述、强化后,以语义编码的形式进入长时记忆储存阶段。对于长时记忆,人类至今了解不深,但有几点目前是清楚的:第一,储存在长时记忆中的信息,其强度并不随时间进程而减弱,如七八十岁的老人回忆孩提时的事情往往比当天的事情更清楚;第二,有些信息因长期不用会逐渐消退,如一个人已习得的外语单词会因经常不用而遗忘;第三,记忆储存可能会受干扰的影响,新旧信息的混淆往往会使信息难以提取。因此,如果教师能对学习条件作适当安排,避免同时呈现十分相似的刺激,可以减少干扰的可能性,从而提高信息保持的程度。

5.回忆阶段

学生习得的信息要通过作业表现出来,信息的提取是其中必需的一环。相对其他阶段而言,回忆或信息提取阶段最容易受外部刺激的影响。教师可以利用各种方式使学生得到提取线索,这些线索可以增强学生的信息回忆量。但作为教师,最重要的是指导学生,使他们为自己提供线索,从而成为独立的学习者。所以,对于教学设计来说,通过外部线索激活提取过程固然重要,但更重要的是使学生掌握为自己提供线索的策略。

6.概括阶段

学生提取信息的过程并不始终是在与最初学习信息时相同的情境中进行的。同时,教师也总是希望学生能把学到的知识运用于各种类似的情境中去,以达到举一反三的目的。因此,学习过程必然有一个概括的阶段,也就是学习迁移的问题。为了促进学习的迁移,教师必须让学生在不同情境中学习,并给学生提供在不同情境中提取信息的机会;同时,更为重要的是,要引导学生概括和掌握其中的原理和原则。

7. 作业阶段

一个完整的学习过程需要有作业阶段似乎是不言而喻的，因为只有通过作业才能反映学生是否已习得了所学的内容。作业的一个重要功能是获得反馈；同时，学生通过作业看到自己学习的结果，可以获得一种满足。

当然，作业主要是给教师看的。一般来说，仅凭一次作业是很难对学生的学习情况做出判断的，有些学生可能碰巧做得很好，有些学生则可能碰巧做得不理想，因此教师需要几次作业才能对学生的学习状况做出判断。

8. 反馈阶段

当学生完成作业后，他马上意识到自己已经达到了预期的目标。这时，教师应给予反馈，让学生及时知道自己的作业是否正确，从而强化其学习动机。当然，强化在学习过程中之所以起作用，是因为学生在动机阶段形成的期望在反馈阶段得到了肯定。

教师在提供反馈时，不仅可以通过"对""错""正确"或"不正确"等词汇来表达，而且可以使用点头、微笑等许多微妙的方式反馈信息。同时，反馈并不总是需要外部提供的，它也可以从学生内部获得，即进行自我强化。例如，学生可以根据已经学过的概念、规则，知道自己的答案是否正确。

总之，加涅认为教师是教学活动的设计者和管理者，也是学生学习效果的评定者。一个完整的学习过程是由上述八个阶段组成的。在每个学习阶段，学习者的头脑内部都进行着信息加工活动，使信息由一种形态转变为另一种形态，直到学习者用作业的方式做出反应为止。教学程序必须根据学习的基本原理来进行。在学习结果(即言语信息、认知策略、智慧技能、动作技能、态度)确定之后，它们必须按照教学工作目标的适当顺序安排。有效的教学要求教师根据学生的内部学习条件，创设或安排适当的外部条件，促进学生有效地学习，以实现预期的教学目标。

第四节　人本主义学习理论

人本主义心理学是 20 世纪五六十年代在美国兴起的一种心理学思潮，其主要代表人物是马斯洛(A.Maslow)和罗杰斯(C.R.Rogers)。人本主义的学习与教学观深刻地影响了世界范围内的教育改革，是与程序教学运动、学科结构运动齐名的 20 世纪三大教学运动之一。

一、自然人性论

人本主义的学习理论是根植于其自然人性论的基础之上的。他们认为，人是自然实体而非社会实体。人性来自自然，自然人性即人的本性。凡是有机体都具有一定内在倾向，即以有助于维持和增强机体的方式来发展自我的潜能；并强调人的基本需要都是由人的潜在能量决定的。但是，他们也认为，自然的人性不同于动物的自然属性。人具有不同于动物本能的似本能(instinct oid)需要，并认为生理的、安全的、尊重的、归属的、自我实现的需要就是人类的似本能，它们是天赋的基本需要。在此基础上，人本主义心理学家进一步认为，似本能的需要就是人性，它们是善良的或中性的。恶不是人性固有的，它是由人的基本需要受挫引起的，或是由不良的文化环境造成的。

二、自我实现人格论及其患者中心疗法

人本主义心理学家认为，人的成长源于个体自我实现的需要，自我实现的需要是人格形成发展、扩充成熟的驱动力。所谓自我实现的需要，马斯洛认为就是"人对于自我发挥和完成的欲望，也就是一种使它的潜力得以实现的倾向"。通俗地说，自我实现的需要就是"一个人能够成为什么，他就必须成为什么，他必须忠于自己的本性"。正是由于人有自我实现的需要，才使得有机体的潜能得以实现、保持和增强。人格的形成就是源于人性的这种自我的压力。人格发展的关键就在于形成和发展正确的自我概念。而自我的正常发展必须具备两个基本条件：无条件的尊重和自尊。其中，无条件的尊重是自尊产生的基础，因为只有别人对自己有好感（尊重），自己才会对自己有好感（自尊）。如果自我正常发展的条件得以满足，那么个体就能依据真实的自我而行动，就能真正实现自我的潜能，成为自我实现者或称功能完善者、心理健康者。人本主义心理学家认为，自我实现者能以开放的态度对待经验，他的自我概念与整个经验结构是和谐一致的，他能经验到一种无条件的自尊，并能与他人和谐相处。

罗杰斯认为，一个人的自我概念极大地影响着他的行为。心理变态者主要是由于他有一种被歪曲的、消极的自我概念的缘故。如果他要获得心理健康，就必须改变这个概念。因此，心理治疗的目的就在于帮助病人或患者创造一种有关他自己的更好的概念，使他能自由地实现他的自我，即实现他自己的潜能，成为功能完善者。由于罗杰斯认为患者有自我实现的潜能，它不是被治疗家所创建的，而是在一定条件下自由释放出来的，因此"患者中心疗法"的基本做法是鼓励患者自己叙述问题，自己解决问题。治疗者在治疗过程中，不为患者解释过去压抑于潜意识中的经验与欲望，也不对患者的自我报告加以评价，只是适当地重复患者的话，帮助他澄清自己的思路，使他自己逐步克服他的自我概念的不协调，接受和澄清当前的态度和行为，达到自我治疗的效果。而要有效运用患者中心疗法，使病人潜在的自我得到实现，必须具备三个基本条件，这就是：(1)无条件地积极关注(unconditional positive regard)。治疗者对患者应表现出真诚的热情、尊重、关心、喜欢和接纳，即使当患者叙述某些可耻的感受时，也不表示冷漠或鄙视，即"无条件尊重"。(2)真诚一致(congruence)。治疗者的想法与他对患者的态度和行为应该是相一致的，不能虚伪做作。(3)移情性理解(empathic understanding)。治疗者要深入了解患者经验到的感情和想法，设身处地地了解和体会患者的内心世界。

三、知情统一的教学目标观

由于人本主义心理学家认为人的潜能是自我实现的，而不是教育的作用使然，因此在环境与教育的作用问题上，他们认为虽然"弱的本能需要一个慈善的文化来孕育他们，使他们出现，以便表现或满足自己"，但是归根到底，"文化、环境、教育只是阳光、食物和水，但不是种子"，自我潜能才是人性的种子。他们认为，教育的作用只在于提供一个安全、自由、充满人情味的心理环境，使人类固有的优异潜能自动地得以实现。在这一思想指导下，罗杰斯在20世纪60年代将他的"患者中心(client centered)"的治疗方法应用到教育领域，提出了"自由学习"和"学生中心(student centered)"的学习与教学观。

罗杰斯认为，情感和认知是人类精神世界中两个不可分割的有机组成部分，彼此是融为一

体的。因此,罗杰斯的教育理想就是要培养"躯体、心智、情感、精神、心力融汇一体"的人,也就是既用情感的方式也用认知的方式行事的情知合一的人。这种知情融为一体的人,他称之为"完人(whole person)"或"功能完善者(fully functioning person)"。当然,"完人"或"功能完善者"只是一种理想化的人的模式,而要想最终实现这一教育理想,应该有一个现实的教学目标,这就是"促进变化和学习,培养能够适应变化和知道如何学习的人"。他说:"只有学会如何学习和学会如何适应变化的人,只有意识到没有任何可靠的知识,只有寻求知识的过程才是可靠的人,才是真正有教养的人。在现代世界中,变化是唯一可以作为确立教育目标的依据,这种变化取决于过程而不是静止的知识。"可见,人本主义重视的是教学的过程而不是教学的内容,重视的是教学的方法而不是教学的结果。

四、有意义的自由学习观

由于人本主义强调教学的目标在于促进学习,因此学习并非教师以填鸭式严格强迫学生无助地、顺从地学习枯燥乏味、琐碎呆板、现学现忘的教材,而是在好奇心的驱使下去吸收任何他自觉有趣和需要的知识。罗杰斯认为,学生学习主要有两种类型,即认知学习和经验学习;其学习方式也主要有两种,即无意义学习和有意义学习;并且认为认知学习和无意义学习、经验学习和有意义学习是完全一致的。因为认知学习的很大一部分内容对学生自己是没有个人意义(personal significance)的,它只涉及心智(mind),而不涉及感情或个人意义,是一种"在颈部以上发生的学习",因而与完人无关,是一种无意义学习。而经验学习以学生的经验生长为中心,以学生的自发性和主动性为学习动力,把学习与学生的愿望、兴趣和需要有机地结合起来,因而经验学习必然是有意义的学习,必能有效地促进个体的发展。

所谓有意义学习(significant learning),不仅仅是一种增长知识的学习,而且是一种与每个人各部分经验都融合在一起的学习,是一种使个体的行为、态度、个性以及在未来选择行动方针时发生重大变化的学习。在这里,我们必须注意罗杰斯的有意义学习(significant learning)和奥苏伯尔的有意义学习(meaningful learning)的区别。前者关注的是学习内容与个人之间的关系;而后者则强调新旧知识之间的联系,它只涉及理智,而不涉及个人意义。因此,按照罗杰斯的观点,奥苏伯尔的有意义学习只是一种"在颈部以上发生的学习",并不是罗杰斯所指的有意义学习(significant learning)。

对于有意义学习,罗杰斯认为主要具有四个特征:(1)全神贯注。整个人的认知和情感均投入到学习活动之中。(2)自动自发。学习者由于内在的愿望主动去探索、发现和了解事件的意义。(3)全面发展。学习者的行为、态度、人格等获得全面发展。(4)自我评估。学习者自己评估自己的学习需求、学习目标是否完成等。因此,学习能对学习者产生意义,并能纳入学习者的经验系统之中。总之,"有意义的学习结合了逻辑和直觉、理智和情感、概念和经验、观念和意义。若我们以这种方式来学习,便会变成统整的人。"

五、学生中心的教学观

人本主义的教学观是建立在其学习观的基础之上的。罗杰斯从人本主义的学习观出发,认为凡是可以教给别人的知识,相对来说都是无用的;能够影响个体行为的知识,只能是他自己发现并加以同化的知识。因此,教学的结果,如果不是毫无意义的,那就可能是有害的。教师的任务不是教学生学习知识(这是行为主义者所强调的),也不是教学生如何学习(这是认知主义者所重视的),而是为学生提供各种学习的资源,提供一种促进学习的气氛,让学生自己决定如何学习。为此,罗杰斯对传统教育进行了猛烈的批判。他认为在传统教育中,"教师是知识的拥有者,而学生只是被动的接受者;教师可以通过讲演、考试甚至嘲弄等方式来支配学生的学习,而学生无所适从;教师是权力的拥有者,而学生只是服从者"。因此,罗杰斯主张废除"教师(teacher)"这一角色,代之以"学习的促进者(facilitator)"。

罗杰斯认为,促进学生学习的关键不在于教师的教学技巧、专业知识、课程计划、视听辅导材料、演示和讲解、丰富的书籍等(虽然这中间的每一个因素有时候均可作为重要的教学资料),而在于特定的心理气氛因素,这些因素存在于"促进者"与"学习者"的人际关系之中。那么,促进学习的心理气氛因素有哪些呢?罗杰斯认为,这和心理治疗领域中咨询者对咨客(患者)的心理气氛因素是一致的,这就是:(1)真实或真诚。学习的促进者表现真我,没有任何矫饰、虚伪和防御。(2)尊重、关注和接纳。学习的促进者尊重学习者的情感和意见,关心学习者的方方面面,接纳作为一个个体的学习者的价值观念和情感表现。(3)移情性理解。学习的促进者能了解学习者的内在反应,了解学生的学习过程。在这样一种心理气氛下进行的学习,是以学生为中心的,"教师"只是学习的促进者、协作者或者说伙伴、朋友,"学生"才是学习的关键,学习的过程就是学习的目的之所在。

总之,罗杰斯等人本主义心理学家从他们的自然人性论、自我实现论及其"患者中心"出发,在教育实际中倡导以学生经验为中心的"有意义的自由学习",对传统的教育理论造成了冲击,推动了教育改革运动的发展。这种冲击和促进主要表现在:突出情感在教学活动中的地位和作用,形成了一种以知情协调活动为主线、以情感作为教学活动的基本动力的新的教学模式;以学生的"自我"完善为核心,强调人际关系在教学过程中的重要性,认为课程内容、教学方法、教学手段等都维系于课堂人际关系的形成和发展;把教学活动的重心从教师引向学生,把学生的思想、情感、体验和行为看作是教学的主体,从而促进了个别化教学运动的发展。不过,罗杰斯对教师作用的否定,是不正确的,是言过其实的。

人本主义学习理论是 20 世纪五六十年代在美国兴起的一种心理学学派,它以人的整体性研究为基础,崇尚人的尊严和价值,强调要研究对人和社会的进步富有意义的问题。人本主义学习理论对学习本质的揭示不像行为主义和认知理论那样给予严格的定义。而是从人的自我实现和个人意义的角度加以描述。认为学习是个人自主发起的,是个人整体投入其中并产生全面变化的活动。教育技术为学生的自我完善提供了充分的条件,因此,它是人本主义学习理论的教学目标自我实现的体现。

人本主义学习理论有这样几个特点:(1)自主性。即学习是个人主动发起的(不是被动地等待刺激),学习者内在的思维和情感活动极为重要。(2)全面性。即个人对学习的整体投入不仅涉及认知方面,还涉及情感、行为、个性等方面。(3)渗透性。即学习不单是对认知领域产生影响,而且对行为、态度、情感等多方面发生作用。其代表人物罗杰斯就教学问题提出:在教学目标上,强调个性与创造性的发展;在课堂内容上,强调学生的直接经验;在教学方法上,主张以学生为中心,放手让学生自我选择、自我发现。同时,罗杰斯还将人本主义心理学思想运用于教学研究与实验,确立了"情意教学论"和"以学生为中心的教学模式论"。罗杰斯强调教育的任务在于帮助人们满足"自我实现"这个最高的需要。在教学过程中要发展学生的个性,充分调动学生学习的内在动机,并要求创造和谐融洽的教学人际关系。它改变了传统教学中面对面的教学结构,教师不再直接控制教学,教学过程转变为学习过程。这使得教学生会学习尤为重要。现代教学已不是简单零碎地教给学生知识，而是帮助学生建立完整的学科知识结构，使学生学会自由学习。教会学生学习是现代信息化社会对教学的基本要求，是学生自我实现的前提条件。

罗杰斯认为，教师必须要以真诚的态度对待学生，要坦诚相待，表露自己的真情实感，去掉一切伪装的"假面具"；给学生以充分的信任，对学生作为具有自身价值独立体的任何思想与感情，都应予以认可，相信他们能够充分发展自己的潜能；尊重和理解学生的内心世界。在教学中，教师要移情性地、设身处地去理解学生、尊重学生，不对他们的思想情感与道德品性做出评价和批评。只有这样，才能使学生具有安全感和自信心，获得真实的自我意识，去充分地实现"自我"。

罗杰斯认为，教师在教学中的具体做法是：除移情教学外，还必须编制好便于学生自己学习，适合他们的知识水平、学习兴趣和特点的教材；要善于辅导，教师不是一味地追求讲解，而是有效地咨询和辅导；提供给学生必要的学习材料；创造一切条件，让学生自己学习。基于这样的认识，教师的基本的角色特征并没有改变，仍然是知识的传播者，教学过程的设计者、组织者、管理者。只是教师由传统的一味地追求讲授改变成学生学习的倡导者、合作者、咨询者。教师和学生的地位不是不平等的权威关系和依赖关系，而是建立在师生双向参与、双向沟通、平等互助的关系之上，达到人本主义崇尚的人的尊严、民主、自由、平等的价值观。

罗杰斯认为，教学是一种人与人之间的情意活动，移情就是教师能够通过一定的媒介和渠道，把自己的情感因素转移到学生身上。他认为，如果教师能够移情的话，就将格外有力地增添课堂的气氛。教师的作用是通过情意因素促进学生自觉乐意地积极学习，为学生提供学习的机会和条件。以学生为中心教学就是学生是教学活动过程中的核心，学生自主地接受课程内容，选择学习方法，进行自我评价、自我管理，有教学时间的自由选择权和支配权。只有当个体需求，身心发展状态以及个体学习风格与学习目标相互一致时，学习才会有效。教师在教学过程中起教学促进者的角色，为学生创造自由的学习气氛和情境，提供丰富广泛的学习资料，以利于学习时自由地发展自身在认知、情感方面的潜能。教师的任务不再是行为主义所强调的"教学生知识"，也不是认知学派所关注的"教学生怎样学习"，而是教学生如何"自我实现"，即决定学习什么、怎样掌握学习内容、采取什么顺序进行学习。只有这样，才能实现学生学习的自主性、独立性、能动性和创造性，达到真正有意义的学习。

人本主义学习理论强调人在学习中的自主地位。强调学习中的情感因素，并试图将情感和认知因素在学习中结合起来。因此，在教学中应充分考虑学习者的主体地位，调动其主动参与学习过程。他们所扮演的角色可以互相转换，学习者对问题的理解将会有新的体会。角色扮演的成功将会增加学习者的成就感和责任感，并可以激发学习者掌握知识的兴趣与积极性。计算机多媒体、Internet网络、通信技术在教学领域的运用，为融入人本主义教学思想创造了条件。它以多种多样的形式为学习者提供与学习内容相关的现象、观点、数据和资料，不直接或轻易地呈现结论，并留出空间让学习者参与进来活动，为学习者留下自我修改、自我思考、自我认识和自我发展的空间。由于现代教育媒体的参与，"迫使"学生主动参与学习，使学生化被动为主动学习，养成自主学习的习惯。

六、对人本主义学习理论的评价

(一)人本主义学习理论的主要贡献

1.重视学习者的内心世界

人本主义学习理论反对把人降低到"一只较大的白鼠或一架较慢的计算机水平",重视对学生在教学过程中的认知、情感、兴趣、动机、潜在智能等内部心理世界的研究,主张设身处地为学生着想,使学生感受到学习的乐趣、激动,从而全身心地投入学习。人本主义不主张学生的行为依赖于现在或过去的环境而刺激,而认为学生的自我实现和为达到目的而进行创造的能力才是他们行为的决定因素,个人所处的物质、社会和文化环境只能促进或阻碍学生的潜能的实现。总之,人本主义学习理论重视教育者对学生内在的心理世界的了解,以顺应学生的兴趣、需要、经验及个别差异等,达到开发学生的潜能,激起其认知与情感的相互作用;重视创造能力、认知、动机、情感等心理方面对行为的制约作用,这对于教育事业的革新与进步是具有积极意义的。

2.对学生的本质持积极乐观的态度

人本主义心理学家把人类能否适应当代世界的加速变化,解决种种社会矛盾的一个决定因素归之于能否教育好一代新人。他们反对那种强制学生适应学校,重视智育,不重视整个人全面发展的传统教育目标;提倡教育目标应该是指向学生个人的创造性、目的和意义,是培养积极愉快、适应时代变化的心理健康的人。为了实现这种教育目标,教师应当充分地尊重、了解与理解学生,创设自由的、宽松的、快乐的学习气氛,激发学生的学习积极性,从而促进学生的成长与学习。这种观点对我国当前的素质教育目标的制定,具有积极的借鉴作用。

3.对教师的态度定势与教学风格的重视

人本主义心理学家在重视学生个别差异与自我概念的同时也重视师生关系、课堂气氛及群体动力的作用,特别是促使教师更加重视与研究那些涉及人际关系与人际感情,诸如自我概念与自我尊重、气氛因素及学生对新的学习的知觉方式的调节、学习能力的获得、持续学习等问题;促使教师从学生的外部行为理解其内在的动因;促使教师在讲授知识中深入理解讲课内容的同时,正确地理解自己。这无疑促进了教师心理的理论研究,对完善教师的态度定势与教学风格具有十分重要的意义。

4.重视意义学习与过程学习

人本主义心理学家主张的"做"中学和在学习过程中学习如何学习的观点是十分可取的,它有利于在教育中消除老师与学生、学和做、目的和手段之间的距离和对立,使学习成为乐趣。对于克服我国教育中仍然存在的过分重视书本知识的作用和价值,忽视在实践活动中学习的偏向不无启示。

5.消除行为主义和精神分析学习论的片面性,丰富了学习理论

人本主义心理学家关于学习的基本观点与理论,有力冲击了行为主义的机械学习论与精神分析的悲观发展论对学习心理与教育实践的消极影响,促进了美国当时的教育革新。人本主义大量的教育试验和研究工作所积累的经验与成果也是教育心理学发展史上的一笔宝贵的财富。

(二)人本主义学习理论的缺陷

1.片面强调学生的天赋潜能作用,忽视环境与教育的作用

人本主义心理学主张教育、教学应当充分发挥学生的选择性、创造性,是正确的;但认为这些心理特点都是先天的潜能,忽视社会和文化环境的决定作用,是一种片面强调遗传决定发展的观点,是违背人的发展的客观现实的。现实中的学校总是在与社会文化环境的互动中,改变着自己的教育目标、方针与办学模式,对学生施加种种影响的,而学生又在家庭与社会团体中接受社会文化环境影响,成为一个既具有学校社会组织特性又具有独特个性的人。过分强调学生天生的潜能,只会导致放任自流式的"自由学习"。

2.过分强调学生的中心地位,影响了教育与教学效能

人本主义学习理论主张以学生为中心,这对教师以权威身份向学生灌输知识、强迫学生学习的美国传统教育带来冲击,是有积极意义的。然而,强调学习要以学习者的自由活动为中心,这样必然会忽视教学内容的系统逻辑性和教师在学科学习中的主导作用,影响教育与教学质量。我们提倡在宽松、自由的学习气氛中去学习教学计划规定的教学内容,而且要求学生在不影响自己与别人学习的前提下,在选修课与课外兴趣小组中,体现学生的自由、学习的精神,但必须遵循学生的角色规范,遵守必要的规章制度,真正做到既乐于学习又会学习,既自由又受纪律制约,以适应当前的学习与未来的生活。

3.过于突出学生个人的兴趣与爱好,低估社会与教育的力量

人本主义学习理论对满足学生个人自发的兴趣和爱好上过于重视,忽视了良好的社会与学校教育对他们健康发展的作用。我们也主张教育措施必须符合儿童心理发展水平,必须有利于儿童潜能的开发,但不是迁就其原有的水平与独特性,而是在良好的社会教育和自我教育的条件下,提高其原有的智能水平,完善其独特性,促使其社会化,培养其成为德、智、体全面发展的人。

4.低估了教师的作用

人本主义心理学家提出了情感型的新型师生关系,提倡师生之间真诚地情感交流,这为师生交往提供了一个新模式。但是,人本主义心理学家把教师看作尽职于学生的"侍人""非指导者""促进者"等,教师的作用只是"音叉",应学生之声而"共鸣",这实际上贬低了教师的作用。人本主义心理学强调师生之间的情感交流是合理的,但由此而让教师迁就于学生的想法,则是不可取的。

5.哲学基础与方法论的局限

人本主义心理学以人为本、以学生为中心的思想,猛烈地冲击了当时及当代西方心理学的教育观念,成为心理学发展中的一个新动向,值得深入研究。但是,人本主义学习理论的整个体系建立在存在主义、现象学、性善论的基础上,因而具有唯心主义的色彩。此外,它的研究方法是从心理咨询等实际工作中引进的,一些学者认为在一定程度上人本主义学习论还只是一种推理和猜想,缺乏实验和实践的验证。

第五节 建构主义学习理论

一、建构主义学习理论的基本观点

建构主义源自关于儿童认知发展的理论,由于个体的认知发展与学习过程密切相关,因此利用建构主义可以比较好地说明人类学习过程的认知规律,即能较好地说明学习如何发生、意义如何建构、概念如何形成,以及理想的学习环境应包含哪些主要因素,等等。总之,在建构主义思想指导下可以形成一套新的比较有效的认知学习理论,并在此基础上实现较理想的建构主义学习环境。

(一)建构主义学习理论的基本内容

1.关于学习的含义

建构主义认为,知识不是通过教师传授得到,而是学习者在一定的情境即社会文化背景下,借助其他人(包括教师和学习伙伴)的帮助,利用必要的学习资料,通过意义建构的方式而获得的。由于学习是在一定的情境即社会文化背景下,借助其他人的帮助,即通过人际间的协作活动而实现的意义建构过程,因此建构主义学习理论认为"情境""协作""会话"和"意义建构"是学习环境中的四大要素或四大属性。

(1)情境。学习环境中的情境必须有利于学生对所学内容的意义建构,这就对教学设计提出了新的要求。也就是说,在建构主义学习环境下,教学设计不仅要考虑教学目标分析,还要考虑有利于学生建构意义的情境的创设问题,并把情境创设看作是教学设计的最重要内容之一。

(2)协作。协作发生在学习过程的始终。协作对学习资料的搜集与分析、假设的提出与验证、学习成果的评价直至意义的最终建构均有重要作用。

(3)会话。会话是协作过程中的不可缺少的环节。学习小组成员之间必须通过会话商讨如何完成规定的学习任务的计划;此外,协作学习过程也是会话过程,在此过程中,每个学习者的思维成果(智慧)为整个学习群体所共享,因此会话是达到意义建构的重要手段之一。

(4)意义建构。这是整个学习过程的最终目标。所要建构的意义是指事物的性质、规律以及事物之间的内在联系。在学习过程中帮助学生建构意义就是要帮助学生对当前学习内容所反映的事物的性质、规律以及该事物与其他事物之间的内在联系有较深刻的理解。这种理解在大脑中的长期存储形式就是前面提到的"图式",也就是关于当前所学内容的认知结构。

由以上所述的"学习"的含义可知,学习的质量是学习者建构意义能力的函数,而不是学习者重现教师思维过程能力的函数。换句话说,获得知识的多少取决于学习者根据自身经验去建构有关知识的意义的能力,而不取决于学习者记忆和背诵教师讲授内容的能力。

2.关于学习的方法

建构主义提倡在教师指导下的、以学习者为中心的学习,也就是说,既强调学习者的认知主体作用,又不忽视教师的指导作用,教师是意义建构的帮助者、促进者,而不是知识的传授者与灌输者。学生是信息加工的主体、是意义的主动建构者,而不是外部刺激的被动接受者和被

灌输的对象。学生要成为意义的主动建构者,就要求学生在学习过程中从以下几个方面发挥主体作用:

(1)要用探索法、发现法去建构知识的意义;

(2)在建构意义过程中要求学生主动去搜集并分析有关的信息和资料,对所学习的问题要提出各种假设并努力加以验证;

(3)要把当前学习内容所反映的事物尽量和自己已经知道的事物相联系,并对这种联系加以认真的思考。"联系"与"思考"是意义构建的关键。如果能把联系与思考的过程与协作学习中的协商过程(即交流、讨论的过程)结合起来,则学生建构意义的效率会更高、质量会更好。协商有"自我协商"与"相互协商"(也叫"内部协商"与"社会协商")两种。自我协商是指自己和自己争辩什么是正确的;相互协商则指学习小组内部相互之间的讨论与辩论。

教师要成为学生建构意义的帮助者,就要求教师在教学过程中从以下几个方面发挥指导作用:

(1)激发学生的学习兴趣,帮助学生形成学习动机。

(2)通过创设符合教学内容要求的情境和提示新旧知识之间联系的线索,帮助学生建构当前所学知识的意义。

(3)为了使意义建构更有效,教师应在可能的条件下组织协作学习(开展讨论与交流),并对协作学习过程进行引导使之朝有利于意义建构的方向发展。引导的方法包括:提出适当的问题以引起学生的思考和讨论;在讨论中设法把问题一步步引向深入,以加深学生对所学内容的理解;要启发诱导学生自己去发现规律、自己去纠正和补充错误的或片面的认识。

(二)建构主义的知识观

知识不是对现实的纯粹客观的反映,任何一种传载知识的符号系统也不是绝对真实的表征。它只不过是人们对客观世界的一种解释、假设或假说,它不是问题的最终答案,它必将随着人们认识程度的深入而不断地变革、升华和改写,出现新的解释和假设。

知识并不能绝对准确无误地概括世界的法则,提供对任何活动或问题解决都适用的方法。在具体的问题解决中,知识是不可能一用就准、一用就灵的,而是需要针对具体问题的情境对原有知识进行再加工和再创造。

知识不可能以实体的形式存在于个体之外,尽管通过语言赋予了知识一定的外在形式,并且获得了较为普遍的认同,但这并不意味着学习者对这种知识有同样的理解。真正的理解只能由学习者自身基于自己的经验背景而建构起来,取决于特定情境下的学习活动过程。否则,就不叫理解,而是叫死记硬背或生吞活剥,是被动的复制式的学习。

显然,这种知识观是对传统课程和教学理论的巨大挑战。照建构主义看来,课本知识,只是一种关于某种现象的较为可靠的解释或假设,并不是解释现实世界的"绝对参照"。某一社会发展阶段的科学知识固然包含真理,但是并不意味着终极答案,随着社会的发展,肯定还会有更真实的解释。更为重要的是,任何知识在为个体接收之前,对个体来说是没有什么意义的,也无权威性可言。所以,教学不能把知识作为预先决定了的东西教给学生,不要以我们对知识的理解方式来作为让学生接收的理由,用社会性的权威去压服学生。学生对知识的接收,只能由他自己来建构完成,以他们自己的经验为背景,来分析知识的合理性。在学习过程中,学生不仅理解新知识,而且对新知识进行分析、检验和批判。

(三)建构主义的学习观

当代建构主义者主张,世界是客观存在的,但是对于世界的理解和赋予意义却是由每个人自己决定的。我们是以自己的经验为基础来建构现实,或者至少说是在解释现实,每个人的经验世界是用我们自己的头脑创建的,由于我们的经验以及对经验的信念不同,于是我们对外部世界的理解便也迥异。所以,学习不是由教师把知识简单地传递给学生,而是由学生自己建构知识的过程。学生不是简单被动地接收信息,而是主动地建构知识的意义,这种建构是无法由他人来代替的。

学习过程同时包含两个方面的建构:一方面是对新信息的意义的建构,同时又包含对原有经验的改造和重组。这与皮亚杰关于通过同化与顺应而实现的双向建构的过程是一致的。只是建构主义者更重视后一种建构,强调学习者在学习过程中并不是发展起供日后提取出来以指导活动的图式或命题网络,相反,他们形成的对概念的理解是丰富的、有着经验背景的,从而在面临新的情境时,能够灵活地建构起用于指导活动的图式。

任何学科的学习和理解都不像在白纸上画画,学习总要涉及学习者原有的认知结构,学习者总是以其自身的经验,包括正规学习前的非正规学习和科学概念学习前的日常概念,来理解和建构新的知识和信息。即学习不是被动接收信息刺激,而是主动地建构意义,是根据自己的经验背景,对外部信息进行主动的选择、加工和处理,从而获得自己的意义。外部信息本身没有什么意义,意义是学习者通过新旧知识经验间的反复的、双向的相互作用过程而建构成的。因此,学习不是像行为主义所描述的"刺激一反应"那样。学习意义的获得,是每个学习者以自己原有的知识经验为基础,对新信息重新认识和编码,建构自己的理解。在这一过程中,学习者原有的知识经验因为新知识经验的进入而发生调整和改变。所以,建构主义者关注如何以原有的经验、心理结构和信念为基础来建构知识。

(四)建构主义的教学观

建构主义者强调学习的主动性、社会性和情境性,对学习和教学提出了许多新的见解,主要有:

由于事物的意义并非完全独立于我们而存在,而是源于我们的建构,每个人都以自己的方式理解事物的某些方面,教学要增进学生之间的合作,使学生看到那些与他不同的观点的基础。因此,合作学习(cooperative learning)受到建构主义者的广泛重视。这些思想是与维果斯基对于社会交往在儿童心理发展中的作用的重视的思想相一致的。学习者以自己的方式建构对于事物的理解,从而不同的人看到的是事物的不同的方面,不存在唯一的标准的理解,通过学习者的合作使理解更加丰富和全面。教学不能无视学习者的已有知识经验,简单强硬地从外部对学习者实施知识的"填灌",而是应当把学习者原有的知识经验作为新知识的生长点,引导学习者从原有的知识经验中,生长新的知识经验。这一思想与维果斯基的"最近发展区"的思想相一致。教学不是知识的传递,而是知识的处理和转换。

教师不单是知识的呈现者,不是知识权威的象征,而应该重视学生自己对各种现象的理解,倾听他们时下的看法,思考他们这些想法的由来,并以此为据,引导学生丰富或调整自己的解释。教学应在教师指导下以学习者为中心,当然强调学习者的主体作用,也不能忽视教师的主导作用。教师的作用从传统的传递知识的权威转变为学生学习的辅导者,成为学生学习的高级伙伴或合作者。教师是意义建构的帮助者、促进者,而不是知识的提供者和灌输者。学生是学习信息加工的主体，是意义建构的主动者，而不是知识的被动接收者和被灌输的对象。简言之，教师是教学的引导者，并将监控学习和探索的责任也由教师为主转向学生为主，最终要使学生达到独立学习的程度。

二、建构主义的教学设计

建构主义学习理论强调以学生为中心，认为学生是认知的主体，是知识意义的主动建构者；教师只对学生的意义建构起帮助和促进作用，并不要求教师直接向学生传授和灌输知识。在建构主义学习环境下，教师和学生的地位、作用和传统教学相比已发生很大的变化。近年来，教育技术领域的专家们进行了大量的研究与探索，力图建立一套能与建构主义学习理论以及建构主义学习环境相适应的全新的教学设计理论与方法体系。尽管这种理论体系的建立是一项艰巨的任务，并非短期内能够完成，但是其基本思想及主要原则已日渐明朗，并已开始实际应用于指导基于多媒体和 Internet 的建构主义学习环境的教学设计。建构主义使用的教学设计原则如下：

(一)强调以学生为中心

明确"以学生为中心"，这一点对于教学设计有至关重要的指导意义，因为从"以学生为中心"出发还是从"以教师为中心"出发将得出两种全然不同的设计结果。至于如何体现以学生为中心，建构主义认为可以从以下三个方面努力：

(1)要在学习过程中充分发挥学生的主动性，要能体现出学生的首创精神；

(2)要让学生有多种机会在不同的情境下去应用他们所学的知识(将知识"外化")；

(3)要让学生能根据自身行动的反馈信息来形成对客观事物的认识和解决实际问题的方案(实现自我反馈)。

(二)强调"情境"对意义建构的重要作用

建构主义认为，学习总是与一定的社会文化背景即"情境"相联系的，在实际情境下进行学习，可以使学习者能利用自己原有认知结构中的有关经验去同化和索引当前学习到的新知识，从而赋予新知识以某种意义；如果原有经验不能同化新知识，则要引起"顺应"过程，即对原有认知结构进行改造与重组。总之，通过"同化"与"顺应"才能达到对新知识意义的建构。在传统的课堂讲授中，由于不能提供实际情境所具有的生动性、丰富性，因而将使学习者对知识的意义建构发生困难。

(三)强调"协作学习"对意义建构的关键作用

建构主义认为，学习者与周围环境的交互作用，对于学习内容的理解(即对知识意义的建构)起着关键性的作用。这是建构主义的核心概念之一。学生在教师的组织和引导下一起讨论和交流，共同建立起学习群体并成为其中的一员。在这样的群体中，共同批判地考察各种理论、观点、信仰和假说；进行协商和辩论，先内部协商(即和自身争辩到底哪一种观点正确)，然后再相互协商(即对当前问题摆出各自的看法、论据及有关材料并对别人的观点做出分析和评论)。通过这样的协作学习环境，学习者群体(包括教师和每位学生)的思维与智慧就可以被整个群体所共享，即整个学习群体共同完成对所学知识的意义建构，而不是其中的某一位或某几位学生完成意义建构。

(四)强调对学习环境(而非教学环境)的设计

建构主义认为,学习环境是学习者可以在其中进行自由探索和自主学习的场所。在此环境中学生可以利用各种工具和信息资源(如文字材料、书籍、音像资料、CAI与多媒体课件以及 Internet 上的信息等)来达到自己的学习目标。在这一过程中,学生不仅能得到教师的帮助与支持,而且学生之间也可以相互协作和支持。学习应当被促进和支持而不应受到严格的控制与支配;学习环境则是一个支持和促进学习的场所。在建构主义学习理论指导下的教学设计应是针对学习环境的设计而非教学环境的设计。因为,教学意味着更多的控制与支配,而学习则意味着更多的主动与自由。

(五)强调利用各种信息资源来支持"学"

为了支持学习者的主动探索和完成意义建构,在学习过程中要为学习者提供各种信息资源(包括各种类型的教学媒体和教学资料)。这里利用这些媒体和资料并非用于辅助教师的讲解和演示,而是用于支持学生的自主学习和协作式探索。对于信息资源应如何获取、从哪里获取,以及如何有效地加以利用等问题,是主动探索过程中迫切需要教师提供帮助的内容。

(六)强调学习过程最终目的是完成意义建构

在建构主义学习环境中,强调学生是认知主体、是意义的主动建构者,所以是把学生对知识的意义建构作为整个学习过程的最终目的。教学设计通常不是从分析教学目标开始,而是从如何创设有利于学生意义建构的情境开始,整个教学设计过程紧紧围绕"意义建构"这个中心而展开,不论是学生的独立探索、协作学习还是教师辅导。总之,学习过程中的一切活动都要从属于这一中心,都要有利于完成和深化对所学知识的意义建构。

三、建构主义的教学模式

与建构主义学习理论以及建构主义学习环境相适应的教学模式为:"以学生为中心,在整个教学过程中由教师起组织者、指导者、帮助者和促进者的作用,利用情境、协作、会话等学习环境要素充分发挥学生的主动性、积极性和首创精神,最终达到使学生有效地实现对当前所学知识的意义建构的目的。"在这种模式中,学生是知识意义的主动建构者;教师是教学过程的组织者、指导者,意义建构的帮助者、促进者;教材所提供的知识不再是教师传授的内容,而是学生主动建构意义的对象;媒体也不再是帮助教师传授知识的手段、方法,而是用来创设情境、进行协作学习和会话交流,即作为学生主动学习、协作式探索的认知工具。显然,在这种场合,教师、学生、教材和媒体四要素与传统教学相比,各自有完全不同的作用,彼此之间有完全不同的关系。但是,这些作用与关系也是非常清楚、非常明确的,因而成为教学活动进程的另外一种稳定结构形式,即建构主义学习环境下的教学模式。

在建构主义的教学模式下,目前已开发出的、比较成熟的教学方法主要有以下几种。

(一)支架式教学(scaffolding instruction)

支架式教学被定义为:"支架式教学应当为学习者建构对知识的理解提供一种概念框架(conceptual framework)。这种框架中的概念是为发展学习者对问题的进一步理解所需要的,为此,事先要把复杂的学习任务加以分解,以便于把学习者的理解逐步引向深入。"

支架原本是指建筑行业中使用的脚手架,在这里用来形象地描述一种教学方式:儿童被看作是一座建筑,儿童的"学"是在不断地、积极地建构着自身的过程;而教师的"教"则是一个必要的脚手架,支持儿童不断地建构自己,不断建造新的能力。支架式教学是以苏联著名心理学家维果斯基的"最近发展区"理论为依据的。维果斯基认为,在测定儿童智力发展时,应至少确定儿童的两种发展水平:一种是儿童现有的发展水平,一种是潜在的发展水平。这两种水平之间的区域称为"最近发展区"。教学应从儿童潜在的发展水平开始,不断创造新的"最近发展区"。支架教学中的"支架"应根据学生的"最近发展区"来建立,通过支架作用不停地将学生的智力从一个水平引导到另一个更高的水平。

支架式教学由以下几个环节组成:

(1)搭脚手架——围绕当前学习主题,按"最邻近发展区"的要求建立概念框架。

(2)进入情境——将学生引入一定的问题情境。

(3)独立探索——让学生独立探索。探索内容包括:确定与给定概念有关的各种属性,并将各种属性按其重要性大小顺序排列。探索开始时要先由教师启发引导,然后让学生自己去分析;探索过程中教师要适时提示,帮助学生沿概念框架逐步攀升。

(4)协作学习——进行小组协商、讨论。讨论的结果有可能使原来确定的、与当前所学概念有关的属性增加或减少,各种属性的排列次序也可能有所调整,并使原来多种意见相互矛盾且态度纷呈的复杂局面逐渐变得明朗、一致起来。在共享集体思维成果的基础上达到对当前所学概念比较全面、正确的理解,即最终完成对所学知识的意义建构。

(5)效果评价——对学习效果的评价,包括学生个人的自我评价和学习小组对个人的学习评价。评价内容包括:自主学习能力;对小组协作学习所做出的贡献;是否完成对所学知识的意义建构。

(二)抛锚式教学(anchored instruction)

这种教学要求建立在有感染力的真实事件或真实问题的基础上。确定这类真实事件或问题被形象地比喻为"抛锚",因为一旦这类事件或问题被确定了,整个教学内容和教学进程也就被确定了(就像轮船被锚固定一样)。建构主义认为,学习者要想完成对所学知识的意义建构,即达到对该知识所反映事物的性质、规律以及该事物与其他事物之间联系的深刻理解,最好的办法是让学习者到现实世界的真实环境中去感受、去体验(即通过获取直接经验来学习),而不是仅仅聆听别人(如教师)关于这种经验的介绍和讲解。由于抛锚式教学要以真实事例或问题为基础(作为"锚"),所以有时也被称为"实例式教学"或"基于问题的教学"或"情境性教学"。

抛锚式教学由这样几个环节组成:

(1)创设情境——使学习能在和现实情况基本一致或相类似的情境中发生。

(2)确定问题——在上述情境下,选择出与当前学习主题密切相关的真实性事件或问题作为学习的中心内容。选出的事件或问题就是"锚",这一环节的作用就是"抛锚"。

(3)自主学习——不是由教师直接告诉学生应当如何去解决面临的问题,而是由教师向学生提供解决该问题的有关线索,并特别注意发展学生的"自主学习"能力。

(4)协作学习——讨论、交流,通过不同观点的交锋,补充、修正、加深每个学生对当前问题的理解。

(5)效果评价——由于抛锚式教学的学习过程就是解决问题的过程,由该过程可以直接反映出学生的学习效果,因此对这种教学效果的评价不需要进行独立于教学过程的专门测验,只需在学习过程中随时观察并记录学生的表现即可。

（三）随机进入教学（random access instruction）

由于事物的复杂性和问题的多面性，要做到对事物内在性质和事物之间相互联系的全面了解和掌握，即真正达到对所学知识的全面而深刻的意义建构是很困难的。往往从不同的角度考虑可以得出不同的理解。为克服这方面的弊病，在教学中就要注意对同一教学内容，要在不同的时间、不同的情境下，为不同的教学目的用不同的方式加以呈现。换句话说，学习者可以随意通过不同途径、不同方式进入同样教学内容的学习，从而获得对同一事物或同一问题的多方面的认识与理解，这就是所谓"随机进入教学"。显然，学习者通过多次"进入"同一教学内容将能达到对该知识内容比较全面而深入的掌握。这种多次进入，绝不是像传统教学中那样，只是为巩固一般的知识、技能而实施的简单重复。这里的每次进入都有不同的学习目的，都有不同的问题侧重点。因此多次进入的结果，绝不仅仅是对同一知识内容的简单重复和巩固，而是使学习者获得对事物全貌的理解与认识上的飞跃。

随机进入教学主要包括以下几个环节：

（1）呈现基本情境——向学生呈现与当前学习主题的基本内容相关的情境。

（2）随机进入学习——取决于学生"随机进入"学习所选择的内容，而呈现与当前学习主题的不同侧面特性相关联的情境。在此过程中，教师应注意发展学生的自主学习能力，使学生逐步学会自己学习。

（3）思维发展训练——由于随机进入学习的内容通常比较复杂，所研究的问题往往涉及许多方面，因此在这类学习中，教师还应特别注意发展学生的思维能力。

（4）小组协作学习——围绕呈现不同侧面的情境所获得的认识展开小组讨论。在讨论中，每个学生的观点在和其他学生以及教师一起建立的社会协商环境中受到考察、评论，同时每个学生也对别人的观点、看法进行思考并做出反应。

（5）学习效果评价——包括自我评价与小组评价。评价内容包括：自主学习能力；对小组协作学习所做出的贡献；是否完成对所学知识的意义建构。

四、建构主义学习理论的不同取向

建构主义本身并不是一种学习理论流派，而是一种理论思潮，并且目前正处在发展过程中，尚未达成一致意见，存在着不同的取向（Steffe&Gale，1995；Prawat，1996；陈琦、张建伟，1998）。对教育实践具有一定影响的主要有以下四种理论。

（一）激进建构主义（radical constructivism）

这是在皮亚杰思想基础上发展起来的建构主义，以冯·格拉塞斯费尔德（Von Glasersfeld）和斯特菲（Steffe）为代表。激进建构主义有两条基本原则：（1）知识不是通过感觉而被个体被动地接受的，而是由认知主体主动地建构起来的，建构是通过新旧经验的相互作用而实现的；（2）认识的机能是适应自己的经验世界，帮助组织自己的世界，而不是去发现本体论意义上的现实。激进建构主义者相信，世界的本来面目是我们无法知道的，而且也没有必要去推测它，我们所知道的只是我们的经验。所以冯·格拉塞斯费尔德认为，应该用"生存力"来代替真理一词，只要某种知识能帮助我们解决具体问题，或能提供关于经验世界的一致解释，那它就是适应的，就是有"生存力"的，不要去追求经验与客体一致。为了适应不断扩展的经验，个体的图式会不断进化，所有的知识都是在这种个体与经验世界的对话中建构起来的，而这要以个体的认知过程为基础。激进建构主义以这些思想为基础,深入研究了概念的形成、组织和转变,其研究之深入是各家建构主义中独一无二的,但这种建构主义主要关注个体与其物理环境的相互作用,对学习的社会性的一面则重视不够。

(二)社会建构主义(social constructivism)

与激进建构主义不同,这是主要以维果斯基的理论为基础的建构主义,以鲍尔斯费尔德(H.Bauersfeld)和库伯(P.Cobb)为代表。它也在一定程度上对知识的确定性和客观性提出了怀疑,认为所有的认识都是有问题的,没有绝对优胜的观点,但它又比激进建构主义稍温和。它认为,世界是客观存在的,对每个认识世界的个体来说是共通的。知识是在人类社会范围里建构起来的,又在不断地被改造,以尽可能与世界的本来面目相一致,尽管永远达不到一致。另外,它也把学习看成是个体建构自己的知识和理解的过程,但它更关心这一建构过程的社会的一面。他们认为,知识不仅是个体与物理环境的相互作用内化的结果,而在此过程中,语言等符号具有极为重要的意义。学习者在自己的日常生活、交往和游戏等活动中,形成了大量的个体经验,这可以叫作"自下而上的知识"。它从具体水平向知识的高级水平发展,走向以语言实现的概括,具有了理解性和随意性。而在人类的社会实践活动中则形成了公共文化知识。在个体的学习中,这种知识首先以语言符号的形式出现,由概括向具体经验领域发展,所以也可以称为"自上而下的知识"。儿童在与成人或比他成熟的社会成员的交往活动(特别是教学活动)中,在他们的帮助下,解决自己还不能独立解决的问题,理解体现在成人身上的"自上而下的知识",并以自己已有的知识为基础,使之获得意义,从而把"最近发展区"变成现实的发展,这是儿童知识经验发展的基本途径。

(三)社会文化取向(socialcultural approach)

这种倾向与社会建构主义有很大的相似之处,它也受到了维果斯基的突出影响,也把学习看成是建构过程,关注学习的社会性的方面。但它又与后者有所不同,它认为,心理活动是与一定的文化、历史和风俗习惯背景密切联系在一起的。知识与学习都是存在于一定的社会文化背景中的,不同的社会实践活动是知识的来源。所以,它着重研究不同文化、不同时代和不同情境下个体的学习和问题解决等活动的差别。他们借鉴文化人类学的方法,研究一定文化背景下的个体为达到某种目的而进行的实际活动,并认为这些实际活动是以一定的社会交往、社会规范、社会文化产品为背景的。个体以自己原有的知识经验为基础,通过一系列的活动,解决所出现的各种问题,最终达到活动的目标。他们认为,学习应该像这些实际活动一样展开,在为达到某种目标而进行的实际活动中,解决遇到的实际问题,从而学习某种知识。学生在问题的提出及解决中都处于主动地位,而且在其中可以获得一定的支持。这种观点提倡师徒式教学,就像工厂中师傅带徒弟那样去教学。

(四)信息加工建构主义(information processing constructivism)

在学习理论学派中,信息加工理论不属于严格的建构主义,因为尽管它认为认知是一个积极的心理加工过程,学习不是被动地形成 S—R 联结,而是包含了信息的选择、加工和存储的复杂过程。在此意义上,信息加工论比行为主义大大前进了一步。但是,信息加工论假定,信息或知识是事先以某种形式存在的,个体必须首先接受它们才能进行认知加工,那些更复杂的认知活动才能得以进行。即便它看到了已有的知识在新知识获得中的作用,也基本不是把它看成是新旧经验间的反复的、双向的相互作用过程。它只是强调原有知识经验在新信息的编码表征中的作用,而忽略了新经验对原有知识经验的影响。

信息加工的建构主义比信息加工理论前进了一步。虽然它仍然坚持信息加工的基本范式,但完全接受了"知识是由个体建构而成的"观点,强调外部信息与已有知识之间存在双向的、反复的相互作用。新经验意义的获得要以原有的知识经验为基础,从而超越所给的信息,而原有经验又会在此过程中被调整或改造。但这种观点并不接受"知识仅是对经验世界的适应"的原则。所以信息加工建构主义也往往被称为"温和建构主义"。斯皮诺(Spiro)等人的认知灵活性理论就是一种这样的建构主义。

小　　结

1.学习是在人和动物活动中普遍存在的一种现象。它有广义和狭义之分。广义的学习泛指人类和动物的学习。狭义的学习则仅指人类的学习而言。一般认为,广义的学习是人和动物在生活中获得个体经验,并由经验引起的比较持久的行为变化过程。

2.学生学习的特点:(1)以掌握书本的间接经验为主;(2)学生的学习是在教师的指导下进行的;(3)学习的主要目的是为参与未来的生活实践作准备。

3.可按照下列指标对学习进行分类:(1)学习主体分类;(2)学习水平分类;(3)学习结果分类;(4)学习中的经验来源分类;(5)奥苏伯尔的意义与机械学习分类;(6)乔纳森等的分类系统。

4.经典条件作用的主要规律:(1)获得律与消退律;(2)刺激泛化与分化律;(3)高级条件作用律。

5.班杜拉的社会学习理论的基本观点:(1)观察学习;(2)交互决定论;(3)自我调节理论;(4)自我效能理论

6.观察学习的主要影响因素:(1)榜样与示范;(2)观察与模仿;(3)替代强化和自我强化。

7.人本主义学习理论的主要观点:(1)自然人性论;(2)自我实现人格论及其患者中心疗法;(3)知情统一的教学目标观;(4)有意义的自由学习观;(5)学生中心的教学观。

8.建构主义学习理论的基本观点:(1)建构主义的学习观;(2)建构主义的知识观;(3)建构主义的学习观;(4)建构主义的教学观。

9.建构主义的教学设计:(1)强调以学生为中心;(2)强调"情境"对意义建构的重要作用;(3)强调"协作学习"对意义建构的关键作用;(4)强调对学习环境(而非教学环境)的设计;(5)强调利用各种信息资源来支持"学";(6)强调学习过程最终目的是完成意义建构。

10.建构主义的教学模式:(1)支架式教学;(2)抛锚式教学;(3)随机进入教学。

11.建构主义学习理论的不同取向:(1)激进建构主义;(2)社会建构主义;(3)社会文化取向;(4)信息加工建构主义。

思考与复习

1.简述学习的实质与类型。

2.简述学习的联结理论。

3.简述学习的认知理论。

4.简述人本主义学习理论。

5.简述建构主义学习理论。

第十二章　学前儿童学习

本章主要内容

本章围绕学前儿童学习的基本方式与特点,认知发展与学前儿童学习、动机发展与学前儿童学习及迁移与学前儿童学习进行了较为全面、系统的论述,以便对学前儿童学习形成综合、概括性的认识。

学习目标

1.掌握学前儿童学习的主要方式和特点,领会认知发展与学前儿童学习的关系。

2.理解学习动机的含义,了解学习动机的分类,掌握学前儿童学习动机的特点。

3.理解学习迁移的含义,掌握学习迁移的影响因素。

4.初步学会分析学前儿童的学习表现,并懂得如何去激发培养学前儿童的学习动机,提高学前儿童的学习迁移能力。

关键词

学前儿童　学习　学习方式　认知　学习动机　学习迁移

学前儿童的学习是指学前儿童因经验引起的思维、行为、能力和心理倾向(包括态度、情感)等持久而深刻的变化。这些变化不是因成熟或是某种原因,如服药、生理短暂变化导致的暂时性改变。

第一节　学前儿童学习的方式

学习本身是一个发展的过程,故在探讨学前儿童学习的特点之前,我们先来谈谈学前儿童的学习方式。

一、婴儿学习的主要方式

婴儿是怎样学习的? 这是近年来备受关注的一个研究领域。国内外研究者通常将婴儿的学习方式概括为:习惯化与去习惯化(habituation and dishabituation)、经典条件作用(classical conditioning)、操作条件作用(operational conditioning)以及模仿(imitation)(陈帼梅,1989;孟昭兰,2005)。

婴儿获得经验的过程,虽然也可表现出某些主动性,如在习惯化与去习惯化现象中婴儿流露的某种"选择"行为,以及在操作条件作用中所主动发出的行为,但更多是在环境刺激作用下进行的,如通过经典条件作用,婴儿学到多种持久的行为与能力。

(一)习惯化与去习惯化

习惯化是个体不断或重复地受到某种刺激而对该刺激的反应逐渐减弱的一种现象。它是人脑的一种功能,它是要排除那些已熟悉但却重复出现的刺激物,以免使脑负担过重的一种方式,这可以为新异刺激保留注意的空间。习惯化表明婴儿已习得了这种刺激,这时如果有另外的新刺激出现,婴儿的注意会转向它。对熟悉刺激的反应恢复和增加,就是去习惯化。通常研究者们把婴儿的习惯化和对新异刺激的反应现象看作婴儿特有的反应方式。也可以说,习惯化和去习惯化是婴儿最早的学习方式,习惯化与新异反应的适当运用是促进婴儿学习的有效手段。经常更换环境刺激物和玩具,可以保持婴儿的活跃、兴趣状态。

(二)经典条件作用

新生儿的神经系统发展十分迅速,出生后不久,通过喂奶与乐音的前后出现,多次重复后,婴儿在听到音乐时吮吸加速,这就是在吮吸无条件反射基础上建立了条件反射,乐音成了条件性刺激,这也是婴儿最早的学习方式。3个月婴儿能很快形成条件联系,包括延缓性的、分化性的和消退性的条件联系。3~6个月婴儿能在社会交往中利用延缓性条件作用。当刺激物延迟出现,如母亲离开,他们会等待做出反应。同时,他们还会形成分化性条件作用,如5个月婴儿能区分倒置的人脸照片。6~12个月婴儿出现了辨别不同人脸的认知能力。他们会区分熟人、依恋对象和陌生人,并产生对陌生人的焦虑反应。1岁婴儿还能学会辨别数量,能容易地区分2个和3个物体,随后能区分4个和5个。研究指出,婴儿明显地偏爱直立与平放的人的正常面孔。婴儿还会形成条件反射的消退。已经建立的条件联系,如果长时间不予以强化,即会消失。

(三)操作条件作用

操作条件作用与经典条件作用不同。经典条件作用是婴儿自然出现的一种学习方式。操作条件作用可以说是在教育影响下婴儿形成的条件反射学习方式。

经典条件作用以基础反射为重点。在建立条件作用时,其基础反射是天生的神经反射。比如,强光会引起眨眼,那么,使铃声与强光同时出现,可以形成铃声引起的条件反射。这种反应主要出现在婴儿早期。

操作性条件作用以奖励某种行为作为重点。随着幼儿年龄的增长,在幼儿学习中,起作用的条件反射强化方式,更多是操作性条件作用,而不是经典条件作用。操作性条件作用的强化物,可以是物质的,也可以是精神的。对婴儿来说,称赞、夸奖等作为强化手段的力量,逐渐胜过物质形式的强化。比如,孩子学会谦让,为满足精神的需要,高高兴兴地选个小梨,而把大梨让给奶奶。那就是他放弃了物质利益,而获得精神上的满足。

操作条件作用表现出婴儿学习的主动性。婴儿的许多习惯和行为都是通过自身的操作习得的,其中蕴含着某些主动性,出生几天的婴儿就产生了操作条件作用的学习。研究者(Decasper & Fifter,1980)首先测量婴儿吮吸频率的基线,然后把婴儿分成两组:一组是当他们吮吸的间隔频率大于基线时,以各自母亲声音作为强化,而当频率小于基线时给他们听别人母亲的语声;第二组则相反。结果发现,第一组的婴儿吮吸频率加快了。这说明,出生3天的婴儿为了听母亲的语声而"主动"改变了其吮吸频率。3个月婴儿对操作条件作用的学习,在日常生活中可以经常观察到。实验者用绳子把带响声的玩具与婴儿的腿连接起来,每当婴儿动腿,玩具装置就发出声响并旋转起来。玩具的变化引起了婴儿的注意和兴趣,于是他不断踢腿,以使玩具旋转和发出声响。5~6个月后,婴儿能学会做出某种行为以引起父母注意。例如,敲打玩具或把玩具扔在地上,父母就走过来照顾他,从而强化了他们的这一行为。因此,大人应该根据教育的要求,从婴儿类似的主动行为中辨别出,哪些行为应予以强化,哪种行为不去强化,从小就培养孩子形成良好习惯。

(四)模仿

模仿是婴儿学习的一种特殊方式。婴儿出生后就能看和听,这是人类婴儿的一种先天能力。同时,婴儿的看和听也受后天条件影响,看和听在婴儿脑中不断积累,注意、记忆也随着发展。婴儿又通过自身的动作活动,反映出他们所看到的和听到的,这就是模仿。出生12~21天的新生儿就具有模仿行为。5~6个月的婴儿出现了有意向的模仿。10~12个月的婴儿更多是对他们理解了的动作和对他们有意义的动作做出模仿。这种模仿行为在性质上的改变,说明新生儿早期的模仿反应只是一种不随意的自动化反应,它随着大脑皮质的发展,为以后的有意模仿所取代。

皮亚杰指出,模仿不是天生的本能活动,而是习得的。他们用同化和顺应来解释婴儿的模仿。他认为,先是成人模仿婴儿,然后是婴儿模仿成人。当婴儿听见别人的声音和自己的声音相似时,他便顺应那个声音。通过知觉听见声音,由此形成一个同化的模式。婴儿去重复这种声音,就是对这种声音的顺应。4个半月的婴儿只能模仿已经学会的动作或声音。也就是说,他能模仿那些他自己自发地能发出的声音。他喜欢重复那种声音,要把听到的那种声音继续下去。但他不能模仿新的发音。他听到新的发音时不发出声音,或发出自己原来会发的音。这是因为同化和顺应还没有分化。从8~9个月开始,婴儿能够模仿新的发音动作。即同化与顺应已经分化,他能够顺应外在榜样的模式。

二、幼儿学习的主要方式

幼儿学习的方法随着语言的发生及其在心理活动过程中作用的增强而有所变化。幼儿学习方式主要有:观察模仿学习、操作学习、语言理解学习等。幼儿对不同的学习内容,会采取不同的学习方式。

(一)观察模仿学习

观察是幼儿学习的主要方式。幼儿主要通过感官直接接触,即视觉、听觉、触觉、嗅觉、味觉等,即广义的观察学习。幼儿的观察学习常常与模仿相联系。幼儿的模仿学习,比婴儿要多得多,年幼的孩子主要模仿一些表面的现象,4岁前的幼儿,别人做什么,他也要做什么。4岁以后幼儿的模仿,开始逐渐内化。幼儿的模仿学习,大量用于行为与态度方面。幼儿常常在无意识中学习,特别是不自觉地模仿亲人和教师的言谈举止,在这里,潜移默化的影响特别明显。幼儿园教师常常为幼儿树立榜样让他们学习,收效较好。比如,老师说:"小刚走得真好,挺起胸来像个小解放军。"孩子们随即以小刚为学习的榜样。但是幼儿也会模仿一些不良行为,甚至养成习惯，教师在这方面需要注意与引导。班杜拉的观察学习理论详细阐述了模仿学习。

（二）操作学习

操作学习是幼儿重要的学习方式，对物体的探究与发现，对周围世界的探索都离不开幼儿的操作活动。尽管2岁以后幼儿的语言在不断发展，但操作活动，特别是实物操作活动作为幼儿主要的活动方式，其重要性一点也没减弱。

第一，操作活动是幼儿探索世界的主要方式。在操作、摆弄物体的过程中，幼儿会发现操作与物体结果之间的因果联系，这成为幼儿探索自身与物体、物体与物体之间关系的重要方式。同时，通过操作，幼儿不仅通过感知觉，而且通过改变物体的部分属性，从不同视角来观察物体。幼儿通过改变物体外部直观的作用来获得对物体更深刻的认识，如幼儿玩积木不但会增加其操作的乐趣，而且能促进其对形状、颜色及图案等的学习和掌握，了解事物，把握物体的属性。

第二，操作学习还可以弥补语言理解和表达的不足。比如，当幼儿不能理解成人的讲解时，成人可以让幼儿跟随着某种动作来理解语言描述的内容；当幼儿不能通过语言表达自己的思想时，他常常利用操作活动来辅助。例如，当教师只让幼儿想一想"把石头、塑料和纸放进水里会怎么样？"时，幼儿很难回答，他需要通过操作活动才能直观地感受和思考。

第三，幼儿的学习多体现在运动方面，而操作学习是提高幼儿运动技能最重要的方式。在学习方式上，操作学习是以幼儿的动作来获得经验的学习，即"动作经验"，学习动作是学习的载体；而语言学习是通过幼儿对词语的理解与把握，学习的是"语言经验"，以语言作为学习的载体。在学习内容上，有些操作学习的知识、技能是语言学习所无法获得的，比如学习舞蹈、游泳、滑冰，甚至玩具、工具的使用，都要靠操作学习去掌握。

第四，操作学习会使幼儿获得成就感与自我价值感。在操作物体的过程中，幼儿通过自己的操作活动，引发物体一系列变化。这不仅能促进幼儿对因果关系、时间相关关系的认识，从而提高其认识与智力水平，而且通过自己的主动性操作活动，获得主体的体验，认识到自己在"改造"外部物体中的重要作用，比如，"是我上了发条，机器猫才动起来。""是我操作电动汽车，它才可以向前、向后走。""瞧，这是我搭的高楼大厦。"因此，操作活动可以增强幼儿的主动控制感和自我价值感。

操作学习作为学习方式，又可分为以下几种：

（1）手把手的操作。在学习一些运动技能时，需要这种方式。例如，握笔的姿势、拿球拍的姿势等，均需要成人对幼儿手把手的教学。单纯观察或语言讲解，不能使幼儿观察得细致，准确地把握动作。

（2）尝试错误的操作。幼儿在摆弄物体时，有自发的尝试错误性质的操作。经过尝试错误，可能出现"顿悟"，获得某种学习成果。

例如，一个幼儿在玩沙子，他把沙子装进漏斗里，一边装，一边漏。他用手指塞到漏斗的底部，把沙子堵住。漏斗里的沙子满了以后，他把漏斗放到一个瓶子上面，想把沙子漏进瓶子里，可是，他的动作慢，沙子漏的快，沙子总是漏到瓶子外面。幼儿尽量加快动作速度，还是赶不上。突然，幼儿"开窍了"。他把漏斗直接放在瓶子上面，然后再装沙子，沙子很快就装满了瓶子。

（3）模仿示范的动作。跟着示范者的动作一步一步、一个动作一个动作地学习。

（4）反复练习的操作。幼儿在反复练习中，动作变得熟练，多次重复的动作会养成习惯。

（三）语言理解学习

语言理解的学习，用于在成人讲解和指导下对行为与态度的学习。与婴儿相比，幼儿大量使用语言理解的学习方式，包括倾听、提问、对话等。与成人相比，幼儿的学习更多依赖从感性入手的方式，而不是从理性入手的方式；从归纳入手，而不是从演绎入手的方式。成人苦口婆心地讲解，幼儿常常听不进去。其中的重要原因就是过多使用抽象说教的方式，或是从一件事做演绎推论。比如，有位实习教师这样谈到她所带的幼儿和她的指导老师："和小毛头打交道是很有道道，今天有个小家伙就是不肯吃饭，嘴巴一直闭着，我很生气，说话的声音也就大了些。带教老师走过来，对我说：'对他，你喊破喉咙都没有用的，来，我来。'只见她拿了小凳子，轻轻地坐下来，对小家伙说：'宝宝来，老师帮你吹一吹汤，宝宝很乖的，一定吃得又快又好。'"没想到，他的小嘴真的就"芝麻开门了"。

（四）综合性的学习方式

幼儿的学习方式，往往是综合性的，在某种学习活动中，兼有几种学习方式，特别是语言、观察和操作学习的结合。

活动是幼儿学习和发展的源泉和基础。幼儿在与周围环境相互作用的过程中主动建构着自己的学习与发展，这种相互作用就是活动。幼儿作为活动的主体，积极主动地与周围环境中的人和物互动，感知周围事物，形成对人与物的基本认识与态度。幼儿的各种学习方式都离不开活动。活动对于幼儿发展具有重要的意义，决定了幼儿教育必须以活动为主要教育途径，而非"教师讲授，幼儿被动听讲"为主的上课。将幼儿教育的本质定位于活动，就要求教师转变教育观念，调整自己的教育行为，积极为幼儿创设丰富的活动环境，支持并引导幼儿去积极探索周围环境，帮助幼儿在活动中获得发展。

（五）交往中的学习

与成人、同伴的交往活动能促进幼儿多方面的学习与发展。

第一，交往能满足幼儿的认识性动机。交往对幼儿认知发展的价值在于：（1）帮助幼儿尽可能地扩大认识范围、加深认识程度，使之有可能揭示事物和现象之间的因果关系及各种相互关系。（2）促使幼儿认识到，周围世界中很多事物与人类活动有关，学习并掌握人类正确地运用物体的动作，促进了实物活动的产生和发展。（3）激发幼儿言语的产生与发展。理解周围人的语言并掌握、积极地用语言与非语言方式与他人交流，是幼儿期最重要的发展与收获。幼儿语言理解能力和表达能力的形成与发展离不开成人提供的语言环境，以及成人与幼儿的积极互动。

第二，交往能满足幼儿得到认可与支持的需要。幼儿需要成人的支持与关爱，成人的支持与肯定能使幼儿得到安全与温馨，有助于幼儿在安全的心理氛围中去积极发现与探索。

第三，促进幼儿自我意识的生成。由于交往的对象不是一般的客观世界，而是有个性的人。因此，交往活动中对他人的主观反映（对他人的意识），以及通过别人而形成的对自己的主观反映（自我意识）应该是交往的特殊产物。因为幼儿只有在社会活动中才能发现自己，才能意识到自己的个体性。

第四，交往能促使幼儿主动性与创造性的发展。与同伴的交往有利于促进幼儿主动性与创造性的形成。幼儿与成人交往中，由于年龄、地位、知识经验等诸多方面的差距，其主动性通常带有一定的条件和局限性，而在与同伴的交往中，则由于双方在知识经验、地位等方面的平等性,使幼儿注意同伴的想法,考虑同伴的愿望同时能主观评价同伴的意见,协调自己的愿望和行为来相互适应,这不仅有助于增强幼儿的交往能力,同时有助于发挥幼儿的主动性,克服其自我中心化。

(六)游戏活动

游戏是幼儿进行学习和发展社会性、情绪及认知能力的重要方式。游戏让幼儿有机会了解世界,在群体中与人互动,表达与控制情绪,发展想象能力。维果斯基曾指出,有游戏才有发展,象征性游戏可以促进幼儿象征能力的发展。游戏是幼儿练习新能力的舞台,它在幼儿的学习中具有重要的地位与作用。

第二节　学前儿童学习的特点

幼儿学习不同于成人学习,也与学生学习有明显的差异。认识幼儿学习的特点,有助于提高指导效率。学前儿童的学习具有如下特点。

一、容易被扼杀的学习主动性

幼儿是主动的学习者。从直接接触的客体及社会经验中,从文化传承中,幼儿都会主动地建构他们对周围世界的了解。从出生开始,幼儿就积极地与客体交往,不断建构对事物的认识。幼儿会积极地从观察及参与人的活动中学习(包括与父母、教师、同伴等的互动),从亲自操作及思考过程中(观察周围的人、事、物,思考、提问及提出答案)学习。

幼儿的学习主动性表现为以下几个方面:

(1)好奇。对什么事情都想知道个究竟,了解是什么,为什么。事物的新颖性,可以引起幼儿的学习主动性。

(2)好问。对不了解的事情都要提出问题,甚至打破砂锅问到底,这一方面是受好奇心的驱动,另一方面是幼儿对提问没有心理障碍,不像成人那样有各种思想顾虑。

(3)好探究。幼儿好动手,通过动手了解事物。

(4)好模仿。幼儿喜欢模仿,通过模仿学习。

幼儿学习的主动性常常被忽视,甚至被扼杀。因为成人往往希望按照社会的要求,或成人的理想或愿望去塑造孩子,为幼儿设计学习目标和要求。从成人的眼光看,幼儿在学习中主动性的表现,常常不符合成人的要求。所以有意无意地扼杀了幼儿的学习主动性。幼儿过多提问,大人忙于自己的事情,常常会出现厌烦,或随口乱答,也会打击幼儿的学习主动性。

有位妈妈讲了自己的一次亲身经历:"一天,女儿在外面玩耍时,做了一件自己十分满意的作品。她给我看过以后,要求我给她一个塑料袋,把作品装在里面,带回去给爸爸看。然后,她又要一根橡皮筋系住袋口,我对她说不用橡皮筋,直接在袋口处剪一下,就可以像手提袋似的提起来,很方便,她说不要,就要橡皮筋。我却一刀剪了下去,并且得意地递给了孩子,没想到,她一下子把袋子连同作品扔到垃圾桶里去,随即跑去和小朋友玩了。"

幼儿往往慑于成人的权威,会在成人规定的许多行为规则面前,或学习主动性被多次打击后,不敢大胆地表示自己的需求与愿望,不敢发挥自己的主动性。

在正确的教育和引导下,幼儿的学习主动性会逐渐增强。教师应当充分利用幼儿的学习主动性,在环境中设置能引起幼儿好奇心的事物,促使幼儿去观察、学习与探究。另外,与幼儿朝夕相处的成人如果以身作则,就会给幼儿提供好榜样。假如父母对阅读书本很有兴趣,幼儿也可能对读书产生兴趣,不用成人费力去督促。

二、从兴趣出发的学习积极性

幼儿往往是为了"好玩"而学习。幼儿愿意做有趣的事情,他们的学习积极性也主要是从兴趣出发的。没有兴趣的学习,幼儿往往不能坚持进行;有兴趣的学习,幼儿可以坚持较长时间。有些家长反对甚至禁止幼儿游戏,强迫幼儿"学功课",带来的学习效果并不好,那是因为他们不了解幼儿这种学习特点。对一些无意义的学习,幼儿常常自发地加以游戏化,反而产生了学习兴趣。有些教材,根据幼儿学习的这种特点,提高趣味性,这样能更好地调动幼儿的学习积极性。

三、学习的无意性与内隐性

幼儿的学习以无意性为主,幼儿在学习过程中的记忆,往往是无意记忆;幼儿的联想,往往是无意的自由联想。幼儿的学习有很大的随机性。

对于幼儿学习的无意性特点,可以从两个方面来对待:一方面,避免过多要求幼儿有意性的学习。比如,注意力不集中,是幼儿的年龄特点。这个年龄的孩子,往往不能按照成人的要求去集中注意。要他注意听讲,他却去看窗外的小鸟。这就是因为,这个年龄孩子的注意是以无意注意为主。也就是说,他会去注意外界那些有声有色、新奇的和活动的东西,这些东西都是他在无意中被吸引的,是被动的注意。即使如此,无意注意在这个年龄段,稳定集中的时间也比较短暂,这和幼儿大脑的生理发育程度有关,是不可强求的。另一方面,幼儿无意学习的特点,可以使幼儿轻松地学到东西,在学习中不费力。幼儿的无意学习,需要教师有意识地创造条件加以引导。适宜的学习环境和条件,对幼儿的无意学习可以起到很好的引导作用。

内隐学习也是幼儿学习的主要特征。自里伯(Reber)于 1967 年发表了第一篇以"内隐学习"为题的文章——"人工语法的内隐学习"以来,越来越多的心理学研究对其开展了系统的研究。内隐学习是在偶然的、意想不到的条件下,尤其是当刺激结构高度复杂,关键信息不明确的情况下产生的,它是在无意识状态下,无目的、自动化的加工活动,具有随意性,学习活动能自发进行,无需耗费心神。

幼儿常常出现内隐学习,如教师在组织集体教育活动时,有一个幼儿没有参与,在教室的一个角落独自玩积木,但事后对幼儿进行测试时,发现教师讲的不少内容该幼儿都学会了。幼儿园里经常发生这样的事情,教师们在幼儿自由活动时随便闲聊,议论某个幼儿或幼儿的家长,没想到被幼儿无意中听见并记住了,幼儿回家向家长学舌。家长们也常常惊奇地发现孩子学会的一些东西,不但家长不知道孩子是怎么学来的,孩子自己也不知道是怎么学来的。

许多教师都有这样的经验:润物细无声的方法,潜移默化的教育,对于培养幼儿的行为习惯非常有效。

四、经验与体验作用的显著性

个体的经验和情感体验在幼儿学习中的作用十分明显。幼儿与中小学生以及成人不同,主要不是依靠语言和文字符号来学习。幼儿的学习主要以行为实践为主,直接参与的经验是幼儿学习的要素,幼儿教育应该以真实的经验和真实的事件为基础。在幼儿一日生活中,无论是教师指导的活动,还是幼儿游戏与自由活动,都应尽可能地给予幼儿动手操作、直接观察和实验的机会,让他们获得亲身的经验和体验,并能用自己的语言、操作等方式表达与表现。在真实的日常生活情境中,通过幼儿的体验与主动参与学习,效果最佳。家长和教师往往忘记了幼儿学习的这一特点,过多使用说教的方式,特别是说一些"你将来会如何如何"等的话,幼儿不能理解与想象这些话的内容,以致大人苦口婆心地教育不能收到预期效果。

案例 12-1

　　婉婉是个沉默寡言、态度冷漠的女孩,经常独自一个人呆坐在椅子上,不愿跟别人一块儿玩,也不跟别人说话。有好几次,老师要求其他孩子邀请她游戏,都被她拒绝了。

　　有一次,老师又见她呆坐在一边,就让军军找她一起玩。这一次,婉婉同意了。她随着军军来到桌子边上,十分"霸道"地推开了坐在军军旁边的那个女孩,自己坐下,但她自己并不玩,只是看着军军玩。不一会儿,军军离开了桌子,婉婉也站起来,急匆匆地跟随着军军跑去。婉婉的行为使军军感到莫名其妙,他问婉婉:"你为什么老跟着我呢?"婉婉不声不响,但是依然紧紧地跟着军军。老师也有点纳闷,怎么也想不明白其中的缘由。休息时,老师把婉婉请到一边问:"婉婉,你能告诉老师为什么你总是跟着军军吗?"她低头不语,在老师一再追问下,她才说:"因为军军是大人。"老师这才明白,在婉婉心中,个子长得高的是大人,长得矮的是小孩,她只跟大人玩,不与小孩玩。

　　还在婉婉刚懂事时,她曾与一个同龄的孩子一起玩,不一会儿,两个人发生了争执,那个孩子欺负了婉婉,直到另一个大孩子出来"干预",婉婉才摆脱了困境。那一次与同伴交往的经验给她留下了难以磨灭的印象:比她小的或与她一般大的孩子都是坏的,都会欺负她,而比他大的孩子才会保护她。婉婉愿意跟着军军,因为他个子高大,在婉婉心目中是个大孩子。

　　幼儿亲身的经验往往与情感体验相联系。情绪在幼儿心理活动中的作用,甚至大于理智。幼儿的许多活动是情绪性的而非理性的。实践证明,不同的情绪状态对婴幼儿的智力操作有不同的影响。愉快的强度与操作效果之间为倒 U 形关系,即适中的愉快情绪不仅使幼儿获得良好的活动成果,而且让幼儿获得良好的情绪体验,如成就感、成功的喜悦、自信心等。这些体验又反过来成为幼儿进一步学习的动力。幼儿在活动中受到尊重,不受打击,恰当的鼓励与赞赏,都能使他获得适中的愉快情绪。重视幼儿在学习中的体验,是幼儿教育中的重要问题。

五、语言指导下的直观形象性

　　直观形象性是幼儿学习的突出特点。直观形象的学习内容,幼儿比较容易接受。抽象的学习材料,幼儿难以接受,而在语言指导下使用直观材料或实际活动则最适合幼儿。实物形象与语言相结合,语言中绘声绘色的描述,能激活幼儿头脑中的形象,有助于幼儿理解与记忆。无语言的机械练习或单凭口头说教,都不符合幼儿的学习特点。

案例 12-2

有个孩子坐在椅子上时,总是喜欢翘起椅子的两条腿,让椅子的另外两条腿支撑着。老师就采用了语言指导,对他说:"小朋友们排队时,就请你一个人单腿站立着,你看怎么样?"那个孩子想了一想,说:"那别人都不这样站,我要是一个人那样站的话,就太难看了。"然后,老师因势利导:"那个椅子本来就应该四条腿都放在地上的,现在你坐在椅子上时也有一条腿没在地上,那是不是也不好看呢?"通过这种直观形象的语言指导,这个孩子就感到坐着时翘起椅子一条腿是不对的了。

六、对环境的极大依赖性

幼儿的学习受环境的影响很大。幼儿需要安全的环境,包括物质的和心理的安全环境,更重要的是心理的安全氛围。处于安全及受尊重的群体环境中,幼儿才能获得最佳的学习与发展。马斯洛的需要层次理论指出:除非个体的身体及心理两方面的安全感能被满足,否则不可能产生学习行为。儿童的心理是敏感而脆弱的,只有在安全的环境中,他们的身体需要才能得到满足,心里才有安全感。在受尊重的环境中,幼儿才不会有压抑感。因此,教师必须为幼儿提供健康、安全的物质与心理环境。丰富的、有挑战性的环境,能使幼儿获得更多的信息加工材料,并且能激发其思维的活跃。

七、不容忽视的个别差异性

幼儿的学习存在个体差异。不同的幼儿有不同的认知与学习方式,也会用不同的方式表达其认知与理解。学习类型差异的研究发现,幼儿在学校方式上有偏好,如在学习通道上,有些儿童比较倾向视觉性的学习,有些则偏向听觉及触觉等;在场依赖上,有些儿童是场依赖型的,有些儿童是场独立型的。幼儿用多样化的学习方式了解万事万物,并将其对事物的了解用多种方式表达出来。

第三节　认知发展与学前儿童的学习

认知(cognition)是指人们获得知识或应用知识的过程,或信息加工的过程。人脑接受外界输入的信息,经过头脑的加工处理,转换成内在的心理活动,进而支配人的行为,即认识的过程,这是人最基本的心理过程,包括感觉、知觉、记忆、思维、言语等。总之,人的认知过程是一个主动寻找信息、接受信息,并在一定信息结构中加工信息的过程。认知发展影响着学前儿童的学习。下面先介绍影响较大的皮亚杰的认知发展阶段论和布鲁纳的儿童的智力发展阶段论,进而探讨认知发展与学前儿童学习的关系。

一、皮亚杰的认知发展阶段论

根据皮亚杰的理论,儿童的认知发展从开始到成熟,要经过四个阶段:感知运动阶段(0～2

岁);前运算阶段(2~7岁);具体运算阶段(7~11岁);形式运算思维阶段(11~15岁)。在这里我们主要介绍的是认知发展的前两个阶段,即感知运动阶段和前运算阶段。

(一)感知运动阶段(0~2岁)

感知运动阶段是儿童思维发展的萌芽阶段。这一阶段婴儿只有动作的智慧,而没有表象与运算的智慧。他们依靠感知运动的手段来适应外部环境。

这一阶段分为六个子阶段。分别为:(1)反射练习时期(0~1个月),儿童出生后以先天的无条件反射适应外界环境,并通过反射练习使先天反射(吸吮等)更加巩固,还扩展了原先的反射(吸吮拇指、玩具等);(2)习惯动作时期(1~4.5个月),在先天反射基础上,儿童通过机体的整合作用,把个别动作联结起来,形成了一些新习惯,如寻找声源、眼随物动等;(3)有目的动作逐步形成时期(4.5~9个月),儿童在视觉与抓握间形成协调,这样儿童活动开始涉及对物的影响而不再囿于主体自身,最终出现为某一目的而行使的动作,智慧动作开始萌芽;(4)手段与目的分化并协调期(9~12个月),这一阶段目的与手段已经分化,智慧动作出现,儿童能运用不同动作图式对付新事物,但不会创造和发现新动作顺应世界;(5)感知运动智力时期(11~18个月),当儿童偶然发现某个感兴趣的动作结果时,不只是重复以往动作而是在重复中做出一些改变,通过试误第一次有目的的通过调节来解决问题;(6)智力的综合时期(1.5~2岁),这时是一个向前运算过渡时期,显著特征是儿童除用身体与动作寻找新方法外,开始运用表象模仿别人做过的行为解决眼前问题,这标志新阶段开始。感知运动阶段儿童在认知上有两大成就:一是主客体分化;二是动作目的性越来越明确,因果认识产生。

(二)前运算阶段(2~7岁)

儿童将感知动作内化为表象,建立了符号功能,可凭借心理符号(主要是表象)进行思维,从而使思维有了质的飞跃。其特点如下:

(1)自我中心。在这个阶段,儿童的思维以自我为中心。儿童总是从自己的角度去看事物,不能够从别人的观点或角度去看问题。例如,如果他吃着的苹果很甜,他会认为别人吃着的苹果也一定很甜,即使别人吃着的其实是个酸苹果。

(2)只能片面地去看实物。前运算阶段的儿童往往片面地看问题,把注意力集中在事物的一个方面,而忽略其他方面的重要性,结果就产生了不合逻辑的推理。皮亚杰的液体守恒实验很有名,这个实验正好表明儿童只会片面地看事物这个特点。

(3)不理解事物的可逆性。前运算阶段的儿童,还未能理解事物的可逆性。例如,在液体守恒实验中,我们可以看到儿童没有认识到倒水操作是可逆的。如果他们能够形成这个概念,即懂得把水从高而窄的杯子倒回原先那只矮而宽的杯子里,使水恢复原状,就能认识到水其实是等量的。

(4)无逻辑的转换推理。前运算阶段的儿童往往凭着直觉去考虑事物之间的关系,不能正确地区分出事物之间存在着本质联系和偶然联系。当两件事连续发生时,儿童就会以为第一件事是引起第二件事的原因。例如,当幼儿拉开窗帘,看见窗外突然下雨时,他就会认为是拉开窗帘这一动作引起窗外下雨的,不知道拉开窗帘和窗外下雨这两件事只是偶然关系。

(5)能通过语言认识事物。儿童进入前运算阶段,已能开始用语言代替具体的事物。例如,幼儿能用"花"这个词来代替具体的花的形象。这个进展表现出儿童认知活动的广度和速度都有了很大的扩展。在这个阶段,儿童已能通过别人的描述或讲述,扩展自己对环境中事物的认识,掌握语言后,儿童的认知在性质上已经有了改变。

(6)能做出延迟模仿。在前运算阶段,儿童能够做出延迟模仿。延迟模仿的意思是:儿童能依靠记忆把先前看过、听过或感受过的事物模仿出来。这较之在婴儿阶段时只能把呈现在眼前事物的动作或形态当场模仿出来,已经有了显著的进步。

(7)能进行象征游戏。前运算阶段是玩象征游戏的高峰期。在游戏中,儿童既能表现出延迟模仿的能力,也能显示他们已经懂得使用具体象征物,即以物代物。例如,幼儿将一根竹棍夹在两腿间便兴致勃勃地玩起骑马的游戏来;一块积木一会是搭房子的"砖",一会是擦皮鞋的"刷子",一会又是"香喷喷的蛋糕"等。前运算阶段的儿童能进行象征游戏,是婴儿早期不可能做到的事,显示出这个阶段的儿童认知能力的发展。

二、布鲁纳的儿童智力发展阶段论

表征或表征系统,是人们知觉和认识世界的一套规则。布鲁纳认为,在人类智慧生长期间,有三种表征系统在起作用,这就是"动作表征、肖像表征和符号表征,即通过动作或行动、肖像或映像,以及各种符号来认识事物。这三种表征系统的相互作用,是认知生长或智慧生长的核心"(Bruner,1973)。在他看来,这三种表征系统,实质上是三种信息加工系统,人类是凭借这三个系统来认识世界的。

所谓动作表征,是指人们用"动作"来表达他关于世界的知识和经验。这种通过适当的动作再现过去知识和经验的方式称为动作表征。它具有高度操作性特点。在这种表征中,认识主要表现为一个人知道怎样去做某件事情,它是由一套适合于得到某种结果的行动构成的。例如,儿童在动作上知道怎样去骑自行车或怎样打一个绳结等。这种动作表征在个体智慧的发展过程中发生得最早,是婴幼儿认识世界的主要方式。因此,布鲁纳把这种表征看成是儿童认知或智力发展的第一阶段或知识掌握的初级水平。对于成人来说,这种表征方式自始至终在认知活动中发挥作用。

实际上,布鲁纳的动作表征相当于皮亚杰儿童认识发展阶段论中的"感知运动水平"。其实两者所描述的都是儿童初级的认知方式或智慧水平,即通过感知动作去认识外界事物,适应外部环境。只不过皮亚杰描述的是这种认知方式的过程,布鲁纳描述的是这种认知方式的结果。他们都说明儿童认识和适应外部环境的初级态度是通过动作获得的,即通过动作去认识和再现外部事物。

肖像表征是用意向、图形或表象来再现知识经验的一种方式。它把时间、空间和定向结构的知觉转化为表象,从而进行概括。在儿童的认知发展中,肖像表征在动作表征之后出现,而且在6~7岁的儿童认知活动中表现得最为明显。因此,布鲁纳把它看成是儿童认知发展的第二阶段或知识掌握的第二级水平。其实,它相当于皮亚杰儿童认知发展阶段论所描述的"具体运算水平"的认知活动,即依赖于事物的外部特征或事物在头脑中的表象来认识和掌握事物。这种表征经过儿童期的发展,在人的一生认识活动中都发挥重要作用。

符号表征是用人为设计的特征或符号系统再现知识,如通过语言再现知识或通过特定的符号表达知识经验等。这种表征的认知水平远远超过了前两种表征。它能使人的认知活动高度抽象化和概括化,而且具有间接性和任意性的特点。因此,布鲁纳的符号表征相当于皮亚杰儿童认知发展阶段论的"形式运算阶段"的认知水平。

布鲁纳的儿童认知阶段论与皮亚杰的儿童认知发展阶段论有很多相似之处。他们把儿童的认知发展水平看成儿童学习的基础。在儿童发展的不同年龄阶段上,对儿童的教学要以适合儿童认知发展水平的方式进行。

三、认知发展是学前儿童学习的基础

皮亚杰坚决反对传统的学习理论把知识归结为对外部现实的被动复写的观点,而认为学习从属于主体的发展水平。例如,只有当儿童发展到接近于运算的水平时,也就是说他们能够理解数量关系时,他们在学习中才能很好地达到数量的守恒概念。如果他们的思维水平距离运算阶段的可能性越远,那么,他们通过学习达到守恒概念的可能性就越少。

英海尔德等人设计过一个实验装置,用透明的玻璃瓶分三层排列。最上层和最下层是形状和大小完全一样的玻璃瓶,中间一层是与上下两层玻璃一一对应并联通的形状各异(如不同高度和宽度)的玻璃瓶。当最上层玻璃瓶中装满等量的液体后通过底部的龙头慢慢地流入中间的瓶,再由中间的瓶注入最下层的瓶中。这一装置可使儿童进行水在容器的高、宽两维上和容积(水的量)上的比较,使他们逐渐懂得上、下两层瓶子中的水是等量的。

研究发现:(1)那些处于前运算阶段初期的儿童没有一个人能够成功地学习作为物质守恒初级概念之基础的逻辑运算。只有12.5%的儿童从前运算阶段的初期上升到中期水平,大多数儿童(87%)没有表现出任何真正的进步。(2)一些在实验开始时处于前运算阶段中期的儿童中,有77%的儿童从实验的练习中得益,在真正的运算结构的基础上获得守恒的概念。只有23%的儿童不能达到守恒。(3)对于一开始便处于具体运算阶段初期的儿童,在实验情境中的进步是比较普遍的和完全的。他们中的86%的被试完成了守恒,其中64%的儿童能够运用可逆性来论证守恒。可见,同一个学习内容对于处于不同发展水平的学习者来说,学习效果是不同的。学习者原有的认知结构决定着当前学习的效果。“为了学习构造和掌握一种逻辑的结构,主体必须首先学习一种更加基本的逻辑结构,然后加以分化并使之完成。换句话说,学习不过是认识发展的一个方面,而这一方面是由经验促进和加速的。”

从以上论述可看出,认知发展水平制约着学习。认知发展是幼儿学习的基础。这就提醒我们在开展学前儿童的学习活动时要充分考虑学前儿童已有的发展水平,不要人为地“拔苗助长”。另一方面,则要精心组织学前儿童的学习活动,促进学前儿童认知发展,从而使认知发展与学前儿童学习相辅相成、互为促进,形成一个良性循环。

第四节 动机与学前儿童的学习

学前儿童的主动学习是由动机引起的,这已成为人们的共识。那么,是什么因素促使学前儿童想要学习,并愿意努力学习呢? 因素是多方面的。“动机”就是用来解释学前儿童发起和维持学习行为的重要概念。近些年,早期教育越来越重视学前儿童的自主学习,并关注如何使学前儿童学会学习,促进学前儿童主动学习的意识与能力,激发学前儿童学习的兴趣与乐趣。通过本节内容的学习,希望大家对学前儿童学习动机的概念分类、学前儿童学习动机的主要特征以及如何激发学前儿童的学习动机等问题有较清晰地认识。

一、学前儿童学习动机及其分类

动机(motivation)是指激发、引起个体活动,引导、维持已引发的活动,并促进该活动朝向某一目标进行的内在动力作用(Murpghy & Alexander,2000;Pintrich,2000)。它主要涉及三个方面:引发行为的动因;使行为朝向某一目的的原因;维持这一行为的原因。通俗地讲,动机就是使儿童开始行动,维持行动,并且决定其行动方向的动力。动机不仅激发学前儿童如何行动,而且决定学前儿童从活动和接受的信息中学到多少知识。那么,什么是学习动机呢? 学习动机是直接推进学前儿童进行学习、维持学习,并使该学习活动趋向教师所设定目标的内在心路历程,它是激发和引导学前儿童进行学习活动的一种需要。

学习动机是强是弱,都会影响学习的成效。耶克斯和多德森(Yerkes & Dodson,1908)通过动物实验发现,在各种活动中适中的动机水平,有最高的工作效率;随着课题难度的增加,这种适中的动机水平有下降的趋势,如图 12-1 所示。学习动机作为一种学习结果,强化学习行为本身,促进学习—动机—学习的良性循环。成功学习的结果,一方面是知识、技能的获得与掌握;另一方面是求知欲、自信心等心理品质的发展和提高。这些都可以大大满足人的各种社会需求,如求知、自尊、获得他人赞扬等,并促使人把通过进一步的学习以获得更高程度的满足当作一种新的、迫切的需求,从而产生强烈的学习动机。因此,"动机与学习之间的关系是典型的相辅相成的关系,绝非一种单向性的关系"(奥苏贝尔)。在强调学习动机在学前儿童学习中的重要作用的同时,也应看到学习活动本身也能激发学前儿童的进一步学习。

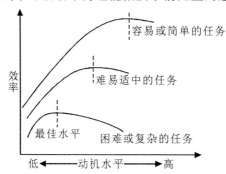

图 12-1 动机强度、课题难易程度与工作效率的函数关系

(一)学前儿童学习动机的分类

(1)普遍性学习动机(general motivation to learn)与偏重型学习动机(specific motivation to learn)(Brophy,1998)。普遍性学习动机是指学前儿童对各项学习活动均有较强的内在学习动力;偏重型学习动机是指学前儿童只对某一或几项领域的学习有较强的动机,而对其他领域的学习缺乏强烈的动机。

(2)内在动机(internal motivation)与外在动机(external motivation)。内在动机是指学前儿童对学习本身感兴趣,由此而引发的动机。这种动机的满足在活动之内,不在活动之外,即活动本身构成了学前儿童学习的直接动力与需求。它不需要外界的诱因、惩罚来使学习行动指向目标。外在动机是指幼儿由外部诱因引起的动机。动机的满足不在活动之内,而在活动之外。学前儿童不是对学习本身感兴趣,而是与学习所带来的奖励或避免惩罚等有密切联系。

近年研究(Sternberg & Williams,2003)发现,外在动机与内在动机并不是同一个连续体的两端。一些学前儿童可能既希望得到教师的表扬,又因为对学习有兴趣而学习,其内在与外在动机都很高;而另一些学前儿童可能两种学习动机都很低,或是其中一个高,另一个低。有经验的教师在帮助幼儿形成学习动机时,会较多强调内在动机,因为随着年龄的增长,这种动机会越来越显示出其重要性。

(二)学前儿童学习动机的主要内容

对于学前儿童来说,我们认为,学习动机主要表现在好奇、兴趣以及诱因这三个方面。其中,好奇是学前儿童最主要的动机,它促使幼儿积极主动地参与学习活动,从而满足内心对探索问题的需要,积极的情绪体验也伴随着出现。由于学前儿童的学习价值观、意志、自我效能等尚未形成,激发学前儿童的学习动机也主要从好奇心、兴趣、诱因等方面入手。

(1)好奇(curiosity)。好奇是指学前儿童去观察、探索、操作、询问新奇、有趣的事物,从而获得对事物了解的一种原始性的内在冲动。三四岁的幼儿好奇心特别强,他们用各种感知觉去闻,去咬,去拨弄,去凝视。有时候,你看见一群幼儿在捏塑泥巴,有些孩子虽不愿意把手放入泥巴中,但他们仍会好奇地在旁边专心观看;有时候,孩子会将闹钟拆开,只为了看看闹钟为什么会滴答响。好奇历来被视为人类求知的最原始的内在动力,虽然被认为是与生俱来,不需要学习的,但它同样受到环境和教育的影响。有一些幼儿天性好奇,这可能是因为家长鼓励他们具有好奇心,支持他们提出各种问题。而另外一些幼儿却可能在提问时经常受到家长、教师的责备。成人可能抱怨说:"你的问题太多了!"这样的幼儿在以后提问题时会胆小紧张。

 拓展知识

如何激发和保持孩子的好奇心

1.提供有趣的东西让幼儿自己去发觉

可以在孩子的物品或玩具堆中,放一些安全又新奇的东西让孩子自己去发觉。例如,放一些小豆子在空瓶里,置于玩具堆中。另外,在孩子的玩具中放一个放大镜子,也是很好的方法。

2.在日常生活中制造一些惊奇

在幼儿日常熟悉的事物中做一些改变,可刺激幼儿的好奇心。例如,把幼儿的房间重新布置,为孩子带来一些新鲜感与惊奇感。

3.户外活动

多接触户外环境,可引发幼儿发现问题。例如,参观社区的消防队可引起幼儿对火、水和环境安全的注意,老师可以延续孩子的好奇心进行教学活动。

4.提供多元化的信息

一本有关昆虫生态的书,可以激发孩子对自然生态的兴趣;到户外实地观察昆虫的成长,能满足孩子的好奇;而一部有关昆虫的录像带,更可以打开孩子的视野,激发孩子的好奇心。

5.以开放式的问题与孩子讨论

打破思考与想象的限制,与孩子共同寻找相关资料、答案,激发孩子的好奇心,并且帮助孩子用图片或画画来组织和记录自己的点子和想法。

(摘自 http:/content.edu.tw/vocation/child_care/ks_sd/care/display3.htm)

（2）兴趣（interest）。兴趣与动机有着密切联系。兴趣是指学前儿童对某人、某物或某事所表现出来的选择性注意的内在心向。兴趣是一种带有情绪色彩的认识倾向，它以认识和探索某种事物的需要为基础，是推动幼儿认识事物、探索现象的一种重要动机，也是学前儿童学习动机中最活跃的因素。兴趣可以从学前儿童的外在行为去分析。例如，把多件物品呈现在学前儿童面前时，某件物品特别引起学前儿童的注意，即可推知儿童对此感兴趣。可以把这一类兴趣视为"偏好"，儿童出生后就出现了偏好现象。研究发现，引起婴儿视觉注意的是图像的明暗交替模式或轮廓。例如，婴儿在图像识别中，对明暗交界的差异特别敏感。婴儿偏爱明暗对比鲜明的图像，而不喜欢空白无条纹、无明度对比和单色的图像。

兴趣是激发学前儿童探索的重要内在动力，而动机的实现与否又会影响到学前儿童兴趣的进一步形成或改变。例如，有的幼儿喜欢美工活动，但老师在区角活动中总是安排他去图书角，该儿童去美工角的动机总是得不到实现。久而久之，儿童可能逐渐产生了阅读的兴趣，对美工活动反而不感兴趣了，该幼儿的学习兴趣发生了转变。所以说，学前儿童的学习兴趣在教育和环境影响下是可以改变的。

（3）诱因（incentive）。如果说好奇与兴趣是学前儿童学习内在动机的话，那么诱因则是学前儿童学习的外在动机。诱因是激发个体行为的外在原因。外在原因通常是指环境刺激，但并非任何环境刺激都可以引起学前儿童的学习行为，有些环境刺激反而会阻碍、制约学前儿童的学习。例如，柔和的室内灯光能促进学前儿童的学习，而嘈杂的环境则妨碍学前儿童安心学习；教师提供小红花、粘贴纸、小红星等学前儿童感兴趣的奖赏物会激发他们产生学习的渴望；教师对学前儿童的失败予以批评讽刺，阻止学前儿童积极主动探索则不利于学前儿童产生学习动机。

诱因按其性质的不同，可以分为两类：凡是令学前儿童趋近或是接近，并由接近而获得满足体验的环境刺激，称为正诱因（positive incentive），如食物、玩具、小红花、代币等；凡是令学前儿童逃离或躲避，并由躲避而获得满足感的刺激，就是负诱因（negative incentive），如惩罚、批评等。

小红花

新的学期到了，我被分到了小三班。这次分班与以往不同，我们小二、小三都有一部分以前的孩子和一部分新入园的孩子。开园第一天，由于幼儿对周围环境和老师都有陌生感，所以哭闹现象较为严重，有的幼儿情绪刚刚稳定，一听到有人哭便大哭起来。后来，我终于想出了一个方法——小红花。我一边组织孩子们，一边说："小朋友，老师有好多好多漂亮的小红花，哪个小朋友表现得好，不哭不闹，老师就让小红花和他做好朋友。"孩子们聚精会神地看着我，哭闹现象几乎停止了。我把小红花贴在孩子们身上时，我看到了一张张可爱的笑脸。

（作者王媛，见 http://www.bjchild.com/Article_Show2.asp? ArticleID＝1594）

二、幼儿学习动机的主要特征

幼儿的学习动机有如下特征。

（一）内在动机以好奇与兴趣为主

个体学习的内部动机有多种，如努力、能力、兴趣等。在幼儿阶段，儿童的内部动机主要以好奇为主。儿童从出生就开始探索周围世界，对环境充满了好奇。幼儿总是不停地提问：这是什么？那是什么？这反映了幼儿对外部世界的好奇与探究欲，充满对新异事物探究的心理需要。儿童刚接触社会，世界上一切事物对他们来讲都是新鲜有趣、具有吸引力的，好奇是幼儿心理的一个特点。他们什么都要看一看，都要摸一摸，都要问一问。

幼儿好奇的发展历程大致如下：半岁的幼儿开始萌发感知兴趣，看见来人表现出情感色彩，如乐、笑、哭，好奇心促使他伸手抓东西，情感兴趣逐渐表现明显，听到音乐、听见熟悉的声音就欢快地手舞足蹈，能伸手抓物，会看成人的脸色；1岁左右的幼儿对音乐的强弱逐渐感兴趣，开始注意周围事物，对与自己相同的群体产生兴趣；2周岁进入托班的幼儿，对同龄人的群体兴趣明显增强，动作与口语一起表达，喜欢与人交往，会抢玩具等；2～3岁的幼儿和成人对话时喜欢提出要求，从要什么、不要什么，到爱与特定的人玩，喜欢新玩具；4～6岁的幼儿语言迅速发展，各种动作日趋协调，好奇好问，个性初具雏形，能长时间参加有兴趣的游戏。

随着年龄增长，幼儿的内部动机逐渐从好奇变成兴趣。兴趣与好奇有着联系，常常表现为幼儿的探究，但与好奇又有区别。不同之处在于，好奇更多受外在环境的影响，表现为在外部新异刺激的影响下受到吸引。它更多体现为新异刺激所引起的一种普遍性。兴趣虽然只表现为幼儿的好奇与探索，但它更多体现的是个体性，是与个体的内在倾向相关联。例如，不同的幼儿有着不同的兴趣，有的喜欢拟实物类玩具，如玩偶娃娃、过家家用品、娃娃家具、电话、飞机、车子等；有的喜欢情感宣泄类玩具，如敲打台、橡胶刀棒、玩具枪等；有的喜欢投射内心世界类玩具，如粉笔、报纸、剪刀、黏土、面具、球、沙盘、各类画具及绘画材料、手掌形布偶等。

智力超常儿童的兴趣倾向明显突出，求知欲望强烈，学习情趣高，对有兴趣的游戏全神贯注，对某些活动产生浓厚的兴趣，有不达目的不罢休的韧劲。相反，智力发展迟滞的幼儿，对周围事物的兴趣减弱。

（二）外在动机逐渐增长

幼儿期，外在的学习动机逐渐增长。主要表现为渴望得到成人的肯定、鼓励和表扬。教师在幼儿心目中有很高的威望，幼儿在各种活动中总是力求得到教师的鼓励，包括精神鼓励和一些物质鼓励（如教师的微笑、口头表扬、食物奖励及小红花等）。虽然幼儿对学习已产生内部动机，逐渐具有探究与认识外部世界的认知需求，但是外部动机在幼儿的学习活动中仍然是大量的、重要的。幼儿仍然离不开教师的支持与肯定。教师对幼儿内部动机的激发起着重要作用。为了获得教师的赞扬，幼儿能够坚持完成较枯燥的学习任务。教师会运用各种外部动机激励方法，引导幼儿进行学习活动。例如，幼儿非常喜欢（内部动机）去建构角玩大型积木，而不愿意去美工区玩粘贴画。教师规定，必须先在美工区玩20分钟，然后才可以到建构角去玩。幼儿为了服从教师的规定，得到教师的表扬，先去美工区活动，这就是出于外部动机。有经验的教师采取另外的方法，她让幼儿按自己的意愿到建构角去活动，当幼儿玩了一段时间后，教师引导他把搭建大型积木的活动与美工区的活动结合起来。比如，用粘贴画美化大型积木，同样可以激发幼儿参与美工活动的动机。这就以幼儿的内部动机为基础，以教师的引导激发外部动机，从而进一步培养幼儿新的内部动机。

(三)较稳定的学习成败归因的形成

归因理论认为,内、外控制点与学习动机有重要联系。研究表明,7岁时幼儿已经形成较稳定的内外归因。对我国幼儿成败归因稳定性的研究表明,从他人总体评价、他人具体评价以及日常生活选择等三个维度对幼儿进行了内外控制点的访谈,两周后进行重测的结果证实,5~6岁是形成较稳定的学习成败归因的年龄,6岁儿童已初步形成比较稳定的内外控倾向(姜勇,1995)。5~6岁四种同伴交往类型幼儿的内外控稳定型见表12-1。

表12-1 5~6岁四种同伴交往类型幼儿的内外控稳定型

	受欢迎型	被拒绝型	一般型	被忽视型
r	0.916	0.833	0.834	0.708
N	34	22	23	24
T	18.32**	6.08**	6.04**	4.35**
P	<0.01	<0.01	<0.01	<0.01

三、培养幼儿学习动机的有效方法

(一)设置"问题情景",激发幼儿的认知兴趣与求知欲

认知失调理论认为,在面临认知冲突时,儿童的认知兴趣与求知欲会被激发起来。因此,教师应创设激发幼儿探索的"问题情境",即在活动内容与幼儿已有的认知结构之间产生一种"不协调"或"矛盾",激发幼儿产生"这是为什么?""为什么会是这样呢?"这样一些"冲突性"的问题,从而激发幼儿主动探索与发现。同时,教师还要设置有趣的活动内容,让幼儿积极参与学习活动,这就要做到让幼儿"动"起来。这个"动"不仅仅是"手动",更重要的是"心动",即幼儿内在学习动机的激发和思维的活动。例如,可以借助现代多媒体技术,运用Authorware、Photoshop、DMAX等电脑软件制作教学课件。不断变换的画面,情趣盎然的动画,会让幼儿感到新奇、有趣,从而大大激发幼儿的学习兴趣。此外,教师还要特别注意对幼儿提问的方式,特别是运用开放式提问而非封闭性问题。开放式问题不仅可以激发幼儿的想象,而且可以激发幼儿主动地探索。

例如,一位教师在让小班幼儿学习各种水果的特征时,为了激发幼儿的学习动机,设置了"小小水果店"活动,在活动中创设了各种问题情景,采用了开放式的问题。

"我的水果店开张啦,欢迎大家来买水果。"

"你想买什么? 它是什么颜色的?"

"你们买了什么水果? 请你摸一摸手里的水果,摸上去感觉怎么样?"

"现在,苹果、香蕉、橘子宝宝都躲进了这个袋子里,请小朋友们把它找出来。"

(二)重视幼儿游戏中的活动动机

游戏是幼儿认识世界的重要方式。游戏适应幼儿心理发展的需要,符合幼儿心理发展的水平。形式多样的游戏可以在最大程度上淡化教育痕迹。

皮亚杰指出游戏有三种类型:(1)练习性游戏,也称机能性游戏或感觉运动游戏,是孩子为了获得某种愉快体验,而单纯重复某种活动或动作。(2)象征性游戏,幼儿主要依靠象征来进行思维活动。在游戏中,幼儿以假象的情景和行动方式,将现实生活和自己的愿望反映出来。

（3）规则性游戏，以一些有规则的竞赛性活动为主，如下棋、玩弹子、打球等。教师可以运用这三种类型的游戏，激发幼儿玩的动机，并在游戏中学习各种知识与能力。

例如，幼儿的语言学习，不应采用简单、直接的记诵方式。教师可以运用多种游戏方法，激发幼儿的游戏动机。语言类的游戏形式非常广泛，角色游戏、结构游戏、智力游戏、表演故事、歌谣、歌曲、绘画、涂色、手工制作、猜谜、下棋、拼图等都属于语言游戏。教师要尽量运用多种教学手段，尽可能采用语言游戏形式，保证丰富的教学内容和充足的语言信息量。教师不应该为了让幼儿巩固几个单词而在一节教学课上只安排简单的单词游戏，而要充分激发幼儿的游戏动机，使他们首先喜欢上这些游戏，然后在游戏中学习到词汇。儿童往往将歌谣视为能够在生活中随意玩的语音游戏，说唱歌谣培养了儿童对语言发音规则的敏感，并使儿童感知到语言节奏、韵律的美。歌曲可以很有效地激发儿童的兴趣，和同伴一起唱歌是一件非常开心的事情。有些歌词儿童未必理解其意思，但丝毫不会影响演唱和参与游戏。在获得音乐美的同时练习语言发音，特别是词与词之间的连续和多音节词的拆读等。在学习韵律诗时，儿童一边听，一边说，一边表演相应的动作，这样，可以尽可能多地调动幼儿的感官，有助于幼儿将韵律诗长时间地储存在记忆中。

角色表演也是幼儿喜欢的游戏形式，儿童在理解和体验故事情节发展变化的基础上，学习故事中较完整、较复杂的语言表达。并用学到的语言进行简单的故事续编或仿编。在角色游戏中，儿童会使用各种言语策略，运用各种语气、语调来贴切地向他人传达自己的信息。在表演故事、体验角色的过程中，幼儿的言语积极性很高，且句型运用表现出完整性、简洁性、丰富性的特点。

（三）为幼儿学习创设安全、开放、温馨的氛围

根据马斯洛的需要层次理论，幼儿在产生求知需求前，必须满足其基本需要，如生理需要、安全需要、归属与爱的需要等。因此，为激发幼儿学习与探索的主动性，教师必须创设安全、开放、温馨的学习氛围。安全，指的是让幼儿在生理和心理上感觉到安全。研究表明，处于依恋期的幼儿，他们的探索与学习是以重要的依恋对象——母亲为"安全基地"的，当母亲在他身边，他的探索兴趣就会增加，母亲的离去则会使幼儿感觉到焦虑，降低主动探索的可能性。开放，指的是幼儿天生就是探索家、发现家，要让幼儿有自由探索的可能。教师有时出于"安全"考虑，不许幼儿做这个，做那个，束缚了幼儿的手脚，也就阻碍了幼儿探索与求知的欲望。温馨，指的是教师要为幼儿学习创设宽松的氛围，特别是当幼儿探索失败、学习不成功时，教师不应指责，而要宽容幼儿的失败，在温馨的学习环境中，幼儿不会因自己的失败而退缩，而是大胆探索与发现，保持学习的动力。

　拓展知识

幼儿学习的安全基地

"安全基地"是由安斯沃斯（Ainsworth，M.）提出的，它依据的是依恋理论。依恋理论是鲍尔比（Bowlby，J.）和安斯沃斯共同创造的结晶（Ainsworth & Bowlby，1991）。鲍尔比是英国精神分析师，曾师从客体关系理论学派的克莱恩（Klein，M.）。与其他当代精神分析学，如客体关系理论（object relation）和自我心理学（self psychology）一样，鲍尔比的依恋理论在学前

心理学具有突出贡献(Eagle,1995;Fonagy,1999)。

　　安斯沃斯将鲍尔比的理论大面积地付诸实证研究,在此过程中依恋理论也得以丰富。著名的"陌生人情景"方法(stranger situation),区分了三种幼儿对母亲的依恋模式(Ainsworth & Bowlby,1969)。"安全基地"(secure base)理论认为,幼儿生活中的重要照看者是他们学习与生活的"基地",借助此基地,幼儿才可能探索世界。1～2岁的时候,幼儿处于依恋关系明确期。在此阶段,幼儿对特定人的偏爱变得更强烈。由于幼儿运动能力的发展,他们可以去主动接近亲近的人和主动探索环境,同时他们把母亲或看护人看作一个"安全基地",从此点出发,去探索周围世界。当有安全需要时,又返回看护人身边,然后再进一步去探索。

　　值得指出的是,安全基地的意义不只在于它为幼儿提供了安全舒适的平台,而且由于有了这个安全基地,幼儿会更积极主动探索周围世界,同时幼儿在探索过程中,其"视线"都离不开这一安全基地。幼儿要求确保他能安心地看到这个安全基地的存在,"他或她知道当情景需要时,如因有陌生人出现而感到有压力时,他或她可以返回这一安全基地,寻求父母或看护人的庇护。可以说,安全基地保证了幼儿放心地投入游戏与探索活动中。安全基地为幼儿提供了安全地探索世界的可能"(Magana & Meyers-Walls,2003)。

(四)让幼儿体验学习的成功与快乐

　　获得成功与快乐是幼儿学习的重要动力。假如幼儿在追求成功的过程中屡遭失败,学习动机就难以维持。教师必须针对幼儿学习的个别差异使每个幼儿获得成功的体验,以期在努力之后获得满足,肯定自己的价值。教师在评定幼儿学习时,应该重视幼儿学习的努力与进步,并予以积极表扬。教师不能用"一刀切"的标准,使在集体中处于下游的幼儿,总是受到批评。例如,美国IEPS(个别教育计划)特别强调儿童的学习和绩效目标,这一计划首先对儿童在每学期要努力获得哪些学习目标做一个整体说明,然后使儿童通过获得每阶段目标的成功,产生学习的快乐体验,激发儿童下一阶段学习的兴趣及对学习成功的渴望。获得近期目标所带来的成功感,不仅适用于教育中。例如,有人对粉刷房间的工人表示出疑惑,他询问这个工人怎么可能独自完成所有的枯燥的粉刷任务呢?那个工人回答说,他一次只刷一面墙,每次刷完后都感受到了自己工作得非常成功。

(五)运用适宜反馈激发幼儿学习动机

　　维纳的归因理论认为,幼儿内部或外部归因的形成与教师的评价和影响有关,教师的反馈对幼儿的学习归因与学习动机有很大影响。教师的反馈无论是正面的(赞许或鼓励),还是负面的(批评或训斥),均会成为幼儿对自己学习成败归因的根据。例如,当幼儿失败时,教师对他说:"你的能力就是比较弱,你看你,又失败了。"这样经常得到消极反馈的幼儿,就会感觉自己能力差,对自己的失败进行内归因,从而降低了学习的兴趣与动力。相反,如果教师对这位学习失败的幼儿做出外归因的评价,"这次任务太难了,所以失败了,但你的总体能力还是很强的,下次你再努力一把,发挥得好一些,就会成功。"得到积极反馈的幼儿将失败视为自己不够努力,因此在以后的学习中会更加努力,增强学习动机(见表12-2)

表 12-2　教师对幼儿学习成败的归因反馈

	内部归因	外部归因
幼儿成功时	"你的能力很强"， "你的天赋很聪明"	"这次成功是因为题目容易"， "你的运气太好了"
幼儿失败时	"你的能力太差"， "你的天资不行"	"题目太难了"， "你的运气不太好"

　　研究表明，当幼儿成功时，教师给予内部归因评价，失败时给予外部归因评价，有助于幼儿学习动机的激发与维持。

第五节　迁移与学前儿童的学习

　　学习是个连续的过程，新的学习必须依赖个体已有的知识经验和认知结构，而新的学习过程又会对个体原有的知识经验、态度技能、认知结构产生影响，这种新旧学习之间的相互影响就是学习的迁移。

一、迁移及其影响因素

(一)学习迁移的含义和分类

　　通常，学习的迁移是指先前学习中所获得的知识、技能、情感与态度等对后来的学习或解决新问题的影响。但迁移不仅表现为先前的学习对后继学习的影响，而且表现为后继的学习对先前学习的影响，如学习了建构主义的教学理论，有助于进一步丰富与深化先前所学的认知主义学习理论。因此，迁移是"在一种情境中所获得的技能、知识和理解或形成的态度对另一种情景中获得的技能、知识和理解或形成的态度产生的影响"(Sawrey，J.M.)。简言之，迁移可理解为"一种学习对另一种学习的影响"。

　　学习迁移可以从多个角度进行分类。

1.顺向迁移与逆向迁移

　　从迁移角度来说，迁移既可以是顺向的，即先前学习对后继学习的影响，称为顺迁移；也可以是逆向的，即后继学习对先前学习的影响，称为逆向迁移。例如，当学前儿童面临新的问题情景时，如果他利用原有的知识、经验与技能去解决新问题，就是顺向迁移；反之，如果幼儿原有的知识经验不足以运用到新的问题情景中，需要对原有的知识结构进行补充或重组，即后继学习对先前学习的影响，就是逆向迁移。我们以往关注较多的是顺向迁移，而忽视了逆向迁移。实际上，在面临新问题时，由于已有的经验不能解决这一新问题而引起儿童对已有认知结构的重组(逆向迁移)，对儿童的学习来说也同样非常重要。"认知不协调"所产生的认知结构冲突，会激发儿童产生学习动机，并促进其认知结构的重组与完善。

2.正迁移与负迁移

　　从迁移的效果来看，它可以是积极的，称为正迁移；也可以是消极的，称为负迁移。

　　正迁移是一种学习对另一种学习积极、正向的影响，包括一种学习使儿童具备了进行另一种学习活动的良好准备状态,一种学习节约了另一种学习所需要的时间,或是已具备的知识经验使儿童有效地解决面临的新问题。正迁移又分为两种:横向迁移和竖向迁移。横向迁移是指儿童把已学到的知识经验推广到其他内容和难度相类似的情境中。竖向迁移是指不同内容、不同任务难度的两种学习之间的相互影响与迁移。竖向迁移又可以分为两种:一种是自下而上的迁移,是指已有较容易的学习对难度较高学习的影响,即逐渐深入的学习;另一种是自上而下的迁移,是指较高层次学习原则的掌握对较低层次学习的影响,即先掌握概念,再运用它去学习较低层次的具体运用。

负迁移是指一种学习对另一种学习的消极影响,或是两种学习之间的相互干扰、阻碍,如汉语拼音的学习有可能干扰英语音标的学习。又如,习惯了用手指数数的幼儿,在学习加减法时会更多依赖手指去帮助计数。再如,教学前儿童认识"星期"时,幼儿先前所获得的数数经验对认识"星期"就有负迁移的作用。教幼儿"今天星期一,明天星期二;今天星期二,明天星期三……"幼儿很快就掌握了从星期一到星期六的先后顺序,这是正迁移;但是当问及"今天星期六,明天星期几"时,大多数幼儿会认为,明天是星期七,这就是负迁移。除了前面的学习对后面的学习有迁移作用外,后面的学习对前面的学习也有迁移作用。例如,学前儿童初学会"6"的写法时,很少出现书写方面的错误,但在学习"9"的写法后,幼儿往往会把"6"写成"9",这是后继学习"9"的写法对前面所学的"6"的写法产生的负迁移。

3.低路迁移和高路迁移

由萨洛曼和帕金斯(Salomon & Perkins)提出的这两种迁移,分别发生在不同的情境中。低路迁移的发生是自然的、自动化的,一个非常熟练的技能从一种情景迁移至另一种情景时,通常不需要思维或者只需要很少的思维,这就是低路迁移。比如,一旦你学会了骑某一辆自行车,或会开某一辆汽车,你就有可能把这些技能迁移到另一辆自行车或是汽车。高路迁移需要个体有意识地将某种情境中学到的抽象知识应用于另一种情景。例如,幼儿学习了绘画技能,然后他将这种技能运用到美工活动中,先用蜡笔画好动物图像,然后再裁减。

4.特殊迁移与非特殊迁移

从迁移发生的方式看,迁移又可以分为特殊迁移和非特殊迁移。特殊迁移是指某一领域的学习直接影响另一种领域的学习;非特殊迁移是指迁移产生的原因尚不明确,既可能是原理、原则的迁移,也可能是态度、情感方面的迁移。例如,幼儿在学习数学时总是获得成功的体验,从而产生了学习数学的动机与兴趣,并扩大为对音乐、美工等都有学习兴趣,这样的迁移可能是由动机、兴趣等因素引起的,并不一定是数学领域的学习对音乐、美工活动的学习有迁移作用。

从迁移发生的学习领域看,迁移不仅发生在知识、经验和动作技能的学习上,而且也发生在情感和态度的形成方面。例如,教师要求幼儿学会自我负责,自己收拾玩具,在培养幼儿形成自我责任心的同时,也可能使幼儿发生了对他人的责任心、同情心等方面的迁移。

(二)影响迁移的主要因素

研究表明,迁移的产生并不是自动的,要受制于各种条件。对不同类型的迁移而言,起决定作用的影响因素是不同的。总体来说,学习者、最初的学习和后来的学习这三者的特性及其三者之间的复杂的相互作用共同影响着迁移。此处仅就影响学前迁移的一些基本因素进行论述。

1.相似性

许多研究表明,相似性是影响迁移产生的一个很重要的因素。相似性的大小是由两任务中含有的共同成分决定的,较多的共同成分将产生较大的相似性,并导致迁移的产生。

2.原有的认知结构

原有的学习对后继学习的影响是比较常见的一种迁移方式,原有的认知结构的特性直接决定了迁移的可能性及迁移的程度,如原有的认知结构的可辨性、可利用性与稳定性。

3.学习的心向与定势

心向与定势常常指的是同一现象,即先于一定的活动而以指向该活动的一种动力准备状态。定势对迁移的影响表现为两种:促进和阻碍。定势既可以成为积极的正迁移的心理背景,也可以成为负迁移的心理背景,或者成为阻碍迁移产生的潜在的心理背景。定势的消极作用的一个明显的表现是功能固着。

除前面所涉及的影响迁移的一些基本因素外,诸如年龄、智力、学习者的态度、教学指导、外界的提示与帮助等都在不同程度上影响着迁移的产生。

二、促进学前儿童学习迁移应注意的问题

为促进学前儿童的学习迁移,教师要注意以下几个方面。

(一)关注情感因素对学前儿童学习迁移的影响

对学前儿童来说,影响学习迁移的一个重要因素是情感因素,特别是学前儿童对学习和幼儿园的态度。如果学前儿童认为幼儿园是一个令人愉快的,能获得有益知识和经验的地方,而且他与教师和同伴建立了良好、融洽的关系,那么学习迁移较容易产生。相反,如果学前儿童对教师、幼儿园有害怕和厌恶的情绪,则不利于学习迁移。

例如,涛涛对美工制作一直不感兴趣,他甚至说:"我最讨厌美工活动。"但在"小小迎春园"的主题活动中,教师却发现他对美工制作产生了兴趣,这是为什么呢?原来,新年到了,他很想和小伙伴们一起过一个快快乐乐的新年,但小朋友们不愿意让他参加。因为,每个参加过新年的小朋友都自己做好了漂亮的头饰,而涛涛却没有,小朋友们说如果他要参加的话,就必须和他们一样,也要有一个头饰。于是,涛涛只好去做头饰了,虽然做得不好看,但小朋友们接纳了他,涛涛很高兴,慢慢地对美工活动也感兴趣了。

(二)幼儿学习迁移离不开具体事物的支持

对幼儿来说,其思维发展处于具体运算阶段,未完全形成抽象逻辑、概括推理能力,因此学前儿童产生学习迁移,常常要借助具体、形象、直观的事物,如图片和实物。学前儿童学习迁移更多表现在先后学习内容间、较为具体的相同要素之间的相互影响,而不是抽象概括的原理。

(三)丰富学前儿童的日常生活,使其在学习中发生迁移

学习情境主要体现在生活中。生活中充满着各种各样的知识,要使学前儿童能解决不同生活情境中的新问题,就必须丰富学前儿童的生活实践,使他们形成对生活的各种丰富体验与感性知识,这有助于学前儿童在学习中更好地迁移。

例如,教师在"说说我家几口人"的活动中,事先设计好家庭成员调查表,让学前儿童填写好家庭成员,并说说自己的家里都有哪些人。通过这样的活动,学前儿童开始对类似的社会调

查活动产生了兴趣,并能迁移到其他调查活动中。

(四)提高学前儿童的分析与概括能力

学前儿童的分析能力与概括能力是影响学习迁移的又一重要因素。如果学前儿童分析能力和概括能力强,那么他就很容易分析概括出新旧知识之间的共同点,掌握新旧知识之间的联系,这样有利于知识经验的迁移;反之,很难将以前所学的知识、技能迁移到当前的学习中来。

学前儿童的分析能力和概括能力又是在知识学习和不断迁移中形成和发展的。要提高学前儿童这方面的能力,教师应该在教学过程中对学前儿童进行相应的训练。布鲁纳认为,这方面最有效的方法是"发现法"。让学前儿童在分析、比较、概括中掌握知识,不但让其"知其然",还要让其"知其所以然"。例如,教师在进行数学教学时,如果只是把知识"灌"给学前儿童,就没有真正启发他们的思维。学前儿童学到的是僵化的知识,对后继学习极少能起到迁移作用,学前儿童在运用这些知识的过程中,亦缺乏相应的灵活性。

小　　结

1.学前儿童的学习是指学前儿童因经验引起的思维、行为、能力和心理倾向(包括态度、情感)等持久而深刻的变化。这些变化不是因成熟或是某种原因,如服药、生理短暂变化导致的暂时性改变。

2.婴儿的学习方式为:习惯化与去习惯化、经典条件作用、操作条件作用以及模仿。

3.幼儿学习方式主要有:观察模仿学习、操作尝试学习、语言理解学习等。

4.学前儿童的学习具有如下特点:容易被扼杀的学习主动性;从兴趣出发的学习积极性;学习的无意性与内隐性;经验与体验作用的显著性;语言指导下的直观形象性;对环境的极大依赖性;不容忽视的个别差异性。

5.根据皮亚杰的理论,儿童的认知发展从开始到成熟,要经过四个阶段:感知运动阶段(0～2岁);前运算阶段(2～7岁);具体运算阶段(7～11岁);形式运算思维阶段(11～15岁)。

6.布鲁纳认为,在人类智慧生长期间,有三种表征系统在起作用,这就是"动作表征、肖像表征和符号表征。这三种表征系统的相互作用,是认知生长或智慧生长的核心"(Bruner, 1973)。

7.认知发展是学前儿童学习的基础。

8.动机是指激发、引起个体活动,引导、维持已引发的活动,并促进该活动朝向某一目标进行的内在动力作用。

9.学前儿童学习动机的主要内容包括:好奇、兴趣、诱因。

10.幼儿学习动机的主要特征:内在动机以好奇与兴趣为主;外在动机逐渐增长;较稳定的学习成败归因的形成。

11.培养幼儿学习动机的有效方法:设置"问题情景",激发幼儿的认知兴趣与求知欲;重视幼儿游戏中的活动动机;为幼儿学习创设安全、开放、温馨的氛围;让幼儿体验学习的成功与快乐;运用适宜反馈激发幼儿的学习动机。

12.学习的迁移是指先前学习中所获得的知识、技能、情感与态度等对后来的学习或解决新问题的影响。

13.影响迁移的主要因素:相似性、原有的认知结构、学习的心向与定势。

14.促进学前儿童学习迁移应注意的问题:关注情感因素对学前儿童学习迁移的影响;幼儿学习迁移离不开具体事物的支持;丰富学前儿童的日常生活,使其在学习中发生迁移;提高学前儿童的分析与概括能力。

思考与复习

1.简述学前儿童学习方式的发展。

2.学前儿童的学习特点有哪些?

3.试论认知发展与学前儿童学习的关系。

4.试论幼儿学习动机的发展。

5.如何培养学前儿童的学习动机?

6.请观察学前儿童的学习活动,找出学习迁移的案例,进行分析。

7.如果你是幼儿园老师,你会采用哪些方法促进学前儿童的学习迁移?

第十三章 特殊儿童发展与教育

 本章主要内容

本章阐述了学前特殊儿童的概念、类别，教育评价；并重点介绍了生理发展障碍、智力异常、语言发展障碍和广泛性发育障碍四类学前特殊儿童的教育训练，以及学前特殊儿童的教育方法。

 学习目标

1.掌握学前特殊儿童的概念，了解学前特殊儿童的类型，熟悉学前特殊儿童的教育评价。

2.掌握生理发展障碍、智力异常、语言发展障碍和广泛性发育障碍四类学前特殊儿童的教育训练措施。

3.掌握对学前特殊儿童进行生活保健、感觉统合训练、行为矫正、语言矫治、游戏治疗、综合干预的基本原理及方法。

关键词

学前特殊儿童　生理发展障碍　智力异常　语言发展障碍　广泛性发育障碍　生活保健感觉统合训练　行为矫正　游戏治疗　综合干预

第一节　学前特殊儿童

一、学前特殊儿童概述

(一)学前特殊儿童的概念

特殊儿童是指在生理上、心理上及智能上异于普通儿童，具有特殊的教育需要的儿童。其特殊的需要包括特殊的教育场所、特殊的教育方法、受过特殊教育训练的教育者和教学手段等。因其在正常教育环境下无法发挥其最大潜能，必须借助特殊方法，才能使其有最大的发展。简言之，具有特殊需要的儿童即为特殊儿童，而有特殊需要的0～7岁儿童即为学前特殊儿童。

（二）学前特殊儿童的类别

虽然特殊教育界有人反对对特殊儿童划分类别，然而特殊教育界的大多数学者还是根据不同的研究需要对特殊儿童提出了多种分类方式，不同的分类方式所划分的特殊儿童类型和数量有所不同。例如，丹尼尔·P·哈拉汉和詹姆斯·M·卡夫曼就从特殊教育细致内容的角度作了详细分类，包括弱智、学习障碍、情感紊乱和行为失调、言语和语言失调、听力损害、视力损害、肢体残疾、智力超常等。而刘全礼则在《特殊教育大论》中，在把握整体特点的基础上从宏观的角度进行依据式划分，他认为如果依据儿童的感官有无损伤，可将其划分为视力残疾儿童、听力残疾儿童、肢体残疾儿童；若按智力有无异常则可划分为智力超常儿童与智力落后儿童；按照交往和语言过程则可分为行为言语障碍儿童、孤独症儿童；其他的特殊儿童则包括情绪行为异常儿童、学习障碍儿童、轻微犯罪儿童、多重残疾儿童等。大多数学者主要从儿童发展的角度来归纳成几个大的类别，具有综合性划分的特点，如陈云英将特殊儿童划分为听觉障碍儿童、发展障碍儿童（主要指智力落后、学习障碍和孤独症儿童）、视觉障碍儿童、超常儿童等；周就将特殊儿童划分为认知发展障碍儿童、生理发展障碍儿童、语言发展障碍儿童、情绪和行为问题儿童、超常儿童等。

本书从特殊儿童作为自然人与社会人生存与发展的条件异常的角度将其综合划分为生理发展障碍儿童、智力异常儿童、语言发展障碍儿童和广泛性发育障碍儿童四种。（1）生理发展障碍儿童。生理发展障碍指的是生物的生命活动和体内各器官的机能异于正常水平（或平均水平）。生理发展障碍儿童的提出是依据特殊儿童作为自然人生存的生命活动和官能发生了障碍，障碍的主要方面包括听觉障碍、视觉障碍、肢体残疾和身体病弱四种。由此，生理发展障碍儿童又包括听觉障碍儿童、视觉障碍儿童、肢体残疾儿童和身体病弱儿童。（2）智力异常儿童。智力异常儿童主要包括智力正态分布两端的儿童，即智力超常儿童与智力落后儿童。智力超常儿童主要是指智商超过130的儿童或在某些方面具有特殊才能的儿童。智力落后儿童主要是这些儿童个体在发育期内有明显低于平均水平的一般智力，从而导致其适应行为的缺陷（格罗斯曼，1983），按智力落后的程度一般可划分为极严重、重度、中度和轻度四类。（3）语言发展障碍儿童。语言发展障碍是指由于各种原因导致不能说话或语言障碍，不能与一般人进行正常的语言交流的儿童。语言发展障碍儿童是指在发展过程中，其语言理解或语言表达能力与同龄者比较而言，存在显著偏差或迟缓现象而存在沟通困难的儿童。它主要包括构音异常、流畅度异常、发音异常、语言发展异常等类别的儿童。（4）广泛性发育障碍儿童。广泛性发育障碍是指一组起病于婴幼儿期的全面性精神发育障碍。主要表现为人际交往和沟通模式的异常，如言语和非言语交流障碍，兴趣与活动内容局限、刻板、重复等。这类儿童的各种功能活动都具有广泛性质的异常特征，但他们在程度上有所差别，症状常在5岁以内已很明显，以后可有缓慢的改善，它主要包括儿童孤独症、多动症、Rett综合征、童年瓦解性精神障碍、Asperger综合征等。①

（三）学前特殊儿童教育的意义

随着我国经济的腾飞和近年来特殊教育事业的飞速发展，特别是第二代独生子女的出生，人们认识到特殊儿童的出生是客观存在的，特殊儿童的早期教育是非常重要的，举办学前特殊

---

① http://news.51gt.com/html/2004-12/2834.shtml.

儿童教育是一件于个人、家庭和社会都非常有益的事。

1.对特殊儿童个人的意义

学前特殊儿童教育对于学前年龄段的特殊儿童的意义是显而易见的。

首先,教育是培养人的活动。教育的目的在于培养人和促进人的发展。学前特殊儿童教育就是为促进学前特殊儿童发展的活动。相对于普通教育所选择的狭义教育的内涵而言,特殊教育更突出广义教育的理解。也就是说,狭义的教育主要指学校教育,目前学校教育主要采用的是这种形式;而特殊教育的形式更为广泛,在学校教育之外还包含着家庭教育和社会各种机构的训练与治疗活动。接受教育的学前特殊儿童可以在有目的、有计划、有组织的教育场景中更系统地减轻与正常儿童的差距,更稳步地朝向健康正常的方向发展。

其次,学前特殊儿童教育是特殊儿童一生的早期教育,其对学前年龄段的儿童来说具有引导方向和把握发展关键期的作用。学前特殊儿童生长性强,自然向好的发展本能表现强烈,可塑范围大,具有生命向上的本体特征。但因自身存在一定程度的障碍而易受环境的负性影响,其发展也会受环境的变化而发生波动,儿童对常规刺激表现出的正面反应较弱,如果不增强反应的程度和强度,很可能使其错失走向正常与健康的机会。因比,提供一些能达到发展标准的适当刺激,就能有效地促进特殊儿童向正常健康的方向成长和发展。

最后,学前特殊儿童教育实施的场所为儿童个人提供了由自然人向社会人转变的通道。年幼的特殊儿童因其对家庭和社会的影响远不及青年及成年特殊人群影响大,因而常常被忽视甚至遗弃,或仅限于家庭范围内活动,使其不能或较少接触社会,导致产生社会性缺失;而在有目的、有计划、有组织的学前特殊儿童教育场所内,学前特殊儿童可以享受依据个体发展和社会发展两方面需要制订的教育活动,接触到各类成人和其他同龄儿童,并且常常面临解决各种社会问题的情景,有助于帮助其自主获得社会性发展。

2.对学前特殊儿童家长的意义

学前特殊儿童教育的存在与发展对家长的意义在于以下几个方面:

第一,引导家长树立正确的特殊儿童观。学前特殊儿童教育可以通过讲座宣传,消除家长对残障幼儿成长的担忧,从科学发展的角度来抚慰家长的心理和情感,帮助家长以平常的心态正面接纳自己的孩子,预防因家长的不良情绪使孩子产生继续性障碍,并殃及孩子在其他领域的发展;学前特殊儿童教育还可以帮助家长了解婴幼儿年龄阶段的成长特点与教育需要,掌握学前特殊儿童教育方面的教养知识,帮助家长们树立信心,维持爱心,培养耐心,持之以恒地为孩子的发展而努力。

第二,鼓励和帮助家长掌握科学育儿的方法。学前特殊儿童需要特别的关心和照料,还会因不同的残疾和障碍程度而需要不同的辅助治疗和训练。学前特殊儿童教育机构内受过专业培训的教育者能教给家长这样一些技术和方法,使家长能够在家庭内也能给孩子以辅助性支持;同时,家长还能与学前特殊教育机构和教育者合作,参与到制订适合孩子发展的教育计划中,并通过家园协作的形式持续实施。

第三,学前特殊儿童教育机构收纳特殊儿童,减少了家长花费在教育孩子上的时间,解决了家长在教育孩子上的技术困难,使其从沉重的精神负担和物质压力中适当解放出来,从而有更多的精力投入到工作中去。因比,学前特殊儿童教育不仅减轻了家长的社会压力和家庭负担,也缓解了家长在家庭特殊教育中的精神压力。

3.对社会进步和经济发展的意义

虽然婴幼儿不能直接为社会带来经济效益,然而学前教育的社会经济价值却从未被否定过,在特殊教育中,给学前特殊儿童提供及时的帮助和支持,对社会和谐发展和经济增长来说有较长远的效益。

第一,学前特殊教育为未来社会减轻了精神负担和经济负担。学前特殊儿童教育在特殊儿童的早期就给予了支持和帮助,尽早以最经济的方式、最有利的时间减轻大部分儿童的残疾或障碍程度,帮助特殊儿童提高生活自理能力,确立起积极的生活态度,减少特殊儿童的残疾或障碍程度,帮助特殊儿童提高生活自理能力,减少特殊儿童在未来生活中的困难;同时,通过文化知识教育,为进入小学、中学和接受中高等教育做好准备,一部分特殊儿童残障程度减轻后,还可进入到普通学校接受特殊教育,降低国家用于特殊儿童教育的投资和福利经费支出,有效地减少了未来社会的精神负担和经济负担。

第二,学前特殊教育的发展体现社会的文明程度,有利于构建和谐社会,促进社会全面发展。学前特殊教育的发展体现了特殊教育和全民教育发展的进步,更充分体现了社会对残障儿童的关心和重视,使许多残障儿童在人生早期就享有与正常儿童相当的权利,获得平等的发展机会,树立起正确的人生观和世界观。这都有利于全社会的精神文明建设,有利于构建和谐社会,有利于促进社会全体成员共同发展。

二、学前特殊儿童的教育评估

教育评估是通过观察、访谈、测验等多种途径来搜集有关信息、鉴别教育对象、确定教育目标和检验教育效果的综合过程。学前特殊儿童的教育评估是对特殊儿童与普通儿童进行鉴别以确定早期干预措施并检验其效果的综合过程。

(一)学前特殊儿童教育评估的过程

学前特殊儿童的教育评估工作大致可以分为四个阶段:筛选与鉴别;评估与联系;方案制订与干预;监控与评价。

1.筛选与鉴别

筛选的目的是确定是否推介儿童接受其他更多评估,以鉴别可能存在的发展迟滞或障碍。通常,筛选是在较短时间内对儿童的整体功能水平进行的粗略检查。它并不能就儿童发展状况的质与量提供全面信息,但筛选结果却能显示是否有必要对儿童进一步评估,即它有助于鉴别需要进一步评估的学前儿童,从而使早期干预得以尽早开展。

筛选通常由护士、儿科医师或其他健康方面的专业人员进行。筛选通常采用涉及多个领域的常模参照的发展性测量工具,由专业人员实施测验,并根据儿童在筛选工具中提供的剖面图中的表现模式,寻找各项发育指标,鉴别出需要详细检查的发展区域。

2.评估与联系

这一阶段的目的是确定儿童是否发展迟滞或障碍。儿童可能发生迟滞或障碍的领域决定着应采用的测评工具和方法。通常,所用测评工具包括临床诊断中常用的、由专门培训的专业人员操作的标准化测量工具。

诊断性评估更为敏感,也更为留意细节问题。它对儿童各方面的发展能力进行详细的分析,以帮助设定干预目标。在给出分数或结果的同时,更为重要的是,诊断性评估还要搜集"儿童取得该分数"的这类质的信息。它应为评估者提供儿童学习的优势与劣势,并指出儿童的最佳学习方式。此外,它还应侧重分析筛选过程鉴别出的问题领域的发展状况。

3.方案制订与干预

这一阶段是要拟订个别化课程活动计划并涉及适应特殊儿童的教学策略。首先,必须确定儿童当前的发展水平,这主要由教师或相关治疗者在多个发展领域开展课程性评估;同时,还要对儿童在多种自然情景中的行为进行直接观察、非正规的测试,并对包括家长和照料者在内的其他人员进行访谈,以补充课程性评估方法搜集到的信息。

课程性评估有助于目标的制订和特殊教学干预策略的选取,并且有助于将有关技能分解为若干亚技能,从而便于教学的开展,并指明幼儿所需的改变和帮助。

直接观察、非正规评估以及对家长/照料者和其他人的访谈则有助于确定儿童惯常的反应模式和影响儿童表现的各种环境变量。

除课程性评估方法外,其他如语言和言语等具体领域的评估也有助于确定是否有必要为儿童提供相关服务,如儿童是否需要语言言语治疗、理疗或其他任何相关领域的特殊服务。这些评估信息决定着所需服务的类型及儿童接受必要服务的场所(如在家里或服务中心)。

4.发展过程的评估

这一阶段的主要任务是对儿童和家庭干预方案进行监控,其目的在于持续追踪儿童的发展进程,确定方案有效性,并在必要时对方案进行相应的调整。此阶段必须确定儿童在重要技能的学习上是否取得了长足进步,而进步程度的确定则应从整体和局部细节两方面来考察。评估者可以通过在各种自然情景中对儿童进行结构化和非结构化的观察,以及对儿童表现的阶段性探查来搜集资料。其中很重要的一点是,所搜集的资料应包括家庭成员对儿童在课堂以外场景中使用技能情况的报告。特殊教育人员或治疗师通过重复评估可取得儿童随时间推移所获得的进步信息,进而检查儿童在特殊课程领域中的进步情况,确定方案的有效性,并因此对方案进行相应修正。

总而言之,该评估阶段有助于鉴别儿童可能存在的发育问题,并帮助评估者做出准确诊断。该过程可对儿童能力和缺陷提供客观描述(功能性评估),并确定儿童对各种方案的适宜性。发展性评估有利于拟订恰当的干预计划,并为测量儿童的进步和干预效果提供比较的基线。发展性评估是专业人员与儿童的照顾者在不同时间不同情境中持续合作的过程。研究者不应将其视为独立的事件。以这种方式搜集信息,有助于系统阐述和评价该过程,使该过程更加可行、快速而有效。

(二)学前特殊儿童教育评估的特点

1.学前特殊儿童教育评估的多元性

学前特殊儿童教育评估过程中无论是评估、干预方案的制订,还是评价信息的获得,都应该包括来自各方面的多种类型的资料。内斯沃斯和巴格内托(1988)将多维性评估界定为"一种全面的整合式的方法,该方法采用多种测量手段,从多个角度获取资料,对多个领域进行调查,并达成多重目的"。早期儿童评估是一个灵活的、家长和专业人员合作决策的过程。在该过程中,决策者可不断修正其所做出的判断,并就改变家庭和幼儿的发育、教育、医疗及心理健康状况达成一致意见(Bagnato 和 Neisworth,1991)。在设计幼儿发展性评估时,必须对以下标准进行考虑:

　　(1)多种测量。学前特殊儿童评估应采用多种测评手段。虽然发展量表能够提供多方面的信息,是一种对儿童发展进行全面评估的工具,但学前教师最常用的测量手段却是课程性评估,而学校心理学家及相关专业人员(即言语/语言病理学家、职业治疗师、理疗师等)则常采用常模参照量表。许多实际工作者可能只了解常模参照评估或课程性评估,而未能认识到常模参照评估与课程性评估等多种评估的有机结合将带来更全面的信息。因此,完整的儿童诊断性评估应包括对发展或行为特征的常模参照性的、课程性的及临床诊断量表等多方面的测评。

　　(2)多种技术。评估工具通常包含观察所用的表格、访谈时常使用的记录表、标准化的成套测验等,这些测量工具都是可供专业人员和家庭利用的评估材料的一部分。评估应采用多种工具和方法,如正规和非正规的测试、观察与访谈等。正规测试具有标准化的内容和施测程序,非正规测试包括生态调查、行为检核表和其他评估儿童功能的结构化程度低的程序。对真实生活的观察是我们获取最佳信息的渠道,而对熟悉儿童的家庭成员和其他人进行的访谈也能提供非常有用的信息,而使我们的评估更具针对性。

　　(3)多种场合。评估应在多种场合进行。通过在一天的不同时间、一周的不同日子中进行评估,可以确定儿童行为的一致性、疲劳的影响、忍耐性及睡眠对儿童学习能力的影响等多方面的情况,这对那些有健康问题和特殊发展需要的儿童尤为重要。通过仔细观察儿童在不同熟悉场景中多个场合的行为表现,评估者可详细描绘出儿童当前的强项和弱项。

　　(4)多来源或多视角的信息。对学前儿童的评估应包括来自数位专家和儿童照料者的信息与发现,因为幼儿具有个体特异性和情景特异性。来自家庭和若干专家的信息将使早期干预人员得以观察儿童在不同场景中的行为表现,从而验证常模参照评估和课程性评估的结果,最终对儿童技能做出更准确的评价。能够在多种场合提供相关信息的评估小组应包括如下人员:幼儿的照料者、心理学家、教师、言语/语言病理学家、职业治疗师或理疗师、护士、儿科专家、社会工作者和其他任何熟悉儿童的辅助人员。

　　(5)多个领域。多领域评估指的是在多个发展和行为领域中考察儿童的优势和弱势。课程性评估通常考察幼儿在认知、语言、社会情绪、粗大动作和精细动作及自理等领域中的发展情况,具体的行为过程包括好胜心、社会能力、游戏、气质、注意、情绪表达、早期应对行为等。评估信息还应包括儿童的学习过程(如何学习)和学习的结果(技能水平的证明)。

　　(6)多重目的。学前儿童的评估结果可应用于多种不同类型的决策,因此所有参与者均应明了评估的目的。多重评估的测量使早期干预人员得以筛选、诊断、安置、拟订干预措施、预测或评价干预措施。筛选工具可对儿童进行简略考察,看其是否需要进一步评估;课程性评估则有助于儿童干预方案的拟订。选择测量工具时,必须考虑其与评估目的是否一致。此外,所选评估工具还应与课程目标和内容相匹配。如果课程目标是提高亲子活动的质量,就必须选择能够测量这种互动关系的评估工具。

　　2.学前特殊儿童教育评估过程中家庭的参与

　　学前特殊儿童的特殊性决定了学前特殊需要儿童的评估应该以家庭为中心,必须将家庭而非儿童作为整个特殊教育干预系统的核心,因此儿童的父母在学前特殊教育评估中起到了不可忽视的作用。

　　首先,家庭的参与为评估提供了儿童信息的来源。家长和照料者是儿童信息来源的最重要也是最主要的提供者。有关研究表明,家长能够准确评价自己年幼孩子的发展状况,尤其在要求他们就儿童当前拥有的行为做出判断时更是如此。出生时的状况、病史以及早期发展经历对于理解幼儿是相当重要的。家长或照料者对行为检核表、调查问卷和调查表的反应,可以为儿童发展水平技能的掌握情况和行为状况提供全面的信息。适应性的、日常功能水平的测量是儿童发展评估中的一个重要的部分,这类评定最好由与儿童共同生活的人来进行。

其次,家庭的参与为评估提供了最少限制的环境。在家庭这一最重要的自然环境中考察儿童各项功能状况,将使评估更加丰富,更加全面,也更具有真实性。对儿童—照料者—家庭互动情况的直接观察,则有助于评估者更好地理解儿童与人际相关的技能水平,人格和气质特点,以及交流的有效性。在家庭的参与报告下,可以开展良好的发展性评估、行为评估和社会技能评估。

再次,家庭的参与还为评估提供了干预方案中的家庭投入。这种家庭参与的评估过程将使家长、照料者和家庭同样获益。作为评估和干预小组中的积极成员与决策者,家长或照料者也更多地了解儿童的功能水平、优势和需要。多学科专家小组中专业人员的看法可对家庭的观察结果加以肯定,对其疑虑加以排除,或提出新的观察。反过来,这一切将增强家庭的知识基础。此外,参与制订干预计划将会促使家庭更多地投入到计划中。由于对评估需要及有关论述的理解和认同,家庭成员将逐渐认可这项自己参与拟订的计划,而计划也能够更准确地反映他们的想法。这样的过程能够提高家庭成员的能力,促使他们更加有效地满足孩子和家庭系统的需要。

最后,家庭的参与为需要参加评估的学前儿童提供了安慰和安全保障。家庭参与评估过程的最大收益就是儿童所获得的支持。幼儿的安全知觉通常依赖于父母的反馈和支持;婴儿的安全知觉则依赖于父母本身在陌生环境中的言谈举止。父母无论是在了解和控制自己孩子的情绪变化,还是在帮助儿童熟悉评估环境并配合评估人员的工作中都能起到重要的作用。

(三)学前特殊儿童教育评估的内容

评估与鉴定一个学前特殊儿童时,评估的内容虽因特殊儿童的特异性有所不同,但在对各类特殊儿童的评估时需了解儿童在以下几个方面的能力及发展情况。

1.认知

认知领域包括较广泛的心理活动能力,通常叫"一般智力",主要是指感知、注意、记忆、理解、判断及推理(联想、分类、顺序排列)等高级思维活动能力。学前认知发展的评估通常用下列任务或方法:①形状、颜色、大小的分类或搭配;②认识字(字母)、数字、颜色;③通过记忆重复数字、词、短语;④说出图画中物体的名称,解释字、词;⑤完成类比,如"哥哥是男孩,姐姐是_____"。

2.语言

语言包括语言的理解和语言的表达两部分,即听懂别人说话和自己说话。如果一个儿童这方面的能力较同龄儿童晚4～5个月,那么他可能存在语言发育问题或障碍。语言是思维的外壳,他很难从认知领域中分离出来,而思维又是智力的主要方面,所以语言发育落后的儿童,智力落后的可能性较大(聋哑儿童除外)。语言的评估也和认知因素有关,主要方法有句子重复、解释词语、遵从指令等。

3.言语

这里所说的言语主要指口头语言,是个体运用自身的发音器官发出语言、表达思想的过程,主要因素有发音(即构音)、语音(即音质、音调、发音强度)、节奏(即流畅性)等。

4.精细动作

即对精细肌肉的控制能力（主要指手和手指的动作）和手眼协调能力，如大把抓、手指对捏、捡拾、捻压、揉搓、旋开等。儿童的精细动作水平与大脑皮层功能的发育有密切的关系。评估的方法主要有绘画、在一定范围内涂颜色、搭积木等。

5.粗大动作

即人体的姿势和全身的运动，如俯卧、抬头、挺胸、爬、站、走、跑、跳跃等，它和儿童神经系统的成熟有密切关系。在学前阶段，粗大动作的控制和身体协调能力的评估可用下列活动或方法来进行：后退走、脚跟接脚尖走、上下楼梯、单足跳、接球、扔气球等。

6.自理能力

即和自我照顾、生存有关的适应行为，包括吃饭、喝水、穿衣、脱衣、洗手、洗脸、上厕所、过马路、用钱、躲避危险等。一般可以通过平时的观察来评估。

7.社会情感

和学前儿童社会情感有关的问题行为有发脾气、活动过度、消极被动、人际退缩、攻击行为、对抗、言语怪异、过度担忧、哭泣、持续性悲伤等。

8.神经心理功能

神经心理功能实质和神经系统功能的成熟和损伤有密切关系的高级心理活动，如感知觉、运动、注意力、记忆力、言语、书写、阅读、思维等有关。它很难从其他领域中分离出来，是跨领域的复杂知觉和综合能力。一般通过神经心理测验来评估，反映大脑多方面的功能。

9.入学准备

和其他各领域发展有关，包括各种和学校学习环境有关的技能和行为。有的和认知、语言、精细动作有关。例如，模仿画形状、图形，搭积木，使用基本的概念，辨别大小，读数，认识字母、数字、身体部位、颜色等；有的和知觉过程有关，如左右定向、听觉和视觉辨别等。这些方面的问题有可能会影响儿童适应教师教学的要求，如遵从指令、独立作业、注意、伙伴合作等。有一部分儿童在发育方面没有明显的问题，在家庭和幼儿园表现正常，但进入小学后却产生了一些不能适应学校生活的问题，这就需要我们重视幼儿园和小学的衔接，做好儿童入学准备。

10.其他发展缺陷领域

对于其他有特殊发展缺陷的儿童则有特定的评估内容，并且一般有专业人员来进行。例如，对视觉障碍儿童进行视觉检查，对听觉障碍、语言障碍的儿童要进行听力检查及语言评估等。

11.家庭和社会环境

儿童的发展并不是单独进行的，和周围的环境有密切的关系，尤其是家庭结构、功能、经济状况及其中的每一位成员（尤其是父母）的养育态度和方式，对儿童的发展具有重要的作用。所以家庭和社区环境也是儿童评估的一个重要方面。一般可以采用调查、面谈的形式来进行。

第二节　学前特殊儿童教育

一、学前生理发展障碍儿童教育

学前生理发展障碍儿童教育包括四类生理发展问题儿童的教育,即视觉发展障碍儿童的教育、听觉发展障碍儿童的教育、肢体障碍儿童的教育和身体病弱儿童的教育。

(一)学前视觉障碍儿童的教育

1.视觉障碍概述

视觉障碍又称视力残疾,一般是指由于各种原因导致双眼不同程度的视力障碍或视野缩小,而很难从事正常人所能从事的工作、学习或其他活动。

　　拓展知识

视觉障碍对儿童早期发展的影响

视觉是我们人类获取信息的主要渠道,当视觉发生缺陷或完全丧失时,它将改变一个人对世界的理解,同时也影响其他各方面的发展,尤其对儿童早期发展的影响格外重大。首先,视觉障碍影响对事物的感知。正常儿童可以通过感官去感知事物,而视觉障碍儿童却存在获取外部信息的客观障碍,几乎丧失了认识世界的清晰的视觉感性材料,所以他们对事物的感知会受到局限,造成视觉表象和运动表象缺乏、方位和空间知觉形成困难、知觉的完整性差等消极影响。其次,视觉障碍影响语言的发展。视觉障碍影响儿童对语言的模仿。人类发音器官的运动是一系列非常精细、复杂的运动,口型的变化、舌的伸缩、面部肌肉的运动及发音时的呼吸等,任何一项发生障碍都会影响语言的表达。而视觉障碍儿童却看不见人们发音时的精细动作,也看不见人们使用目光、手势、表情等辅助手段进行交流,因而不可避免地会出现发音不准、口吃、颤音或面部僵硬、表情呆板等情况。同时,视觉障碍也使得儿童的语言与感性形象脱节。缺乏视觉感性材料和经验不足限制着视觉障碍儿童将词汇与所表达的实物正确地联系在一起。虽然他们的词汇可以很丰富,但往往是照搬和模仿,因此经常会出现一些语义不合或不精确、不完整的现象。第三,视觉障碍影响思维的发展。视觉障碍儿童由于缺乏视觉表象,对客观事物的感知就受到一定的局限,因而不能把握事物的本质特征,他们往往根据由其他感觉器官得来的事物的某一部分特征进行分析、推理,因此常产生混乱和错误的判断。第四,视觉障碍影响运动机能的形成。由于存在视觉障碍,儿童一方面无法通过视觉对成人的动作进行模仿,另一方面无法掌握其在环境中的相对位置,所以一般都对运动缺乏主动性,也存在一种恐惧感,其活动量就会相应减少,运动能力也会随之降低。表现为大动作明显低于正常人,精细动作发展缓慢,进而影响体格的发育,导致定向与行走方面发生问题。所以不少视觉障碍儿童在活动时存在明显的"盲态"。最后,视觉障碍影响儿童的社会适应及个性的形成。视觉障碍儿童由于受到行动能力的限制,以及无法看到行为的结果,多显得被动、依赖与无助,而且容易遭人误解,所以他们的生活自理、人际交往以及今后的就业都会受到影响。而且,视觉障碍儿童的个性特点也与其身理缺陷相联系：存在障碍，社会上的许多人会因此而歧视他们，行动不便，与外界及他人的交往就会减少，从而造成一些视觉障碍儿童性格内向，不易与人融洽相处，表现孤僻、敏感或者形成自卑心理，对生活持消极态度。

2.学前视觉障碍儿童的教育

学前视觉障碍儿童的教育一般是指从儿童出生到入学前这一段时间的教育。大量研究表明，早期干预与训练对人的一生产生重要作用。多数心理学家认为，儿童的发展有一个关键期，又称敏感期。在此时期，儿童学习某种知识和技能比较容易，儿童心理某个方面的发展最为迅速，错过了这段时期，则会阻碍或推迟发展。而且婴幼儿的大脑具有极强大的可塑性，并遵循"用进废退"的原则。儿童早期的学习潜力也是巨大的，对环境的影响敏感，只要及时采取训练和对环境调整措施，就能促进儿童的正常发展。因此，对视觉障碍儿童实施早期教育，不仅能改善他们的生理缺陷，减轻因残疾带来的不利影响，更能有效防止派生性障碍的产生，使其身心健康发展，为以后进入小学做好准备。具体而言，家长和教师可以从以下几个方面对视觉障碍儿童进行教育和训练：

(1)感官训练

感官训练是对视觉障碍儿童的听觉、触觉、嗅觉、味觉及残余视觉等感官的功能进行有计划的训练，发挥其他感官对视觉的代偿作用，以便使视觉障碍儿童认识客观世界、学习各种技能、适应社会生活，为他们进入小学以后的学习与生活打下良好的基础。

①视觉训练。即让视觉障碍儿童对光亮产生注意。利用手电筒的亮光向上、下、左、右及远近移动，训练他们追踪目标的能力，随后可以把色彩鲜艳、反光良好的玩具拿在背景对比清楚的环境下进行上述训练。在视觉障碍儿童1岁左右能爬、站立及行走时，就可以将玩具放在他们的周围，让他们去观察、寻找，并且逐步让他们注意周围的人和事物。当视觉障碍儿童2～3岁时，就应让他们学习辨认物体的形状。这时视觉障碍儿童对语言的理解能力已得到发育，应该向他们描述物体的名称及特点。开始时要采用颜色对比强烈的简单的图画，图形也应大一些，以后逐渐变小变复杂，到视觉障碍儿童刚刚能看清为止。当视觉障碍儿童能看清并说出图的名称后，就应让他们练习画图，步骤是由大到小，从简单到复杂。这项训练还可提高手眼协调能力。

视觉障碍儿童3岁以后便可进行视觉分类、视觉记忆、辨别方位、认识符号等的训练。这些训练可利用画线条、走迷宫、点连画、剪纸、贴纸、搭积木等游戏活动进行。在视觉训练过程中，不能只是单纯地靠眼睛去看，家长和教师要利用语言告诉视觉障碍儿童所看到的是什么，或让他们用手去触摸所见到的物体，或是让视觉障碍儿童利用嗅觉、味觉等其他器官来辨认物体。这样可使大脑将视觉与其他感官传来的信息进行综合，促进视觉识别能力的发展，提高视觉效率。

②听觉训练。在视觉缺陷补偿中，听觉起到的作用是巨大的。在日常生活和学习过程中，视觉障碍儿童大多是利用听觉来认识、区别和判断的。但视觉障碍儿童的听觉并不是天生就比正常人的灵敏，也是经过训练，逐步提高的。

在出生后头几个月，就可以开始听觉训练了。刚开始时，可以把小铃或其他产生柔和声音的玩具放在视觉障碍儿童周围，让他们了解声音的存在。然后让其懂得声音的大小、强弱、高低，进一步学习辨别声音。家长及教师首先应让视觉障碍儿童知道声音的来源，并告知他们声源的名称。随后，训练视觉障碍儿童区别与理解各种声音，如人声、动物声、自然界的风雨声、交通工具声、乐器声等。再就是学习辨别声音的方向、声源的远近,这将有助于视觉障碍儿童在空间的定位。接下来就是要训练听觉的记忆,可以通过执行家长或教师的指令、耳语传话、打电话等活动来进行。

对于视觉障碍儿童来说,还有一项训练很重要,那就是训练他们在嘈杂的环境中有选择地听,收取有用的信息,对没有意义的声音不予注意。这可以通过在嘈杂环境中听数跳绳的次数,在音乐声中听指令等方式来进行。

③触觉训练。触觉是运用皮肤的感觉来认识周围的世界。皮肤对外界的刺激会在大脑中引起反应,并产生相应的痛觉、温觉、震动觉等。当一个人的视觉或听觉严重损伤时,触觉就可以提供较完整可靠的信息。

首先,教会视觉障碍儿童认识物体,包括日常实物的认识和模型的认识。当视觉障碍儿童在辨认各种物体时,家长和教师应给予生动的语言描述。其次,帮助视觉障碍儿童认识事物的一些特性,如事物的质地(冷、暖、干、湿、软、硬、粗、糙等)、形状、大小,从而比较正确地认识事物。第三,教给视觉障碍儿童触摸的方法。触摸要按一定顺序进行:先整体,再局部,再整体;从头到尾,从上到下。触摸较大的物体,要借助基准点、线、面,避免观察遗漏和重复。触摸速度要根据需要调节。最后,触摸注意的分配训练。可以让视觉障碍儿童的两手同时触摸两种不同的物体,观察其异同。这对于提高触摸效率,拓展观察范围非常有益。

④嗅觉与味觉训练。各种物品有各种不同的气味,它是帮助人们区别物品的重要标志之一。家长和教师可以先帮助视觉障碍儿童认识和辨别不同的气味,进而区别各种物品特有的气味特征,以此来区别不同的物品;等视觉障碍儿童稍大一点就可以进行气味配合环境的认识训练,如认识小吃店的气味,认识书店的气味等。这将有利于视觉障碍儿童判定自己所处的环境及自己的位置。视觉障碍儿童也可以通过品尝物品的味道知晓事物。通过味觉训练可以让视觉障碍儿童区别食物不同的温度、味道、质料等,还能让他们认识味觉与嗅觉之间的关系,增加感知事物的途径。

视觉障碍儿童在获取信息时是通过多种感官的综合运用,感知事物的刺激来形成完整的概念的,要注意保护这些感官,不要训练过度,要防止不利因素对感官造成伤害。

(2)智力的发展

视觉障碍儿童对事物的感知,难以形成正确的概念,所以对视觉障碍儿童进行早期的智力培养并不是要求他能背多少诗,能做多少算术题,而是要让他们明确日常生活中的一些基本概念及简单常识,提高认知,为就读小学作准备。

智力的发展包括帮助视觉障碍儿童认识生活中常见的事物和现象(如四季变化、周围环境、日常生活用品、交通工具、水果蔬菜等),学习一些基本的概念(如自我概念、各种感知、方位与距离、时间与量等)。发展视觉障碍儿童的智力要注意从身边最常见的事物及常发生的动作等概念教起,并且将语言指导与儿童亲自实践相结合,注意充分运用视觉障碍儿童的各种感官。这样才能感知足够的信息,对事物的属性有一个全面的认识,形成正确的概念,以利于智力的正常发展。

(3)言语技能的培养

视觉障碍儿童语言的发展,特别是早期语言的发展是不利的。因此,丰富语言刺激对视觉障碍儿童是非常重要的,家长要多与儿童说话和沟通。家长不要因为儿童太小听不懂,就不跟他们说话。如果在婴儿尚不理解语言时就给予不断地刺激,是可以刺激儿童语言的发展的。

当视觉障碍儿童开始学讲话时,家长和教师首先应让他们触摸说话者的脸和嘴,让他们感受唇、颊和下颌的运动,以及说话时气流的运动,然后让视觉障碍儿童把手放在自己的嘴上,重复家长和教师的话,活动嘴唇、颊部和下颌,这样就会减少发音不准的现象。

在教视觉障碍儿童说话时,要尽量让他理解词语的意义。除了详细描述并触摸外,还可以结合各种情景使儿童理解语言,丰富感性经验。同时,家长及教师在说话时声音要清晰,以利于视觉障碍儿童正确地模仿。并且用不同的音调、语气告诉他们不同的事,让他们理解人的情绪、情感的变化。当视觉障碍儿童会说话时,应尽量鼓励他们多与其他人交往,在实际锻炼中促进其语言的发展。

(4)运动技能的训练

由于存在视觉障碍,儿童自发的运动就会减少,他们会更倾向于待在某个地方不动,以保证自己的安全,这就会使得视觉障碍儿童的动作发展明显落后于正常儿童,或者产生特有的"盲态"。所以,家长及教师应注意在婴儿期就帮助视觉障碍儿童活动身体和运动。

运动技能的训练是从婴儿期的变换体位开始的。这时候如果没有家长和教师的帮助,也许视觉障碍儿童就会长时间待在一个地方或保持一种体位。不同的体位不仅能使不同部位的肌肉得以锻炼,更重要的是能激发视觉障碍儿童的运动兴趣。当视觉障碍儿童稍大一点后就可以进行翻身、坐爬、站蹲、走等基本动作的训练。这些动作的发展顺序和正常儿童是一样的。视觉障碍儿童缺少活动的动机,家长和教师就要反复地给予大量有效的刺激,促进其运动的发展。当视觉障碍儿童能控制自己的身体时,就应该训练他们身体协调、平衡及粗动作、精细动作的发展。同时,在训练中一定要及时纠正儿童的不良姿势,防止"盲态"的产生。

除此之外,在学前视觉障碍儿童运动技能的训练中,定向行走技能的培养是必不可少的。定向行走训练就是培养视觉障碍儿童利用各种线索如声音、气味、标志来帮助自己定向,并采用辅助工具学会独立行走的方法。对于学龄前的视觉障碍儿童,主要是帮助他们采用正确的行走姿势,熟悉家庭及周围的环境,学会简单的定向,教给他们在行走时保护自己的一些技巧。

(5)生活自理及社交技能的培养

随着视觉障碍儿童年龄的增长及活动能力的增强,家长和教师要逐步训练他们基本的生活技能。就学前视觉障碍儿童来说,需要掌握的生活自理技能主要有:自己进食,自己穿衣和脱衣,讲究个人卫生,如厕等。当儿童逐渐学会生活自理时,要注意保持他们每天的生活规律,这不仅有利于他们对生活技能的学习,而且有利于形成良好的生活习惯。

视觉障碍儿童要独立地在社会上生活,就必定会与各种各样的人进行交往。良好的社交技能有助于他们更广泛地接触社会,有助于他们更好地被人们所接受。在交往中表情和语言是非常重要的,家长和教师可以通过语言描述、面示示范、儿童触摸的方式让视觉障碍儿童认识面部表情与情绪的联系,使他们懂得在交往中如何正确地运用面部表情。同时也让他们掌握一些礼貌用语和礼貌动作,如寻求帮助时要用"请"字,与人交谈时应面向对方等。

(6)心理健康教育

视觉障碍儿童与正常儿童之间的差异会给他们带来各种心理问题,所以在早期就应对他们实施心理健康教育,及时缓解心理压力,以免对他们以后的成长带来不良的影响。学前心理教育的主要内容有:让视觉障碍儿童正视自己的障碍,学习接受它成为自己的一部分,不因此而自卑;鼓励他们与正常儿童交往,养成热情、开朗、活泼、进取的健康个性;培养他们自立、自强的精神。

总体而言,视觉障碍儿童的早期教育是一项十分艰巨和复杂的社会工作,它涉及家庭、学校及社会各领域,只有当各方面都积极充分地合作时,早期教育才能收到实效。

(二)学前听觉障碍儿童教育

听觉障碍儿童与正常儿童相比,除听觉外,在身心发展上基本一致,都同样具有先天的语言获得装置和先天的认知机制,他们的学前教育与正常儿童具有一致的统一性。但是,由于听觉障碍儿童失听,失听导致失语,进而导致认知和心理障碍。这就使得他们在生活和接受教育方面产生了一些特殊需求,出现了特殊性。遵从共同性,注重特殊性,这就是我们研究学前听觉障碍儿童的出发点。

1.学前听觉障碍儿童教育的特殊性

学前听觉障碍儿童教育的特殊性主要体现在听觉障碍儿童失听,以及由此所造成的特殊的身心变化及对教育的特殊要求上。

(1)两种基本的听觉丧失及其基本的特殊需要

听觉丧失,人们常常把它归于听力问题,其实听觉包括听知觉和听感觉。儿童听力丧失包括听知觉丧失和听感觉丧失。

听知觉丧失,有些书上叫作"词聋症",是指大脑听觉中枢与大脑其他中枢的阻断,导致听知觉不能。词聋症孩子一般听力正常或比较正常。但由于声音对他们不表现出意义,因而常常对声音不做出反应,易被误认为是"全聋儿童"。听知觉丧失一般不是听力问题,听力补偿对其作用不大。基于儿童的大脑具有可塑性,也许科学的听觉刺激能够促进大脑相关细胞突触延伸与接触,实现听知觉在一定程度上的改善或恢复。听知觉丧失儿童在其听知觉恢复或改善以前,需要通过视觉来进行学习。唇读和口语是他们沟通和接受信息的首选。帮助听知觉丧失孩子改善听知觉能力,发展他们的视觉语言能力,是这类孩子早期教育基本的特殊需求。听知觉障碍儿童目前发现很少,因此这里主要是讲听觉障碍儿童的学前教育。

听感觉丧失,我们叫它听觉障碍,主要是指听觉通道不同部位、不同程度的器质性病变,造成听感觉障碍,出现不同程度的听力问题。听觉障碍儿童需要给予听力补偿,提高听觉功能。听力补偿和重建有声语言是听觉障碍儿童早期教育基本的特殊需要。

(2)听觉障碍儿童语言发展的特殊性及其特殊需要

听觉障碍儿童语言发展的特殊性在于他们的有声语言不能自然发展。其视觉语言有可能自然替代有声语言。他们的语言发展决定于早期干预与语言环境。他们语言发展的方向,可能是手语,有可能是有声语言,还有可能出现语言空白(非聋人家庭的听觉障碍儿童如果没有早期干预,他们很可能只会动作比划,没有真正的语言)。

听觉障碍儿童获得有声语言不同于正常儿童的自然获得,需要有一个从特殊途径到自然途径的过程。所谓语言获得的特殊途径,就是经过早期干预,补偿听力损失,进行听觉语言训练,在教的过程中,帮助听觉障碍儿童学得有声语言;所谓语言习得的自然途径,就是在早期干预的基础上,在交往使用的过程中,让听觉障碍儿童在有声语言环境中自然习得语言。在这两条途径之间,还需要有一个相互渗透和向自然途径引导的过程。

(3)听觉障碍会导致儿童动作行为的协调困难

动作行为的协调困难是指听、动协调障碍。它在一定程度上也会影响儿童的生活。因此,通过一定的课程和训练来培养儿童的听、动协调功能也是听觉障碍儿童学前教育的特殊需要。

这种协调功能不仅协调自身，也协调自己与他人，自己与集体。

（4）听觉障碍影响儿童社会认知发展

由于受"社会生态学"因素的制约（听觉残疾与社会、环境互动的正负面作用），可能会影响听觉障碍儿童认知的发展，出现不同程度的心理障碍，阻碍他们潜在智力的发挥。因此，听觉障碍儿童学前教育的另一特殊需要就是，最大限度地防止或克服可能产生的心理障碍，最大限度地开发他们的智力，发掘他们的潜能。

（5）听觉障碍儿童的代偿功能

遵循"适者生存"的自然法则，人类某一器官功能丧失会导致相应器官给予其相应的缺陷补偿，并可能在一定程度上取代被丧失器官的功能。这就是"生理代偿"功能。聋教界常说的"以目代耳"，就是听觉障碍儿童的视觉功能，在超长使用的过程中得到超长发展出现的特殊现象。听觉障碍儿童的这种代偿功能，可以使听觉障碍儿童提高视觉观察的敏锐性和视觉记忆，通过视觉语言学习。因此，充分发挥听觉障碍儿童视觉潜在功能在学习上的优势，就成了他们学前教育的又一特殊需要。

（6）听觉障碍儿童的教育受制于多方面因素的制约

听觉障碍儿童由于失听的原因不同，失听的时间、失听的程度和残留语言保留情况的不同，接受学前教育的时间不同，以及家庭和社会因素的不同，他们在智力发展、语言、性格习惯等方面都存在着极大的差异。听觉障碍儿童的这一特殊性，产生了他们对于个别施教，多种感官综合利用以及多方面配合教育的特殊需求。忽视这一特殊需要，必将降低教育实效。

2.学前听觉障碍儿童教育的目标

学前听觉障碍儿童教育是一项有计划、有目的的教育活动，是根据国家的需要和听觉障碍儿童发展的一般规律和特殊规律培养人才的活动。教育目标决定教育活动及其教育对象的发展方向，同时也决定着对他们实施教育的内容和措施。目标是国家的要求，是评价的标准，是教师工作的着眼点。目标分总体目标、具体目标和阶段性目标。学前听觉障碍儿童教育的总体目标与其他教育一样，全面贯彻国家的教育方针：使受教育者在德、智、体、美、劳诸方面得到全面发展，成为有社会主义觉悟、有文化的劳动者。具体目标就是根据国家的特定要求和教育对象的特殊情况提出的要求。具体目标还反映在具体教学活动中。阶段性目标则是根据孩子不同发展阶段提出的不同要求。

学前听觉障碍儿童教育的目标，应该同正常孩子一样，即把全面发展的要求具体体现在认知、语言、道德、社会适应、审美创新、良好的个性情感等方面。教育目标的实现，必须基于良好的心理和语言的沟通。对于听觉障碍儿童来说，首先应有一个康复目标，这就是培养他们自尊、自爱、自强、自立的精神和培建他们有声语言的目标。

拓展知识

学前听觉障碍儿童的教育原则

学前听觉障碍儿童教育的原则是根据听觉障碍儿童教育的特殊性及其不同的教育安置形态提出的,它反映了学前听觉障碍儿童教育的特殊需要和特殊规律。听觉障碍儿童的学前教育一般应当遵循正常儿童早期教育的原则,同时更应该遵循自身的早期教育原则。

(1)"早期干预"的原则

根据人的生理发育规律和语言习得的理论,听觉障碍儿童的康复,必须强调早期。"早期干预"对于听觉障碍儿童具有抢救意义。"早期干预"的就是"三早矫治",即早发现早诊断,尽早配用助听器,尽早进行听觉语言康复训练。

早期干预最好从一发现就开始。早期发现除家长和教师外,重要的是建立医院"高危儿童"筛选制度,让高危儿童一出生就处于听力监视之中。

听觉障碍儿童的问题源于听力损失。听力有了损失就需要补偿,使他们能够听到,能够听清正常有声语言交往的声音,进而在有声语言环境中习得有声语言。目前,对听觉障碍儿童补偿听力的方法就是使用助听辅助器材,如个人使用的助听器、电子耳蜗等;集体教学使用的集体语言训练器等。

早期对听觉障碍儿童进行听觉语言康复训练,实质上就是启动并发展他们的听觉功能和语言功能,培建并发展他们的有声语言。

(2)多种感官综合利用的原则

"认知"是语言和智力发展的基础。认知需要多种感官参与,只有多种感官的参与,才会有真切、准确和丰富的认知。对于残疾障碍孩子来说,一方面某种感官的丧失会导致感知不全,造成某种信息缺失,形成概念不清;另一方面某种感官功能的丧失会带来相应官代偿功能的出现。听觉障碍儿童如果早期补偿了听力,训练并启动相应感官代偿功能辅佐,调动多种感官参与学习,必将有利于显现他们的潜在功能。多种感官综合利用的最好形式是"情景教学""参入和体验"。

(3)语言优先的原则

教育以语言作为沟通和传授的工具。实现学前教育,无论是传授知识、培养能力、明辨事理,还是发展智力,首先必须解决沟通问题。因此,培建听觉障碍儿童的有声语言就成了学前听觉障碍儿童教育的首要任务和核心工作。听觉障碍儿童的学前教育,其一切课程和活动都应该在完成自身任务的同时,把语言教学作为己任,并放在首位。即首先必须让孩子理解语言教学,理解活动要求和教学内容,并获得一定的表达形式参与活动。这就是语言优先的意义。

(4)听觉训练与语言训练相结合的原则

听觉训练与语言训练是两项不同的内容。由于他们连在一个"言语链上",两者又是不可分割的。"言语链"是在大脑功能的支配下,通过声波的传递,实现听觉和语言的理解及表达,以及听觉理解的连环反馈过程。听觉训练与语言训练相结合的原则,要求在听觉训练中运用好语言,在语言训练中也能有效地训练听觉功能。"使用"是听觉训练与语言训练有机结合的最好形式。

（5）玩中学语、动中学语和用中学语的原则

这是根据儿童的年龄特征和儿童语言习得的规律提出的一条教学原则。实际上，学前正常儿童就是在这个过程中习得语言，学习知识的，听觉障碍儿童则更应如此。因为这是一种直观学语的形式，愉快学语的形式。用这种形式教学，孩子学得好，学得快，用得对，记得牢。由于任何语言都是在交往使用的过程中习得和发展的，所以玩中学语、动中学语和用中学语，就是听觉障碍儿童学习有声语言最佳的初级形式。

（6）情景教学和有声语言环境充分利用的原则

情景是最好的直观，任何语言都离不开情景，任何语言也离不开语言环境。情景提供了直观，提供了语言理解的基础和表达的愿望；有声语言环境则提供了语言自然习得的途径和语言发展的源泉。充分利用情景教学和有声语言环境，可以激发听觉障碍儿童学语的动机，提供听觉障碍儿童学语的楷模，给予听觉障碍儿童使用语言的良机，是听觉障碍儿童发展语言的基本途径。

（7）集体教学和个别教学的结合

为了培养听觉障碍儿童的社会交往能力和生活适应能力，给予他们集体的影响，促进他们完成共同的学业任务，集体训练是必需的。在集体训练中，集体的熏陶、他人的楷模、交往的刺激、友好的评价，对于听觉障碍儿童的成长极具意义。但是，由于听觉障碍儿童的特殊性及其凸显出来的差异，又决定了他们必然存在着对个别施教的特殊需求。这种特殊需求，反映在"早期干预"过程中注重课堂上的个别施教、课业上的个别辅导、语言上的个别矫治等方面。集体教学和个别施教的有机结合，要求在集体教学中发现孩子的不足及其特殊的学习需求，并且尽可能地通过课程上的个别施教来满足他们的特殊需求。对于课堂上不能解决的问题，还需要在课后给予个别辅导或特殊训练。集体辅导和个别施教的最佳实施，就是使正常孩子或残疾孩子、全面与个别在教学中各得其所，最大限度地实现"双赢"。特别是在"一体化"教学中，"双赢"更是这种结合的成功标志。

（8）机构教育培训与家庭教育训练相结合的原则

机构教育训练与家庭教育训练相结合，是一种互动与互补的关系。这种结合首先是教师与家长的结合。教师与家长的结合，要建立在相互理解、相互尊重、相互交流、相互研究、相互激励、相互支持的基础上，听觉障碍儿童的特殊性，决定了这种结合的必要性。

学前听觉障碍儿童的教育要重视家长的作用，因为家长是孩子的第一任教师，家长最关心、最了解自己的孩子，特别是关心他们的命运和前途。家庭有良好的语言环境，家庭是孩子成长的后盾。听觉障碍儿童的家长对自己的孩子尽管具有美好的愿望，但需要心理和技术上的支持。贯彻教育培训机构与家庭教育训练相结合的原则：①与家长建立良好的伙伴关系，互通情况，互相配合，经常联系，协同训练。②开展家庭咨询服务，有计划地培训家长。③适时召开家长会，评估孩子，交流经验，研究措施。

（9）正规教学训练与非正规教学训练相结合的原则

所谓"正规教学训练"，就是课程计划安排的教学和训练。其教学内容，均系事前规定，它的特点是计划性强、系统性强，有严格要求，但缺乏灵活性；在语言教学方面，基本上是从语言的结构形式开始。孩子学出来的常常是模式语言，不会灵活运用。所谓"非正规教学训练"，就是正规教学训练以外的，在日常生活中随时随地地教学训练。它的特点是具有情境性——情景在我前，我在情境中；实用性——学用结合，用中学语；随机性——随机选择，自然习得。正

规教学训练与非正规教学训练都应该注重"不失时机",而非正规教学训练的艺术特色更在于"不失时机"。正规教学训练与非正规教学训练相结合体现了学用结合、理论与实践相结合的原则。

　　3.学前听觉障碍儿童教育的内容与方法

　　课程是教育的基础,课程为目标服务。学前听觉障碍儿童教育的内容与方法是从课程与活动中体现出来的。学前听觉障碍儿童的课程与活动应该与他们的发展和特殊的需要相适应。一般来说,正常孩子的课程与活动,也适用于听觉障碍儿童,其关键是要解决语言沟通的问题。为此,听觉障碍儿童学前教育还设置了一些特殊的课程。

　　(1)听觉训练课程

　　听觉障碍儿童配戴了助听器不等于就会说话,还必须进行听觉和语言方面的训练。听觉训练的任务是使听觉障碍儿童在助听器选配得当的情况下适应使用助听器,提高听觉对声音特性(声音的有无、大小、高低、长短、远近……)的辨别功能,对语音的辨别功能,对语言的理解能力。听觉训练包括启蒙期的乐音训练和噪音训练,辨别声音特性的训练:学语期的语音辨析和言语模仿训练,语言的听觉理解和语言交往训练。

　　(2)语言训练课程

　　听觉学前障碍儿童的语言训练是从建立语言意识开始的;然后是发音训练,积累词汇,并在边学边用的过程中加深理解,加以巩固;继而则是在交往和使用的过程中发展他们的语言。听觉障碍儿童语言训练有两种基本做法:一种是从语言的形式开始;另一种是从语言的功能开始。

　　所谓从语言的形式开始,就是讲求语言的结构形式:从词到短语,从短语到短句,从短句到长句,谓之扩展语言。其基本的思维理论是"举一反三"。我国早期的语言康复工作,就是沿着这一思路做的。目前,许多听觉障碍儿童康复机构还在沿袭。当今聋校低年级的语文课本编排思路也是如此。从语言形式开始的思路,符合语法的语言结构规律。按照这一思路培养出来的听觉障碍儿童,他们能够积累许多词语和"模式语言",但缺乏随环境和心情等语言因素变化的灵活性和适应性。

　　所谓从语言的功能开始,就是注重语言的使用功能:在语言的需求和使用过程中帮助听觉障碍儿童获得语言。任何语言都是在使用的过程中发展起来的,任何语言也都是在使用过程中获得的。从语言功能开始的思路符合儿童语言自然习得的规律。它利用儿童"先天的语言习得机制",能较快地帮助听觉障碍儿童从语言获得的特殊途径进入自然途径。按照这一思路培养出来的听觉障碍儿童,他们的语言多能灵活运用,适应社会。

　　比较研究以上两种做法,并不是要排斥哪一种,因为它们各有各的作用。比较研究的目的在于提示对这两种做法的有机结合和合理运用。譬如说大量地积累词语就不能等待在用中获得。

　　听觉障碍儿童的语言训练,还可以研究让他们有声语言的获得与书面语言的获得进入同步学习。

　　(3)语言矫治课程

　　培建听觉障碍儿童的有声语言,不仅能让他们说得到,还应该让别人听得清。听觉障碍儿童由于听辨水平的不足和言语肌不同程度的僵化,说话时常常出现言语不清的状况。"言语矫治"就是要解决听觉障碍儿童言语不清的问题,让听话者听得明白。

听觉障碍儿童言语方面的问题，一般不是器质性问题，多为功能性问题。其"言语矫治"工作的实质，就是帮助他们掌握发音要领。发音要领指的是发音部位和发音方法。帮助听觉障碍儿童掌握发音要领的方法有有形训练和无形训练法。

现在人们比较注重有形的训练。有形训练包括言语动力器官训练的"呼吸操"，构语器官训练的"舌操""口腔操"，以及运用相关仪器辅助和器械辅助的个别矫治方法等。这些方法，对于帮助听觉障碍儿童把话说清楚具有一定意义。但是，这种训练比较费时费力，有时候容易导致孩子发音器官酸累、紧张，有时候可能出现孩子理解困难，难于仿效。这种训练要有针对性，不可流于形式。

无形训练就是让听觉障碍儿童在语言获得和使用过程中，通过教师的有意努力，让孩子无形中把话说清楚。这种训练不会让孩子紧张，简易且具有实效。这种训练要求教师能纯熟地掌握发音要领，能敏锐地发现孩子说话的问题所在，能灵活地创造或利用有利条件，自然地提示诱导孩子把话说清楚。

研究有形训练和无形训练，目的是要做到有机结合和合理利用。

（4）律动课程

"律动"是一种伴有韵律的节律之动，适合于托、幼孩子身心发展的需求。"律动"作为一门课程用于听觉障碍儿童的康复与教育，目的是训练他们的听、动协调功能和视、动协调功能，以及平衡功能。协调功能的表现是以节奏的形式出现的。声音实际上就是不同频率、不同强度的振动。因此，律动课就是以乐音、振动、歌唱和语言来指挥活动的。这些活动包括指令孩子舞动（舞蹈），智慧体操活动（做操），指令孩子做言语表情动作（角色表演），指令孩子游戏（行为协调训练），指令孩子听曲唱歌、诵诗，或做构语功能操（活动发音器官）。"律动"不只是训练协调功能，对孩子的听觉、视觉、动觉、言语语言、身体平衡、身心发展都具有一定的训练作用。

（5）个别训练计划课程

学前听觉障碍儿童教育要设置个别训练计划课程，这是因为听觉障碍儿童与正常儿童之间的差异很大，听觉障碍儿童自身之间的差异也很大，需要通过个别教育或辅导的形式来满足他们的特殊教育需要。个别训练计划可以在集体教学中实施，是给需要者提供集体的楷模和活动的氛围，提供低要求的训练内容，使其在学有所得的过程中获得成就感，培养自信心，提高"融合"力。孩子如果跟不上集体训练，达不到一定的目标，则需单独帮助，如课程上的帮助、必要的言语矫治等。

个别训练计划的制订与实施，基于教师对孩子的观察与了解，基于弄清孩子特殊需求的关键所在。个别训练计划要明确训练的目标任务，使用恰当的训练方法。而训练的效果，首先取决于教者和孩子的融洽关系。由于孩子的情况在变，教师的认识在变，个别训练计划根据需要也是可以改变的。

学前教育课程对于以手语为沟通手段的听觉障碍儿童教育，应该早期推广"中国手语"。尽早帮助他们从"非言词性语言"（动作比划语言）进入到具有约定俗成意义的正规手语，提高他们手语的表达能力。对于以手语为沟通手段的听觉障碍儿童教育，也应该让他们学习口语，培养他们的看话能力，让他们及早接触书面语言。

学前听觉障碍儿童教育的方法一般有诱导法、游戏法、情景教学法和主题教学法、卡片教学法和自然教学法。"教学有法，教无定法。"这就是要求我们灵活地运用教学方法。

(三)学前肢体残疾儿童的教育

1.截肢儿童及其教育干预

(1)简述

因为伤害或意外事故将肢体截去,以挽救病人的生命,结果使儿童失去身体的一部分,这主要是指后天原因导致的残疾。另外,还有一部分儿童由于先天原因导致手足残缺,这类儿童也可归入这个范畴。

(2)截肢儿童的干预教育

这类儿童虽然身体某一部分残缺,但是智力一般正常甚至超常。因此,只要有充分的辅助器具和良好的物质环境,截肢儿童基本都能入正常幼儿园学习,在教育上所需的适应性改变并不大。

作为普通幼儿园的教师,在安排这类儿童时,应注意以下几个问题:①儿童正在成长,假肢的实用性很少超过一年,因此教师要让学生定期到假肢专家处进行调整或重装,以使假肢较为合身。②教师要对假肢的基本构造、安装及保养有所了解。③有的课程可能要根据截肢儿童的身体状况进行调整,如下肢截肢儿童不适宜参加体育活动,可适当为其设置和增设一些使用上肢的课程,如画画等。

(3)肢体残疾儿童的心理问题

由于意外事故导致肢体障碍的儿童,常常很难接受自己已经残疾的事实。这些儿童有时比那些先天性肢体障碍的儿童心理压力更大,也更难于管教,积极性常常很难调动。同时,身边其他儿童的嘲笑也会成为肢体障碍儿童产生心理问题的一个原因。

因此,作为普通幼儿园教师,首先要教育班级的其他正常儿童包容和接纳肢体障碍儿童,为他们适应幼儿园生活创建和谐、良好的环境。其次,教师也要教会截肢儿童正确面对自己的残疾,通过仔细分析和鼓励引导他们看到希望和前途,改变他们常有的对事情的绝对化和片面性的心态,使截肢儿童懂得只有实事求是,全面看问题,不走极端,才能增强信心,减少失望。

2.关节炎儿童及其教育干预

(1)简述

关节炎是因为关节发炎而引起的关节及周围部位疼痛。关节炎多发生于成人,但也会发生于儿童之中。导致儿童关节炎的成因十分复杂,主要包括细菌感染、风湿热、类风湿性关节炎与类风湿性脊椎炎、外伤、痛风性关节炎、退化性关节炎、非关节性风湿症等。儿童关节炎是一种常见的慢性疾病,一般难以治愈,只能设法控制其并发症及派生性影响。可采用药物治疗、物理治疗、手术等方法来减轻痛苦,尽量使关节活动畅快。

(2)关节炎儿童的教育及训练中应该注意的问题

虽然关节炎是一种慢性疾病,但是很多病例经药物和物理治疗后可得到控制。很多患儿在得到及时的治疗后,一般没有太大的功能丧失。因此,没有特别相关的学习困难,教师在教学中一般不需要准备特殊的课程材料和教学方法。但应注意以下几个问题:①学习调整与安排。有的患儿可能由于病发,需住院一段时间。在此期间,患儿如果没有大碍可继续学习。因此,教师可以安排一定的功课,如背儿歌、看图片等内容,让患儿在家长的帮助下共同完成。②运动训练。许多患儿手部僵硬,会导致其手工拉动缓慢和疼痛,因而有必要考虑其他的代偿方法,如使用录像机、电动打字机等。在安排活动课程的时候,教师要参考物理治疗师的意见,设置一些适合患儿的活动项目。如果条件允许,可将物理治疗融入活动内容中进行,这样将有利于患儿的康复和发展。③关注心理发展。这类儿童的心情或脾气变化比较大,这与病痛的程度有关。教师应该帮助他们克服挫折感和不良情绪。

　　3.脑瘫儿童及其教育干预

　　(1)简述

　　脑性瘫痪又称大脑性瘫痪、大脑瘫、脑性麻痹等,简称脑瘫。在出生前、出生时及出生后一个月内,小儿脑组织在发育未成熟阶段受到损害,造成一种非进行性、不可逆性的病变,从而形成以姿势异常和运动障碍为主要表现的综合征,同时伴有神经发育迟滞、癫痫、视听觉异常和摄食功能障碍等。脑瘫是不能被治愈的,但可通过各种措施使之保持稳定,不恶化。造成脑瘫的原因很多,母亲怀孕期间患有严重糖尿病、高血压、妊娠中毒症,以及新生儿早产、窒息、黄疸。传染性残疾、脑缺氧、脑外伤、中枢神经系统损伤等都有可能导致脑瘫。智力低下是脑瘫儿的主要伴随症状之一,但也不能说得了脑瘫的患儿智力就差。据专家统计,约25%的脑瘫患者智力低下,其余的正常或接近正常。即便是智力正常的孩子,不予足够的训练,长大后智力也会出现问题。

　　(2)脑瘫儿童的训练与教育干预中应注意的问题

　　在脑瘫儿童的护理和治疗方面,需要很多学科的合作。对于有些儿童,可由理疗师、专业治疗师、言语矫正师或其他人员结合起来按一定程序连续为他们提供服务。对进入普通幼儿园班级的脑瘫儿童,不需要有特殊的课程,但应对教学材料和设备等作适当调整,使他们能够充分地参与活动,得到最大限度的发展。而作为普通幼儿园中的教师,在教学和训练康复中应考虑到以下几个问题:

　　①运动、感觉和空间定位障碍的训练。训练儿童的运动、感觉能力是为了促进中枢神经系统的正常发育,改善异常姿势和运动,抑制异常反射,且可以防止肌肉挛缩和骨关节畸形等并发症,从而降低残疾率。教师可带领儿童做一些简单的运动,如抬头、翻身、独坐、足膝爬、独站、独走、协调性运动及视、听、触等训练。

　　②交流能力的训练。脑瘫儿童由于口部肌肉控制不良,容易发生语言困难,使人难以理解其所表达的意思。因此,在这种情况下,首先要注意语言理解能力的训练。例如,让患儿欢迎,他会做鼓掌动作。不管患儿对教师所说的能不能有反应,都要与其交谈,同时患儿发出的动作教师要有所反应,患儿就会逐渐理解你发音的意义,重复发音,模仿发音,并逐渐说出有意义的字或词。其次,可以做一些呼吸训练,如呼吸受阻训练。脑瘫患儿由于头下垂,下巴顶住胸部而造成呼吸受阻,如用力大声讲话,就会增加痉挛。只有进行训练,控制好躯干头部和保持良好的坐姿,才有助于呼吸的改善。又如,快速吸气训练:言语除需要正常呼吸速度外,还需要控制呼气和吸气。快速吸气方式可渐进,先让患儿闭上嘴巴,以手捏住一个或两个鼻孔数秒钟后再拉开,可引起快速吸气。

　　(四)学前身体病弱儿童的教育

　　身体病弱儿童一般没什么大的障碍,都是可以进入正常教育机构学习和生活的。这类儿童的教育目标是:儿童能积极配合医生、护理人员接受治疗,恢复健康,增强体质;增强与疾病作斗争的信心,锻炼意志,消除病弱感、自卑感,稳定情绪和适应环境;学习一定的科学文化知识,最大限度地发挥个人的潜能,培养正确的生活观念和自强不息的精神。下面介绍两种常见的身体病弱类型以及正确的教育干预方法：

1.哮喘儿童及其教育干预

(1)简述

哮喘是儿童常见的健康问题之一，而且是最严重的健康问题。哮喘是一种慢性肺病，其特征是间歇式的一阵一阵地喘息、咳嗽和呼吸困难等。哮喘发作通常是由于过敏源（如花粉、特定的食物、宠物）、刺激物（如香烟烟雾）、锻炼或情绪压力所引发，这些因素会导致肺部的气道变窄，这种反应增加了气流进出肺部的阻碍，使患者变得呼吸困难。哮喘的严重程度有很大差异：儿童可能只是经历一段时间的轻微咳嗽，也可能呼吸极度困难，需要急救。许多哮喘患儿在每次发作之间的肺功能正常，其他生理功能也是完全正常的。

(2)教育干预

哮喘儿童不存在智力问题，也没有其他的生活或学习困难。当他们进入普通教育机构时，作为教师，应该具备一定的医学知识和急救常识，并对班级中其他儿童进行一些该知识的简单普及。这样做，一方面可以减轻大家对这种疾病的恐惧，使他们能正确对待身边的伙伴；另一方面可以使大家在突发情况面前有所准备。

具体而言，应注意以下几个问题：①教师要注意找到儿童的过敏源，如花粉、特定的食物等，尽量避免哮喘儿童与之接触。②在配合药物治疗和控制过敏源的情况下，慎重选择活动内容。例如，一般来说，游泳比跑步更少引发运动引起的哮喘。另外，监督儿童在剧烈运动前服用某种药物，可以使那些由于体育锻炼引发哮喘的儿童享受到体育锻炼和运动的快乐。③尽管哮喘源于生物化学原因，但情绪、压力和哮喘之间也存在交互作用。心理压力大或较大的情绪波动都可能引发哮喘，因此幼儿园和教师应尽量创设和谐、温馨的园内环境和气氛，使哮喘儿童保持情绪稳定，避免刺激。④教师应掌握一定的急救知识。当孩子出现呼吸困难时，教师应毫不犹豫地立即联系医生，因为患儿可能出现缺氧或氧气耗尽，甚至两者同时出现的情况。

2.癫痫儿童及其教育干预

(1)简述

癫痫是由多种病因引起的慢性脑功能综合征，是大脑神经元异常放电引起的突然昏倒，神智丧失、口眼歪斜、双目直视、四肢抽搐，或出现感觉、运动、行为等功能障碍，发作具有突然性、反复性和自然缓解性等特点。有的患者发作时发出类似羊的吼叫声，故俗称"羊角风"。癫痫可以出现在一生中任何阶段，但最常出现于童年期。许多儿童在发作前的短时间内都会有一定的预兆，如出现焦虑、紧张、易激怒、冲动、抑郁、淡漠或一段时间的愚笨，或自主神经功能紊乱，如胃纳减退、面色苍白、潮红及消化不良等前驱症状。这种预兆可以成为有用的"安全阀"，使儿童能够在实际发作之前离开班级或小组，也可以使教师能够在短时间内有一定准备，不至于在突发情况前手足无措。

(2)教育干预

在医学治疗和家长、教师及同伴的支持下，多数癫痫儿童都可以过上比较正常的生活。但是癫痫儿童进入幼儿园以后，面对的是一个陌生的环境，教师和其他小朋友的接纳态度，会对癫痫儿童产生影响。如果其他儿童能够正确对待和接纳癫痫儿童，并知道在癫痫发作的时候如何应对，会对幼儿园中的癫痫儿童产生极大的帮助，有利于他们过上正常的生活。作为教师，更应该掌握基本的救护知识，在癫痫儿童发作的时候给予特别的关照。

在应对措施中,要注意两个问题。首先,教师要保持镇定。教师的镇定,一方面可以使其他儿童镇定,不会对突发情况感到慌乱;另一方面,只有教师保持镇定才能更好地施救,不使发病儿童错过最佳的救护时间。其次,在癫痫儿童发作的时候,千万不要把其他东西放在儿童的嘴里,虽然在以前的救护中人们总是这么做的,但是后来经过科学研究,这样做并没有任何帮助,反而容易使儿童的牙齿和大人的手指受伤。同时,教师也不要试图让发作的儿童恢复意识,因为癫痫发作有一个过程,如果不是紧急情况就不要试图从身体上抑制儿童。

二、学前智力异常儿童的教育

(一)学前智力落后儿童的教育

智力落后,又称智力障碍或精神发育迟滞。2002 年,美国智力落后协会(AAIDD)对智力落后的定义:"智力落后是一种障碍,以智力功能和包括认知、社会和日常生活适应技能的适应性行为受到严重限制为特征,智力落后发生在 18 岁以前。"

1.学前智力落后儿童教育的目标和内容

(1)学前智力落后儿童教育的目标

学前智力落后儿童教育的总体目标是:通过感官训练提高感知觉能力,通过大肌肉运动和精细肌肉运动提高其运动能力,通过日常生活行为训练提高生活自理能力,通过日常生活学会用简单的语言与人进行交流,学会基本的社会行为规范,掌握最基本的动作技巧。因此,学前智力落后儿童的教育目标与普通儿童有所不同,其特点可以概括为:补偿缺陷、发展潜能、立足生活、适应个体差异。

(2)学前智力落后儿童教育的内容

特殊教育的目标是让每一个特殊儿童都得到最大限度的发展。对于智力落后儿童来说,这个目标应该根据智力落后的不同程度和类型,以"发展"为轴心,从感知、运动、语言和沟通、情绪和行为管理、社会适应、认知和元认知等方面详细划分。

感知能力教育目标和内容:针对智力落后儿童的感知缺陷,补偿和发展他们的外部感知能力;视觉、听觉、嗅觉、味觉、肤觉和内部感觉能力;平衡觉和本体觉等,并使他们能将自己对外界的感知体验应用于日常生活中。主要包括:了解事物的外形和质地,分辨声音和颜色,感知韵律和节奏;感知味道、温度等并做出反应;感知深度、大小、距离等。

运动能力教育目标和内容:针对智力落后儿童的大小动作不灵活的缺陷进行大动作和精细动作训练。逐步训练智力落后儿童的感官和肢体配合,动作的协调以及控制力度和速度的能力。大动作训练有大把抓、手指捏、筷子夹、穿珠、填涂、写字等。

语言和沟通能力教育目标和内容:针对智力落后儿童的语言交流障碍进行训练,能模仿别人的简单语言,能逐渐做到会用目视、点头、摇头、微笑等动作表示理解他人的说话,并能用别人能理解的声音、单词、句子、问题来表达自己的愿望和要求。

情绪和行为管理能力教育目标和内容:针对智力落后儿童的情绪和行为问题,运用一定的认知和行为矫正技术,逐步减少或消除焦虑、抑郁、恐惧、愤怒等负性情绪,攻击、毁物行为以及自我刺激和自伤行为。

社会适应能力教育目标和内容:针对智力落后儿童在社会适应方面的困境,根据儿童所处的生活情景有计划地训练其生活自理能力、基本劳动能力、社会交往能力和使用基本的道德规范约束自己的能力。要根据儿童的智力和发育状况开展教育,使之逐渐学会基本的生活自理步骤和技巧,自我照料日常饮食起居和个人卫生,如穿衣、进食、个人清洁、如厕;学会简单的劳动,如扫地、擦桌子等;在游戏中学会遵守规则,和别的儿童交往,学会基本礼貌语言和文明礼仪;并能用学到的基本的自理技巧,应付环境和生活的需要。

认知和元认知能力教育目标和内容:根据智力落后儿童的认知障碍,特别是在记忆和问题解决上的滞后,教给他们特殊的认知技能以及这些技能应用到新环境中去的元认知训练。这些技巧和生活情景,被应用到诸如感知觉、动作、语言、社会适应能力等训练中。

2.学前智力落后儿童的教育理念和方案

智力落后者历经了人类历史的全程,但对智力落后者的有目的、有计划的系统教育却只有不到 200 年的历史。可是,医学、生物学、心理学和教育学的发展已硕果累累,为智力落后者的教育提供了丰富的理论依据,使之少走弯路,从而快速地发展为针对智力落后儿童的教育理念和方案。

(1)学前智力落后儿童的家庭训练计划

学前智力落后儿童绝大部分都在家庭里成长。儿童的父母和其他家庭成员是儿童最早的或许也是终身的教育者,所以,家庭训练计划以及家长的培训实际上是对智力落后儿童早期干预的一部分。

智力落后儿童的家庭生活周期中有三个关键期:婴儿期和学行期、学龄前和上学时期、成年早期。在这三个时期,对家长进行训练和对家庭开展咨询是最有利的。在前两个时期,父母开始面对儿童的缺陷,可能需要通过帮助来学习一些方法,以提供适当的早期语言刺激和类似的发展技能;特别是学前期,是强化计划实施的最适当时期,家长需要了解更多的方法,交给他们的孩子基本的学习和社会技能。

1972 年开始实施的波特奇计划(portage project)是一项成功的儿童早期干预示范性计划。智力落后儿童在 0～6 岁期间由父母在家里教育,由一名治疗师每周进行一次家访,根据训练情况和反馈意见评估训练过程,并示范塑造新行为的方法。计划包括五个领域的技能:认知、语言、自理、运动技能和社会化。每一种技能被分解成非常小的步骤,这样实施起来就相对容易得多。

在美国,根据 PL105—17 公法,即障碍个体修正法案(Individual with Disabilities Education Act,IDEA'97),对于 3 岁以下有特殊需要的儿童实施个别化的家庭服务计划,作为个别化教育方案的补充计划。残疾儿童经专业诊断评估后,由一名服务协调员定期协调传递家庭和由特殊教育专家、医生、治疗室等组成的专家团队之间的信息联系,制订实施相应的家庭教育计划。在我国尚无正式的家庭训练计划,但是大多数的特殊教育学校或培智学校定期开展家长培训班,教给家长训练智力落后儿童的方法和技术。

(2)应用多元智力理论教育智力落后儿童

美国心理学家加德纳提出的多元智能理论认为智力是在某种社会或文化环境的价值标准下,个体用以解决自己遇到的真正的难题或生产及创造出有效产品所需要的能力。智力由八种相对独立的智力成分构成。每种智力都是一种单独的功能系统,但这些系统可以相互作用,每个人身上以不同方式、不同程度组合,使得每个人的智力各具特点。智能无高低之分,只有倾向和强弱的不同。可见,多元智能理论是一种开放的、兼容的理论,鼓励人们从多维的角度看待智能。

　　由此看来,多元智能理论和传统的智能理论大相径庭。传统的智能理论关注最多的是智力的 G 因素,即一般智力,人的基本的心理潜能。比如,根据传统的智能理论所构建的智商测试方法倾向于回答"你的智能有多高和你有什么缺陷的"问题,而多元智能理论则关注个体的智能系统,根据其所构建的"多彩光谱"倾向于回答"你的智能类型是什么和你可以做什么"的问题。

　　传统智力测量仅仅强调了智力障碍儿童的缺陷,忽视了智力障碍儿童的潜力和智能类型,仅仅是发现和选择适合培智教育的儿童;而多元智能理论通过一个多维的视角来看待智力缺陷,从而为创造适合每一名智力落后儿童的教育提供了可能。

　　多元智能理论将会成为开放智力落后儿童潜能的钥匙,正如其创始人加德纳所说:每个孩子都是一个潜在的天才儿童,只是表现的形式不同而已。

　　(3)智力落后儿童的个别化教育

　　个别化教育方案看起来像一份医生们会诊的诊断书和治疗计划。为了给一名智力落后儿童提供最优化的教育,特殊教育老师、特殊教育督导员、心理学家、校长、咨询员以及任课教师组成团队联合拟订这份计划书,详细阐述他存在的问题以及解决这些问题的具体步骤。个别化教育方案的目的是给智力落后儿童提供最适合其需要的特殊教育方案,强化父母、教师与专业团队间的沟通联系,使儿童有最适合的教育环境与最好的教育效果,而且可以作为教学的管理工具和教师绩效的评鉴工具,促进教师有效率、有组织地教学。

(二)学前智力超常儿童的教育

　　超常儿童的早期教育非常关键,可以为超常儿童的发展打下基础,更能促进儿童超常才能的形成以及让其已经显露的才能得到进一步的发展。科学家认为,以 17 岁青年的智力为准,约有 50% 是 4 岁时完成的,30% 是 4～8 岁时完成的,余下的 20% 是 8～17 岁完成的。可见,在人生发展的关键期及时进行教育是非常重要的。许多超常儿童的成功案例都说明了这个道理。随着现代社会教育发展的新趋势,人们对早期教育更加重视。

1.学前超常儿童的家庭教育

　　(1)家长对超常儿童要有正确的认识

　　首先,家长不应过多炫耀孩子,避免其盲目骄傲,不能客观认识自我。其次,家长对超常儿童要有正确的认识,不能以成人的想法来拔苗助长,给孩子太大压力。最后,在明白超常儿童是一个处于成长期的儿童后,家长应从儿童的特点、兴趣等方面来培养,促进其超长才能的发展。

　　(2)针对儿童心理特点,进行适当教育

　　作为超常儿童的家长,应该充分了解和学习儿童心理发展的特点和规律,并运用于对超常儿童的教育之中。一岁以前的婴儿主要是通过感知觉和外界发生联系去认识周围世界的。超常儿童家长要注意抓婴儿期教育,重视智力的早期开发。例如,在婴儿期,家长可以用颜色鲜艳的玩具、音乐等来促进儿童的视觉、听觉等感知能力的发展。超常儿童多数表现为早慧,即 2～3 岁时就表现出优异的才能。在这时,家长也可以根据孩子早期表现出的智力和能力倾向,因势利导地抓好早期学习。

　　(3)从玩中学

　　游戏是儿童最喜欢的活动,作为一名细心的家长,就应该考虑如何运用游戏来有计划、有目的地对孩子进行教育,让孩子边玩边学,让枯燥无味的学习变成有趣的游戏。

(4)注意保护儿童的好奇心,抓住时机教育儿童

超常儿童都有强烈的好奇心,对任何事物都感兴趣并爱提出一系列的问题。作为家长,当孩子提出问题的时候,应该给予热情的支持,并根据孩子的心理特点耐心地讲解以及适当地启发。除了好问以外,儿童的好奇心还表现在行为上爱拆拆、动动新鲜物品。对于这种表现,家长不应该鲁莽地训斥或打骂,而应该问清事情的缘由,给予正确引导。

(5)创造和谐的家庭教育环境

家庭是幼儿生活的主要环境,这个环境也是培养超常儿童能力的一个重要条件。爱尔维修曾经说过:"人刚生下来时都一样,仅仅由于环境,有的人则变成了凡夫俗子甚至蠢材。即便是普通的孩子,只要教育得当,也会成为不平凡的人。"这里所指的环境也包括家庭环境,由此可见其重要性了。和谐的家庭教育环境,包括父母的文化素养、良好的家庭学习气氛、和睦的家庭关系以及有力的家庭支持。正是这些因素的存在,才为超常儿童的发展提供了丰富的物质和精神支持。

2.学前超常儿童的幼儿园教育

幼儿园是儿童逐渐离开家庭,简单接触他人的一个开始。作为一名教师,首先应该知道如何去发现班级中可能存在的超常儿童,其次是教育策略问题。

(1)学前超常儿童在幼儿园的表现

了解超常儿童在幼儿园的一般表现,有利于教师在幼儿园及时发现这类儿童。一般来说,超常儿童在幼儿园中有如下表现(大器晚成者除外):比一般幼儿更容易、更迅速地学习;比一般幼儿有更加丰富的常识和实际的知识;思想有条理,凡事好探求其中的关系和原理;对所见所闻,能保持很久的印象而不会遗忘;知道许多其他同学还没有注意到的事物;容易用正确的字句来表达心中的想法;阅读能力较强、阅读速度较快;能够容易地处理其他同学所不能胜任的工作;好发问,对事物的兴趣非常广泛,常有异想天开的问题或想法,经常保持最迅速的、正确的反应;能够运用各种不平凡的方法和思想去解决问题;喜欢研究比他高一级的功课。如果儿童具有上述标准中的一个甚至几个表现时,应该引起教师的注意,并进一步观察。如情况属实,则应送相关部门进行科学鉴别。

(2)比较适合幼儿园的教育方法

①速成法。即按能力分组。这是遵循因材施教的原则,把特定年龄阶段的超常儿童按其能力编入同一组,施以特别的教育。在幼儿园中可以根据超常儿童学习能力、兴趣、智商等的不同,把他们分为不同的小组进行学习。这种按能力分组的方法能使超常儿童充分发挥自己的特长,并在其感兴趣的方面做较深入的学习和活动。

②充实法。充实法是额外为超常儿童提供更多、更广、更深的课程内容,以满足他们强烈的求知欲望,充分发挥和挖掘他们的智慧潜力。其中包括横向拓宽充实法与纵向加深充实法。横向拓宽充实法就是扩大学习的范围,如各种课堂教学之外的兴趣小组。教师可以组织班级儿童参观、游览活动,带领儿童参观科技馆,这对拓宽儿童的视野、激发他们的兴趣起到了很大的作用。纵向加深充实法就是加深、加快、加难超常儿童学习的内容,使他们的学习进程向前迈进一步。超常儿童的接受能力、理解能力和记忆能力都很强,在学习完一般的内容后教师就可以引导他们进行一些有深度的和难度的思考。例如,教师给全班同学讲完一个故事,就可以要求超常儿童改写这个故事,编出新的故事讲给其他儿童听,或者根据故事编写儿歌,或者把

故事改编成小剧本等。通过这样的形式,让超常儿童在满足一般的学习内容后又可以有更多的延伸。

三、学前语言发展障碍儿童的教育

语言在人类沟通情谊和表达思想上扮演着极其重要的角色。所有生理发育正常的儿童都能在出生后 4～5 年内未经任何训练而顺利地获得听、说母语的能力,其发展的速度是其他复杂的心理过程和心理特征所不能比拟的。然而,由于种种条件的限制,学前儿童群体中也有相当比例的学前儿童存在各种形式的语言发展问题。有的儿童存在语言符号掌握上的问题,他们的词汇量偏少,不能正确理解词义,语法使用也不恰当;也有的儿童在言语运用上存在问题,他们可能说话不清,音量过大或过小,声调缺乏变化。在此,我们把这些语言异常和言语异常概称为"语言障碍",即由于各种原因导致不能说话或者语言障碍,从而难以同一般人进行正常的语言交往活动。

 拓展知识

学前语言障碍儿童的出现率

已有的研究报告显示,语言障碍儿童在正常儿童中占有很高比率,约有 3.5%～7% 的儿童患有语言障碍。在美国,一般认为语言障碍儿童发生率约为 5%,是各类特殊儿童中出现比率最高的。仅语言障碍就占了美国大约从出生到 5 岁特殊婴幼儿中的 20.8%。换句话说,障碍婴幼儿中,大约 20% 的有语言障碍。在我国,虽缺乏类似的全国性调查数据,但仍可以看到一些地方性的零星资料。例如,苏周简开等人 1944 年对江苏省 1120 名小学和幼儿园儿童做的调查发现,语言障碍的平均比率为 4.62%。台湾学者林宝贵于 1982—1984 年调查了台湾地区 12850 名 4～15 岁的儿童,发现语言障碍患者 339 人,占被调查对象的 2.64%。这些数据充分显示了对幼儿的语言障碍进行矫治的重要意义。

(一)学前语言障碍的类型

根据定义,儿童语言障碍可以分为语言使用方面的异常(即言语异常)和语言符号方面的异常(即语言发展异常)两大类。

言语障碍又称说话障碍,是指个体的说话过分异于常人而引人注目、厌烦或不易被别人理解的地步,不仅妨碍个体与他人的沟通,并造成自己的不适应。根据行为表现得异常,言语异常又包括构音异常、发声异常和流畅度异常。

语言发展异常则是指幼儿在理解和运用语言符号及规则方面发生的问题,或者儿童语言能力的发展落后于同龄伙伴的水平。语言发展异常既可以表现在幼儿接受语言信息(即理解语言符号)的过程,又可以出现在幼儿语言表达的过程。理解语言有困难的幼儿不能够按照正确的指令做事,还可能扭曲某些词汇的含义。而语言表达有困难的幼儿可能掌握的词汇量少,可能把词汇或句子的顺序说颠倒,还可能使用错误的代词、时态和语态等。

(二)构音异常的教育

构音,即产生语音的过程。具体来说,构音指的是从胸腔呼出的气流,经过声带振动,再经过唇、舌、腭、咽等构音器官的摩擦或阻断,从而发出语音的过程。如果在构音的过程中,构音的方法、位置、气流的方向、强度以及各器官的动作配合上出了问题，就会造成语音的改变，形成所谓构音障碍。通俗地说，构音障碍是指幼儿在组合单音成为字词时，无法正确组合而出现替代、添加、遗漏、扭曲等现象的一种或多种。

据调查，构音问题是儿童语言障碍中出现率最高的一项，占儿童语言障碍的20%。就器质性构音障碍而言，矫治工作更多的是医生等专业人员的责任，因为它主要涉及解剖、运动或感觉方面的异常。因此，这里所指的构音障碍的矫治，主要面向的是功能性构音障碍。

1.语音听辨训练

幼儿的听音技能和发音技能之间的关系极为密切。辨音训练，就是帮助幼儿辨清自己的异常发音和正常发音之间的差异。对于构音异常幼儿而言，教师首先要对其进行辨音的训练。

(1)训练内容上，由简到难。简单的如训练幼儿辨识不同人的声音，辨识敲击不同物体所发出的声音等。较难的就是要利用"最小对立体"。所谓"最小对立体"，是指只有一个因素不同而其他因素都相同的一对词。就汉语来说，就是指元音、辅音和声调三个方面只有一个成分不同，而其余成分都相同的两个音节，如 ji—qi；san—shan 等。

(2)训练形式上，采用游戏方式，发挥幼儿的多种感官。

案例 13-1

一个幼儿坐在教室的中央，头伏在桌子上，旁边放一个小铃铛；主持人请另一个幼儿走到他身边摇一下铃，并说"我是谁"；请前一个幼儿猜猜是谁摇了铃。可以把幼儿分成两组，哪一组猜对的次数多就是赢家。

案例 13-2

组织幼儿听故事。教师可以选择包含了各种声音的故事，并绘声绘色地讲给幼儿听。然后，引导幼儿讨论故事中听到的声音。接着，教师重新读一遍故事，读到什么地方，幼儿就把相应的音模仿出来。这种方式不仅可以激发幼儿的兴趣，也可以提高幼儿的听觉的灵敏程度。

案例 13-3

现在黑板上写下"鸡"和"七"两个字，然后一边发音一边指点对应的汉字，这样幼儿不仅能从听觉上区别这两个不同的音，还能够将语音差异与意义差别相联系。然后，由教师发出"鸡"和"七"两个音，要求幼儿快速地找出相对应的汉字。接下来，再用别的音与j和q重新组合成新的一对汉字，以同样的方法对幼儿进行训练，如句(ju)—去(qu)。经过多次组合和训练后，幼儿就能够对j和q这两个音有较好地掌握了。以此类推，教师还可以训练幼儿b—p,d—t,g—k等类似的发音。

2.导出正确发音

一些构音障碍幼儿在进行了辨音训练之后，构音异常会自动消失，因为构音问题本身就是由于听力问题造成的。然而，大部分幼儿存在更复杂的原因。这就需要教师帮助他们克服错误的音，导出正确的音。具体的步骤如下：

(1)构音器官操练

这主要涉及口部操练，即教师要训练幼儿如何对唇舌动作进行不同的组合，如圆唇、敛唇、张嘴、合嘴、舌头前后移动和变宽拉长等。教师可以根据各种动作编制出一套口部操，让构音障碍幼儿每天早晚各做一次。先让幼儿模仿某种正确动作。如果他不会模仿，一方面，教师可以提供支持，如用手指、压舌板等；另一方面，可以让幼儿运用其他感官协助（如幼儿照着镜子练习，利用吹纸的方法）。再逐步模仿之后，就要让幼儿逐渐摆脱外部的协助，依靠自己运动的感觉来逐渐做出动作。最后，教师要帮助幼儿对各种动作达到熟练程度，以便发音更加准确、平衡、稳定和灵活。

幼儿上齿咬下唇协调能力的训练

首先要幼儿张开嘴巴，教师先用压舌板轻咬住幼儿的下唇，再将压舌板小心地往幼儿口内伸进几厘米，然后要幼儿用牙齿咬住压舌板并闭起嘴巴；接着教师将压舌板慢慢往外抽，让幼儿直接用上齿咬下唇。

练习的同时，教师可以用海苔或者麦芽糖等食物沾在幼儿的下唇，鼓励幼儿以上齿刮取食物，从而提供幼儿练习的机会。

(2)导出正确发音

一般来说，导出正确发音是一个比较复杂的过程。因此，它应该遵循从易到难、循序渐进的过程。教师可以参考以下环节：①把所需的构音方式分解为几个简单的构音动作，借助于舌唇操作练习；②把分别训练过的简单构音动作组合起来，形成正确的构音方式；③待幼儿新的构音方式达到一定的熟练程度之后，让幼儿加上由声带送出的气流，这就导出了一个新的声音；④促使幼儿新的发音向音节过度。

f是一个较难发的音，很多幼儿会用h来替代。教师可以把f的构音方式分解为：把下唇放在上门齿间，再离开；在下唇靠近上门齿的位置上向外吹气。如果幼儿这两个动作能够顺利做出，他基本上就能够正确地发出f音了。之后，教师可以让幼儿在f后面加一个a，依次向音节过度。

存在腭裂的幼儿，在手术回复后，仍然不能改变原有的发音习惯。这是因为他们的软腭运动不正常，不能正确地关闭鼻腔，从而导致大量的鼻音化。要解决这个问题，可以让幼儿对这一个圆筒（开口略大于嘴）发音，要求他们把声音尽量送进圆筒。这样就可以使发鼻音时气流尽量从口腔经过而去掉多余的鼻音。

(3)巩固熟练

在巩固阶段，往往是正确的发音与错误的发音并存，需要教师协助幼儿循序渐进地从单音节过渡到双音节再到多音节的组合。

巩固单音节。教师可以组织幼儿进行四声的练习，还可以让幼儿随着一定的音乐发出一连串有节奏的声音，如 tata/tatata/tata/tatata。

由单音节向词汇及短句过渡。教师可以相应地选用一些儿歌、小故事进行交谈。例如，对于需要巩固 x 音的幼儿，可以开展一个话题"你喜欢什么"，也可以选择"西瓜""下雨""学习"等词汇让幼儿进行谈论，从而使幼儿有机会多次地练习 x 音，并达到巩固。

（三）流畅度异常的教育

正常的言语要求正确的发音、良好的声音质量和语言的流畅（讲话的速率）。流畅的言语表现是顺滑的、流利的，在讲话时看起来不费力气；流畅度异常则表现为讲话时语流的中断，比如节奏或速率上的异常，对声音、音节、字和短语的重复等。

拓展知识

口吃

口吃是语言节律障碍中最常见的现象，是一种流畅度障碍。如果某幼儿说话时经常出现重复、中断等现象，就可以认为是口吃。从性别来说，口吃的男性发生率要高于女性，一般比例是 4∶1，主要发生在儿童期，大多数在 2～7 岁形成，发病的高峰是 5 岁，在所有学龄前儿童中占 5%，在语言障碍中约占 31.3%，其中 80% 可以通过适当的矫治恢复正常。

口吃问题最明显的特征是存在节律问题，然而节律问题并不是口吃患儿的唯一问题。一般来说，口吃包括以下几个基本特点：第一，异常的言语行为，包括因素或音节的拖长、重复、说话时发生中断、发音时用力过强，只有发音动作而发不出声音。具体来说，幼儿的言语异常包括：(1)重复发音，是指在说话过程中某一声音要重复多次才能继续说下去。(2)起音困难，是指说话时第一个音节因受到阻塞而发不出来的现象。(3)言语中阻，是指患儿在说话时，突然发生阻塞，下面的话接不上来，憋一会才能把话继续说下去。(4)拖长字音，是指在某一个音发出后拖得很长，才能带出下面的话来。第二，有意掩饰自己的流畅度障碍。第三，存在情绪困扰，外在表现为紧张的状态。第四，处世态度和方式随之发生改变。

口吃问题最麻烦的在于它有越来越严重的发展倾向。口吃初期仅表现为不费力的音节重复或者语音拖长；然后是充满紧张，为把话说出来而过分用力以致出现各种附加动作；此后，出现整体语流的阻塞或回避说话。正因为如此，在口吃幼儿年幼的时候就对其进行教育矫治，愈发显得重要。

流畅度异常的教育矫治方法主要有以下几种：

1.忽视不流畅的情形，创造有利的心理环境

心理因素是促使口吃发展、定型的重要原因，因此为口吃幼儿创造一个良好的家庭和幼儿园环境是至关重要的。家长和教师应该懂得，口吃幼儿的需要更多的是宽容而不是惩罚，处于口吃初期发展阶段的言语问题大多数不会向前发展，稍加留心就可以矫正过来。

具体说来，家长和教师要做到以下两个方面的内容：

(1)几个"不要"。①不要让孩子听到口吃这个词，包括口吃的同义语。②幼儿说话时不要加以督促和终止，如"快一点""重复说一次"。③不要在幼儿说话时表现出开心的样子。④不

要在幼儿说话时表现出不耐烦的样子。⑤不要在容易口吃的情景下让幼儿说话。

（2）几个"要"。①要尽量保持幼儿身体健康,如果幼儿突然语言阻塞,应及时就医,查明原因。②要尽可能创造安全的家庭氛围,避免让幼儿陷入过分激动、困窘或受挫的情景。③要用平静、温和的方式与幼儿交谈,促使其他幼儿对幼儿友好接纳。④要在幼儿询问自己说话是否有点不对头时,使他相信自己的言语完全正常。⑤要在幼儿容易口吃的言语或场合,尽量不让他说话,而给他讲一些轻松愉快的笑话、故事。

此外,教师和家长还要有意识地提高幼儿的挫折承受力。教师和家长一起观察幼儿,找到会引起幼儿挫折感的因素,然后逐步把这些因素带入幼儿的生活,使其逐渐适应并能够承受更多的挫折。

2.矫治训练,有意识地照顾幼儿的个别需要

在设法阻止和缓解幼儿对自己的言语问题加以注意的同时,还要积极促进幼儿言语能力的发展,对幼儿已有的流畅度问题,要有针对性地加以矫治和训练。教师可以采取以下途径:

（1）建议一次做一件事。建议孩子在说话时不要从事其他事情。因为对幼儿而言,一边跑、玩或者做其他事情就很难把话说清楚。

（2）游戏治疗。实际上,游戏治疗是降低负面情绪的重要方法。游戏可以缓解幼儿受压抑的情绪。游戏治疗适用于开始表现出焦虑、内疚感等消极情绪和人际关系不融洽的幼儿。游戏可以使幼儿处于松弛的状态,可以使他们感受到爱和被接纳。因此,教师可以通过设计一些说话游戏和角色扮演游戏,使幼儿在放松的状态下感受到流畅的言语,并有机会练习流畅的言语。

（3）言语活动。教师可以有意识地组织一些言语活动来帮助口吃儿童进行言语训练。例如,练习慢速跟读（跟着老师慢慢地说出词语）;练习学会了的句子（如看图学画中的词语）;练习独立回答问题（教师根据幼儿讲过的故事或谈过的话题对幼儿提问题,并让他们回答,由此逐步过渡到自言自语）;练习独立地叙述（让幼儿叙述昨天的事情,讲在幼儿园中的所见所闻）。

（四）发音异常的教育

发音异常指的是音高、音质、音量等基本特性方面的各种异常表现。

拓展知识

发音异常的分类

根据不同的表现形式,发音异常可以分为音高障碍、音质障碍和音量障碍。

一、音高异常

音高,就是声音的高低,它取决于发音体的振动频率。频率越高,声音就越高;频率越低,声音就越低。通俗地讲,音高就是我们一般所说的声音的"粗细"。

音高障碍可以表现为:（1）声音过高（如男孩的声音过高）;（2）声音过低（如女孩子的声音过低）;（3）音高平直（用同样的频率说话,声音没有起伏变化,单调乏味）;（4）音高突变（说话过程中,突然发生不正常的音高改变）;（5）假声（由于一些心理方面的原因,如幼儿为了克服沙哑声,而经常使用假声）;（6）双音（发声时同时发出两个声音,这比较少见）。

二、音质异常

音质,也叫音色,是声音的个性、特色,取决于音波振动的形式。人的音质主要取决于共鸣系统的活动特点和声带的振动形式。

音质障碍主要表现为:(1)共鸣障碍,包括鼻音过重和鼻音缺失。共鸣是指可感知的声音质量。它可由从声带发出的音调被嗓和鼻改变的方式决定。无法修复的腭裂的人可能会有共鸣问题,他们听起来好像是患了感冒或者捏着鼻子说话,这种现象叫做鼻音缺乏。空气因为无法从鼻通过转而从嘴巴通过。另外的一种情形,便是鼻音过重,这种情况实际上是指除了像"m""n""ng"这样的空气从鼻腔中通过的发音以外,其他的发音也允许空气从鼻腔中通过。(2)嗓音障碍,包括气息声、沙哑声和嘶哑声。气息声是指发声时有过多的气流呼出。沙哑声是一种很刺耳的声音,也是一种不好的发音方式。嘶哑声是气息声和沙哑声的混合。

三、音量异常

音量就是声音的大小强弱,它主要取决于说话者音量的大小。用力大,气流对声带的冲击大,声带振动幅度大,人听到的声音就强。

音量障碍主要体现为:(1)喉全切失音,是指喉部被全部切除,而完全丧失用声带发声的能力。(2)癔病性失音,是指由于情绪紧张而导致突然发不出声音。这主要是由于心理因素造成的。(3)声音过弱,是指音量过小。(4)声音过强,是指音量过大。

发音异常的教育矫治方法主要有以下几种:

1.在日常生活和教学中培养幼儿良好的用嗓习惯,防止幼儿声带滥用

(1)注意幼儿的呼吸习惯

要培养幼儿用鼻呼吸而不死用嘴呼吸。如果幼儿长期用口呼吸,吸进的空气不像用鼻孔吸进的那样得到进化,变得温暖、湿润,这会导致黏滑的喉咙发炎,引起声音嘶哑。另外,要防止幼儿习惯性地吸入发声或夸张性地吸气,因为这都会造成声带异常地内收运动而引起声带炎症。

(2)注意幼儿唱歌时的用嗓卫生

唱歌对于幼儿的身心健康具有重要作用,但是,唱歌同样要遵守基本的用嗓习惯。首先,给幼儿选择的歌曲在音频上应适合幼儿的年龄特征,最好选用音调范围不大的歌曲。其次,不能在做操时或在较脏的环境下唱歌。做操时唱歌,不可避免地会用到口呼吸,在较脏的环境下唱歌,灰尘会随之而入。

(3)注意幼儿在教学活动中的用嗓卫生

教学活动中,教师要提醒幼儿不要大声喊叫,只要别人能听清楚即可。教师还要适时地对幼儿进行引导,让他们懂得保护嗓子的重要意义和方法。

2.有针对性地开展矫治训练

在矫治前,教师要先排除其他因素的不良影响。由于器质性原因造成的声音障碍,要让患儿先接受医学治疗。在改变了声音器官的生理状况之后,再开展矫治训练。如果幼儿的发音异常是由于不良的环境造成的,主要先排除环境的不良影响。如果幼儿的发音异常是由于心理因素造成的,则要先接受心理的治疗。

在排除了这些因素之后,教师便可以开展有针对性的教育矫治了。由于发音异常的种类繁多,这里介绍几种常见的发音异常的矫治方法。

（1）气息声

通俗地讲，气息声就是发声时空气从声带缝隙中间"泄露"出来。这种声音的频率很低，幼儿说话很费力，听起来不悦耳，而且在说长句子时也很不经济，因为幼儿总是要停下来吸气。

矫正气息声，首先要让幼儿分清呼吸声和正常嗓音的区别。教师可以把一张纸放在幼儿嘴巴前方约 10 厘米处，让幼儿说一句话，"我喜欢我的妈妈"，幼儿可以看到纸会出现明显地晃动。然后，教师让另一个幼儿也同样完成这一过程，发音异常幼儿会看到，另一个幼儿前方的纸张只是出现轻微的晃动。接着，教师要借助适当的方法帮助幼儿掌握正确的发音技能。

（2）嘶哑声

造成嘶哑声除了有器质性的原因以外，最主要的功能性原因就是声带负担过重，过分紧张。因此，消除这一功能性因素，是教师的主要工作。具体做法如下：①声带放松。教师可以用手指按压幼儿的喉结处，让声带放松；或轻轻抖动喉部，或轻轻地左右抖动下颌，以使其喉部放松。②哼唱。教师可以通过教幼儿哼唱歌曲，来教幼儿使用软起音开始发声。教师要让幼儿逐渐摆脱任何强制性的发声及生硬的发声姿势。③耳语。教师可以让幼儿用耳语练习说出各种单元音、音节、词汇和句子。练习的时候不应有任何的沙哑。④从耳语过渡到正常发音。在幼儿能够用耳语不嘶哑地发出各个目标音之后，教师就要鼓励幼儿用正常的音发出同样的目标音。幼儿取得成功要马上加以鼓励，如果失败要立即停止，使其重新回到耳语发声阶段。

（3）声音过小或过大

教师可以借助一些仪器设备来控制幼儿过小或过大的声音。如果幼儿声音过小，教师可以借助一个录音机。录音机上显示声音大小的视觉信号可以加以利用，专门的示波器可以帮助幼儿对自己的音量产生深刻印象。借助这些视觉信息，教师可以指导幼儿对自己的声音信息进行调控，并逐渐迁移到其他环境。如果幼儿声音过大，教师可以给幼儿安装一种音量控制装置，当幼儿的音量超过预先规定的额度时，这种装置的指示灯就会亮起。这样就可以提供一种持续反馈，提高幼儿对自己不当的音量的意识，使过大的声音得到控制。

（五）语言发展异常的教育

语言发展异常是指理解或使用口语、书面语或其他符号系统时出现的障碍，语言发展的速度、程度都低于正常儿童。例如，林宝贵认为语言发展异常有下列一种或多种情形：①语言发展起步的年龄较晚。②发展的速度较慢。③发展的速度较正常儿童低下。其特征为：语义异常，即词不达意，或无法理解说话者的意思；语法异常，即说话句型、结构简单，有颠倒、混淆或省略等不合语法的现象；语用异常，即说话不合沟通的情景或用词不当；语形异常，即有字形辨认不清或混淆等现象；词汇异常，即词汇少甚至没有。

拓展知识

语言发展异常的分类

根据引起语言异常原因的不同，语言发展异常可以分解为伴随性语言发展异常和单纯性语言发展异常。

就伴随性语言发展异常而言，主要是指那些由于智能不足、听力障碍或情绪障碍等所造成的语言发展异常。例如，智力落后儿童或多或少会呈现出语言发展迟缓的现象，因为学习高度复杂化的语言体系,需要具备某种程度的智力。

就单纯性语言发展异常而言,近年来为广大教育工作者所关注的"特殊性语言障碍"是其中典型的代表。特殊性语言障碍,又称为发展性语言障碍,是指在正常语言学习环境下,语言能力得不到正常发展。特殊性语言障碍的一个重要标志在于他们存在一些特殊的语法缺陷,尤其是无法正确地使用功能词素和动词词法。例如,在描述一个已经发生了的事件时,他们可能会忽略动词的过去时态,将"He walked to my house yesterday"说成"He walk to my house yesterday"。据国外的统计数据,特殊性语言障碍在幼儿园的发生率大约达到7%～8%。特殊性语言障碍与听力缺陷和低智商没有明显相关,语言障碍儿童他们的智商在正常范围内,也不存在听力障碍。此外,他们的运动技能和情感都发育正常,他们也不同于一般的言语失调儿童。言语失调儿童在发音时会发生错误或者口吃,而大部分语言障碍儿童并不会表现出口吃等症状。近年来的研究表明,特殊性语言障碍儿童可能存在语音短时记忆上的缺陷,并且不能像正常儿童那样加工快速改变的听觉信息。他们在直觉功能性词素(如复数词尾、过去时态等)时存在问题,可能就是因为这些词的发音时间会比其他词的发音时间相对较短,因而造成信息的损失。

对于语言发展异常幼儿,教育开展得越早效果越好,教师首先要考虑提高他们的语言理解能力,再促进他们的语言表达能力。在矫治中,教师要侧重于语言方面的内容,而对幼儿言语表达的技巧,如构音技巧、流畅性水平的要求应适度降低。教师可以从以下几方面入手进行教育矫治:

1.认知训练

(1)认知训练的内容

训练主要是鼓励幼儿玩弄各种物品和玩具,让他们多接触环境,从不同角度看事物。教师可以在游戏中教幼儿玩玩具,如推汽车、玩积木、打玩具电话等。当幼儿玩玩具,知道玩法和用法时,教师便可以由简到难地训练幼儿的认知能力,包括相同物体配对,相同图物配对,选择同类物品,以物品功能分类,依物品形状、颜色、大小、质地重新归类,将不同类者挑出,将相同物品或图片配对,顺序概念等。其中,顺序概念对于语言的意义是十分重要的。因为语言本身就具有时间性、顺序性。

要训练幼儿的顺序性,可采用以下方法:①物品、颜色、积木、形状的顺序排列;②动作游戏,如一边唱歌,一边摸头、肩膀、膝盖、脚、脚趾;③听觉顺序,如打鼓,教师一重一轻地打鼓,幼儿模仿鼓声;④视觉顺序,如排列图片,根据图片所提供的故事内容进行表演或者讲述。

(2)认知训练的方法

教师在训练幼儿认知能力的同时,要注意观察幼儿的反应,及时提供各种协助。已有的研究成果表明,以下几种方法可为教师所用:①示范与提示。幼儿反应不当时,教师要给予示范,犹豫不决或不正确时可以提示,若仍然错误,教师就要进行更精确的示范。②注解。教师要时刻注意对幼儿的反应给予相关的补充说明。例如,教师问"你在干什么",幼儿回答"画画",这时教师就可以说"对,你在画画",进而又说"你画的是三角形"。这种方法能够将幼儿省略的言语补充起来,使幼儿注意到这几句话之间的关系,从而为幼儿提供较成熟的语言示范,有助于幼儿语言能力的提高。③强化。教师要想办法使幼儿乐于参与学习。一方面,教师要使幼儿的活动造成自然的结果,如幼儿得到了想得到的东西。另一方面,教师要对幼儿进行及时的口头奖励。

2.词汇训练

词汇对于幼儿的语言能力同样具有重要的意义。因此,教师要想办法扩充幼儿的词汇量和促进幼儿正确地运用词汇。

词汇训练的最有效方法是情景教学。教师要善于创造情景和利用生活中的情景引导幼儿理解词义。例如,连续告诫幼儿几次:取暖器"烫手",不要碰他。幼儿就可能会把"烫手"理解为某种需要回避的东西。某一天幼儿坐在某种"松动"的椅子上,成人要他下来时,幼儿就可能会说"烫手"。这时如果摸着松动的椅子横档并向幼儿说:这儿"松动"了,把"松动"多说两次,每次都摸摸横档。然后,让幼儿的手靠近取暖器,感受它发出的热气,马上缩回,并请他说"烫手"。这样做几次。通过实践的比较,幼儿就能理解"烫手"和"松动"的区别。

教师要充分利用日常生活中的各种情景,配以各种表情和动作,把日常生活中各种常见的东西或常发生的事情反复说给幼儿听。还可以采取"一问一答"的方式,让幼儿自然而然地学会以下各种日常用语:①与人有关的词汇。自己和家人的称谓,如你、我、他等人称代词。②各种常用物品的名称,如电视、电话、桌子、碗等。③简单的社交用语,如再见、你好、谢谢等。④与情绪有关的词汇,如高兴、生气、伤心等。⑤表示同意或拒绝的词汇,如可以或者不可以、好或不好。⑥常用的动词、形容词、疑问词,如拿、跑、漂亮的、大的、哪里、什么。⑦表示时间、空间、序列的词汇,如上面、下面、今天、明天、先、后等。

3.句法训练

当词汇量达到一定程度时,幼儿便会选择一些词汇连接成句,并不断扩展语句的长度。这时教师可以依据幼儿的语言需要,随机地由简到难地训练各种类型的语言结构。例如,教师可以采用以下方式训练幼儿说出短句:教师和幼儿一起看故事或图片,一起讨论图片内容。教师尽量用问答的方式让幼儿回答问题。刚开始只要训练幼儿说出简单的词语(或只有一个字),然后再根据幼儿进步的情况,训练幼儿说出短句。

案例 13-6

先问幼儿"这是什么",让幼儿回答"小熊";再问幼儿"小熊在干什么",让幼儿回答"喝水";接着说"所以小熊喝水对不对? 你说一遍好不好?"最后问"这里怎么了",让幼儿回答"小熊在喝水"。

4.提供良好的语言环境

除了进行以上训练以外,教师还要与家长一起为幼儿创造有利的语言环境。

首先,教师要使发展性语言障碍幼儿为班级里其他小朋友所接纳,要制造和谐融洽的班级氛围,防止班里其他小朋友对语言障碍幼儿进行嘲笑而使发展性语言障碍幼儿感受到压力。这样才能使他们有侃侃而谈的意愿。

其次,教师要制造出各种环境促使语言障碍幼儿说话。例如,利用电话游戏、录音游戏、捉迷藏游戏等,引导幼儿说话。教师还可以通过好朋友团体来增进发展性语言障碍幼儿与小朋友之间交流和说话的机会。

第三,教师本身要以温和的、友善的、家长般的说话语气跟发展性语言障碍幼儿说话。

最后,教师要对家长进行指导,说服家长同样为孩子创造宽松的语言环境,同时,说服家长在必要的时候送孩子接受专门的语言矫治，而不要感到没有面子或心里不安。

四、学前广泛性发育障碍儿童的教育

广泛性发育障碍是一组起因于婴幼儿时期的全面性精神发育障碍。该类障碍病因尚未明确，主要表现为社交交往障碍、沟通模式异常、兴趣与活动内容的局限、刻板与重复等。这里主要阐述孤独症儿童、多动症儿童的教育。

（一）学前孤独症儿童的教育

谈起"孤独"，大家或许并不陌生，但是提起"孤独症"，很多人可能并不熟悉，然而，在我们的周围就有这样一个群体——孤独症患者。他们生活在自我的世界里，无法正常地与社会互动，与他人交往。孤独症（Autism）在港台地区称作"自闭症"。此词来源于希腊词"autos"，意指"自我"，用来描述婴儿很少与人交往，心不在焉，极度孤僻，语言发展迟滞，无法用语言进行交流，重复简单活动，行为刻板，缺乏想象等。

 拓展知识

孤独症

一、历史背景

孤独症一词最早由瑞士精神科医生 Eagen Bleuer 于 1911 年提出并引入专业文献中。第一次对孤独症进行详细临床研究的学者是美国临床医学家凯内尔（Leo Kanner）。他通过对 11 名孤独症儿童的临床观察，于 1943 年发表了有关孤独症儿童的研究论文《情感交流的自闭性障碍》。随后，人们越来越关注这一群体，越来越重视对孤独症进行研究。

我国第一例对孤独症进行研究的学者是陶国泰教授。他于 1982 年首次报告了孤独症四例。近年来，此症在我国不仅在儿童精神病学领域引起了较广泛的关注，而且在特殊教育领域也受到了特殊教育工作者的重视。1933 年，我国首家孤独症教育研究所——北京星星雨教育研究所在北京成立，开始探索如何教育孤独症患者的新途径。

由此可见，孤独症的研究虽然只有很短的历史，但是它却有一个很长的过去。自从 14 世纪发现神秘的黑森州"狼孩"以来，至今已陆续发现近 50 例"野人"。被描述的狼孩行为方式与孤独症婴幼儿的特点具有惊人的一致性，那就是他们缺乏人际交往。美国（最早是 1809 年 Thm.Haslam）和英国（1930 年）的报告所记述的婴幼儿也有类似的特征，即他们在语言、交往、行为方面的异常表现，都明显地不适宜于当时的任何一种诊断名称。

二、孤独症的定义、流行率、起病年龄

婴儿孤独症是一种起病于 36 个月前，以严重孤独、社会交往障碍、语言发育障碍、刻板运动和对环境奇特的反应的一种广泛性发育障碍。美国的《精神疾患的分类与诊断——DSM—IV》等国际精神、心理诊断资料中，明确地将孤独症定义为"小儿广泛性发育障碍"。

婴儿孤独症的患病率很低，一般认为 0.4‰ 左右。此外，所有流行病学的研究均显示，孤独症男女性别差异较大，普遍现象为男孩高于女孩 3～6 倍，而且多发生在第一胎。

孤独症的患病年龄存在较大争议。

三、孤独症的可教性

孤独症婴幼儿虽然有严重的发育障碍,但他们仍有相当大的发展潜力,是可以教育的。但若要他们的潜力有发展的可能性,就必须使他们有接受教育的机会,这里所说的"教育"是指针对孤独症婴幼儿障碍特点的特殊教育训练。

自古以来人们都知道有病求医,既然孤独症婴幼儿是带病的患者,理所当然应去求医(治疗),以便治好他们的病。这也是大多数孤独症婴幼儿家长的想法,他们因此更多地将自己的精力消耗在药物治疗上。但截至目前,医学界尚未发现治愈孤独症的灵丹妙药,也未发现有通过药物治疗治愈的患者。因此,人们在求医无效之后,纷纷将注意力集中到对孤独症婴幼儿的教育训练上来。正如有人说过,医学的终点就是教育的起点。但我们认为,对孤独症婴幼儿要教育训练与药物治疗相结合,不能采用非此即彼的方法,而应该彼此兼顾,以教育训练(包括行为矫正、语言训练、教育训练、家庭参与训练、社会参与训练等)为主,以药物治疗为辅。

1.孤独症婴幼儿的治疗

这里的治疗指的是医学上通过药物干预的治疗,即药物治疗。神经生物学研究的大量证据表明,孤独症有神经生物学方面的病因,尽管目前尚未找到共同的病因,也未发现某种或某几种共同的药物是首选的有效药,但不能因此而否定药物对治疗婴幼儿孤独症的特殊功效。这里说的功效并不是指药物治疗能够改变孤独症的病程、结局,而是在某种程度上可以控制严重的行为和语言障碍,为对孤独症进行行为矫正和教育训练提供一定的保障。一般来说,对孤独症患儿进行药物治疗时,首先必须取得父母或监护人的许可,并让他们了解药物治疗的原因、疗效及其副作用。其次,治疗应在诊断的基础上针对严重的行为问题或情绪障碍来配药。例如,对有行为紊乱、刻板行为、模仿言语、情绪不稳定、尖叫等症状的患儿,可以使用抗精神病药物中的舒比利、奋乃近。对有严重攻击行为、冲动、活动量较多、自伤行为的患儿,可以使用卡马西平、纳屈酮等药物进行治疗,其中卡马西平对癫痫发作的患儿效果较好。对存在注意力不集中、活动一刻不停的患儿,可试用中枢神经兴奋剂如右旋苯异丙胺。再次,如果患儿在4周内对药物没有反应,以后也可能不会有反应,故应酌情考虑停用。对有疗效的药物应该进行2～6个月,然后酌情减药或停用1～2个月,以评估是否需要继续使用,是否对成长变化产生影响以及是否导致运动困难等副作用。注意药物治疗应与其他治疗方法相结合。

2.孤独症婴幼儿的训练

孤独症婴幼儿的训练主要包括行为矫正、语言训练、教育训练、家庭参与训练、社会参与训练等。

(1)行为矫正

行为矫正的目的在于减少病态行为,增加社会化行为,学会一些社会适应能力。教师及家长在应用行为矫正时,应在确立治疗目标的基础上,根据专业技术人员的指点,选用不同的矫正技术。主要的矫正技术有以下几种:

①暂停强化法。即当一种不适当的行为出现时,就把他从强化物旁边移开一段时间,或把强化物移开一段时间。暂停强化法可以用来消除各种不适当行为。例如,患儿蒂克吃饭时从其他孩子的盘子里抓饭,把饭到处乱扔,同时吃手指。治疗者采用的方法是:"如果他吃手指,就把他的饭盘端走。如果扔饭或抓别人的饭,就把他从餐厅里拉出去。"结果有效地消除了他的不良行为。

②惩罚。即用厌恶刺激作为手段消除不适当行为。例如,患儿姗姗常用头撞墙、撞地或撞硬东西。治疗者采用惩罚法:"一旦她自伤,就对他施加一次电击。"结果,其自伤行为大大减少,微笑和其他良好行为增加。

③强化正当行为。即用强化物增强适当行为出现率。强化适当行为常与教导适当行为相结合。例如,给患儿看一个苹果,再让他闻闻、摸摸,然后要患儿跟着成人说"苹果",只要他说出近似苹果的声音就给予奖励。奖励的方式可以是糖果、水果、玩具、衣物、亲吻等。此方法不但可用于帮助孤独症婴幼儿学习语言,而且可以帮助他们学习社会化技巧,学习好的饮食和排便方式等。

④塑造。即强化与目标行为稍有相似的行为,然后再强化与目标行为更相似一点的行为,逐步影响目标行为。例如,患儿蒂克需要戴眼镜,但他不戴。治疗者先强化他用手抓眼镜,再强化他把眼镜戴在身上,如此一步步引导他带上眼镜。这种方法适用于塑造各种适当行为。

⑤链条法。即指把一个要教给婴幼儿的动作分解成一系列的局部动作,然后教会他并强化他。此法适用于教孤独症婴幼儿一些实用的自助技能,如叫他们穿脱衣服。

⑥放松疗法。即矫正紧张性行为,使患儿身体处于放松状态的一种治疗方法。例如,先按摩患儿僵硬的部位,然后运动或旋转四肢,使关节放松,以达到放松肢体,培养松懈能力。也可以先让婴幼儿做大运动量的身体运动,使其肌肉处于高度紧张状态,然后让他尽量放松,体验松弛的感觉。例如,患儿星星身体僵硬,关节弯曲困难,做走路、跑步等大运动动作时极不协调,且摆动幅度很小。通过放松训练后,身体运动比过去有了明显的改善,走路蹒跚、跌跌撞撞的状态有了明显的改善,甚至能独立跑步了。

⑦游戏疗法。即通过游戏方式达到治疗孤独症婴幼儿行为障碍的方法。例如,婴幼儿不愿凝视母亲的眼睛,可让婴幼儿抱娃娃玩,并要求患儿"望着娃娃的脸,看娃娃多好看",以此来激发他们对娃娃的兴趣,进而将感情转移到父母身上。由此可见,行为治疗在治疗孤独症上有一定的疗效,但重点应放在促进社会化以减少非适应行为和语言发展训练方面。

(2)语言训练

语言障碍是孤独症婴幼儿普遍存在的问题。因此,对孤独症婴幼儿进行语言训练是一项非常重要的康复内容。

孤独症婴幼儿学语言要经历四个阶段:①动作和语言的联系,或实物、情景和言语的联系。如要理解"小明搬桌子"这句话,必须在有人及事物的情境中让孩子一一对应。②形象和言语的联系。让孩子看到"小明搬桌子"这样一副具体形象的图画。③符号和语言的联系。它是介于具体形象和纯语言符号之间的过渡阶段。孩子依靠具有象征意义的图画来理解句子的原始意义。④语言和语言的联系。也就是不依靠任何中间环节,只需看"小明搬桌子"几个字,或听到"小明搬桌子"的话,就能在头脑中复原"小明搬桌子"的情景。这是一个由易到难、由具体到形象的过程。

训练者(教师或家长)除了要遵循婴幼儿语言学习的四个阶段外,还应在进行语言训练过程中注意以下几个问题:①尽量使用孤独症婴幼儿能够理解的简短语句。例如,有的家长在语言治疗时说"佳佳,吃饭"时孩子有反应。所以,在对婴幼儿进行语言治疗时一定要在孩子理解的基础上,逐渐增强句子中的词汇,不可操之过急。②治疗时要用直观教具、形象的动作行为帮助他们理解记忆。例如,老师把一个皮球递给孤独症婴幼儿说:"去拍皮球",他不懂得是什么意思,抱着皮球望着老师。这时老师应拿过皮球边讲解边示范,并让他模仿。经过多次反复,他就较容易理解"拍皮球"这个短语。③创设情景,鼓励孤独症婴幼儿用语言来提要求,与人交流。有些老师、父母因长期与孩子生活在一起,从孩子的一个眼神、表情、动作就知道了婴幼儿在想什么、要干什么,于是不等孩子开口就满足了他的要求,使婴幼儿失去了用语言表达的机会。这是不利于孩子言语发展的。因此,教师与父母一定要鼓励婴幼儿说出自己的愿望和要求。④正确对待孤独症婴幼儿用词不当、词语颠倒的现象。父母和教师一定要耐心地听婴幼儿讲,不能因其说话用词不当、词语颠倒就表现出不耐烦、不在意,以免伤害婴幼儿的自尊心,使其失去说话的兴趣,产生对说话的恐惧感和口吃。

(3)教育训练

教育训练是治疗和训练孤独症婴幼儿最主要、最有效的方法,因为孤独症婴幼儿的社会交往障碍、言语障碍、行为障碍等主要是通过教师和家长(人生的第一任教师)来矫正的。如果仔细分析不难看出,行为矫正和语言训练很多都是依靠父母和学校教师在孤独症婴幼儿的日常学习和生活中进行的。行为矫正和语言训练是融合在教育训练过程当中的,三者是相互依存的,不可分割的。

一般来说,教育训练者多为教师和家长,训练能否成功,首先取决于家长和教师是否对孤独症婴幼儿有爱心、耐心,是否能与孤独症婴幼儿交往。使婴幼儿先对训练者感兴趣,双方能相互沟通,这一阶段往往是最困难的阶段。很多孤独症婴幼儿在训练的开始阶段并不能与训练人员合作,甚至会以孤独症婴幼儿特有的方式进行"捣乱"。例如,某患儿在教师进教室上课时,大喊"出去";教师讲课时,他就离开座位跑到讲台冲大家做鬼脸。如果训练人员此时缺乏耐心与爱心,就会简单地将患儿赶出教室。

第二,把要训练的技能分为若干细小步骤来完成,而不是一下子就全部教给他们。一般来说,训练孤独症婴幼儿的发展障碍包括七个阶段:①社会相互作用准备阶段,训练孤独症婴幼儿目光的接触与对他人的注意。②探索性游戏阶段,在治疗者的协助下鼓励孤独症婴幼儿探索物体。③单独游戏阶段,塑造适当的游戏行为,鼓励孤独症婴幼儿模仿教师的行为。④平等游戏阶段,教师安排平等的游戏情境,鼓励孤独症婴幼儿与正常婴幼儿相接近,即使他们之间不能合作,但要分享一组玩具。⑤指导性合作游戏阶段,学习与教师、家长、其他成人、同伴共同参与游戏。⑥同伴游戏阶段,在社会情境中,学会与他人相互作用,如学习轮流游戏,遵守规则。⑦利用社区资源,学习认识邻居,使用社会设施,学会用钱、电话以及在公共场所内的行为。

第三,训练时要动作—言语—奖励结合起来。因为孤独症婴幼儿很容易因失败而烦躁或放弃学习,所以在训练中要边教边做边鼓励。在教他们掌握某一技能时,要不断地讲解每一步骤的意义,当完成时便给予孤独症婴幼儿适当的物质奖励(多为患儿喜欢的食品或玩具)。这样可以减少孩子不愉快情绪的发生,增加对训练的兴趣。

第四,在教育训练过程中,切忌操之过急,要有恒心。不能期望孩子像正常婴幼儿一样在短时间内就掌握某一种技能。例如,"上厕所",对于正常发育的婴幼儿,可能在较短时间内就学会了蹲马桶、擦屁股、拉水箱、洗手等一系列动作,并理解每一步的意义,但对于孤独症婴幼儿来说,可能要半年、一年甚至更长的时间去掌握和运用。

教育训练的目的是教会孤独症婴幼儿掌握基本的生活技能,包括饮食起居、保持整洁等。教他们自我保护能力,主要包括不让异物进入眼、耳、鼻、口,避开火炉,不能弄电线及插座,拨打紧急求救电话,小心拿锋利的物品,过马路注意安全等。教他们与人交往的能力,包括与家庭成员、同伴等的相处和交往。

我们强调把孤独症婴幼儿培养成"适应社会的人",但并不排除对孤独症婴幼儿因势利导,发挥他们的特殊才能,抓住他们的兴趣所在,培养某种专业能力,把他们培养成为"专才"。孤独症婴幼儿对其有兴趣的事物,学习能力极强,有时其能力超过正常人。

(4)家庭参与训练

家庭系统理论观点认为,每个家庭都是独特的,在家庭中每个成员均影响家庭的所有方面,同时也被所有其他成员所影响,被整个家庭所影响。在对孤独症婴幼儿进行训练前,训练者要考虑家庭的需要特点、价值观、资源以及家庭中的各种特点影响家庭对孤独症的反应等。因此,在训练过程中,既要训练婴幼儿,也要训练家长及其他成员。训练家长及其他成员,一方面可以帮助他们认识孤独症婴幼儿的基本病理、发展程度及训练方法;另一方面可以使父母参与训练,培养他们的信心和技能,帮助他们以后自主地训练孩子。此外,父母直接参与,会努力解决自然环境中的问题,消除或减少从人工训练情景到自然家庭情景的过渡所带来的问题。

家庭训练主要有两种模式:一种是反应式模式,强调父母的认识方面,使其理解和接受婴幼儿的感情。这一模式主要从增强父母交往技能以及改善父母对自己、对婴幼儿的行为和对父母与婴幼儿相互作用的觉察能力。二是行为模式,强调亲子相互作用和行为管理的原则与技术。教父母改变婴幼儿的环境以及父母对婴幼儿的行为反应,从而影响婴幼儿的行为变化。

(5)社会参与训练

孤独症婴幼儿对家庭造成了很大压力,社会各界应伸出援助之手来帮助他们以及他们的家庭,成立专门的孤独症研究机构,配备社会工作人员。孤独症婴幼儿未成年时,尚可获得大家的帮助,但他们长大离开学校步入社会后,有时家庭也很难帮助他们,他们更需要社会的帮助。帮助孤独症患者是继续发展的社会工作,如提供离校的职业训练等。尽管有些高能力的孤独症婴幼儿经过治疗和训练,成年后可以独自工作,但他们在人际方面仍然会有很多困难,如不明白别人的情绪要求等。当他们进入青春期时更需要性方面的辅导。

(6)心理动力学方法

有些学者认为,孤独症婴幼儿处于疾病状态是由于父母缺乏情感反应,没有形成正常的母婴纽带。Zaslow 等人于 20 世纪 60 年代提出了一种治疗婴幼儿孤独症的方法——Z 过程疗法。他们认为,孤独症婴幼儿没有形成两种基本的生存成长的情感纽带:一是身体接触——形成亲密关系和基本信任所需要的条件。二是目光与脸的接触——形成复杂情绪、认知及社会性行为导向以及整合和集中必需的条件。用 Z 过程治疗时,常用的方法是把婴幼儿紧紧地抱住,使其目光与治疗者的脸相对。

心理动力学的观点认为,母亲以退缩、拒绝、敌意的态度对待婴幼儿反应,孤独行为正是婴幼儿适应这种冷漠无情环境的一种方式。心理动力学的治疗方法重点在于建立一种环境,婴幼儿不需要以自闭行为向其父母表示敌意,治疗者完全接受、理解婴幼儿,如果婴幼儿最终看到的环境不是敌意的,其行为便可能有所改变。

(二)学前多动症儿童的教育

多动症也称"多动综合征",是指发生在儿童期内,行为表现与其年龄极不相称,以注意力明显不能集中、活动过多、任性冲动和学习困难为主要特征。早在 1845 年,德国医生霍夫曼第一次将儿童活动过度视为病症。此后,许多精神病学家、儿科学家、心理学家及教育家从不同的角度,对这类儿童行为问题进行了更深入的研究。1947 年,斯特劳斯等人认为,多动症是脑损伤引起的,故将该症命名为"脑损伤综合征"。格赛尔和阿姆特鲁德在 1949 年对此提出了新的看法,认为这种症状是"脑轻微损伤"的结果。在之后的 20 年间,不少学者在对具有这一症状的患儿实施神经系统检查时发现,约有半数出现轻微动作不协调,以及平衡动作、共济运动和轮替动作等障碍,但没有发现瘫痪等脑损伤引起的其他症状,故认为多动症不是脑轻微损伤的结果,而是脑功能轻微失调所引起的。于是,1962 年各国儿童神经科学工作者聚会牛津大学,决定在本病病因尚未搞清楚之前,暂时定名为"轻微脑功能失调"(Minimal Brain Dydfunction,MBD)。1980 年,美国公布的《精神障碍诊断和统计手册》(DSM—Ⅱ)中,将此病症命名为"注意缺失障碍"(Attentional Deficit Disorder,ADD)。

多动症儿童的教育与矫治可以从以下几个方面进行:

1.行为治疗

行为治疗是由治疗者设计治疗计划来改变多动症儿童存在的注意力难以集中、多动及情绪不稳定等问题。强调治疗目前的异常行为,建立正常行为。需要利用个人的日常生活,发挥儿童在治疗中的积极作用,不只是把儿童作为被动的接受者。需要家庭、学校共同配合完成这项治疗计划。针对不同多动症儿童,需要选择和使用不同的措施。

(1)阳性强化法

通过奖赏、鼓励等方式使某种行为得以持续。在应用阳性强化法前要确定希望改变儿童什么行为(确定靶行为)及确定这种行为的直接后果是什么;设计新的行为结果取代原来的行为结果;同时对儿童出现适宜的行为时,立即给予阳性强化,如奖赏、鼓励等。奖赏物包括初级奖赏、活动奖赏和社会奖赏。奖励的目的是促使儿童自愿地、主动地去学习重复某些良好行为。鼓励的种类一般以精神或言语刺激为主,随时可以进行。

(2)惩罚法

为了减少或消除幼儿的某些不良行为而采取处罚措施。一般可采用暂时隔离法,使他明白不良行为,从而消除不良行为,但处罚不易采取恐吓、打骂等粗暴方式,以免造成儿童的逆反心理。

(3)消退法

消退法是一种减少或消除儿童不良行为发生的方法。治疗前首先要了解何种因素对不良行为起了强化作用,找到强化因素后,对其进行消退。例如,儿童发脾气,可能会因父母的过分关注而强化,并反复发生。若父母采取不理睬的态度来对待,则发脾气行为可能逐渐消退。

(4)矫枉过正法

通过对某些不良行为进行处罚,以减少不良行为的发生。矫枉过正法虽然采取处罚手段矫治儿童的不良行为,但不能使儿童产生肉体上的痛苦,因此较易取得儿童的合作。矫枉过正法可用于治疗多动症儿童的刻板运动、冲动行为、攻击和破坏行为等。

2.认知—行为治疗

认知—行为治疗是对行为治疗的延伸。其主要技术是强调认知对行为的监控作用,让儿童通过内部语言或外部语言来控制自己的行为,即自己对自己说话,通过自己对自己行为的语言指导,达到自我控制、自我调节的目的。在开始采用认知—行为疗法时,教师要引导儿童在行动时把教师的指令和要求说出来;反复多次后,重复出现要治疗行为的正确行为,在教师的提醒下,让儿童自己说出应该如何行动;经过长期训练,使儿童逐步形成稳定的态度,从而达到改善其行为的目的。

3.药物治疗

目前,大多数专家认为利他林治疗儿童多动症非常有效,可使注意力集中,缓解活动过多的症状,从而达到改善行为的目的。患儿随着行为的改善,学习成绩也会有所提高,随着情绪的稳定,与同学之间的冲突也会减少。因此,该药间接地促进了儿童的心理发育。不过,利他林唯一的缺点是,它无法根除这种疾病,只能长期服用。

利他林每片 10 毫克,每天早晨一片,餐后服用。如服用一段时间后,效果不明显可酌情增量。药物有效剂量因人而异,家长因经常与教师联系,密切观察反应,探索其有效剂量。如出现食欲减退、头昏、失眠等情况,家长不必惊慌,可稍减量,患儿即可适应,反应消失。为避免产生耐药性,在周日、假日及不学习时,可以不服药,寒暑假也可停药。如假日需要学习及做作业,可在学习前半小时服用,利他林一次服药作用时间只能维持 4~6 小时,因此,必须坚持长期服药才有效果,随意停药,症状又会反复出现。根据个人不同情况,可服用 1~5 年,随年龄增长,情况好转,药量可逐渐减少,直至停药。

4.心理治疗

目前,对多动症的治疗主要是药物治疗,但仅靠药物是远远不够的,因为这种病症原本就存在着生理及心理的多种病因,所以在使用药物疗法时还需要结合系列的心理治疗。这主要包括以下几种方式:

(1)自我控制训练

通过一些简单的、固定的自我命令让患儿学会自我行为控制。例如,出一道简单的题目让患儿解答,要求患儿命令自己在回答之前完成以下四个动作:停——停止其他活动,保持安静;看——看清题目;听——听清要求,最后才开口回答。这一方法还可以用来控制患儿的一些冲动性行为。由于在训练中,动作命令是来自患儿内心,所以一旦动作定型,患儿的自制力就能大大提高。在进行自我控制训练中,要注意训练顺序,任务内容应由简到繁,任务完成时间应由短到长,自我命令也应由少到多。

(2)放松训练

用这一方法来治疗儿童的多动行为是近年来的一种新尝试,效果颇佳。由于多动症患儿的身体各部位总是长时间处于紧张状态,如果能让他们的肌肉放松下来,多动现象就会有所好转。放松训练可采用一般的放松法,或使用在有关医生指导下的生物反馈法。训练时间要集中,可以一连几天,从早上一直训练到晚上,期间除了患儿吃饭、休息外,其余时间都按计划进行训练。在实施放松训练时,每小时放松 15 分钟,患儿一达到放松要求就给予物质奖励。其余 45 分钟可安排患儿感兴趣的游戏,但一到放松时间就必须结束游戏。

(3)支持疗法

这一疗法单独使用效果并不明显,主要是与其他治疗相结合,用来帮助患儿解脱受挫折以后的情绪抑郁和由学习困难导致的自尊心不足。在实施过程中,父母和教师要对患儿进行鼓励,帮助他们树立信心,一旦病情有所好转,就给予奖励。

除了主要采用药物治疗、行为治疗、心理治疗、认知治疗以外,还需要针对多动症患儿的特点采用环境控制、释放精力、饮食辅助治疗等方法予以辅助治疗。

第三节　学前特殊儿童的教育方法

一、学前特殊儿童的生活保健

（一）学前特殊儿童生活保健的概念

目前,学术界还没有给出完全意义上的学前特殊儿童生活保健的定义,理论的不足导致认识上的偏差。部分教师认为学前儿童生活保健的主要目的是让特殊儿童吃好、穿好。其实不然,吃好、穿好仅仅满足幼儿生理上的需求,只是生活保健的一部分,而生活保健最重要的内涵在于培养特殊儿童的生活自理能力和良好的生活习惯,使其回归主流社会。

学前特殊儿童生活保健是指在科学的保健学和医学知识的指导下,根据学前特殊儿童的身心特点,采取相应的措施,提供适当的生理需求和给予一定的帮助、照顾,并训练他们的生活自理能力和培养良好的生活习惯,从而使特殊儿童保持良好的身心状态,并尽可能地促进他们的康复。

（二）学前特殊儿童生活保健的作用

对学前特殊儿童实施耐心、细致和全面的生活保健,对其成长具有重要的作用。

1.有利于学前特殊儿童良好生活习惯的养成

心理学研究表明,儿童期孩子的可塑性大,是培养良好习惯的最佳时期。成人如果从早期就着手培养特殊儿童良好的生活习惯,对其今后的全面康复将大有裨益。学前机构中具备科学、完备的生活规章和制度,教师在特殊儿童生活中的帮助和指导,可帮助特殊儿童建立合理的生活制度;同时,教师根据特殊儿童身心特点制定的合理的生活保障策略,可使特殊儿童在有序的生活活动中养成良好的生活习惯,从而预防二次损伤的发生,保障现有的身心健康。

2.有助于培养学前特殊儿童的生活自理能力

生活自理能力通俗地讲就是自我服务,自己照顾自己,它是一个人应该具备的基本的生活技能。学前特殊儿童生活自理能力的形成,有助于培养他们的自信心和自己处理问题的能力,对他们今后的生活有着深远的影响。生活自理能力需要精细动作的控制,对于学前特殊儿童而言,他们的精细动作发育还不成熟,并且由于身体的残疾或神经、心理等方面的障碍,他们的自我服务能力普遍很差。教师通过对学前特殊儿童生活技能的训练,使他们掌握正确的自我服务方法和技巧。这不仅促进了学前特殊儿童精细动作的发展,而且培养了他们的生活自理能力。

3.科学、有效的生活保健有助于学前特殊儿童康复

以多动症为例,中医认为饮食因素是造成多动症的一个方面。如果具有多动症遗传素质的儿童或多动症儿童大量进食含有络氨酸、水杨酸盐的食物及进食加入调味品、人工色素、增味剂、防腐剂和受铅污染的食物,均可发生多动症,或者使多动症状加重。相反,多动症的患儿只要限制这些食物,症状就可明显减轻。

在学前教育机构中应该注意多动症婴儿的饮食调节,让幼儿少食用含络氨酸的食物,如挂

面、糕点等,以及含水杨酸盐较多的食物,如西红柿、苹果、橘子、杏等,以及含铅毒较高的食物,如松花蛋、贝壳类、向日葵等,避免使用含铅的食具,限制使用含食品添加剂、增味剂、人工色素等食物及辛辣类食物如胡椒油、辣椒等调味品。平时应为幼儿准备富含维生素 C 的食物,因为它可与铅结合,生成难溶的物质,铅便随粪便排出体外。要让孩子养成饭前洗手的习惯,尽量避免让他们玩含铅的漆制玩具,尤其不能将这类玩具含在口中,从而使他们体内的铅毒减少,以减轻他们的症状。

二、学前特殊儿童的感统训练

(一)感觉统合与感觉统合失调

感觉统合是指人脑将各种感觉器官传来的感觉信息进行多次分析、综合处理,并做出正确的应答,使个体在外界环境的刺激中和谐有效地运作。也就是机体有效利用自己的感官,从环境中获得不同感觉通道的信息,输入大脑,大脑对输入信息进行加工处理,并做出适应性反应的能力。

感官在输入信息时,大脑神经细胞的接受过程必须是敏感的、准确的,而所有受信息刺激影响的感觉区,对同时输入的感官信息的协调和整合也必须迅速而且完整,人类才能对刺激做出适当的行为反应。但是人的大脑有 140 亿个神经细胞,分为 100 多万个感觉区,感觉统合的过程是相当复杂而且细腻的,这个过程如果出现一个哪怕微小的差错,都会影响幼儿各项能力的发展和成熟,出现感觉统合失调。所以,感觉统合失调是指人的大脑不能顺利地把各种感觉器官传来的信息进行正确有效地分析和综合处理,以致使个体与外界环境的接触发生障碍,使儿童大脑对身体各器官功能失去了处理和组合能力,导致行为失调。

感觉统合失调对儿童的生长和发展产生较大的影响。有研究证明,儿童发展过程中出现的语言发展迟缓、多动症及自闭症等可能都与感觉统合失调有关。感觉统合失调可造成儿童不专心和活动过度、肌肉张力不足、动作协调性差、认知障碍、行为问题、协调的组织能力缺乏等,进而使儿童产生学习困难、行为障碍、情绪问题等,严重影响儿童心理健康发展。

(二)感觉统合失调的表现

儿童出现感觉统合失调,将会导致其神经心理发育受到影响,在不同程度上削弱其认知能力与适应能力,从而推迟儿童社会化的进程。所以,掌握感觉统合失调的主要表现,做到早期发现、早期干预是非常必要的。具体而言,学前儿童感觉统合失调主要有以下五个方面的表现:

1.视觉统合失调

视觉统合失调是指个体对于视觉刺激无法准确或完全的辨别、组合与认知,从而造成视觉和其他功能不能在行为上起到完全统合的作用,也就是失调。学龄前视觉统合失调的儿童在幼儿园玩积木总是赶不上别人,拼图总比别人差;对空间距离知觉不准确,左右分辨不清,外出易迷失方向;学图画比别人慢,识别图样的异同常有困难,描画时常常看一笔描一笔,而画画时又经常出格或左右颠倒。另外,这类儿童在生活上还常常丢三落四,似乎经常在找东西,生活上无规律。

2.听觉统合失调

听觉统合失调首先要排除由于听力损伤造成的听觉问题,它是指听觉辨别力、记忆能力、排序能力、理解能力、听说结合能力等不能正常发挥而造成的一些功能相互配合的错位或遗漏。听知觉能力，对于儿童的上课、学习最为重要。听知觉的好坏是影响儿童上课能否有效听讲的基础。听觉统合失调的学前儿童经常表现为注意力不集中，课堂上老师交代的东西一点也没听进去，或者听了上半句没听下半句，或者即使听见了下课后又忘了或无法全部完成，所以他们经常是充耳不闻。平时家长喊他，他也不在意，以为那与己无关。不喜欢与别人讲话，不知如何与人沟通，语言发展迟缓，语言表达能力不佳。常常会自言自语或控制不住地大喊大叫。

3.触觉统合失调

触觉的灵敏度会影响大脑的辨识能力、身体的灵活及情绪的好坏。触觉统合失调的学龄前儿童往往触觉过分敏感或过于迟钝。讨厌别人触摸他，洗头、洗澡、剪指甲都反抗；讨厌摇晃、不敢爬高、怕旋转。或者对高度的恐惧迟钝，转圈圈根本不会晕，对痛的感觉也较少（如咬指头等），有的儿童甚至有自虐现象。在日常生活中常表现为胆小、害怕陌生环境、害羞、不安、黏人、咬指甲、独占性强等。

4.平衡统合失调

平衡感是人类一切行动的基础，它主要来自内耳的半规管、圆囊和椭圆囊。由脑部的前庭神经核和大脑皮层来统合，协调身体与地心引力的关系。平衡感与个体的关系极大，它不仅影响到肢体运动水平、视知觉的功能，而且影响到情绪行为的发展，而这些又影响到今后的学习能力。如果平衡统合失调，人的听觉系统和平衡功能都会受影响。一般来说，平衡统合失调的幼儿还是比较容易被发现的，他们主要表现为步态笨拙，容易跌跤，学跑、学跳和学上下楼都很慢；常常不能准确判断距离和方向，所以容易撞到应该不会撞到的障碍物上；可能因为分不清左右而使鞋子穿反，因为分不清里外而将袜子穿反；对搭积木、走迷宫、做模型等手工活动不大感兴趣，对舞蹈、打鼓等需双手协调的动作均做不好。

5.本体统合失调

本体感是一种高度复杂化的神经应变能力，也是大脑可以充分掌控自己身体部分的能力。它是指肌肉的收缩、伸长、弯曲、推拉以及骨骼关节间的压缩等的一种自我身体的操控能力。它能告诉个体关于位置、力量、方向和身体各部位的动作，并有助于统合触觉与前庭觉所产生的一种感觉讯息。我们不用眼睛看也能上下楼，不用照镜子也能摸到鼻子等，都是本体觉的作用。本体觉的感受器来自肌肉、肌腱、关节、韧带、骨骼等深层的组织感觉。

本体统合失调的儿童，在学前期经常表现为拍球、跳绳、翻跟头、跑步等动作不协调、不准确，唱歌跑调、发音不准，上课发言口吃、语言表达能力差，做事拖拉、磨蹭，人际关系不佳，缺乏自信，消极退缩等。

值得一提的是，虽然为了论述的方便，将感觉统合失调的表现列为五大类，但是感觉系统的功能是不能截然分开的，各种感觉器官之间的关系是相当密切的，各感官之间是相互影响、协调作用的，所以感觉统合失调的某一症状可能是多种感官功能协调不当的结果。

（三）感觉统合失调的原因

感觉统合失调的主要原因有遗传因素、孕产因素、抚养因素、教育因素等。当然，除了上述原因，还有其他的一些因素综合作用，才最终造成儿童的感觉统合失调。了解并控制这些因素，及早采取预防措施，运用系统的、科学的方法，实施积极有效的干预措施，才是确保儿童健康成长的关键。

三、学前特殊儿童的行为矫正

(一)学前儿童的行为问题

学前儿童的问题行为与正常行为的划分是相对的,一般认为,正常行为的标准为:(1)儿童行为必须与年龄相仿。(2)儿童行为必须与当地的社会文化相适应。(3)儿童通过学习能掌握、使用所处社会的语言等,参与社会生活及互相交往。(4)儿童在日常生活、学习中逐步学会遵守纪律,能懂得奖与罚的意义,并能遵守有关法则。(5)儿童能正确处理与小伙伴的关系。(6)儿童能逐渐学会控制自己的情绪,其情绪表现与所处的环境相一致。

学前儿童的行为问题是指儿童在身心发展过程中,由于生理机能失调、环境适应不良或心理冲突等导致的不适当的行为,主要包括:(1)行为过多。即某种行为发生的次数太多太频繁,如儿童上课时经常不遵守纪律或侵犯别人,爱做小动作,在教室里走来走去。有些正常行为如果发生次数太多而会成为问题行为。(2)行为不足。即人们所期望的行为很少发生或从不发生,如幼儿不会自己吃饭、自己穿衣服等。(3)行为不当。即期望的行为在不适当的情境中产生,但适宜的条件却不发生,如在悲伤时大笑,欢乐时大哭等。

学前儿童问题行为的产生是多方面的,主要包括:(1)生物因素,主要包括遗传、脑损伤、神经系统功能失调等。(2)心理因素,主要包括动机冲突、认知失调、挫折容忍力低、自控能力差、不良行为习惯、自我意识发展滞后等。(3)社会因素,主要包括家庭教育方法不当、家庭结构受损、家长本身素质不高等家庭因素的影响,学校教育与社会环境的不良影响。

(二)行为矫正概述

1.行为矫正的含义

行为矫正主要是依据学习理论来处理行为问题,从而引起行为改变的一种客观而系统的方法。它既是一种理论,又是一种方法。学前特殊儿童行为矫正就是运用行为矫正理论及其方法来改变和塑造儿童行为的一种方法。许多人认为,特殊儿童如弱智等是天生的,教育他们的作用不大。事实证明,这种论点是错误的。他们忽视了行为可以通过塑造训练而改变的原理,大多数特殊儿童经过训练和矫治,其不适应行为可以得到不同程度的改变;有些原来不能独立生活的儿童,经过矫治或训练已经能做到生活自理;有些中、轻度的弱智儿童经过训练和教育,可以做一些比较简单的工作,从而可以通过自己的劳动来养活自己;甚至有些中度智力缺损的儿童,原来所存在的自伤等不适应行为,在采取了一定的矫治策略后,其破坏性行为也得到了矫正。行为矫正的理论基础包括经典条件反射理论、操作条件反射理论、认知行为矫正理论以及观察学习理论。

2.行为矫正运用的原则

随着行为矫正的应用范围不断扩大,其影响作用也越来越重要。但由于行为矫正本身的特殊性,要求人们在使用时必须十分谨慎,否则,不仅达不到教育、训练的目的,而且会产生危害。因此,使用行为矫正时,应注意以下原则:(1)防止滥用、误用。行为矫正并不能是万能膏药,要注意行为矫正的适用范围,并且行为矫正过程应该严密,不能疏忽任何一个小环节,否则可能导致其他不良行为的产生。(2)注意不要损害儿童的身心健康,不应只注意到不良行为的消失,还应考虑到儿童的身心健康发展。(3)应遵循道德准则。首先,实施行为矫正时,必须先求得被矫正儿童或其父母的同意，让他们明白实施的程序和目的。实施计划应符合常理并可公开。其次，慎重选择对被矫正者具有最大效果及最小伤害的方法，要多用奖励等正强化法，少用施加厌恶刺激的惩罚法。再次，行为矫正者应当告知被矫正者及其父母正确认识行为矫正的性质。

四、学前特殊儿童的语言矫治

（一）语言矫治的含义

所谓语言矫治，是指为了治疗或减轻语言障碍和帮助患失语症的人重新恢复说话的能力而设计的活动和训练（杰克·理查兹等，1933）。也有学者认为，语言矫治是指为了帮助学前特殊儿童克服语言学习和获得过程中的发展性异常现象，使他们的语言获得良好的发展，教师、专业人士及家长采取特别的措施，对他们的发展性语言问题进行干预，帮助有语言障碍儿童克服障碍的一系列过程（郑荔，2001）。

语言矫治是一项专业化程度较高的技术，同时也是一项十分复杂而且费时费力的工作。在国外，语言矫治工作一般是由经过专门教育与训练的专业技术人员来完成。由于我国针对语言障碍开展矫治的工作刚刚起步，语言矫治师这个职业还很少被人们认识和理解，因此，目前学前特殊儿童的语言矫治工作仍然处在一个探索的阶段。根据这种情况，我国现阶段学前特殊儿童的语言矫治可走非专业化发展的道路，即有普通教师或家长在掌握一定的矫治知识和方法以后，对存在语言障碍的儿童进行语言矫治，这样就可以使更多的有语言障碍的儿童得到及时有效的辅导治疗。

（二）语言矫治的要求

对学前特殊儿童进行语言矫治是一项专业性、操作性很强，同时也是一项长期持久的工作。语言矫治人员必须遵循一定原则和要求，否则就难以达到语言矫治的预期目的。一般来说，对学前特殊儿童进行语言矫治要注意以下几点：

1.遵循特殊儿童身心发展的特点

特殊儿童的身心发展特点包括作为一般儿童的身心发展特点和作为特殊儿童的特殊性之所在两个方面。对学前特殊儿童进行语言矫治时要时刻关注他们的兴趣、需要、认知和情感的发展以及个性的形成等，充分了解并尊重他们身心发展的客观规律，注意他们语言发展的特点和要求，根据他们身心发展的客观进程来开展语言矫治工作。也要注意他们的特殊性问题，比如特殊儿童的生理缺陷、心理缺陷等。如果是语言、言语障碍的问题，则要运用特殊的方法，采用特殊手段，创设特殊的环境来对特殊儿童进行语言矫治。

2.遵循特殊儿童语言获得的规律

儿童语言的获得有一定的规律。对特殊儿童进行语言矫治时要尊重他们语言获得的心理顺序和学习特点。一般来说，口语的获得是从感知语言开始的，但到自如运用，有一个漫长的学习过程。尽管特殊儿童有不同类型不同程度的言语、语言障碍问题，建立和发展他们的语言能力有一定的难度，但从过去的研究结果来看，语言障碍儿童的语言获得和发展模式与普通的正常儿童的语言获得和发展模式基本相同，只是发展的速度和获得的结果与正常的普通儿童有所差异。从这点来看，就要求我们在对特殊儿童进行语言矫治，建立他们的语言系统，发展他们语言能力的过程中，要以正常儿童的语言获得和发展模式为参照，按照正常儿童的语言发展顺序和规律进行。

3.创设语言发展的良好环境

社会交往学说认为,儿童语言的获得不仅需要先天的语言能力,而且需要一定的生理成熟和认知的发展,更需要在交往环境中发挥语言的实际交际功能。儿童是在语言交往的大环境中发展语言意识、获得语言形式、习得语言规范,最终获得交际技能的。由此看来,语言环境的好坏直接影响到儿童的语言发展。研究发现,部分儿童的语言障碍来自不良的语言环境,如在儿童语言形成阶段受到复杂语言系统的干扰、成年人不良的语言习惯、成年人对儿童语言表达能力的过分苛刻要求等,均使儿童的语言获得过程遭到破坏。因此,在对学前特殊儿童进行语言矫治时,要为他们创设语言发展的良好环境,包括规范的语言控制训练和良好的言语示范、交际环境等。

4.重视多种语言形式的综合运用

由于学前特殊儿童语言障碍的种类和程度不一样,在对他们进行语言矫治时不能仅满足一种语言手段或语言形式,而应该注意多种语言手段和形式的综合运用。例如,对构音障碍、言语流畅性障碍的特殊儿童,主要进行口头语言的矫治和训练;对听力障碍儿童的语言矫治除了进行口头语言的训练外,根据具体情况还要进行书面语、手语和看话的训练;对自闭症儿童和瘫痪儿童应将口头语言、肢体语言等结合起来,即将口语、书面语、表情、眼神、手势、体态等结合起来进行矫治与训练。对有语言障碍的特殊儿童来说,通过训练以后,能用其中任何一种语言形式与他人进行沟通和交往,我们认为这种矫治与训练就是成功的。因此,在对学前特殊儿童进行语言矫治时,应该综合运用多种语言形式。

5.注意语言矫治过程中的及时评估

在对学前特殊儿童进行语言矫治训练时,矫治或训练者要及时了解和评估孩子的语言发展情况,准确地掌握孩子语言进展的水平及存在的问题,及时地调整训练内容、进度和强度。为了搞好语言矫治过程中的评估,在实施评估前要制订语言矫治的计划和安排,包括矫治训练的时机、目标、时间控制、方法选择、评价与调节控制等。这样评估才有依据、有标准,从而保证评估的科学性。

五、学前特殊儿童的游戏治疗

(一)游戏治疗的定义

对于什么是游戏治疗,众说纷纭,不同的学者根据其背景理论的不同,下过不同的定义,其中具有代表性的有:

美国学者 Reid 认为,游戏治疗是一种以心理动力与发展为原则的心理治疗法,以缓和儿童情绪方面的困扰。通常使用具有想象和表达功能的各种素材,如木偶、洋娃娃、黏土、棋盘游戏、艺术材料及模型游戏等,借着游戏的暗喻,使儿童能表达并疏通其情绪冲突。

台北学者何长珠将游戏治疗定义为:受过游戏治疗相关课程训练的治疗者,在游戏室的环境中,提供一种安全、信任、容许和责任的态度,与儿童(4～12岁)发展出一种正向的关系,并借由儿童自由选择玩具和扮演活动中,达到治疗上的宣泄、支持和重整的结果。

我国内地学者一般将游戏治疗定义为:以游戏活动为媒介,为儿童创设一个充分自由的环境,让儿童在游戏活动中自然地表达自己的情感、暴露内心存在的问题,从而解除各种困扰,使其获得发展的一种心理治疗手段。

(二)游戏治疗的功能

游戏是儿童喜爱的活动形式,也是儿童的主导活动,它在学前特殊儿童中也占有重要地位。对于心理治疗来说,游戏治疗是一种十分有价值的治疗方式。

第一,游戏治疗可以作为诊断学前特殊儿童问题的工具,辅助其他诊断方法,借以深入了解儿童行为背后的潜在动机及原因。

第二,游戏治疗为学前特殊儿童提供了一个安全、和谐及愉快的气氛,允许儿童自由发挥,同时治疗者还能提供积极的尊重、温暖的关怀以及同情和支持,有助于建立良好的治疗关系。

第三,游戏治疗弥补了学前特殊儿童语言表达能力的限制,为他们提供了充分活动和自由表达的机会,使治疗师和儿童本身较易接触与了解问题的焦点所在,并适时地引导他们向着有利的方向发展。

第四,游戏治疗能帮助学前特殊儿童通过游戏自由表达自己的情感,将潜意识的过程呈现出来,并使紧张、焦虑、恐怖及不满等消极情绪体验得到充分的表达和发泄,帮助其处理内在的情绪状态,形成健康的心理。

第五,为学前特殊儿童提供了社会性技能发展的机会,帮助他们打破自我封闭的硬壳,发展适当的人际交往技能和自信心,建立起新的情感交往模式,有效地提高其与周围环境相互作用的兴趣和愿望。

(三)游戏治疗的主要流派

1.精神分析游戏治疗

精神分析的创始人弗洛伊德认为,人的体内积累过多的心理能量不能有效地舒解出去而将之压抑至潜意识里,就会产生心理方面的困扰。而游戏能满足儿童的愿望、抚平创伤和使受压抑的敌意冲动得到发泄。游戏治疗就是借助游戏这个媒介分析潜意识,将这些尚未解决的潜意识内容提升到意识层面,从而彻底解决问题。也就是说,透过游戏让儿童说出过去童年事件,使过去的心情与情绪重现,以便重现建立自我。

精神分析模式的游戏治疗发展到后来,人们对是否应该计划与干预儿童的游戏活动形式形成了不同的看法。其中一些心理学家主张进行消极的游戏治疗,即只为幼儿提供玩具,不规定幼儿玩什么和怎么玩,也不规定和谁玩。如果幼儿愿意和治疗者一起玩,治疗者就可遵循精神分析的原则,阐述幼儿的游戏并鼓励幼儿游戏。还有一些心理学家倡导积极的游戏治疗,他们重视潜意识的心理过程,为儿童提供某些特点的玩具,并为游戏活动提出建议,利用活动上与情感上的松弛,帮助儿童消耗他们花在强迫观念或幻想上的能量。这两派观点后来逐渐又演变成新的游戏治疗的模式。

2.儿童中心游戏治疗

儿童中心理论治疗的根基是罗杰斯的人本主义心理学理论。其理论相信人有自我引导的能力,而且经由自我的引导终究能发挥个人天生具有的潜能及才华。罗杰斯的学生亚瑟兰不仅继承了罗杰斯的人本主义理论,同时又根据其理论创造了一种新的儿童心理疗法——儿童中心游戏疗法。就是用儿童最熟悉的语言——游戏,提供给儿童成长所欠缺或匮乏的无条件的关怀、尊重;真诚一致的照顾及准确的同情,让儿童在宽容的环境中去探索自己、面对自己、接纳自己,进而控制自己、指导自己,并逐渐开发自己的潜能,做自己真正的主人。

罗杰斯提出治疗者必须创造三大条件来协助个体成长，他们分别是真诚、接纳以及敏感的同情。亚瑟兰将此三大条件细分为八个基本原则用在游戏治疗当中。随后，儿童中心游戏治疗的继承者又将儿童中心游戏治疗的原则进行了发展，如提供自由、不问问题、微笑、表情声调配合儿童的情绪、跟随儿童的行为、反映儿童的情绪、设定限制、赞扬儿童的努力及能力等。而这些原则及技巧，目的无非是要传达对儿童的温暖关怀、无条件的接纳及尊重，以及以儿童的内心架构来了解他内心世界的同情，进而帮助儿童自我探索、接纳面对自我、信任自我以及开发自我的潜能。

3.认知行为游戏治疗

早期的精神分析游戏治疗注重"阐释"儿童的行为，儿童中心游戏治疗强调宽容的气氛，而认知行为游戏治疗则强调儿童必须主动参与治疗，并接触有关控制、掌握及对改变自己的行为负责任的问题。

这种游戏治疗既依赖于儿童的发展水平、个性特征，也取决于治疗的特定目标。它综合使用多种不同的技术与方法，结合行为治疗方法和认知技术，以布偶、绘画、橡皮泥及沙土等媒介，对儿童进行疏导和治疗。治疗是有一定结构的，治疗师会向儿童提供结构性的、指向目标的活动。在治疗中，对年幼的儿童往往采用娃娃、木偶、吹气玩具、沙箱等玩具与游戏材料，对年长的儿童则采用拼图、结构材料、计算机游戏等，通过角色扮演和"假装"等实践练习，使他们在认知上同化引起剧烈波动的生活中的重大事件，掌握它们，并学会对特定情景的应对技能。目前多用于治疗儿童恐惧症、选择性缄默儿童排泄障碍以及儿童经历了创伤性生活事件（如父母离婚、性虐待等）之后的心理反应等多种儿童心理或行为障碍。

4.格式塔游戏治疗

格式塔游戏治疗是基于皮尔斯所创立的格式塔治疗法的理论架构，强调采用实验行为主义方法学来处理当事人主观感知世界和此时此地的体验，是一种过程取向的治疗模式。它的基本目标是协助儿童借助治疗性的各种体验来获得自我觉察能力，从环境支持转为自我支持，充分利用自我资源，而成为一个完整之人。

它采用一些透射型、表达性的技术，使儿童以一种非威胁式的、有趣的方式（包括绘画、捏黏土、拼贴图、做陶艺、饲养小动物、听音乐、看木偶剧、讲故事、拼沙盘等）表达出内心深处的情感体验。在治疗过程中，治疗师始终以一种非评价式的支持儿童的态度，努力创设一个安全和接纳的环境，为儿童提供一种全新而独特的关系体验，从而架起通向儿童内在自我的桥梁。由于格式塔游戏治疗的指导性与集中性，该疗法对受到丧失与悲伤问题困扰的儿童有较好的疗效。

六、学前特殊儿童的综合干预

（一）综合干预的定义

综合干预是针对单一治疗方法的不足而提出的综合性的系统干预方法。它是指通过临床专业人员、心理学专业人员、教师、家长等共同参与干预，以某种或几种训练方法为主，辅以其他一种或几种训练方法，以解决学前特殊儿童认知、情绪、行为等方面问题的干预模式。例如，20世纪90年代美国国家精神卫生研究所针对注意缺陷多动症儿童单一药物治疗的不足，提出了综合治疗的课题研究，要求学校、家长、医院、学校老师以及社会共同配合，用更大的耐心、周密的计划、强化及惩罚手段培养和巩固孩子的良好行为。

(二)综合干预的原因

1.影响因素的复杂性

特殊婴幼儿的身心发展障碍是生物因素、心理因素和社会因素协同交互作用的结果,但是在影响因素作用上谁主谁次、出现时间上谁早谁晚,并不一定很快就能甄别出来,这就增加了特殊婴幼治疗时"对症下药"的难度。为了避免特殊婴幼儿错过治疗的最佳时期,采用综合干预的方法,可以通过多种治疗方法的干预效果比较,发现一种主要的治疗方法,辅以其他治疗方法,采取边干预边诊断,通过诊断来促进干预,通过干预来反观诊断的准确性,将诊断与干预有机地结合起来。即使在查明原因的情况下,针对生物因素影响而导致的问题,可能采用药物治疗效果比较好,但是生物因素可能又影响了特殊婴幼儿的心理发展,影响了家庭对待该婴幼儿的态度,如果不同时采取心理干预机制与家庭干预,可能会出现"头疼医头,脚痛医脚"的局面,不但不利于影响特殊婴幼儿身心发展的各种因素的全面控制,而且不利于特殊婴幼儿在发展关键期内得到最佳的发展。

2.幼儿障碍的特殊性

众所周知,没有包治百病的灵丹妙药。特殊婴幼儿的障碍情况千差万别,想用一种治疗方法来治疗所有特殊婴幼儿的所有障碍几乎是不可能的。对于听觉障碍幼儿与语言发展迟缓的幼儿可能更多采用的是语言治疗,但不能因此而舍弃感觉统合训练、行为矫正等治疗方法。因此,在语言治疗的过程中同样可以对他们进行听觉、视觉等感觉统合训练,同样需要针对他们的发音进行行为矫正,因此需要在突出主要的治疗方法的同时,辅以其他的治疗方法,以提高治疗的效果。对于注意缺陷多动障碍幼儿最常用的方法是药物治疗,这些儿童经过药物治疗后能改进注意力,但要改进其他行为问题和学业,就显得比较困难。正如许多专家所说,单一的药物治疗能控制儿童的注意缺陷多动障碍,但是不能改进学业成就和技能,不能增长知识,也不能更好地帮助他们提高应对问题的能力。如果要更有效、更持久地改变儿童的这些问题,可以将行为治疗、情绪咨询和实践支持相结合。

3.治疗方法的局限性

每种治疗方法只是针对某特殊婴幼儿某些方面的问题发挥作用,如感统训练主要针对特殊婴幼儿的感知觉问题,行为训练主要针对特殊婴幼儿的行为问题,语言训练主要针对特殊婴幼儿的语言问题等,因此有必要采取综合干预的方式来解决特殊婴幼儿各方面的问题。此外,"是药三分毒",没有哪种治疗方法完美无缺,有些治疗可能会出现副作用。例如,在对特殊婴幼儿的语言问题进行语言治疗时,如果过于强调发音等方面的准确性,多次延时重复,可能会引发特殊婴幼儿的心理问题。更何况有时在治疗过程中技术手段运用不当,还可能会出现"矫枉过正""种瓜得豆""走火入魔"等情况。例如,在药物治疗过程中可能会出现治疗好了注意力的问题,但是引发了其他诸如身心不良反应或者注意力过于集中等问题。治疗中利用各种治疗方法的长处,同时把握好运用的度,才能对特殊婴幼儿的发展起到促进作用。

4.治疗人员的专业性

特殊婴幼儿的身心障碍可能涉及不同的专业领域。例如,某特殊婴幼儿的语言问题需要语言学家的参与,行为问题需要心理学家、教育学专家等的参与,情绪问题需要心理学专家的参与,身体器官病变问题需要医学专家的参与,学习问题需要教育学专家、教师、家长等人的参与,社会适应问题需要社会学家的参与等。精通所有领域的专家是不存在的,再说"智者千虑,必有一失",依赖某一个领域的专家可能导致在特殊婴幼儿的治疗方案上仅仅运用某一种治疗方法的倾向,不能全面应对特殊婴幼儿的相关问题。"三个臭皮匠,顶个诸葛亮。"综合干预可以将精通不同专业治疗方法的治疗人员组成治疗团队,共同探讨治疗特殊婴幼儿的治疗方案,更快更好地促进特殊婴幼儿问题的解决。

(三)综合干预的作用

1.综合干预可以促进不同专业人员之间集思广益

综合干预需要不同专业领域的人员共同探讨治疗特殊婴幼儿的治疗方案,能发挥集思广益的作用。临床心理医生可以提供药物治疗方面的指导,教育学与心理学家提供行为治疗、学校干预与家庭干预等方面的指导,语言学专家提供语言治疗指导,校长、教师、家长负责实施。在探讨某特殊婴幼儿的具体治疗方案时需要上述人员综合考虑特殊婴幼儿各方面的情况,在小组研讨会上各抒己见,集思广益,提出具体的干预策略,明确干预步骤,列出每个干预阶段所要达到的目标。

2.综合干预可以提升单一干预的效果

综合干预可以起到"一加一大于二"的效果,在针对行为问题幼儿的治疗中发现,将认知疗法与行为矫正结合的治疗效果要优于行为矫正的效果。此外,治疗多动症,大多数专家都首推药物治疗。最近的研究表明,心理治疗与药物治疗相结合比单纯的药物治疗效果要好。

3.综合干预可以促进特殊婴幼儿某方面能力的发展

综合干预如果是针对特殊婴幼儿某方面的问题采取干预策略则可增强该婴幼儿某方面的技能。在一项名为"智力低下儿童综合干预"的研究中,专家在家长的配合下,对38名患儿采用药物、营养和智力训练相结合的综合干预,促进他们脑细胞恢复功能并生长,结果使被治疗患儿的智商提高了7.2～14.4分,这意味着有些孩子从此可以过接近正常人的生活。主持这项研究的哈尔滨医科大学第一附属医院儿科教授白馨之说:"很多父母在医生那里得不到有效的治疗方法,就认为孩子没救了,于是不做任何努力。"这显然是错误的。

4.综合干预可以促进特殊婴幼儿多方面的发展

综合干预因为从多方面、多角度实施对特殊婴幼儿的训练、治疗,不但能促进他们某方面能力的发展,而且能使他们在各个方面得到有效的促进。调查发现,以学校心理学家、临床心理学家、教师和家长共同参与干预,以行为辅导为主,药物干预为辅的综合干预模式,可以比单一药物治疗更有效地改善注意缺陷多动障碍儿童的注意缺陷和多动、适应行为、自尊水平和学业成绩。

小　　结

1.具有特殊需要的儿童即为特殊儿童,而有特殊需要的0～7岁儿童即为学前特殊儿童。

2.从特殊儿童作为自然人与社会人生存与发展的条件异常的角度将其综合划分为生理发展障碍儿童、智力异常儿童、语言发展障碍儿童和广泛性发育障碍儿童四种。

3.学前特殊儿童的教育评估工作大致可以分为四个阶段:筛选与鉴别;评估与联系;方案与干预;监控与评价。

4.学前特殊儿童教育评估的特点:多元性;家庭的参与。

5.学前特殊儿童教育评估的内容:认知;语言;言语;精细动作;粗大动作;自理能力;社会情感;神经心理功能;入学准备;其他发展缺陷领域;家庭和社会环境。

6.学前视觉障碍儿童的教育:感官训练;智力的发展;言语技能的培养;运动技能的训练;生活自理及社交技能的培养;心理健康教育。

7.学前听觉障碍儿童教育:听觉训练课程;语言训练课程;语言矫治课程;律动课程;个别训练计划课程。

8.学前肢体残疾儿童的教育:截肢儿童及其教育干预;关节炎儿童及教育干预;脑瘫儿童及其教育干预。

9.学前身体病弱儿童的教育:哮喘儿童及其教育干预;癫痫儿童及其教育干预。

10.学前智力异常儿童的教育:学前智力落后儿童的教育;学前智力超常儿童的教育。

11.学前语言发展障碍儿童教育:构音异常的教育;流畅度异常的教育;发音异常的教育;语言发展异常的教育。

12.学前广泛性发育障碍儿童的教育:学前孤独症儿童的教育;学前多动症儿童的教育。

13.学前特殊儿童的教育方法:生活保健;感统训练;行为矫正;语言矫治;游戏治疗;综合干预。

思考与复习

1.学前特殊儿童的概念是什么,怎么分类?

2.学前特殊儿童的教育评估工作包括哪几个阶段? 学前特殊儿童教育评估的内容有哪些?

3.简述四类学前生理发展障碍儿童的教育干预措施。

4.简述两类学前智力异常儿童的教育干预措施。

5.简述四类学前语言发展异常障碍儿童的教育干预措施。

6.简述学前孤独症和多动症儿童的教育干预措施。

7.简述学前儿童生活保健的作用。

8.感觉统合失调的表现有哪些?

9.简述行为矫正的含义和原则。

10.语言矫治有什么要求?

11.游戏治疗的主要理论流派有哪些?

12.为什么对学前儿童要进行综合干预?

参 考 文 献

[1]李蔗泉.学前心理学.北京:北京师范大学出版社,2012.

[2]彭聃龄.普通心理学.北京:北京师范大学出版社,1988.

[3]汪乃铭.学前心理学.上海:复旦大学出版社,2011.

[4]丁祖荫.幼儿心理学.北京:人民教育出版社,2006.

[5]陈帼眉.学前心理学.北京:人民教育出版社,2001.

[6]陈帼眉,姜勇.幼儿教育心理学.北京:北京师范大学出版社,2007.

[7]刘金花.儿童发展心理学.上海:华东师范大学出版社,1997.

[8]周念丽.学前儿童发展心理学.上海:华东师范大学出版社,2006.

[9]王振宇.幼儿心理学.北京:人民教育出版社,2009.

[10]林崇德.发展心理学.北京:人民教育出版社,1995.

[11]杨丽珠.儿童心理学纲要.北京:社会科学文献出版社,1996.

[12]车文博.西方心理学史.杭州:浙江教育出版社,1998.

[13]孟昭兰.婴儿心理学.北京:北京大学出版社,1997.

[14]孟昭兰.情绪心理学.北京:北京大学出版社,2005.

[15]庞丽娟,李辉.婴儿心理学.杭州:浙江教育出版社,1993.

[16]李幼穗.儿童发展心理学.天津:天津科技翻译出版社,1998.

[17]刘新学,唐雪梅.学前心理学.北京:北京师范大学出版社,2011.

[18]曹中平.幼儿教育心理学.大连:辽宁师范大学出版社,2001.

[19]雷江华.学前特殊儿童教育.武汉:华中师范大学出版社,2008.

[20]陈东珍.学前特殊教育.北京:北京师范大学出版社,2001.

[21]伍新春,胡佩诚.行为矫正.北京:高等教育出版社,2005.

[22]彭小虎,王国锋.儿童发展与教育心理学.上海:上海交通大学出版社,2009.

[23]杨玲,王爱兰.教育心理学.兰州:甘肃人民出版社,2004.

[24]伍新春.儿童发展与教育心理学.北京:高等教育出版社,2004.

[25]毛连塭.特殊儿童教学法.台北:心理出版社,1999.

[26]姜勇.大班四种社会交往类型幼儿的内外控制点研究.心理发展与教育,1995(4).

[27]刘全礼.特殊教育导论.北京:教育科学出版社,2003:134.

[28]朱迪斯.特殊需要婴幼儿评估的实践指导.方俊明主编.钱文,刘明主,译.上海:华东师范大学出版社,2005.

[29]张清丽.言语语言障碍的评测与治疗.石家庄:河北科学技术出版社,1991:82,181—182.

[30]余敦清.一例先天性词聋症孩子教育康复的研究报告.中国特殊教育,2001,3:17—20.

[31]余敦清.听觉障碍与早期康复.北京:华夏出版社,1994:22—25.

［32］周兢.学前特殊儿童教育.大连:辽宁师范大学出版社,2002:180—181.

［33］周兢.学前特殊儿童教育.大连:辽宁师范大学出版社,2002:139.

［34］林宝贵.语言障碍与矫治.台北:五南图书出版公司,1995:225.

［35］邹治文.中医教您防治儿童多动症.北京:人民军医出版社,2005:103—106.

［36］李旭东,黄悦勤.感觉统合失调的研究进展.中华儿科杂志,2001,9:573—575.

［37］陈源.感觉统合失调和感觉统合疗法.福建师专学报:社会科学版,1998,4:48—51.

［38］郑静,等.幼儿问题行为及矫正.上海:华东师范大学出版社,1996.

［39］刘敏娜,等.儿童游戏治疗的研究进展.中国临床康复,2004,5:2909.

［40］刘勇.团体游戏治疗:借鉴与应用.华南师范大学学报:社会科学版,2004,2:112—113.

［41］吴增强.多动症儿童心理辅导.上海:上海教育出版社,2006:43.

［42］齐晓栋,邹景进,杨静.儿童行为与情绪障碍的家庭干预效果回顾.中国特殊教育,2006,75(9):66.

［43］〔美〕丹尼尔 P 哈拉汉,詹姆斯 M 卡夫曼.异常儿童特殊教育概论.高卓,张葆华,译.北京:华夏出版社,1992:1.

［44］Wvillian L.Heward.特殊需要儿童教育导论.8 版.肖非,等,译.北京:中国轻工业出版色,2007:372.

［45］艾力克 J 马施,大卫 A 沃尔夫.儿童异常心理学.孟宪章,等,译.广州:暨南大学出版社,2004(5):382—383.

［46］Robert E Slavin.教育心理学理论与实践.姚梅林,等,译.北京:人民邮电出版社,2004:313.

［47］Sternberg,R J & Williams,W M.教育心理学.张厚粲,译.北京:中国轻工业出版社,2003.315.

［48］De Casper,A J & Fifter,W P Of human bonding:newborns prefer their mother's voices.Science,1980,208(6):1174—1176.

［49］Reber A S.Implicit Learning of artificialgrammars.Journal of Verbal Learning and Verbal Behaviour,1967,5:855—863.

［50］Murpghy,K P & Alexander,P A. A motivated exploration of motivation technology.Contemporary Educational Psychology,2000,25:(1):3—53.

［51］Pintrich,P. Multiple goals,multiple pathways:The role of goal orientation in learning ahd achievement.Journal of Educational Psychology,2000,92(3):544—555.

［52］Brophy,J E.Motivating students to leran.Boston:McGraw—Hill,1998.

［53］Stein B.E.Integration of Sensory Information in the Brain. International Journal of Psychophysiology,1997,25:22.